Nachfolge im Familienunternehmen

Nachfolge im Familienunternehmen

Das Handbuch für Unternehmerfamilien und ihre Begleiter

Herausgegeben von
Prof. Dr. Peter May und Dr. Peter Bartels

Bibliografische Information der Deutschen Nationalbibliothek

Die Deutsche Nationalbibliothek verzeichnet diese Publikation in der Deutschen Nationalbibliografie; detaillierte bibliografische Daten sind im Internet über http://dnb.d-nb.de abrufbar.

Bundesanzeiger Verlag GmbH
Amsterdamer Straße 192
50735 Köln
Internet: www.bundesanzeiger-verlag.de

Weitere Informationen finden Sie auch in unserem Themenportal unter www.betrifft-unternehmen.de

Beratung und Bestellung:
Fax: +49 (0) 221 97668-271
E-Mail: wirtschaft@bundesanzeiger.de

ISBN (Print): 978-3-8462-0546-4
ISBN (E-Book): 978-3-8462-0547-1

© 2016 Bundesanzeiger Verlag GmbH, Köln

Herstellung: Günter Fabritius

Lektorat: Marieke Pritz

Satz: Cicero Computer GmbH, Bonn

Druck und buchbinderische Verarbeitung: Medienhaus Plump GmbH, Rheinbreitbach

Printed in Germany

Vorwort der Herausgeber

von Prof. Dr. Peter May und Dr. Peter Bartels

Familienunternehmen und Nachfolge – diese beiden Themen sind untrennbar miteinander verbunden. Mehr noch: Die Nachfolge ist die Königsdisziplin im Familienunternehmen. Denn ohne erfolgreiche Nachfolge gibt es kein erfolgreiches Familienunternehmen. Misslingt die Nachfolge, misslingt auch das Familienunternehmen.

Ihre „richtige" Gestaltung ist nicht einfach. Denn Nachfolge ist komplex – und emotional. Kein Thema greift tiefer in die Architektur des Unternehmens und der Familie ein als die Nachfolge in Führung und Inhaberschaft. Als „the final test of greatness" hat ein amerikanischer Kollege sie einmal beschrieben.

Über Nachfolge im Familienunternehmen ist schon viel gesagt und geschrieben worden. Und doch fehlt bis heute ein großes, umfassendes Handbuch, das alle Fragen rund um das Thema Nachfolge aus der Sicht ausgewiesener Experten beantwortet: vom richtigen Gesamtkonzept über emotionale Hürden, rechtliche und steuerliche Fragestellungen bis zur Ausbildung und Heranführung der nächsten Generation.

Genau diese Lücke wollen wir schließen. Unser Handbuch „Nachfolge im Familienunternehmen" wendet sich an Familienunternehmer und ihre Begleiter. Es folgt einem übergreifenden konzeptionellen Ansatz (siehe dazu den Beitrag 1.2) und will zugleich als Nachschlagewerk für den nur punktuell interessierten Leser Antwort auf möglichst viele individuelle Fragestellungen geben. Oder anders ausgedrückt: Unser Handbuch will auf prägnante und verständliche Weise das Wissen vermitteln, das notwendig ist, damit Ihre Nachfolge gelingt.

„Nachfolge im Familienunternehmen" setzt die mit „Der Beirat im Familienunternehmen" begonnene Schriftenreihe fort und ist zugleich der Anfangs-Baustein der von PwC und INTES ins Leben gerufenen Nachfolgeinitiative (www.pwc.de/nachfolge).

Als Herausgeber sind wir vielen Menschen zu Dank verpflichtet. Dem Verlag, der unserem Konzept vertraut hat, sowie den Autoren, die ihr Wissen und ihre Zeit zur Verfügung gestellt haben und ohne die ein ambitionierter Herausgeberband nicht gelingen kann. Einen besonderen Dank schulden wir Frau Dr. Christina Müller, die neben ihrer Autorenschaft auch noch die umfangreiche organisatorische und redaktionelle Leitung übernommen und großartig gemeistert hat. Nur das gebündelte Engagement vieler hat das Buch entstehen lassen, das nun vor Ihnen liegt.

In diesem Sinne wünschen wir Ihnen, liebe(r) Leser(in), viel Freude und Erkenntnisgewinn bei der Lektüre unseres Handbuchs. Wenn es Ihnen mehr Sicherheit bei den zu treffenden Entscheidungen vermittelt und dazu beiträgt, dass Ihre Nachfolge gelingt, haben wir unser Ziel erreicht.

Bonn/Hamburg, im November 2015

Die Herausgeber

Inhaltsverzeichnis

4.3 Die internationale Unternehmerfamilie – eine Herausforderung der besonderen Art 255

Dr. Maren Gräfe und Dieter Jeschke

4.10 Die Heranführung der Next Generation – wie man es richtig macht 355

Sabine Strick

4.11 Hochschulen, Unternehmernetzwerke & Co. – Was können sie leisten? 363

Dr. Christina Müller

Autorenverzeichnis

Bartels, Dr. Peter
Wirtschaftsprüfer, Steuerberater, Mitglied des Vorstands sowie Leiter des Bereichs Familienunternehmen und Mittelstand bei PwC

Benz, Lisa
Wissenschaftliche Mitarbeiterin am Institut für Klein- und Mittelunternehmen an der Universität St. Gallen

Ebel, Dr. Karin
Rechtsanwältin, Steuerberaterin, geschäftsführende Gesellschafterin der Confida Unternehmer-Societaet in Köln sowie Netzwerkpartnerin der INTES Akademie für Familienunternehmen

Flohr, geb. Ott, Kerstin
Geschäftsführerin der Initiative generation töchter

Gloger, Axel
Wirtschaftsjournalist

Gräfe, Dr. Maren
Rechtsanwältin, Steuerberaterin, Director bei PwC

Groth, Torsten
Dozent am Wittener Institut für Familienunternehmen der Universität Witten/ Herdecke

Halter, Dr. Frank
Geschäftsleitungsmitglied des Center for Family Business sowie des Instituts für Klein- und Mittelunternehmen an der Universität St. Gallen

Heinemann, Nina
Netzwerkpartnerin der INTES Akademie für Familienunternehmen

Huber, Dr. Steffen
Rechtsanwalt, Steuerberater, Partner bei PwC

Jäkel-Wurzer, Dr. Daniela
Geschäftsführerin der Initiative generation töchter

Jeschke, Dieter
Rechtsanwalt und Mediator

Klümpen-Neusel, Dr. Claudia
Rechtsanwältin, Steuerberaterin, Director bei PwC

Lehmann-Tolkmitt, Dr. Arno
Rechtsanwalt, geschäftsführender Gesellschafter der LT-Inhaberberatung sowie Netzwerkpartner der INTES Akademie für Familienunternehmen

Liebernickel, Dr. Martin
Rechtsanwalt, Steuerberater, Partner bei PwC

Lüke, Christian
Senior Manager bei PwC

Mackrodt, Dr. Carlo
Partner bei Rochus Mummert Executive Consultants

May, Prof. Dr. Peter
Inhaber der PETER MAY Family Business Consulting, Honorarprofessor an der WHU – Otto Beisheim School of Management sowie Gründer der INTES und Strategic Advisor bei PwC Familienunternehmen und Mittelstand

Müller, Dr. Christina
Managerin bei PwC Familienunternehmen und Mittelstand

Papenstein, Bernd
Steuerberater, Partner bei PwC

Raskin, Dr. Peter
Leiter Private Banking der Berenberg Bank sowie CEO der Berenberg Bank Schweiz

Rieder, Gerold
Geschäftsführer der INTES Akademie für Familienunternehmen

Rittmann, Uwe
Steuerberater, Wirtschaftsprüfer, Partner bei PwC

Rüsen, Prof. Dr. Tom
Geschäftsführender Direktor des Wittener Instituts für Familienunternehmen der Universität Witten/Herdecke

Schween, Dr. Karsten
Geschäftsführender Gesellschafter der Schween Inhaber Strategie Beratung sowie Netzwerkpartner der INTES Akademie für Familienunternehmen

Siemers, Lothar
Rechtsanwalt, Steuerberater, Partner bei PwC

Späth, Eckhard
Wirtschaftsprüfer, Steuerberater, CPA, Partner bei PwC

Strick, Sabine
Projektleiterin bei der INTES Akademie für Familienunternehmen

von Au, Dr. Dominik
Geschäftsführer der INTES Akademie für Familienunternehmen und Director bei PwC Familienunternehmen und Mittelstand

Weissman, Prof. Dr. Arnold
Geschäftsführer der WeissmanGruppe

Wrede, Thomas
Geschäftsführender Gesellschafter der Wrede Indrustrieholding

Wywiol, Torsten
CEO und Sprecher der Geschäftsführung der Stern-Wywiol Gruppe

Wywiol, Volkmar
Geschäftsführender Gesellschafter der Stern-Wywiol Gruppe

1. Kapitel: Grundlagen

1.1 Unternehmensnachfolge: Das wichtigste Thema für Unternehmerfamilien – und was Sie hierzu in diesem Buch finden

von Dr. Peter Bartels

I. Nachfolge in Familienunternehmen – Bedeutung für Wirtschaft und Gesellschaft

Die Nachfolge im Familienunternehmen zählt zu den schwierigsten und komplexesten Aufgaben im Lebenszyklus eines jeden Familienunternehmens. Und sie ist gleichzeitig die bedeutendste. Denn sie entscheidet über die Zukunftsfähigkeit des Familienunternehmens und – nicht selten – der Unternehmerfamilie.

Doch nicht nur das: Die Unternehmensnachfolge hat auch eine erhebliche volkswirtschaftliche Tragweite: Mehr als 90 Prozent der Gesellschaften hierzulande sind Familienunternehmen.[1] Sie erwirtschaften rund die Hälfte des Bruttoinlandsprodukts und stellen 56 Prozent aller sozialversicherungspflichtigen Beschäftigungsverhältnisse. Zudem tragen sie dank ihres generationenübergreifenden Denkens und ihrer Orientierung an langfristigen Zielen maßgeblich zur Stabilisierung der deutschen Wirtschaft bei. So hielten sie etwa in der vergangenen Wirtschaftskrise trotz Auftragseinbrüchen und schwierigen wirtschaftlichen Rahmenbedingungen an ihren Mitarbeitern fest und konnten – wie eine Untersuchung der Stiftung Familienunternehmen zeigt – im nachfolgenden Aufschwung mehr Arbeitsplätze und Wertschöpfung generieren als deutsche Publikumskonzerne.[2]

Nicht nur in Deutschland beeinflussen Familienunternehmen das Wirtschaftsgeschehen: Weltweit wird ein Großteil der Wirtschaftsleistung von Familienunter-

---

1 Laut der Stiftung Familienunternehmen sind 91 Prozent aller deutschen Unternehmen familienkontrollierte Unternehmen, d.h. Unternehmen, die „von einer überschaubaren Anzahl von Einzelpersonen kontrolliert werden. Eigentum und Leitung müssen dabei nicht notwendigerweise übereinstimmen". 88 Prozent aller deutschen Gesellschaften sind eigentümergeführt. Diese werden definitionsgemäß von einer überschaubaren Anzahl natürlicher Personen kontrolliert und von mindestens einem der Eigentümer geleitet. *Stiftung Familienunternehmen*, Die volkswirtschaftliche Bedeutung der Familienunternehmen, München 2014.

2 Ebenda.

nehmen erbracht. Überall auf der Welt gilt dabei: Scheitert die Nachfolge, gehen Wirtschaftskraft, Arbeitsplätze und beträchtliches Know-how verloren. Auch für die Gesellschaft bedeutet eine missglückte Nachfolge oft herbe Verluste, schließlich sind viele Familienunternehmen in der Region gesellschaftlich engagiert und kulturell verankert.

Alleine in Deutschland stehen jedes Jahr rund 27.000 Familienunternehmen vor dem Generationswechsel, von 2014 bis 2018 sollen es, laut Schätzungen des Instituts für Mittelstandsforschung Bonn (IfM), 135.000 sein. Davon sind 300.000 Arbeitsplätze jedes Jahr – so viele Mitarbeiter beschäftigt kein einziger DAX-Konzern in Deutschland – bis 2018 sogar zwei Millionen betroffen.[3] Und das ist nur die Untergrenze. Denn in den Berechnungen des IfM wurden nur jene Firmen berücksichtigt, die nach Abschätzung der wirtschaftlichen Lage auch übergabewürdig sind. Die Kreditanstalt für Wiederaufbau (KfW) rechnet daher sogar mit 580.000 Unternehmensübergaben bis 2017 – jeder sechste mittelständische Betrieb in Deutschland. Etwa vier Millionen Arbeitsplätze hängen vom Gelingen dieser Nachfolge ab.[4]

II. Bedeutung der Nachfolge für die Unternehmerfamilie

Diese Zahlen belegen, dass die Kontinuität der Familienunternehmen nicht nur für die Eigentümerfamilie(n), sondern insbesondere auch für die Wirtschaft und die Gesellschaft eine besondere volkswirtschaftliche Tragweite hat.[5]

Die meisten dieser Gesellschaften sollen an die eigenen Kinder bzw. innerhalb der Familie weitergegeben werden. Einen Verkauf an andere Unternehmen bzw. Finanzinvestoren, an externe oder befreundete bzw. bekannte Personen oder einen Börsengang ziehen dagegen weitaus weniger Gesellschaften in Betracht.[6]

---

3 *Kay/Suprinovic*, Unternehmensnachfolgen in Deutschland 2014 bis 2018, Daten und Fakten Nr. 11, Institut für Mittelstandsforschung Bonn, 2013.
4 *Schwarz/Gerstenberger*, Nachfolgeplanungen im Mittelstand auf Hochtouren: Halbe Million Übergaben bis 2017, KfW Economic Research, Fokus Volkswirtschaft, Nr. 91, 23. April 2015.
5 *Layher/Wiedemann*, Nachfolge ist weiblich – Generation Töchter in der Führungsebene von Familienunternehmen, Zeitschrift für Familienunternehmen und Stiftungen (FuS), Bundesanzeiger Verlag Köln, 2/2015, S. 59.
6 *Müller*, Die Zukunft von Familienunternehmen – Kern der Wirtschaft, hrsg. von PwC, 2012, S. 28; *Moog/Kay/Schlömer-Laufen/Schlepphors*, Unternehmensnachfolgen in Deutschland – Aktuelle Trends, IfM Materialien Nr. 216, 2012.

Obwohl planbar, scheitert jeder zweite Generationenübergang.[7] Weniger als jedes fünfte Familienunternehmen ist dabei wirklich erfolgreich.[8] Statistisch gesehen schaffen es nur zwölf Prozent aller Familienunternehmen bis in die dritte Generation, lediglich in drei Prozent hat die Familie über die vierte Generation hinaus Einfluss auf die Entwicklung des Unternehmens.[9] Die anderen werden verkauft oder gehen in die Insolvenz. Dies ist nicht nur eine Gefahr für die wirtschaftliche Entwicklung in Deutschland, sondern auch für das deutsche Unternehmertum.

Die Gründe für das Scheitern sind vielfältig: Oft wird die Notwendigkeit einer frühzeitigen und zielstrebigen Nachfolgeplanung verkannt oder aufgrund finanzieller oder geheimer Ängste vor Macht-, Autoritäts- und Statusverlust verdrängt. Häufig fehlt – mangels Interesse, Qualifikation oder demografischem Wandel – ein geeigneter Nachfolger. Alleine deshalb verschwinden jedes Jahr mehr als 5.500 Unternehmen in Deutschland vom Markt,[10] 32.000 Arbeitsplätze pro Jahr gehen so verloren.[11] Auch finanzielle oder rechtliche Probleme können einer erfolgreichen Unternehmensübergabe im Wege stehen. Zudem erschweren Emotionen, Erwartungshaltungen und Ansprüche eine objektive und sachliche Auseinandersetzung mit den mit der Nachfolge verbundenen Fragestellungen.[12]

Für Unternehmerfamilien ist die Nachfolge ein Schlüsselereignis und eine besondere Belastungsprobe zugleich. Bewährte Strukturen werden aufgebrochen, Familienverhältnisse neu geordnet. Rollen und Pflichten von Übergeber und Nachfolger müssen definiert und entwickelt werden. Dabei geht es um Eigentum und Führung, Emotionen und Anerkennung, Macht und Geld. Scheitert die Nachfolge, zerbricht daran nicht nur das Unternehmen, sondern meist auch die Unternehmerfamilie.

Doch soweit muss es nicht kommen. Rechtzeitig geplant und strukturiert, ist die Unternehmensnachfolge eine strategische Chance, Bewährtes beizubehalten, Neues voranzutreiben und verkrustete Strukturen aufzubrechen. Der Nachfolgeprozess ist daher von zentraler Bedeutung, schließlich entscheidet er, ob die Firma erfolgreich fortgeführt werden kann. Dennoch haben fast 50 Prozent der betroffenen Unternehmen den Nachfolgeprozess noch nicht gestaltet, obwohl dies drin-

---

7 *Simon/Wimmer/Groth,* Mehr-Generationen-Familienunternehmen – Erfolgsgeheimnisse von Oetker, Merck, Haniel u.a., Carl-Auer Systeme Verlag Heidelberg, 1. Aufl. 2005, S. 39.
8 *Boshard/Pallis,* Die Nachfolgeregelung in Familienunternehmen, MANAGEMENT LETTER, 2000.
9 *Family Business Institute,* FAMILY BUSINESS IN TRANSITION: DATA AND ANALYSIS, 2007, S. 2.
10 Ebenda, S. 14.
11 *Marschall,* DIHK warnt vor zunehmendem Firmensterben, rp online vom 27.3.2013.
12 *Ritter/Thierfelder,* Zwischen Objektivität und Emotionen – Wie die Nachfolge in Familienunternehmen gelingt, FOCUS 01/2011.

gend notwendig wäre.[13] Dabei gilt: ohne eine gelungene Nachfolge kein erfolgreiches Familienunternehmen.

III. Nachfolge ist nicht gleich Nachfolge – Familienunternehmen nicht gleich Familienunternehmen

Wie kann und soll eine Nachfolge geplant werden? Ein Erfolgsrezept für den optimalen Generationswechsel gibt es nicht. Denn Nachfolge ist nicht gleich Nachfolge: Jedes Familienunternehmen und jede Unternehmerfamilie ist einzigartig und hat ihre eigenen Chancen und Risiken. Die Wahl der besten Lösung ist maßgeblich vom Entwicklungsstand des Unternehmens geprägt. Die Übergabe eines Alleininhabers an seinen Thronfolger ist mit anderen Fragestellungen verbunden als die Nachfolge in einem Vetternkonsortium. Ein Generationswechsel eines inhabergeführten Familienunternehmens verläuft anders als der in einer familienkontrollierten Gesellschaft, der wiederum mit anderen Fragestellungen verbunden ist als der in einem fremdgemanagten Familienunternehmen. Es gibt fokussierte Familienunternehmen wie Haribo oder diversifizierte wie Oetker – mit ihren unterschiedlichen Management-Strukturen.

Abbildung 1 gibt einen Überblick über die gängigsten Möglichkeiten der Inhaber- und Führungsstruktur für die Wahl des Nachfolgemodells.[14]

---

13 *Achenbach*, Der Generationenübergang in mittelständischen Familienunternehmen – Die fachlichen und emotionalen Erfolgsfaktoren, Handelsblatt Fachmedien, 2015, S. 11; *DIHK*, Gute Nachfolger – Engpass im Mittelstand – DIHK-Report zur Unternehmensnachfolge, 2014.
14 *Lehmann-Tolkmitt/Schween/Rupprecht*, Nachfolge² – Lerneffekte und Erfahrungen aus zwei Generationen; Ergebnisse einer INTES-Studie 2013, INTES Akademie für Familienunternehmen Bonn, 2013.

Nachfolge-Matrix

	Familie	Fremde	Mischlösungen
Inhaber-schaft	• von einem Familienmitglied • von mehreren Familienmit-gliedern mit ungleichen Anteilen • von mehreren Familienmit-gliedern mit gleichen Anteilen	• Verkauf (strate-gischer Investor, Finanzinvestor, IPO, Manage-ment-Buy-in) • Stiftung	• Teilverkauf/ Stiftung als Mit-gesellschafter • Minderheit • Mehrheit
Führung	• von einem Familienmitglied • von mehreren Familienmit-gliedern mit ungleichen Rechten • von mehreren Familienmit-gliedern mit gleichen Rechten	• Fremdmanage-ment	• gemischtes Management • Familien-CEO • Fremd-CEO

Häufig gewählte Nachfolge-Modelle

1. Thronfolger-Lösung

2. Doppelspitze

3. Geschwister-/Vettern-Gesellschaft
   (im Unternehmen tätige und nicht tätige Gesellschafter)

4. Fremd-Geschäftsführung (kontrollierende Gesellschafter im Beirat/Aufsichtsrat)

Abb. 1: Nachfolgemodelle für Führung und Inhaberschaft in Anlehnung an INTES

IV. Zielsetzung des Buchs

Ziel dieses Buchs ist es, sämtliche mit der Unternehmensnachfolge verbundenen praktisch relevanten Fragestellungen für die übergebende und übernehmende Generation kompetent zu beantworten und Ihnen das Rüstzeug für eine erfolgreiche Nachfolge an die Hand zu geben. Dafür haben wir das Buch in fünf Kapitel aufgeteilt. Das erste Kapitel vermittelt die Grundlagen für einen erfolgreichen Übergabeprozess. Kapitel 2 gibt einen Überblick, welche Aspekte bei einer familieninternen Lösung zu beachten sind. Dabei werden die verschiedenen Nachfolgekonstellationen vorgestellt und gezeigt, welche Chancen, aber auch Probleme damit verbunden sein können. Kapitel 3 erörtert, welche alternativen Nachfolgemodelle denkbar sind, sofern eine familieninterne Lösung nicht möglich oder nicht gewünscht ist. Hilfreiche Instrumente zur Nachfolge – unter anderem der Notfallplan oder steuerliche Fragestellungen – haben wir im vierten Kapitel zusammengefasst. Kapitel 5 schließt das Buch mit einem Serviceteil mit hilfreichen Adressen und Checklisten ab.

V. Blick ins Buch – Was Sie wo finden

1. Grundlagen der Nachfolge

Am Anfang eines jeden Nachfolgeprozesses steht die Entwicklung einer **Nachfolgestrategie**. Denn eine Nachfolge muss genauso strategisch geplant werden wie andere inhaberstrategische Fragestellungen auch. Für ein schlüssiges Nachfolgekonzept gilt es, zunächst die aktuelle Situation richtig einzuschätzen, um die zentralen Herausforderungen Ihres Familienunternehmens zu erkennen und entsprechend zu adressieren. Wo steht Ihr Familienunternehmen in der Generationenfolge? Welche Führungs- und Kontrollstrukturen gibt es? Wie sieht die Investment-Struktur aus? Darauf aufbauend und nach Analyse der Zielvorstellungen aller Beteiligten lassen sich mögliche Szenarien für den Nachfolgeprozess ableiten, das individuell passende Nachfolgemodell erarbeiten, Rollen im Unternehmen und in der Familie konkretisieren und entsprechend zuordnen. Diese sollten in einem Umsetzungsfahrplan festgehalten werden, an dem sich die weitere Nachfolgeplanung orientiert („Die Nachfolgestrategie – In vier Schritten zur gelingenden Nachfolge", *Peter May*).

2. Wenn der Nachfolger aus der Familie kommt: Wichtige Aspekte einer familieninternen Nachfolge

Die Mehrheit der Familienunternehmen strebt eine familieninterne Nachfolge an. Zwar ist jedes Familienunternehmen einmalig. Dennoch gibt es dabei zahlreiche Aspekte und **typische Fragestellungen**, die immer wieder auftreten und von jedem Familienunternehmen individuell zu beantworten sind. Zudem lässt sich ein **typischer Nachfolgeprozess** skizzieren („In 9 Stufen zur erfolgreichen Übergabe – Das Wittener Modell zum familieninternen Nachfolgeprozess", *Tom Rüsen* und *Torsten Groth*).

Auch mit einem gut durchdachten Modell lässt sich die Nachfolge nicht immer 1:1 planen. Der übergebenden Generation fällt es regelmäßig besonders schwer abzutreten und das Lebenswerk in andere Hände zu übergeben. Die damit verbundenen Emotionen werden häufig unterschätzt, schließlich muss der Betrieb, der oft über viele Jahrzehnte mit Mühe aufgebaut wurde, an die jüngere Generation übergeben, Verantwortung und Einfluss abgetreten werden. Der damit verbundene Macht- und Autoritätsverlust ist oftmals gepaart mit einer Angst, Ansehen und Status zu verlieren – auch in der eigenen Familie. Doch nicht nur die Psychologie spielt dabei eine wichtige Rolle. Vielfach mangelt es den Übergebern an finanzieller Vorsorge, gepaart mit der Sorge vor dem „schwarzen Loch nach der Übergabe". Diesem muss man aber nicht machtlos entgegenblicken („Die **Kunst des Loslassens**", *Frank Halter* und *Lisa Benz*).

Doch es muss nicht immer ein abrupter Abschied des Seniors aus dem Unternehmen sein. Auch eine graduelle Übergabe ist denkbar, sodass der **Übergebende mit dem Übernehmenden Seite an Seite das Familienunternehmen** führt. Die Vorteile dafür liegen auf der Hand: Das Know-how des Seniors lässt sich weiterhin gewinnbringend für das Unternehmen nutzen. Und auch für den Junior ist das Tandem attraktiv: Er kann die Geschäfte sukzessive übernehmen; dies macht den späteren Abschied des Seniors leichter.[15] Eine solche Zusammenarbeit kann auch über Jahrzehnte funktionieren („Wenn der Vater mit dem Sohne – Ein Erfahrungsbericht der Stern-Wywiol Gruppe", *Volkmar und Torsten Wywiol*).

Immer noch wünschen sich die meisten Unternehmer, dass der eigene Sohn in ihre Fußstapfen tritt. Mittlerweile rücken aber auch **Töchter** stärker **in** den Fokus **der Nachfolge**. Voraussetzung dafür war nicht zuletzt der kulturelle Wandel seit Ende der 70er Jahre und die damit gestiegene Akzeptanz und mittlerweile auch der politische Wille, Frauen in Führungspositionen zu bringen. Zudem sind Töchter zunehmend bereit, den elterlichen Betrieb zu übernehmen. Schon heute werden namhafte Familienunternehmen wie Schaeffler und Trumpf, Jägermeister und Roeckl von Frauen geführt. Zwar sind sie noch in der Minderheit. Schätzungen gehen aber davon aus, dass bis zum Jahr 2035 in 31 Prozent der Familienunternehmen der weibliche Nachwuchs das Ruder übernimmt.[16] Aber was ist anders, wenn statt Söhnen die Töchter das Ruder übernehmen? („Töchter in Familienunternehmen: Weibliche Nachfolge als Chance im Generationenwechsel", *Daniela Jäkel-Wurzer* und *Kerstin Ott*)

Der Staffelstab muss nicht notwendigerweise an nur ein Familienmitglied übergeben werden. Denkbar ist auch, dass **Geschwister die Nachfolge** gemeinsam angehen. Ein Geschwister-Team kann funktionieren, ist aber mit besonderen Herausforderungen verbunden. Und daran scheitern die meisten Familienunternehmen. Aber es gibt Strategien, die dies zu verhindern helfen („Nachfolge in Geschwisterkonstellationen – Eine besondere Herausforderung für Unternehmerfamilien", *Arno Lehmann-Tolkmitt* und *Nina Heinemann*).

---

15 *Martens*, Unternehmer-Töchter, Unternehmeredition Unternehmensnachfolge, GoingPublic Media AG München, 2014, S. 7.
16 *Erdmann/Otten-Pappas/Stautmeister*, Töchter in der Nachfolge – Ergebnisse einer Befragung von Familienmitgliedern aus Unternehmerfamilien, Wittener Institut für Familienunternehmen, WIFU Working Paper Series Nr. 10, 2011.

Die drei Goldbeck-Söhne sind seit 2007 geschäftsführende Gesellschafter der von ihrem Vater 1969 gegründeten Goldbeck-Gruppe in zweiter Generation. Jörg-Uwe und Jan-Hendrik führen gemeinsam mit vier weiteren Geschäftsführern die Goldbeck GmbH, Joachim leitet die Tochtergesellschaft Goldbeck Solar GmbH. Damit die gemeinsame Führung funktioniert, haben die Brüder Strukturen eingerichtet, die den gemeinsamen Umgang miteinander regeln. Die **Goldbeck-Brüder** liefern ein **erfolgreiches Praxisbeispiel** („Wenn mehrere an der Spitze stehen – Nachfolge und Geschwister-Gesellschaft bei Goldbeck", *Axel Gloger*).

3. Wenn kein familieninterner Nachfolger zur Verfügung steht oder nicht gewünscht wird: Aspekte alternativer Nachfolgemodelle

Dass Unternehmerkinder die Nachfolge des Familienunternehmens übernehmen (müssen), ist nicht mehr selbstverständlich. Eltern lassen ihren Kindern weitgehend die Entscheidung offen, welchen beruflichen Werdegang sie einschlagen. Der Einstieg ist dabei nur eine von vielen unterschiedlichen Optionen. Gerade einmal jeder fünfte potenzielle Nachfolger möchte im Familienunternehmen arbeiten, die meisten Unternehmerkinder verfolgen eigene berufliche Pläne.[17] Zudem hat sich die Erkenntnis durchgesetzt, dass die Geburt niemanden zum guten Unternehmer macht. Steht kein interner Nachfolger zur Verfügung oder wird nicht gewollt, bedeutet das nicht gleich das Ende des Familienunternehmens. **Familienexterne Manager** können – übergangsweise oder dauerhaft – das familieneigene Unternehmen weiterführen. Diese müssen aber erst gefunden, gebunden und entsprechende Voraussetzungen innerhalb der Familie und des Unternehmens geschaffen werden („Nachfolge mit Hilfe familienfremder Manager", *Karsten Schween* und *Carlo Mackrodt*).

Mit *Thomas P. Wagner* als Fremdmanager hat das Familienunternehmen DORMA die Risiken des Generationswechsels als Chance genutzt und zum Ausgangspunkt einer neuen Wachstumsstrategie gemacht. Die Voraussetzung dafür: eine weitere Professionalisierung des Geschäfts im Einklang mit den Werten und Interessen der Eigentümerfamilie. Axel Gloger erläutert, wie Thomas Wagner als Fremdmanager mit der Neuausrichtung des Familienunternehmens umgeht („Fremdmanager im Familienunternehmen – Ein Erfahrungsbericht von Dorma", *Axel Gloger*).

---

17 *Zellweger/Sieger*, Coming home or breaking free? Career choice intentions of the next generation in family businesses, Ernst & Young, 2012, S. 35.

Die **Stiftung** hat in den letzten Jahren **als attraktive Nachfolgelösung** an Bedeutung gewonnen. Sie bietet die Möglichkeit, den langfristigen Bestand des Familienunternehmens sicherzustellen und die Familie finanziell abzusichern. Zudem lassen sich durch eine Stiftung Familien- und Unternehmensvermögen voneinander trennen und Erbstreitigkeiten verhindern. Denkbar sind dafür zwei unterschiedliche Stiftungsmodelle: Die gemeinnützige Stiftung, die ausschließlich Zielsetzungen verfolgt, die der Gemeinschaft zugutekommen, und die Familienstiftung. Diese dient vornehmlich der Versorgung der Familie und schüttet Zuwendungen aus den Erträgen an die Familienangehörigen aus. Für beide Modelle gibt es gute Gründe. Bei der Ausgestaltung sind zahlreiche Aspekte zu beachten („Stiftungen in der Unternehmensnachfolge", *Dieter Jeschke* und *Lothar Siemers*).

Die **Familie Wrede** hat Anfang 2015 sämtliche Gesellschafteranteile an der Wrede-Industrieholding in eine **Familienstiftung** eingebracht. Das Ziel dahinter: Die Industrieholding und die damit verbundenen Betriebe sollen langfristig 100-prozentig in der Verfügungsgewalt der Familie Wrede bleiben. Welche Schritte dafür notwendig waren und wie die Familie die Familienstiftung eingerichtet hat, fassen Sabine Strick und Thomas Wrede anhand der familieneigenen Stiftungslösung zusammen („Die Errichtung der Wrede-Familienstiftung: Ein Bericht aus der Praxis", *Sabine Strick* und *Thomas Wrede*).

Der **Unternehmensverkauf** wird oft nur als Notlösung für die Übergabe eines Familienunternehmens angesehen. Doch das muss nicht sein, schließlich kann durch die Veräußerung des Betriebs an strategische oder institutionelle Investoren eine Fortführung des Familienunternehmens sichergestellt und Arbeitsplätze erhalten werden. Ein Verkauf will aber gut geplant und vorbereitet sein („Der Unternehmensverkauf als Nachfolgelösung", *Eckhard Späth* und *Uwe Rittmann*).

4. Auf die Vorbereitung kommt es an: Hilfreiche Instrumente und wichtige Einzelfragen

Eine Nachfolge geht nicht nur mit der Planung des richtigen Nachfolgemodells einher. Sie ist auch mit zahlreichen **rechtlichen Fragestellungen** verbunden. Neben den direkt im Zusammenhang mit der Unternehmensnachfolge stehenden Vereinbarungen, etwa dem Testament oder dem Pflichtanteilsverzicht, wirken sich auch verschiedene bestehende, insbesondere erb-, ehe- und gesellschaftsrechtliche Vereinbarungen auf eine Nachfolge aus („Testament, Pflichtanteilsverzicht & Co. – Die rechtliche Gestaltung der Nachfrage", *Martin Liebernickel* und *Steffen Huber*).

Die **steuerliche Gestaltung der Nachfolge** stellt Familienunternehmen regelmä-ßig vor besondere Herausforderungen und Fragestellungen. Dies liegt nicht nur da-ran, dass das Familien- und Erbrecht für die Nachfolge in Familienunternehmen einfach nicht passt. Auch eine Nachfolgeplanung durch testamentarische Verfü-gung hat ihre Tücken. Und die Rechtslage hat aufgrund des jüngsten Urteils des Bundesverfassungsgerichts eine neue Dimension. Daher gilt es, rechtzeitig die Wei-chen zu stellen. Denn Unternehmerfamilien haben im Rahmen eines professionel-len Nachfolgeprozesses einen erheblichen juristischen Gestaltungsspielraum, den sie nutzen können und nutzen sollten („Die steuerliche Gestaltung der Nachfolge – Eine hohe Kunst", *Claudia Klümpen-Neusel*).

Bei Erbschaften gewinnt aufgrund der zunehmenden **Internationalisierung** auch das internationale Privatrecht immer mehr an Bedeutung. Mehr als 80 Prozent **der deutschen Familienunternehmen** sind bereits im Ausland aktiv und das seit vie-len Jahren.[18] Gleichzeitig wohnen, studieren oder arbeiten immer mehr Familien-mitglieder im Ausland, heiraten dort und transferieren Vermögenswerte in andere Länder. Dies birgt zahlreiche Fragestellungen im Hinblick auf die Nachfolge, etwa wie internationale Ehevertragsstatute zu gestalten oder der Erbschafts- und Weg-zugsbesteuerung zu begegnen ist. Zudem sind damit auch praktische Herausforde-rungen, zu denken ist hierbei unter anderem an die zunehmende Entfernung und mögliche Entfremdung vom Unternehmen und der Unternehmerfamilie, verbun-den („Die internationale Unternehmerfamilie – Eine Herausforderung der beson-deren Art", *Maren Gräfe* und *Dieter Jeschke*).

Der Governance-Kodex für Familienunternehmen empfiehlt, dass jedes inhaberge-führte Unternehmen über einen **Notfallplan** verfügt, „[...] der festlegt, was bei un-geplantem vorzeitigen Eintritt des Nachfolgefalls zu geschehen hat." Ein solcher Plan ist nicht nur sinnvoll, um sich gegen den plötzlichen Ausfall des Unterneh-mens abzusichern. Notfälle sind unter anderem auch, wenn ein Gesellschafter aus-scheidet und die entsprechende Abfindung aus der Unternehmenskasse bezahlt werden muss oder wenn im Erbfall einer „nichtberechtigten" familienfremden Per-son eine Unternehmensbeteiligung zuerkannt wird, obwohl der Gesellschaftsver-trag dies verbietet. Mit einem Notfallplan kann der Handlungsunfähigkeit des Fa-milienunternehmens vorgebeugt werden. Er gehört daher zwingend zu einer vor-rausschauenden Nachfolgeplanung („Der Notfallplan – Ein unverzichtbares Element der Nachfolgeplanung", *Karin Ebel* und *Peter May*).

---

18 *Calabro/Rüsen/Bartels/Müller*, Wachstumsmuster und Internationalisierung deutscher Familienunterneh-men und Unternehmerfamilien, hrsg. von PwC und dem Wittener Institut für Familienunternehmen, 2014, S. 16.

Eine **Familienverfassung** legt die unternehmenspolitische Grundhaltung der Familie langfristig fest und beinhaltet neben Verhaltensgrundsätzen Regeln zur Nachfolge, Entscheidungsfindung, Mitgliedschaft in der Unternehmerfamilie, Ausschüttung und Ausscheiden der Familienmitglieder aus dem Unternehmen.[19] Die Verfassung ist ein von den Familienmitgliedern selbst erarbeiteter Verhaltensappell mit moralischer Bindungswirkung.[20] Durch den bei der Erarbeitung erzielten Konsens werden Interessengegensätze und potenzielle Konflikte im Vorfeld der Nachfolge diskutiert und geklärt. Entsprechend herrscht auch Klarheit darüber, wenn es soweit ist („Die Familienverfassung in der Nachfolge", *Dominik von Au*).

Ein **Beirat** ist nicht nur ein zentraler Baustein einer guten Governance in Familienunternehmen. Er kann auch eine wichtige Rolle im Nachfolgeprozess spielen. Sinnvoll ist er vor allem in Nachfolgekonstellationen, die erstmals im Lebenszyklus eines Familienunternehmens auftreten, etwa beim ersten Generationenübergang oder bei der erstmaligen Einrichtung einer familienfremden Geschäftsführung („Der Rolle des Beirats in der Nachfolge", *Karin Ebel* und *Gerold Rieder*).

Der Wechsel in der Eigentümer- und Führungsstruktur, der mit jeder Nachfolge verbunden ist, bietet stets auch die Chance, aus etablierten Strukturen auszubrechen und Anpassungen in der Produkt- und Dienstleistungspalette, den Strukturen, Prozessen oder dem Geschäftsmodell vorzunehmen, um das Unternehmen dadurch zukunftsfähig zu machen und wettbewerbsfähiger aufzustellen. Allerdings ist fraglich, ob und, wenn ja, wie viele **strategische Veränderungen** notwendig und sinnvoll sind („Unternehmensstrategische Fragestellungen in der Nachfolge – Die richtige Balance zwischen Bewahren und Verändern finden", *Arnold Weissman*).

Häufig werden bei der Nachfolge auch Gesellschafter aus dem Unternehmen herausgekauft oder abgefunden, etwa der Senior bei vorweggenommener Erbfolge oder weichende Erben. Privatvermögen, Firmenkapital und Bankdarlehen reichen häufig nicht aus, um einen fairen Ausgleich zu schaffen. Daher erfordert der Nachfolgeprozess oftmals auch die Suche nach frischem Kapital, zumal dieses parallel zum Generationenwechsel auch für Modernisierungsinvestitionen oder Ähnliches genutzt werden kann. Schuldscheindarlehen, ein Börsengang oder der Einstieg einer Beteiligungsgesellschaft sind nur einige der zahlreichen **Finanzierungsinstrumente**, die zur Verfügung stehen. Sie sind allerdings nicht für jedes Familienunter-

---

19 Siehe dazu auch *May*, Erfolgsmodell Familienunternehmen, Murmann Verlag Hamburg, 2012, S. 206 ff. sowie *Schween/Koeberle-Schmid/Bartels/Hack*, Die Familienverfassung – Zukunftssicherung für Familienunternehmen, INTES Akademie für Familienunternehmen Bonn, 2011.
20 Ebenda, S. 10.

nehmen geeignet – und es gibt zahlreiche Aspekte zu beachten („Finanzierungsfragen im Zusammenhang mit der Nachfolge", *Bernd Papenstein* und *Christian Lüke*).

Unternehmerfamilien haben neben dem Familienunternehmen oft auch ein mehr oder weniger großes **Privatvermögen**. Neben zentralen steuerlichen Fragestellungen im Zuge des Generationenübergangs, die damit in Verbindung stehen, muss dabei auch geklärt werden, wie die Nachfolger an das Vermögen herangeführt werden und wie eine Vermögensübertragung erfolgen kann und soll. Zudem sollten Vorkehrungen dafür getroffen werden, wie die Vermögensstruktur gestaltet wird („Nachfolge im Privatvermögen – Praxistipps für die Unternehmerfamilie", *Claudia Klümpen-Neusel* und *Peter Raskin*).

Ein guter Unternehmer wird man nicht über die Geburt. Die **Next Generation** muss gezielt an die Nachfolge **herangeführt** werden. Neben einem akademischen Studium zählen die externe Bewährung und Führungstätigkeit in einem anderen Unternehmen mittlerweile zu den Standardvoraussetzungen, um den elterlichen Betrieb zu übernehmen. Doch die Mobilisierung der eigenen Kinder für die Nachfolge beginnt schon früher: Durch internationale Schulen, Networking mit anderen Unternehmerkindern, gemeinsame Geschäftsreisen oder regelmäßige Besuche im Familienunternehmen („Die Heranführung der Next Generation – Wie man es richtig macht", *Sabine Strick*).

Zahlreiche – private und staatliche – Universitäten und Hochschulen haben in den vergangenen Jahren eine neue Zielgruppe entdeckt: die Erben und Nachfolger von Familienunternehmen. Für sie gibt es eine große Vielfalt an **Angeboten und speziellen Ausbildungsprogrammen**, die die NextGen an die Nachfolge heranführen sollen. Zudem bieten immer mehr Berater und Banken Unternehmer- oder Nachfolgernetzwerke, die einen Erfahrungsaustausch der jungen Nachfolger ermöglichen und Wissen vermitteln. Der Aufwand lohnt sich. Wir geben Ihnen einen Einblick in die Vielfalt des Angebots und eine Bewertung („Hochschulen, Unternehmernetzwerke & Co. – Was können sie leisten?", *Christina Müller*).

5. An alles gedacht? Service

Praxisbefunde, professionelle Beratung, die richtige Auswahl, professionelle Qualifizierung und ein Erfahrungsaustausch unter Nachfolgern und Übergebenden bieten das Rüstzeug für eine erfolgreiche Nachfolge. PwC und INTES haben diese Angebote im Rahmen der **PwC-INTES-Nachfolgeinitiative** gebündelt und bieten damit zu allen Aspekten der Nachfolge eine Lösung („Die PwC-INTES-Nachfolgeinitiative", *Christina Müller*).

An alles gedacht? Wo finden Sie was und wen? Damit Sie bei Ihrer Nachfolgeplanung keinen Aspekt unberücksichtigt lassen, haben wir Ihnen zum Schluss **hilfreiche Adressen** und eine **Checkliste** für Ihren Generationenübergang zusammengestellt. Prüfen Sie selbst! („Hilfreiche Adressen", *Christina Müller,* und „Ein kurzer Nachfolgecheck", *Peter May*).

1.2 Die Nachfolge-Strategie – In vier Schritten zur gelingenden Nachfolge

von Prof. Dr. Peter May

I. Vorbemerkungen

Familienunternehmen und Unternehmerfamilien sind Mehrgenerationen-Projekte. Die Inhaberfamilie möchte die Kontrolle über ihr Familienunternehmen für eine möglichst lange Dauer ausüben. Solange die Lebenszeit eines Menschen begrenzt ist, kann dies nur gelingen, wenn der unternehmerische Staffelstab in unregelmäßigen Abständen von einer Generation an die nächste übergeben und von dieser erfolgreich weitergetragen wird. Es ist eine simple, aber unausweichliche Wahrheit: Ohne erfolgreiche Nachfolge gibt es kein erfolgreiches Familienunternehmen. Und keine erfolgreiche Unternehmerfamilie.

1. Warum Nachfolge nicht einfach ist

Allerdings ist Nachfolge kein einfaches Thema. Das beginnt damit, dass sie beim übergebenden Unternehmer die Bereitschaft voraussetzt, sich mit der Endlichkeit des Lebens auseinanderzusetzen. Das erfordert eine Reife und Gelassenheit, die bei Menschen, deren Lebensthema das kraftvolle Gestalten ist, nicht immer anzutreffen ist. Wer in Kategorien wie „Geht nicht – gibt's nicht" oder „Für jedes Problem gibt es eine Lösung" lebt, für den ist der Tod eine existenzielle Bedrohung, der man am liebsten mit Verleugnung begegnet. Die Auseinandersetzung mit der Nachfolge wird da schnell selbst zur Bedrohung. Unternehmer, die nicht loslassen können, gehören oft in diese Kategorie.

Diejenigen, die bereit sind, sich dem Thema zu stellen, sehen sich rasch mit rational und emotional schwierigen Fragen konfrontiert. Wann ist der richtige Zeitpunkt für die Übergabe gekommen? Sind meine Kinder geeignet, die unternehmerische Verantwortung in ihren unterschiedlichen Ausprägungen zu übernehmen? Was ist gut für die Firma? Was für die Familie? Und was für jedes einzelne Kind? Was ist richtig? Und was gerecht? Solche Einschätzungen zu treffen, fällt schwer. Der Umgang mit dem Ergebnis noch mehr. Viele Unternehmensübergaben scheitern langfristig an fehlendem Willen, fehlender Fähigkeit und Zwist zwischen den Nachfolgern. Und daran, dass die zugrunde liegenden Themen allzu lange verdrängt wurden.

Zudem ist Nachfolge ein komplexes Thema. Es geht ja nicht nur um das Unternehmen. Es geht immer auch um die Unternehmerfamilie, um sonstige Vermögensbestandteile und um jedes beteiligte Individuum. Es geht um Geld, um Macht und um Liebe, um Bevorzugung und Zurücksetzung. Dazu kommen rechtliche und steuerliche Fragestellungen. Die rechtlich saubere Gestaltung der Nachfolge ist ein anspruchsvolles Thema. Für die steuerliche Gestaltung gilt dies erst recht. Vor allem die Erbschaftsteuer ist so komplex geworden, dass sie viele Unternehmer überfordert. Auch deshalb, weil neben kurzfristigen Ersparniseffekten auch die langfristigen Auswirkungen auf das Unternehmen und die Familie bedacht werden müssen. Die Komplexität der Nachfolge schafft eine Gemengelage, in der man leicht die Übersicht verlieren kann.

Zu guter Letzt haben sich auch die gesellschaftlichen Rahmenbedingungen geändert. Im bürgerlich-patriarchalischen Zeitalter wurde die Nachfolge vorrangig durch den Patriarchen bestimmt. Er ordnete an, die Familie folgte – mitunter mit Murren und Knurren. Offene Auflehnung hingegen war selten; zu groß war die Kraft des auf Tradition und Autorität gegründeten Folgeanspruchs. Die neue Welt ist anders. Das bürgerliche Zeitalter ist vergangen, und mit ihm das Patriarchat. Wo Individualisierung und Emanzipation die Kultur prägen, funktionieren oktroyierte Lösungen nicht mehr. Das mag mancher als Nachteil empfinden, und zugegebenermaßen war die alte Welt einfacher. Dem stehen aber auch wichtige Vorteile gegenüber: Die weibliche Emanzipation hat den Kreis der in Betracht kommenden Nachfolger quasi verdoppelt. Und die Notwendigkeit, Nachfolge als Familienprojekt zu begreifen, erhöht die Bindekraft der gefundenen Nachfolgelösungen. Wer an der Erstellung des Konzepts mitgewirkt hat, wird sich mit dessen Ergebnissen stärker identifizieren als derjenige, dem sie lediglich mitgeteilt wurden.

2. Warum ein strukturierter Prozess hilfreich ist

In meiner langjährigen Arbeit mit Unternehmerfamilien in der Nachfolge habe ich die Erfahrung gemacht, dass ein strukturierter Prozess hilft, die Angst vor rationaler und emotionaler Komplexität zu nehmen und das schwer Aussprechbare besprechbar zu machen. Dies gilt umso stärker, je mehr der Prozess einen Rahmen setzt, der unterstützend, aber nicht einengend wirkt und Raum für individuelle Lösungen lässt. „Komplexität reduzieren – Ängste nehmen – Strukturen schaffen – individuelle Lösungen ermöglichen", mit diesem Anspruch habe ich das Konzept der Nachfolge-Strategie entwickelt. Es besteht aus vier Schritten:

1. Eine gute **Analyse** vornehmen.

2. Die **Zielstruktur**(en) sauber definieren.

3. Die richtigen Feststellungen treffen und zu einem schlüssigen **Nachfolgekonzept** verbinden.

4. Das Gewollte konsequent **umsetzen**.

II. Der erste Schritt: Die Analyse

Grundlage eines guten Konzepts ist eine zutreffende Analyse der Ausgangssituation. Nur wer weiß, wo er steht, kann beurteilen, ob das angestrebte Ziel erreichbar ist und welcher Weg gegangen werden muss, um ans Ziel zu gelangen. Das gilt auch für die Nachfolge. Eine gute Analyse ist der erste Schritt zur guten Nachfolge-Strategie.

1. Nachfolge-Analyse mit dem INTES-Prinzip

Die Welt der Familienunternehmen und Unternehmerfamilien ist komplex. Um die Komplexität handhabbar zu machen, habe ich 1997 das INTES-Prinzip geschaffen. Ihm liegt die Erkenntnis zugrunde, dass es im Familienunternehmen nie nur ums Unternehmen geht. Auch die Familie, Vermögensaspekte und persönliche Interessen wollen bedacht sein. Nur wenn es gelingt, diese vier Interessenfelder in die richtige Balance zu bringen, kann ein Familienunternehmer auf Dauer Erfolg haben. Und je besser ihm die Balance gelingt, desto größer wird sein Erfolg sein. Diese Grundidee gilt natürlich auch für den finalen Test unternehmerischen Erfolgs: die Sicherung des Lebenswerks über den eigenen Tod hinaus, wobei hier in besonderem Maße auch rechtliche und steuerliche Aspekte zu berücksichtigen sind.

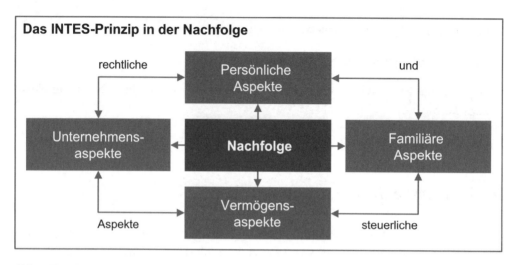

Abb. 1: Das INTES-Prinzip in der Nachfolge

Die Analyse setzt eine nüchterne Bestandsaufnahme voraus: Was ist vorhanden? Was steht auf der Haben-, was auf der Soll-Seite? Welche Stärken können genutzt werden? Welche Schwächen sind zu berücksichtigen? Welche Chancen gibt es? Und wo lauern Risiken? Mit anderen Worten: Bei der Analyse der Ausgangssituation für die Nachfolge geht es darum, in der Unternehmenssphäre sattsam bekannte und erprobte Instrumente, z.B. die SWOT-Analyse[1], auf die anderen Felder – Vermögen, Familie, Person(en) sowie Recht und Steuern – zu übertragen. Ich habe oft die Erfahrung gemacht, wie sehr es Unternehmern hilft, mit vertrauten Instrumenten zu arbeiten, und welch tiefe Einsichten diese einfachen Instrumente auch in den anderen Aktionsfeldern zutage fördern.

---

1 SWOT steht für Strenghts (Stärken) and Weaknesses (Schwächen), Opportunities (Chancen) and Threats (Gefahren). Die SWOT-Analyse ist ein strategisches Planungsinstrument zur Positionsbestimmung und Strategieentwicklung von Unternehmen. Näher zur SWOT-Analyse im Familienunternehmen *May*, Erfolgsmodell Familienunternehmen, Murmann Verlag Hamburg, 2012, S. 32-51.

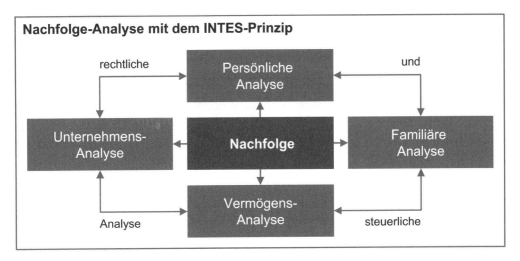

Abb. 2: Nachfolge-Analyse mit dem INTES-Prinzip

2. Die Analyse des Unternehmens

Die für die Nachfolge zu erstellende Unternehmensanalyse kann wichtige erste Erkenntnisse ans Licht bringen:

- Was macht unser Unternehmen?

- Wo ist es tätig?

- Wie groß ist es?

- Wer sind wesentliche Wettbewerber?

- Wem gehört es?

- Wie ist seine Struktur?

- Wie ist seine Rentabilität?

- Wie ist es finanziert?

- Welche Governance-Strukturen gibt es?

- Wer sind die Schlüsselpersonen?

- Wie hoch ist der Unternehmenswert – nicht nur ökonomisch, sondern auch emotional?

- Was sind die wichtigsten Stärken, auf denen unser Unternehmen nach erfolgter Nachfolge aufbauen kann?

- Welche Schwächen müssen wir in den Griff bekommen?

- Wo liegen neue Chancen?

- Welche Risiken müssen wir beachten?

Dazu können die Erkenntnisse aus meinem 3-Dimensionen-Modell genutzt werden. Das 3-Dimensionen-Modell[2] geht von der Erkenntnis aus, dass Familienunternehmen keine homogene Gruppe darstellen, sondern sich sehr stark voneinander unterscheiden. Je nachdem, wie die Inhaberschaft, die familiäre Einflussnahme auf das Unternehmen und die Art des unternehmerischen Engagements der Familie ausgestaltet sind, ergeben sich spezifische Herausforderungen für das einzelne Familienunternehmen. Diese zu kennen und sich Gedanken darüber zu machen, welche Veränderungen mit der Nachfolge verbunden sein können, gehört zu einer guten Unternehmensanalyse.

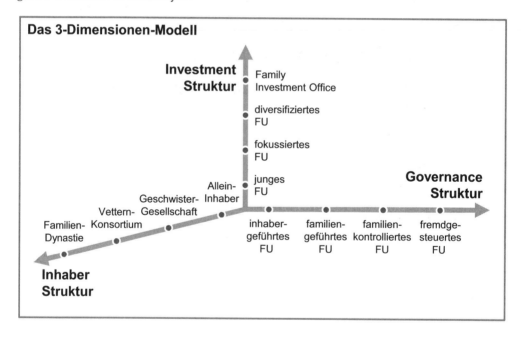

---

2 Grundlegend zum 3-Dimensionen-Modell siehe *May*, S. 177-205.

Inhaber-Struktur	Governance-Struktur	Investment-Struktur
Allein-Inhaber • Alleinsein • Machtmissbrauch • Abhängigkeit vom Allein-Inhaber • ungeplanter Ausfall • Nachfolge	**Inhabergeführtes FU** • Alleinsein • Abhängigkeit vom Unternehmer • ungeplanter Ausfall • Nachfolge	**Junges FU** • keine Abhängigkeit vom Gründer • Geschäftsidee • knappe Ressourcen • fehlende Professionalität • hohes Risiko
Geschwister-Gesellschaft • Geschwisterrivalität • fehlende Inhaber-Kompetenz • nachlassender Unternehmergeist	**Familiengeführtes FU** • Ämter-Rivalität • Interessengegensätze zwischen tätigen und nichttätigen Inhabern	**Fokussiertes FU** • Lebenszyklus-Risiken • „alle Eier in einen Korb"
Vettern-Konsortium • zunehmende Diversität • alte Rivalitäten • fehlende Inhaber-Kompetenz • nachlassender Unternehmergeist • reduzierte Inhaberidentifikation • nachlassender Zusammenhalt	**Familienkontrolliertes FU** • Finden und Binden geeigneter Manager • Prinzipal-Agenten-Konflikt • nachlassende Inhaberidentifikation	**Diversifiziertes FU** • professionelles Portfolio-Management • Ressourcen-zersplitterung • reduzierte Inhaberidentifikation
Familien-Dynastie • fehlender Zusammenhalt • reduzierte Inhaberidentifikation	**Fremdgesteuertes FU** • Klumpenrisiko • hohe Abhängigkeit von Dritten	**Family Investment Office** • Fehlen der erforderlichen Spezial-Kompetenz • reduzierte Inhaberidentifikation

Abb. 3: Das 3-Dimensionen-Modell

3. Die Analyse des sonstigen Vermögens

Für die Analyse des sonstigen Vermögens gelten ähnliche Überlegungen. An die Bestandsaufnahme

• Welches sonstige Vermögen ist vorhanden?

• Wem gehört es?

• Wie ist es strukturiert?

• Wie viel ist es wert?

• Welche Erträge erwirtschaftet es?

• Welche Finanzierungen bestehen?

- Wie steht es um die Liquidität?

- Gibt es eine Vermögensstrategie?

- Wie sieht die Managementstruktur aus und welche Governance-Regeln gibt es?

schließt sich nahtlos eine Analyse der Stärken und Schwächen sowie der Chancen und Risiken des bestehenden Portfolios an.

4. Die Analyse der Familie

Die professionelle Analyse der Familie ist für viele Unternehmerfamilien eine neue Erfahrung. Furcht ist gleichwohl fehl am Platz. Denn sie ist im Grunde einfach zu erstellen. An eine kurze Darstellung der zur Familie gehörenden Mitglieder (Name, Alter, Familienstand, Beruf oder Ausbildung) schließen sich spannende Fragen an:

- Gibt es eine Familienstrategie bzw. eine Familienverfassung?

- Was sind unsere familiären Werte, Ziele und unser Selbstverständnis als Unternehmerfamilie?

- Wie steht es um die Qualität des familiären Zusammenhalts?

- Gibt es bestehende Konflikte und Konfliktfelder?

- Wie ist die Einstellung der Familie zum Unternehmen? Welche Erwartungen bestehen? Was ist die Familie bereit, dem Unternehmen zu geben?

- Was sind Stärken, auf die wir im Nachfolgeprozess aufbauen können (z.B. gutes Verständnis untereinander, wirtschaftliche und persönliche Selbstständigkeit der Kinder)?

- Wo liegen Schwächen (z.B. Rivalität, schwierige Patchworkkonstellation)?

- Welche Chancen bieten sich im Zusammenhang mit der Nachfolge für die Familie (z.B. Förderung des Zusammenhalts durch ein gemeinsames Projekt, hinzukommende Schwiegerkinder als zusätzliches Potenzial)?

- Welche Risiken gibt es (z.B. Verschärfung bestehender Rivalitäten durch unterschiedliche Behandlung, Konfliktpotenzial durch neu hinzukommende Partner)?

Immer noch tun sich Unternehmerfamilien schwer damit, offen über diese Themen zu sprechen. Dabei tut es gut, die „Fische auf den Tisch" zu packen, gemeinsam anzuschauen und unter fachkundiger Anleitung zu bearbeiten. Familien verfügen über ein einzigartiges Potenzial, wenn es gelingt, sie für ein gemeinsames Projekt zu begeistern. Dazu müssen sie nur anerkennen, dass sie nicht aus idealen, sondern aus realen Mitgliedern bestehen. Die Mitglieder einer Familie sind unterschiedliche Menschen mit unterschiedlichen Interessen und Fähigkeiten, sie lieben einander und rivalisieren miteinander, sie haben Konflikte und das Bedürfnis, gesehen und geliebt zu werden. Die Familie gibt Heimat und Identität, aber sie ist auch der Platz von Neid, Eifersucht und Missgunst. Erst wenn wir das alles als normal anerkennen und offen miteinander darüber sprechen können, wird der Raum frei für eine wirklich starke (Unternehmer-)Familie. Ein Nachfolgekonzept, das diese Realität verleugnet, ist zum Scheitern verurteilt.

5. Die persönliche Analyse

Bei der persönlichen Analyse geht es um die eigene Person. Wie steht es um

- Alter
- Gesundheit
- Beziehungen
- Fähigkeiten
- Erfahrungen
- Stärken
- Schwächen
- Chancen
- Risiken

der eigenen Person? Dabei geht es nicht nur um den übergebenden Unternehmer, sondern um alle beteiligten Familienmitglieder.

6. Rechtliche und steuerliche Analyse

Auf keinen Fall vernachlässigt werden darf die rechtliche und steuerliche Analyse der Ausgangssituation. Dafür ist insbesondere das Steuerrecht hierzulande viel zu wichtig und zu kompliziert. Eine gründliche Bestandsaufnahme erfasst alle bestehenden Verträge (insbesondere Gesellschaftsverträge, Eheverträge, Schenkungsverträge, Erbverträge, Pflichtteilsverzichtsvereinbarungen) und einseitigen Verfügungen (Testamente, Vollmachten, Patientenverfügungen etc.) und prüft diese auf rechtliche Wirksamkeit, Vollständigkeit und steuerliche Konsequenzen. Daran schließt sich eine saubere Beurteilung bestehender Stärken, Schwächen, Chancen und Risiken an. Am Ende dieser Bestandsaufnahme hat die Unternehmerfamilie einen Überblick über die rechtliche und steuerliche Ausgangslage und etwaigen Handlungsbedarf.

7. Hinweise zum Vorgehen

Die beschriebenen Analysen sind ohne fremde Hilfe nicht zu erstellen. Mindestens ebenso wichtig ist aber, dass die Familie in den Erstellungsprozess eingebunden ist und das Ergebnis der Analyse erfährt und miteinander bespricht.

III. Der zweite Schritt: Die Festlegung der Ziele

1. Zielbestimmung mit dem INTES-Prinzip

Unmittelbar im Anschluss muss die Familie festlegen, welche Ziele in Zusammenhang mit der Nachfolge erreicht werden sollen. Der Logik des INTES-Prinzips folgend geht es hierbei neben allgemeinen und übergeordneten Zielen („Wir wollen, dass unsere Nachfolge gelingt.") um konkrete Zielbestimmungen für die vier Interessenfelder Unternehmen, sonstiges Vermögen, Familie und persönliche Interessen sowie um Ziele für das Gestaltungsfeld Recht und Steuern. Bei der Bestimmung dieser Ziele sollte man zum einen den Nachfolgeprozess im Auge haben (z.B. „kein Streit") und zum anderen eine Vorstellung davon entwickeln, welche Zukunft man sich für das jeweilige Interessenfeld wünscht (z.B. „Unser Unternehmen ist auch in zehn Jahren noch ein erfolgreiches Familienunternehmen.").

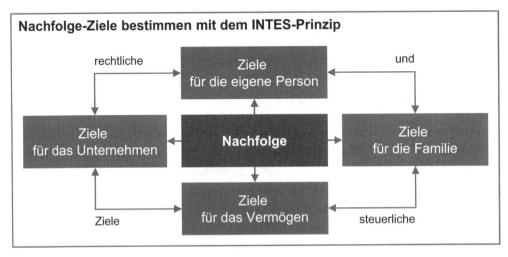

Abb. 4: Nachfolgeziele bestimmen mit dem INTES-Prinzip

2. Ziele für das Unternehmen

Bei der Bestimmung der Nachfolge-Ziele für das Unternehmen geht es darum, eine möglichst konkrete und realistische Vorstellung von der Zukunft des Unternehmens nach dem Generationswechsel zu entwickeln – je klarer, desto besser.

- Wo soll unser Unternehmen in X Jahren stehen?
- Wie soll es sich entwickelt haben?
- Soll es nach wie vor ein Familienunternehmen sein?
- Wer sollen seine Eigentümer sein?
- Welche Rolle soll die Familie im Unternehmen spielen?
- Welche anderen Interessen (z.B. Mitarbeiter) sollen berücksichtig werden?

3. Ziele für das sonstige Vermögen

Da das sonstige Vermögen in Unternehmerfamilien meist eine nachrangige Rolle gegenüber dem unternehmerischen Vermögen spielt, gehen die Fragen zu den Zielen des Vermögens in der Regel in eine andere Richtung:

- Welchen Zwecken dient das sonstige Vermögen beim und nach dem Generationswechsel (z.B. Altersabsicherung bei vorzeitiger Aufgabe der Führungsfunktion, Absicherung des überlebenden Ehepartners, Ausgleich für bei der Verteilung des Unternehmensvermögens benachteiligte Kinder, Vermögensdiversifikation als Vorkehrung gegen Vermögensverluste im Unternehmen)?
- Soll es zusammengehalten und gemeinsam bewirtschaftet oder unter den Familienmitgliedern aufgeteilt werden?

4. Ziele für die Familie

Ein Familienunternehmen ist nicht denkbar ohne eine starke Familie, die hinter ihm steht. Die Nachfolge stellt die Unternehmerfamilie auf eine schwere Probe. Der schwierige Umgang mit den Themen Geld, Macht und Liebe stellt eine Zerreißprobe für den Zusammenhalt der Familie und ihre Einstellung zum Unternehmen dar. Deshalb ist es wichtig, dass die Familie im Nachfolgeprozess frühzeitig festlegt, was ihr mit Blick auf die familiäre Zukunft wichtig ist.

- Wo soll unsere Familie in X Jahren stehen?
- Welches Selbstverständnis und welche Werte sollen sie leiten?

- Wie wichtig ist uns die Akzeptanz der Beteiligten für die bei der Nachfolge zu treffenden Entscheidungen?
- Wie wichtig sind uns Zusammenhalt, familiärer Friede und Einheit der Familie?
- Wie soll das Verhältnis der Familie zum Unternehmen sein?
- Wie wichtig sind uns Zufriedenheit und persönliches Glück der einzelnen Familienmitglieder?

5. Persönliche Ziele

Vielleicht am schwierigsten ist die Bestimmung der persönlichen Ziele. Sie konfrontiert uns wie kein anderes Interessenfeld mit uns selbst, zwingt uns zur Selbstreflektion und dazu, Farbe zu bekennen. Das fällt nicht leicht, ist aber unverzichtbar. Ein Nachfolgekonzept, das zentrale Interessen wichtiger Beteiligter außer Acht lässt, ist zum Scheitern verurteilt. Deshalb sollte man seine Ziele kennen – und die der anderen auch. Folgende Fragen können bei der Zielfindung hilfreich sein:

- Wo möchte ich in X Jahren stehen?
- Was ist mir persönlich wichtig?
- Was will ich tun?
- Welche Rolle möchte ich im Unternehmen einnehmen?
- Welche Fähigkeiten und persönliche Merkmale möchte ich entwickeln?
- Welches Einkommen möchte ich haben?
- Wie soll mein Leben aussehen?

6. Ziele für die rechtliche und steuerliche Gestaltung

Recht und Steuern sind zwar nicht alles, aber ohne sie ist alles nichts. Deshalb braucht der Unternehmer nicht nur einen Überblick über bestehende rechtliche Regelungen und deren steuerliche Auswirkungen. Er muss auch klar formulieren, welche Ziele mit der rechtlichen und steuerlichen Gestaltung erreicht werden sollen. Vor allem für die Steuergestaltung im Nachfolgeprozess ist es wichtig zu wissen, welchen Stellenwert die Steueroptimierung im Vergleich zu anderen Nachfolgezielen besitzt.

7. Zielhierarchie festlegen

Die letzte Bemerkung verweist auf eine Fragestellung von grundsätzlicher Bedeutung. Nur selten ist es möglich, alle Ziele gleichmäßig und vollumfänglich zu verwirklichen. Häufig führt die Realisierung eines Ziels zur Be- oder Verhinderung eines anderen. Das zwingt dazu, Entscheidungen zu treffen. „Wasch mir den Pelz, aber mach mich nicht nass" ist auch in der Nachfolge keine gute Maxime. Damit die notwendigen Entscheidungen auf einer sicheren Grundlage getroffen werden können, empfiehlt es sich, den Stellenwert der einzelnen Ziele zu bestimmen. Nicht alle sind gleich wichtig. Und es ist ein guter Rat, etwaige Zielkonflikte bei der Erstellung des Nachfolgekonzepts zugunsten der höher- bzw. höchstrangigen Ziele aufzulösen.

8. Hinweise zum Vorgehen

Noch mehr als bei der Analyse empfiehlt es sich, in die Zielbestimmung alle betroffenen Familienmitglieder einzubeziehen. Nachfolge im 21. Jahrhundert ist kein einseitiger Akt mehr. Wer will, dass die Nachfolge gelingt, muss diejenigen einbeziehen, die den Staffelstab weitertragen sollen. Die Furcht vor unbeherrschbaren Emotionen und familiären Dynamiken ist in der Regel unbegründet. Im Gegenteil: Der professionell angeleitete Austausch der individuellen Zielvorstellungen bringt nicht selten wichtige Erkenntnisse hervor und bildet eine unverzichtbare Grundlage für ein funktionierendes Nachfolgekonzept. Es ist immer besser, wenn Entscheidungen nicht auf Vermutungen, sondern auf Tatsachen beruhen.

IV. Der dritte Schritt: Die Erstellung des Nachfolgekonzepts

1. Nachfolgekonzept mit Hilfe des INTES-Prinzips

Sind Analyse und Zielbestimmung abgeschlossen, ist der Zeitpunkt gekommen, Entscheidungen zu treffen. Auf der Grundlage der zuvor gewonnenen Erkenntnisse wird jetzt das passende Nachfolgekonzept erstellt. Der Logik des INTES-Prinzips folgend werden nun die wichtigsten Festlegungen für die vier Interessenfelder Unternehmen, sonstiges Vermögen, Familie und beteiligte Personen sowie für den Umgang mit anstehenden rechtlichen und steuerlichen Fragestellungen getroffen. Dabei beginnt man am besten mit einigen allgemeinen und übergeordneten Festlegungen, die dem Nachfolgekonzept im Sinne einer Präambel vorangestellt

werden. Im Anschluss daran sollte das Nachfolgekonzept die folgenden Fragen beantworten:

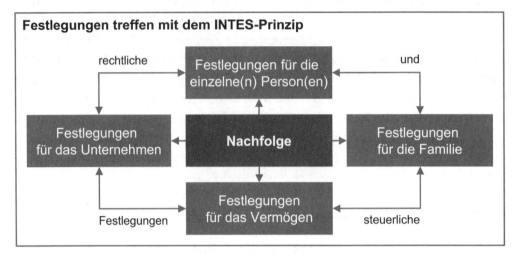

Abb. 5: Festlegungen treffen mit dem INTES-Prinzip

2. Festlegungen für das Unternehmen

- Auf wen geht die Inhaberschaft am Unternehmen über?

- Wie sieht die zukünftige Führung bzw. Führungs- und Kontrollstruktur des Unternehmens aus?

- Welche Rolle spielt die Familie im Unternehmen?

- Welche finanziellen Leistungen erhält die Familie aus dem Unternehmen?

- Wann (und ggf. in welchen Schritten) erfolgt die Übergabe von Inhaberschaft
  und Führung?

- Welche vorbereitenden Maßnahmen sind nötig?

3. Festlegungen für das sonstige Vermögen

- Soll das sonstige Vermögen zusammengehalten und gemeinsam bewirtschaftet
  oder aufgeteilt werden?

- Wer erhält was?

- Werden Versorgungsansprüche begründet? Für wen? Aus welchen Vermögens-
  bestandteilen? In welcher Höhe?

- Wie sieht die zukünftige Führung bzw. Führungs- und Kontrollstruktur für gemeinsam bewirtschaftetes Vermögen aus?

- Wann erfolgt die Übergabe?

- Welche vorbereitenden Maßnahmen sind nötig?

4. Festlegungen für die Familie

- Wer gehört zukünftig zur „Unternehmer"-Familie?

- Wie sichern wir den familiären Zusammenhalt?

- Wie sichern wir das Commitment der Unternehmerfamilie zum Familienunternehmen?

- Wie stellen wir sicher, dass die Familienmitglieder die ihnen im Unternehmen zugewiesenen Rollen auch ausfüllen können?

- Welche vorbereitenden Maßnahmen sind nötig?

5. Festlegungen für die Einzelperson(en)

- Was ist meine zukünftige Rolle in Bezug auf Unternehmen, sonstiges Vermögen und Familie?

- Wie bereite ich mich darauf vor?

6. Festlegungen für die rechtliche und steuerliche Gestaltung

- Welche rechtlichen Dokumente (z.B. Testamente, Erbverträge, Eheverträge, Gesellschaftsverträge, Vollmachten, Patientenverfügungen) sind erforderlich?

- Welche wesentlichen Inhalte sollen sie haben?

- Welche Gestaltungen nehmen wir mit Blick auf die steuerliche Optimierung vor? Und welche nicht?

7. „Richtige" Entscheidungen treffen

Bei der Beantwortung dieser Fragen werden Sie rasch feststellen, dass es nicht nur eine Option gibt, sondern mehrere. Um herauszufinden, welche Option am besten zu Ihnen passt, gehen wir in zwei Schritten vor.

Zunächst werden alle in Betracht kommenden Optionen ermittelt. Das sind oft mehr, als wir denken. Mitunter kommen Mandanten mit der Klage zu mir: „Herr

May, Sie müssen mir helfen! Meine Nachfolge ist gescheitert." Im Gespräch stellt sich dann rasch heraus, dass nicht die Nachfolge gescheitert ist, sondern lediglich die von ihnen bislang favorisierte Option. Da ist es dann hilfreich, andere Optionen aufzeigen zu können. Ich möchte das an einem Beispiel verdeutlichen. Nach dem überraschenden Ausstieg seines ältesten Sohnes ist der Unternehmer ratlos. Er hatte bisher alles darauf ausgerichtet, Inhaberschaft und Führung des Unternehmens auf diesen Sohn zu übertragen. Dabei ist die Thronfolger-Lösung niemals die einzige Lösung zur Übergabe des Eigentums. Alternativ können mehrere Kinder zu Nachfolgern bestimmt werden, bei gleichmäßiger oder auch ungleichmäßiger Verteilung. Denkbar sind auch ein Verkauf der Firma an einen Dritten, die Hereinnahme einer Beteiligung, ein Börsengang oder die vollständige oder teilweise Übergabe an eine Stiftung – entweder als Familienstiftung oder gemeinnützig. Nimmt man dann noch die Führungsnachfolge hinzu, vergrößert sich der Optionenraum weiter. Die Führung des Unternehmens kann von einem Familienmitglied wahrgenommen werden oder von mehreren. Sie kann aber auch einem nicht aus der Familie kommenden Unternehmensführer übergeben werden, möglicherweise auch im Zusammenspiel mit einem Geschäftsführer der Familie.

Es ist wichtig, sich alle in Betracht kommenden Optionen vor Augen zu führen. Aber noch wichtiger ist es, in einem angemessenen zeitlichen Rahmen zu einer Entscheidung zu gelangen, die „richtig" ist und von den Beteiligten als „richtig" empfunden wird. Dazu müssen die Optionen in einem zweiten Schritt miteinander verglichen und bewertet werden. An dieser Stelle zahlt es sich aus, dass zuvor eine sorgfältige Ermittlung des Könnens (Analyse) und Wollens (Zielbeschreibung) vorgenommen worden ist. Je besser eine Option zu den in den beiden ersten Schritten ermittelten Ergebnissen passt, desto „richtiger" ist sie im Rahmen der Festlegung des Nachfolgekonzepts. Dabei geht es nicht darum, die „eine" richtige und zweifelsfreie Lösung zu finden. So einfach macht es uns das Leben nur selten. Zielsetzung ist vielmehr, diejenige Lösung zu ermitteln, deren Vorteile mit Blick auf ihre Nachteile so sehr überzeugen, dass wir bereit sind, letztere zu akzeptieren.

8. Hinweise zum Vorgehen

Was für Analyse und Zielbestimmung richtig ist, gilt für die Erarbeitung des Nachfolgekonzepts erst recht. Je mehr der übergebende Unternehmer seine Familie in den Prozess einbindet, desto sicherer kann er sein, dass das Konzept von allen getragen und umgesetzt wird.

V. Der vierte Schritt: Die konsequente Umsetzung

Ist das Nachfolgekonzept erstellt, geht es mit Kraft und Energie an seine Umsetzung. Ebenso wie eine Unternehmens- oder eine Inhaberstrategie ist auch ein Nachfolgekonzept zunächst nur beschriebenes Papier, das erst durch seine Umsetzung Wirklichkeit wird. Was zu tun ist, sollte sich zweifelsfrei aus dem Nachfolgekonzept ergeben und ist so individuell wie die Familien, deren Nachfolge gestaltet werden muss.

Im Bereich des Unternehmens kann es darum gehen, einen Auswahlprozess und Anforderungsprofile zu definieren, Einarbeitung und Übergabe zu organisieren, einen Fremdmanager zu suchen, eine Stiftung zu errichten, einen neuen Partner von außen zu suchen oder einen Verkaufsprozess zu starten.

Im Vermögen können Umschichtungen oder eine stärkere Diversifikation des Vermögens notwendig werden, Ansprüche begründet oder die Struktur der Verwaltung professionalisiert werden.

Auf der Ebene der Familie kann die Erarbeitung einer Familienverfassung ins Auge gefasst werden, ein gezieltes Ausbildungsprogramm für die nächste Generation oder Maßnahmen zur Stärkung des Zusammenhalts in der größer werdenden Familie inszeniert werden.

Die beteiligten Einzelpersonen werden Pläne erstellen, wie sie sich auf ihre künftige Rolle und ihr zukünftiges Leben vorbereiten und diese Schritt für Schritt abarbeiten.

Zu guter Letzt werden alle nötigen Rechtsdokumente (Testamente, Erbverträge, Schenkungsverträge, Pflichtteilsverzichte, Eheverträge, Vollmachten, Patientenverfügungen, Gesellschaftsverträge etc.) angepasst oder neu geschaffen und die zur Erreichung der steuerlichen Ziele notwendigen Umstrukturierungen und sonstigen Rechtsakte durchgeführt.

Im Rahmen eines übergreifenden Aufsatzes nimmt der individuelle Aspekt der Umsetzung naturgemäß nur einen verhältnismäßig kleinen Raum ein. In der Praxis der Nachfolge hingegen wird er die meiste Zeit, das meiste Geld und die meiste Energie beanspruchen. Aber je besser die vorbereitenden Arbeiten durchgeführt wurden, desto sicherer dürfen Sie sein, dass die Umsetzungsarbeiten nicht unnütz und sinnlos, sondern zielgerichtet und Erfolg versprechend sind.

VI. Schlussbemerkungen

Zu guter Letzt möchte ich Ihnen noch ein paar praktische und hilfreiche Tipps aus meiner langjährigen Erfahrung mit Familienunternehmen und Nachfolgeprozessen geben.

- **Managen Sie Ihre Nachfolge so professionell wie jedes andere bedeutende Projekt** Ihrer unternehmerischen Karriere – es ist vielleicht Ihr größtes. Geben Sie ihm all die Zeit, das Geld und die Energie, die notwendig sind, damit die Geschichte weitergeht.

- **Zur professionellen Nachfolge gehört auch ein Notfallplan.** Viele Nachfolgen finden ungeplant statt.

- Regeln Sie Ihre Nachfolge nicht allein. **Holen Sie Ihre Familie ins Boot** und machen Sie aus der Nachfolge ein Familienprojekt.

- **Suchen Sie sich einen erfahrenen Nachfolgebegleiter.** Den besten, den Sie finden können, um den komplexen Prozess zu steuern und zu moderieren.

- **Ziehen Sie für die technisch wichtigen Aspekte** (insbesondere Rechts- und Steuerfragen) **die besten Experten hinzu.** Das Geld für sie ist gut angelegt. Fehlerhafte Gestaltungen und nicht gesehene Möglichkeiten kosten ein Vielfaches.

- **Sorgen Sie für die bestmögliche Heranführung der nachfolgenden Generation.** Teilen Sie mit ihnen Ihren Traum. Geben Sie ihnen die bestmögliche Ausbildung und bereiten Sie sie zielgerichtet auf die möglichen und unterschiedlichen Rollen im Familienunternehmen vor.

- **Bereiten Sie sich auf den Moment der Übergabe vor.** Loslassen ist nicht einfach.

- **Fangen Sie früh an.** Eine gute Nachfolge braucht ihre Zeit. Und erfordert schwierige Entscheidungen. Diese lassen sich leichter treffen, wenn die Regeln dafür zu einem Zeitpunkt geschaffen wurden, als das Thema noch relativ abstrakt war. Getreu dem Grundsatz: „Regele das Schwierige, solange es noch einfach ist."

Generationsübergreifende Unternehmertätigkeit einer Familie ist ein schöner Traum. Ich möchte, dass er für Sie und Ihre Familie Wirklichkeit wird.

Alle in diesem Beitrag angesprochenen Aspekte werden in den nachfolgenden Beiträgen dieses Handbuchs vertieft.

2. Kapitel: Wichtige Aspekte einer familieninternen Nachfolge

2.1 In 9 Stufen zur erfolgreichen Übergabe – Das Wittener Modell zum familieninternen Nachfolgeprozess

von Torsten Groth und Prof. Dr. Tom Rüsen

I. Vorbemerkung

Die Nachfolgegestaltung kommt regelmäßig auf jedes Familienunternehmen zu und ist damit zu Recht der „Dauerbrenner" in der Betrachtung von Familienunternehmen. Zugleich ist die Nachfolge von den Besonderheiten der beteiligten Familien und Unternehmen abhängig: Was in dem einen Unternehmen höchst erfolgreich ist, muss in dem anderen keineswegs gelingen. Auch ist jede Familie in ihrer Konstellation einzigartig, keine Familie gleicht der anderen. Daher muss jede Nachfolgelösung mit Respekt vor der Tradition und der besonderen Situation des jeweiligen Unternehmens und der Familie gefunden werden. Standardlösungen kann es nicht geben.

Mit den folgenden Ausführungen wird empfohlen, die Nachfolge als einen fortwährenden Prozess zu betrachten, der in der Regel über neun Phasen abgebildet werden kann.[1] Bei aller Einzigartigkeit jeder Nachfolgesituation weist der Leitfaden auf Fragestellungen hin, zu der jede Unternehmerfamilie ihre spezifischen Antworten finden sollte. Werden die einzelnen Phasen von Unternehmerfamilien in den Blick genommen und reflektiert, können typische Missverständnisse und innerfamiliäre Konflikte vermieden werden. Davon unbenommen sind weitergehende familienstrategische Überlegungen, die einer gesonderten Bearbeitung bedürfen.[2]

---

1 Die folgenden Ausführungen basieren auf dem Wittener Leitfaden zur familieninternen Nachfolge (vgl. *Groth/Rüsen/von Schlippe*, WIFU Praxisleitfaden, Nachfolge in Familienunternehmen. Ein Leitfaden zur Gestaltung der Nachfolge auf Seite des Unternehmens und des Gesellschafterkreises, 2013, Online verfügbar unter www.wifu.de/praxisleitfaden).

2 Vgl. *von Schlippe/Groth/Plate*, Entscheidungsfähigkeit sicherstellen: Familienstrategie und Familienmanagement in Familienunternehmen, in: Plate et al., Große deutsche Familienunternehmen, Vandenhoeck & Ruprecht Göttingen, 2011, S. 522-562 sowie u.a. der Beitrag „Die Nachfolgestrategie – In vier Schritten zur gelingenden Nachfolge" in Kapitel 1 dieses Buchs.

II. Die Nachfolge ist als fortwährender Prozess zu betrachten

Unter Nachfolge wird oftmals die Übergabeentscheidung zur Führung des Unternehmens verstanden: Wer übernimmt zum Tag X die Führung, wer gibt diese ab und wie wird die Übergabe an die nächste Generation gestaltet? Diese übliche Sichtweise, die oft auch noch durch das Bild einer Staffelstabübergabe verstärkt wird, leitet in zweifacher Hinsicht in die Irre: Sie übersieht, dass die Nachfolge nicht nur in der Führung des Unternehmens zu vollziehen ist, sondern auch in der Weitergabe von Unternehmensanteilen. Vor allem aber blendet die Reduktion auf eine Nachfolgeentscheidung viele Nachfolgedynamiken in Unternehmerfamilien aus, die schon lange vor der Verantwortungsübergabe und auch danach das Leben der Familienmitglieder geprägt haben oder noch immer prägen. Angemessener ist es, die Nachfolge als einen fortwährenden (Kommunikations-)Prozess zu verstehen. Dieser beginnt, sobald Kinder auf der Welt sind und die Weitergabe eines Unternehmens an die nächste Generation in Erwägung gezogen wird. Ein Endpunkt des Prozesses ist kaum zu definieren. Die Nachfolge begleitet Unternehmen wie Familie folglich immerfort. Solange eine (Eigentümer-)Familie einen bestimmenden Einfluss auf ein Unternehmen ausübt, solange man also von einem Familienunternehmen sprechen kann, sollten ausgewählte Aspekte der Nachfolge kontinuierlich reflektiert werden.

In der Praxis hat es sich bewährt, neun relevante Phasen des Nachfolgeprozesses zu unterscheiden:[3]

---

3 Das hier aufgeführte Phasenodell ist eine Erweiterung eines ersten Wittener Phasenmodells zur Nachfolge. Siehe hierzu auch *von Schlippe/Groth/Rüsen,* Paradoxien der Nachfolge in Familienunternehmen, Konfliktdynamik, Klett-Cotta Verlag Stuttgart, 4/2012, S. 288-299.

Die neun Phasen der Nachfolge

1 Erziehung zur Nachfolge	**6** Einstieg ins Unternehmen
2 Unsicherheit bei den Nachfolgern	**7** Verantwortungsübergang
3 Ausbildung zur Nachfolge	**8** Ausstieg des Seniors
4 Vorbereitung des Unternehmens	**9** Neuorientierung des Seniors
5 Auswahl des Nachfolgers	

Abb. 1: Die neun Phasen der Nachfolge

In jeder einzelnen Phase entstehen auf Familien- und Unternehmensseite spezifische Klärungsbedarfe. Der Mehrwert der hier vorgeschlagenen Vorgehensweise besteht folglich darin, in den jeweiligen Phasen die typischen Dynamiken zu beachten und die Fragestellungen dosiert und situationsangemessen in die Familienkommunikation einzubringen.

1. Phase: Erziehung zur Nachfolge
(vor allem 4. bis 16. Lebensjahr der Nachfolgegeneration)

Gar nicht so leicht, einen Nachfolger groß zu ziehen!

Die Nachfolgevorbereitung beginnt im Kindesalter. Dieser frühe Zeitpunkt mag verwundern, doch gerade bevor in Schulzeiten unter Schülern erwähnt (und zugleich auch verglichen) wird, was die Eltern beruflich machen, ist es wichtig, den

Kindern Sicherheit zu geben, was es heißt, als Kind einer Unternehmerfamilie auf-zuwachsen – vor allem, wenn das Unternehmen im öffentlichen Fokus steht und die Kinder den Namen des Unternehmens tragen. Dem jeweiligen Alter entspre-chend sind die Kinder mit dem Unternehmen und den Besonderheiten vertraut zu machen, ohne einen Druck aufzubauen, in die Fußstapfen der Eltern treten zu müssen. Keineswegs sollten Kinder zu früh daraufhin beobachtet werden, ob sie (in der Schule oder im Spielverhalten) Fertigkeiten zeigen, die später einmal für eine Karriere im Unternehmen nützlich sein könnten.[4]

In der Praxis beobachtbar sind auch Eltern, die ihre Kinder schützen wollen und das Bestreben haben, die Kinder bewusst vom Unternehmen fernzuhalten. Hinter-grund hierfür ist das Anliegen, dass die Nachkommen „befreit" und ohne unter-nehmerische Vorprägung aufwachsen können. Hierbei ist jedoch zu bedenken, dass die Kinder auf diese Weise eher eine ambivalente Botschaft bekommen: Sie sollen anfangs von etwas ferngehalten werden, das später ihr Leben prägen soll bzw. auf das einige ihr Leben ausrichten sollen. Wie kann ein „gesundes Verhält-nis" zu etwas entstehen, vor dem man „geschützt" wurde? Auch ist zu bedenken, dass sich dieses künstliche Verhalten meist nur schwer aufrecht erhalten lässt, ins-besondere bei Unternehmerfamilien, in denen einzelne Mitglieder in unmittelba-rer Nähe zu Unternehmen leben, der Firmenname dem eigenen Namen gleicht so-wie wenn einer oder beide Elternteile im Unternehmen tätig sind und der Famili-enalltag von den Unternehmensentwicklungen tangiert wird (z.B. kurzfristige Absage des geplanten Sommerurlaubs wegen technischer Probleme im Betrieb, Ab-sage der Teilnahme an einer Schulaufführung wegen eines Kundenbesuches etc.).

Auch empfinden Kinder in Unternehmerfamilien das Unternehmen oftmals als eine Art „Geschwister-Kind", mit dem sie ohnehin regelmäßig um Zeit und Auf-merksamkeit in einem Konkurrenzverhältnis stehen. Denn die vielfältigen und komplexen Anforderungen des Unternehmens führen zu einer Art „Kommunikati-onsverknappung", was andere familiäre Belange des Alltags (Kindergarten, Schule und Hausaufgaben usw.) anbetrifft. Auch ist der Gemütszustand von Eltern, Groß-eltern oder anderen nahen Verwandten nicht selten von der Entwicklung des Un-ternehmens beeinträchtigt. Wenn dieser zentrale Einflussfaktor der Familiendyna-mik nun bewusst aus der Familienkommunikation ferngehalten, also tabuisiert wird, können hieraus sogar Aversionen gegenüber dem dann „Unbekannten" ent-stehen.

---

4 Siehe dazu auch den Beitrag „Heranführung an die Next Generation – Wie man es richtig macht" in Kapitel 4 dieses Buchs.

Ein kurzer Tipp: Eltern sollten in den ersten Jahren also einen Mittelweg finden, den Kindern ein Aufwachsen zu ermöglichen, das nicht auf die Nachfolge fixiert ist, sie aber zugleich mit dem Unternehmen und den Chancen einer möglichen Nachfolge vertraut macht.

2. Phase: Unsicherheiten bei den Nachfolgern
(in etwa 12. – 20. Lebensjahr der Nachfolgegeneration)

Hör' endlich auf, ständig hinter mir herzulaufen und verhalte dich wie ein richtiger Nachfolger!

Zeitlich überlappend mit der ersten Phase, in der die Eltern das Unternehmertum in seinen Vorzügen und Anforderungen vorleben und vorgeben, beginnt eine zweite, in der die Kinder eine eigene Einstellung zum Unternehmen und zur Nachfolge ausbilden. Die für die Pubertät typischen Suchprozesse zwischen Autonomiebestrebungen und Bindungserhalt werden in dieser Phase auch anhand der Nachfolgefrage „durchgespielt". Zeiten großer Zustimmung („Ich gehe in die Firma! – Ich mache das, was meine Eltern machen!") werden oftmals abgelöst von Zeiten, in denen die Ablehnung groß ist und auch impulsiv gezeigt wird („Niemals werde ich das tun, was Ihr wollt! – Ich lebe mein eigenes Leben!"). In dieser emotional aufwühlenden Entwicklungsphase der Kinder bzw. Jugendlichen – die nicht nur Unternehmerfamilien durchrüttelt – ist es wichtig, dass beide Generationen miteinander in Kontakt bleiben.

Vor allem ist es wichtig, dass die Eltern übergroßen Nachfolgeeifer wie auch Ablehnungen der Nachfolge als vorübergehende Lernphasen re-interpretieren. In der Pubertät wird Eigenständigkeit erprobt und damit eine Fähigkeit erlernt, die später für unternehmerisches Denken wichtig ist. Und sollte sich in dieser Lebensphase die Eigenständigkeit des Nachwuchses dadurch äußern, dass dem elterlichen Nachfolgewunsch vehement widersprochen wird, dann reicht zur Akzeptanz in dieser Phase vielleicht der Hinweis, dass dies erfahrungsgemäß kein definitiver Entschluss ist, der auch in zehn Jahren noch gelten muss. Die Herausforderung für die Unternehmerfamilie besteht in dieser Phase somit darin, einen fruchtbaren Boden für die Lernphase zu bereiten. Auf diesem kann später eine Haltung zum Thema Nachfolge entstehen. Hierbei ist die Paradoxie zu bewältigen, dass die Grundhaltung zwar bei jedem Kind „von innen" kommen muss, diese aber von den Eltern gefördert bzw. angeregt werden kann. Gleichzeitig ist ein „Überdüngen" dieses Bodens mit elterlichen Erwartungen zu vermeiden.

Kurzer Tipp: Ein frühes Ja zur Nachfolge heißt nicht, dass die Nachfolgefrage geklärt ist, und ein zwischenzeitliches Nein zur Nachfolge kann einen Reifeprozess anzeigen, der später ein viel bewussteres Ja zur Nachfolge ermöglicht. Entscheidend ist, dass Eltern und Kinder „im Kontakt" bleiben.

3. Phase: Ausbildung zur (möglichen) Nachfolge
(16. – 30. Lebensjahr der Nachfolgegeneration)

Das Gefühl der Ambivalenz setzt sich unter vielen Nachfolgerinnen und Nachfolgern auch in den Zeiten der Ausbildung fort.[5] Die Frage, inwieweit eine Ausbildung oder auch ein Studium direkt auf die Zukunft im elterlichen Unternehmen ausgerichtet werden soll, oder aber, ob man eine den eigenen Neigungen entsprechende Studienwahl vornehmen darf, prägt diese Phase. Dabei sollte (v.a. aus Elternsicht) die Relevanz der Ausbildungswahl nicht überbewertet werden. Sorge zu tragen ist, dass sich in der Ausbildungswahl nicht eine innere Oppositionshaltung zur Nachfolge fortsetzt („Ich werde Künstler!" ... aber nicht, weil man künstlerisch begabt ist, sondern weil man damit den Vater oder die Mutter ärgern kann), die eher dem Alter der Phase 2 zuzurechnen ist. Aber selbst vermeintlich abwegige Ausrichtungen und unkonventionelle Lebensläufe bieten in Kombination mit späteren fachlichen Weiterbildungen und unternehmerischen Erfahrungen immer noch Optionen zum Einstieg ins Unternehmen.

Im Idealfall finden sich Ausbildungen und Studienausrichtungen, die sowohl den Neigungen der nächsten Generationen entsprechen, auf eine mögliche Nachfolge vorbereiten und zugleich Optionen für weitere berufliche Ziele innerhalb und außerhalb des elterlichen Unternehmens darstellen.

---

5 Vgl. *von Schlippe*, Psychologische Aspekte der Unternehmensnachfolge: Ambivalente Nachfolgesysteme, Zeitschrift für Familienunternehmen und Stiftungen (FuS), Bundesanzeiger Verlag Köln, 5/2012, S. 171-176.

Hilfreich für alle Beteiligten ist es, wenn Ausbildungskriterien für die unternehmerische Nachfolge und auch die Einstiegsszenarien ins Unternehmen allen Beteiligten schon frühzeitig klar kommuniziert werden, sodass diese mit der Ausbildungswahl abgestimmt werden können.

4. Phase: Vorbereitung des Unternehmens
(ca. 55. Lebensjahr der Unternehmergeneration)

Mitte des fünften Lebensjahrzehnts der Unternehmergeneration ist es an der Zeit, das Unternehmen „übergabefähig" zu machen. Dies bedeutet – sofern noch nicht geschehen – Führungsstrukturen zu entwickeln, die das Unternehmen unabhängiger von der aktuellen Führung durch Familienmitglieder machen. Je stärker die „Selbstführung" des Unternehmens ausgeprägt ist, je eigenständiger also eine zweite Führungsebene unternehmensrelevante Entscheidungen treffen kann und darf, desto leichter wird es einem jungen Familienmitglied fallen, Führungsverantwortung zu übernehmen oder sich bewusst dagegen zu entscheiden.

Sollte die innerfamiliäre Nachfolge nicht zustande kommen, hat dies außerdem den Vorteil, dass das Unternehmen trotzdem führungsseitig abgesichert ist und dass keine oder weniger schwerwiegende Konsequenzen zu befürchten sind. Für die Nachfolgergeneration entsteht somit keine Zwangssituation (*„Wenn Du nicht in die Firma kommst, gibt es keinen, der sie führen kann…"*).

Zur Nachfolgevorbereitung des Unternehmens gehört es auch, strategisch zu prüfen, inwieweit größere Innovationsschritte, Wachstumsnotwendigkeiten oder Internationalisierungsschritte anstehen. Diese Entwicklungen sind von der personellen Nachfolge (siehe Phase 6) möglichst zu entkoppeln, sodass die nächste Generation in einer Phase, in der die eigene Position zu festigen ist und sich das Zusammenspiel auf Führungsebene gerade einstellt, nicht auch noch radikale Wandelprozesse nachholen muss.

5. Phase: Auswahl des Nachfolgers
(20. – 35. Lebensjahr der Nachfolgegeneration)

Bevor der Einstieg der nächsten Generation in das Unternehmen erfolgt, ist es notwendig, dass sich die Gesellschafterfamilie über die Kriterien und Bedingungen des Eintritts und ggf. des Austritts aus dem Unternehmen einig wird. Typischerweise werden entsprechende Kriterien im Rahmen familienstrategischer Überlegungen in einer Familienverfassung oder sogar im Gesellschaftervertrag fixiert.[6] Die Überprüfung der vorhandenen Kompetenzen wird Gremien übertragen, die im Wesentlichen aus familienexternen Mitgliedern bestehen. So sind zu erwartende Fähigkeiten und Fertigkeiten (z.B. Bildungsgrad, Führungserfahrung in fremden Unternehmen etc.) festzulegen, klare Anforderungsprofile für einzelne Rollen (was muss ein Bereichsleiter bzw. Geschäftsführer können?) zu erarbeiten. Diese klaren Anforderungsprofile helfen nicht nur den Familiengesellschaftern, die Auswahlentscheidung nach Kriterien der Kompetenz statt nach der Herkunft zu fällen. Auch die Generation der Nachfolger kann dadurch sehr genau einschätzen, welche Leistungen und Erfahrungen sie zu erbringen hat und welche Konsequenzen ein Nicht-Erfüllen haben kann. Wird deutlich, dass ein(e) Kandidat(in) die definierten Anforderungen nicht erfüllen wird, kann ein späterer Austritt aus dem Unternehmen meist wesentlich konfliktfreier erfolgen.

---

6 Siehe dazu auch den Beitrag „Die Familienverfassung in der Nachfolge" in Kapitel 4 dieses Buchs.

Unternehmerfamilien sollten in dieser Phase (aber auch in weiteren Selektionsentschei-dungen) nach dem Grundprinzip agieren, dass die Familie nicht allein über die Fähigkeit und Eignung von Mitgliedern der Familie entscheiden muss. Es gilt, Strukturen und Kriterien zu schaffen, die externe Bewertungen möglich machen.

6. Phase: Einstieg ins Unternehmen
(20. – 35. Lebensjahr der Nachfolgegeneration)

Wenn alle Beteiligten der Meinung sind, dass eine familieninterne Nachfolge ange-strebt werden soll, dann sind der Einstieg des Nachfolgers in das Unternehmen so-wie der „Weg zur Spitze" zu planen. Alle Lernphasen, die der Junior oder die Junio-rin durchläuft, sind als Teil eines grob skizzierten Karrierepfads zu sehen, sodass allen Beteiligten bewusst ist, warum und wie lange er oder sie in einzelnen Abtei-lungen tätig ist, ein Tochterunternehmen leitet etc. Für das Unternehmen, dessen Mitarbeiter sowie die Senior- und Juniorgeneration wird so eine klare Erwartungs-haltung aneinander formuliert. Wird diese nicht erfüllt, sind entsprechende Kon-sequenzen von allen Beteiligten einzufordern. Eine Reflexion nach Abschluss eines Karriereschritts hilft dabei, die nächsten Schritte oder den Ausstieg ohne „Ge-sichtsverlust" möglich zu machen. Abzuraten ist von der Praxis, dass die Kinder einfach ins Unternehmen „hineingleiten", also ohne ein eigenes Büro und ohne definierte Funktion über eine unbestimmte Zeit, ja über Jahre, mitlaufen. Die Gefahr ist groß, dass auf diese Weise der familiäre Kinderstatus auf den Unternehmenskontext übertragen wird.

Oftmals machen Nachfolger einen solchen „planlosen Einsatz" nur deshalb mit, weil sie auf die Chance hoffen, irgendwann „gesehen" zu werden. Nachfolger, die ohne klare Abmachung ins elterliche Unternehmen eintreten, vertrauen häufig darauf, dass die Familie „schon eine gute Lösung finden wird". Sie setzen sich jedoch dem hohen Risiko aus, mit Mitte dreißig ohne nennenswerte Erfahrungen auf dem Arbeitsmarkt kaum extern vermittelbar zu sein und somit „alternativlos" eine Karriere im elterlichen Betrieb führen zu müssen. In der Literatur wird in diesem Zusammenhang von „Successor's trap" gesprochen.

Zu vermeiden sind daher lang andauernde, vermeintliche „Lernphasen", die aufgrund fehlender Aufstiegsperspektive die Rollenzuschreibung als „ewiger Junior" oder „ewige Juniorin" nahe legen.

7. Phase: Verantwortungsübergang
(beide Generationen gemeinsam in leitender Funktion)

Was du immer redest! Natürlich sollst du du selbst sein! Du sollst nur alles genauso machen wie ich, ist das zu viel verlangt?

Im Fortgang des Nachfolgeprozesses gibt es oftmals längere Phasen, in denen beide Generationen an Bord sind.[7] Gerade diese gemeinsame Zeit ist für alle Beteiligten mit hohen Anforderungen verbunden und wird oft unterschätzt. In dieser Phase gilt es, untereinander und im Auftreten vor der Belegschaft die jeweiligen Rollen zu klären und für Erwartungssicherheit zu sorgen: Wer ist für welche Geschäftsbe-

---

7 Vgl. *Dreyer/von Schlippe*, Nachfolge in Pionierunternehmen. Risiko des Scheiterns oder Chance zur Revitalisierung – eine organisationale Betrachtung, in: Schlippe/Rüsen/Groth (Hrsg.), Beiträge zur Theorie des Familienunternehmens, 1. Ausgabe, Josef Eul Verlag Lohmar – Köln, 2009, S. 71-94.

reiche zuständig, wer hat ab wann das Sagen? Dürfen Differenzen in die (Betriebs-)Öffentlichkeit getragen werden? Auch wenn sich Nachfolger und Übergeber gut verstehen, kann es passieren, dass die Mitarbeiter vieles in das Verhältnis hineinlesen und allein dadurch für Unruhe sorgen. Beide repräsentieren unterschiedliche Generationen und sorgen allein aufgrund des Altersunterschieds für typisch stereotype Zuschreibungen: alt vs. jung, erfahren vs. unerfahren, festhalten vs. verändern etc. Die Seniorin oder der Senior wissen eine Mannschaft hinter sich, die seit Jahrzehnten mit ihr oder ihm einen Umgang gefunden hat. Dafür steht die junge Generation vielleicht für Erneuerung und eine Abkehr vom Stil patriarchaler Alleinentscheidungen usw. Vielfältige Sorgen und Ängste, Hoffnungen und Wünsche werden aus dem Unternehmen an das ungleiche „Gespann" herangetragen und stellen dieses vor eine Zerreißprobe. Stimmen sich beide Generationen nicht ab, droht eine Aufspaltung der Belegschaft – je nach Interesse solidarisieren sich einzelne Gruppen mit „ihrer" Generation. Im Ergebnis verlieren alle Beteiligten, da die kollektive Entscheidungsfähigkeit leidet.

Besonders die Seniorengeneration steht hier in der Verantwortung, in der Außenwirkung deutlich zu machen, dass Entscheidungen gemeinsam abgestimmt sind und mitgetragen werden, selbst wenn sie nicht mehr der „alten" Praxis entsprechen.

8. Phase: Alleinverantwortung und Ausstieg der Seniorengeneration

(in etwa ab dem 60. Lebensjahr des Übergebers bzw. ab dem 35. Lebensjahr des/der Übernehmer/s)

Die vorletzte Phase des Nachfolgeprozesses verschiebt den Fokus hauptsächlich auf die Seniorengeneration. Da diese das Unternehmen über viele Jahrzehnte geprägt hat und auch viele Mitarbeiter im Unternehmen keine anderen „Chefs" erlebt haben, ist der definitive Wechsel in der Führungsverantwortung klar zu kommunizieren und zu markieren, sowohl nach außen als auch nach innen, sowohl symbolisch (z.B. Staffelübergabe auf der Betriebsversammlung, Bürowechsel etc.) als auch in der konkreten Betriebspraxis („Wer hat die Letztentscheidung?", „An wen haben sich die Mitarbeiter mit ihren Sorgen und Ängsten zu wenden?", explizite Verweise an die neue Führung, wenn aus Gewohnheit „der Alte" noch einmal „angespielt" wird etc.).

Außerdem ist zu klären, welche zukünftige Rolle und Funktion die Senioren im Unternehmen einnehmen: Verabschieden sie sich komplett, sind sie nur noch Ratgeber (und üben ggf. auch eine offizielle Beiratsfunktionen aus) oder gibt es noch Kompetenzbereiche, in denen sie unabkömmlich sind? Eine Erfolgsformel für den Übergang in die post-aktive Phase gibt es nicht, in allen Konstellationen gibt es positive wie negative Beispiele. Wichtig ist auch hier, dass nach innen wie außen für eine klare Rollenverteilung gesorgt wird, dass also eine nachrangige Position für den ehemaligen Geschäftsführer nicht zu einer „Hintertür" wird, alles beim Alten zu lassen.

Für die abgebende Generation besteht die Aufgabe darin, dass sie an einer „Neudefinition" ihres privaten Lebens arbeitet, das ihr aufgrund ihres unternehmerischen Engagements oftmals versagt blieb.

9. Phase: Neuorientierung in der post-aktiven Phase
(mit dem Ausstieg der Seniorgeneration)

Nach 40 Jahren voll im Einsatz als Unternehmer, nur noch Golfspielen?

Nach der Übergabe der Verantwortung an die Junior-Generation beginnt für Übergeber eine völlig neue Lebensphase. Zum einen sind die Arbeitsbelastung und der Verantwortungsdruck weitgehend von ihnen genommen, gleichzeitig gilt es, die neu hinzugewonnene Ressource Zeit „sinnvoll" einzusetzen. Verfügt der Senior nicht über alternative Engagements, z.B. in gemeinnützigen Einrichtungen, in der Arbeit als Business Angel für Unternehmensgründer, als Dozent in Bildungseinrichtungen, oder lebt er nach der Verantwortungsübergabe kein befriedigendes Hobby aus, besteht die Gefahr eines Rückfalls in alte Muster.[8] Oftmals begründet sich dieses Verhalten formal mit unerwünschten Entwicklungen des Unternehmens, die der Junior-Generation zuzurechnen sind. Dahinter steht dann aber oft der Wunsch des Seniors, noch „gebraucht" zu sein. Nach meist über 30-jährigem Einsatz unter „Vollgas" ist dieses Bedürfnis verständlich. Die Attraktivität von Segelturns und Golfrunden allein ist meist nicht nachhaltig. Steht dann kein alternatives Engagement für den Senior zur Verfügung, ist eine vermeintliche Fehlentwicklung im Unternehmen eine nur zu gern verwendete Argumentation, sich wieder voll einbringen zu können (bzw. zu „müssen"). Da es aber auch Situationen geben kann, in denen ein Eingreifen des Seniors tatsächlich eine substanzielle Hilfestellung für ein Unternehmen in einer gefährlichen Fehlentwicklung sein kann,

---

8 Siehe dazu auch den Beitrag „Die Kunst des Loslassens" in diesem Kapitel.

71

ist hier besonders deutlich, dass der/die Senior/in seine/ihre persönlichen Themen von Sinnhaftigkeit des eigenen Lebens gut bearbeitet hat, um die Lage des Unternehmens sachlich und nicht aus verdeckter Bedürftigkeit heraus zu beurteilen. Es geht kein Weg an dem vorbei, was in der Literatur „Consciousness raising" genannt wird: an dem Herstellen von Bewusstheit. Dies gelingt erfahrungsgemäß besser im Gespräch – etwa mit Freunden in einer ähnlichen Lage, Personen, die das Unternehmen und die Familie gut kennen und uneigennützig Rat geben können. Auch ein Coaching kann hier anzuraten sein.

Die Familie ist an dieser Stelle gefordert, diese „Rückfälle" zu beobachten und mit der Seniorgeneration im kritischen Dialog zu bleiben. Hierdurch kann die unternehmerische Energie der Senioren-Generation erhalten und nutzenstiftend eingesetzt werden.

III. Fazit

Die Nachfolge als einen Prozess zu betrachten und die neun Phasen mit ihren spezifischen Anforderungen zu beachten, sehen wir als einen Beitrag, über den über einen langen Zeitraum hinweg aktiv an „Bewusstheit" gearbeitet wird. Diese Bewusstheit kann man vielleicht als den bedeutsamsten „Erfolgsfaktor" der Nachfolge bezeichnen.[9] Denn eine solche Prozesssicht erhöht die Wahrscheinlichkeit, dass die beteiligten Personen und Generationen in allen Lebens- und Berufsphasen miteinander im Dialog über ihre Wünsche, Erwartungen, Interessen etc. bleiben und dabei zugleich das Wohl des Unternehmens nicht aus den Augen verlieren.

---

9 Vgl. *von Schlippe/Kellermanns*, Mit Konflikten in der Unternehmerfamilie bewusst umgehen, in: Koeberle-Schmid/Grottel (Hrsg.), Führung von Familienunternehmen. Ein Praxis-Leitfaden für Unternehmen und Familie, Erich Schmidt Verlag Berlin, 2013, S. 189-200.

2.2 Die Kunst des Loslassens

von Dr. Frank Halter und Lisa Benz

I. Einleitung

Bin ich das Unternehmen oder **habe** ich ein Unternehmen? Ist der Besitz an meinem Unternehmen persönlicher Antrieb oder erfreut es mich, wenn das Unternehmen auch von neuen Kräften in ähnlicher oder auch anderer Form weitergeführt wird? Dies sind zentrale Fragen, welche direkt mit dem Thema (Nicht-)Loslassen zu tun haben. Der vorliegende Beitrag beschäftigt sich mit einem Tabu bei der Unternehmensnachfolge mit dem Ziel, einen differenzierten Blick auf das Phänomen im Kontext Familienunternehmen und Unternehmensnachfolge zu werfen. Dabei ist es wichtig, gezielt zwischen den meistverbreiteten Nachfolgevarianten Family-Buy-out (FBO, familieninterne Nachfolge), Management-Buy-out, (MBO, Übertragung an Mitarbeitende), Management-Buy-in (MBI, Verkauf an unternehmerische Persönlichkeiten) und Merger & Acquisition (M&A, Verkauf an strategische Investoren oder Finanzinvestoren) zu unterscheiden. Der Grund dafür ist, dass die Fragestellungen und der Prozess, aber auch die Lösungsansätze in der Praxis, u.a. bezüglich empirischer Erkenntnisse, unterschiedlich sind.[1]

II. (Nicht-)Loslassen: ein schwer fassbares Tabu

Ein Blick in die Fachliteratur bringt immer wieder die gleiche Erkenntnis: Das Loslassen ist eines der wichtigsten und schwierigsten Projekte eines jeden Unternehmers. **Warum** ist es so schwierig? Viel zitiert wird die „emotionale" Komponente, die es so schwierig macht.[2] Aber: Warum ist das so? Und: Was kann Herr oder Frau Unternehmer/in tun? Hier verliert sich die Fachliteratur meist in technischen Fra-

---

1 Vgl. *Christen/Halter/Kammerlander* u.a., Erfolgsfaktoren für Schweizer KMU. Unternehmensnachfolge in der Praxis, Credit Suisse (Hrsg.) Zürich, 2013. Das vorliegende Buchkapitel basiert auf der Grundlage eines Berichts, den wir im Rahmen einer Schriftenreihe für die Stiftung KMU Next geschrieben haben.
2 Eigene Studien beschäftigen sich beispielsweise mit den Themen *„Emotional Value"* und *„Socio Emotional Wealth"*; vgl. hierzu *Zellweger/Sieger*, Emotional Value: Der emotionale Wert, ein Unternehmen zu besitzen, Ernst & Young Hessen, 2009; *Zellweger/Fueglistaller*, Was ist ein Familienunternehmen wert? Total Value, emotionaler Wert und Marktwert, Ernst & Young Zürich, 2006; *Rachida/DeTienne/Sieger*, Failure or voluntary exit? Reassessing the female underperformance hypothesis, in Journal of Business Venturing, 2015, accepted for publication; *Kammerlander/Sieger/Voordeckers/Zellweger*, Value Creation in Family Firms: a Model of Fit, in Journal of Family Business Strategy, 2015, in press; *Zellweger/Ganter/Sieger/Patel*, How much am I expected to pay for my parents firm? An institutional logics perspective on family discounts, in Entrepreneurship in Theory and Practice, Pearson Education Schweiz AG Zug, 2015.

gestellungen, die die Form bzw. den Prozess der Nachfolge betreffen. Die Person des Übergebers spielt in diesen Betrachtungen dann nur noch eine untergeordnete Rolle.

Beim Blick in die Praxis begegnen wir immer wieder unterschiedlichsten Haltungen zur eigenen bevorstehenden Nachfolgeregelung aus der Perspektive des Verkäufers respektive der abtretenden Generation. Der eine geschäftsführende Inhaber sagt beispielsweise:

> „Die Schreinerei führe ich heute in der 4. Generation. Das Unternehmen ist für mich wie ein Boot, das mir von der Reederei zur Verfügung gestellt wird. Es ist meine Aufgabe und Pflicht, das Boot am Schluss meiner persönlichen Karriere der Reederei wieder in gutem Zustand zurückzubringen, sodass ein neuer Kapitän die Verantwortung übernehmen kann. Dies bedeutet für mich, dass ich jetzt mein Geld verdienen muss und ich für das Schiff als solches nichts erwarten kann oder darf."

Dies sind die Worte eines Schreinermeisters aus der Ostschweiz. Hier wird das starke Grundverständnis zum Ausdruck gebracht, dass das Wesen des Unternehmerdaseins eine zeitlich beschränkte Aufgabe, Bestimmung oder Rolle ist. Im Unterschied dazu kann es aber auch so tönen:

> „Bis jetzt ist jeder Nachfolgeversuch gescheitert. Mein Sohn kann nichts, meine Mitarbeiter sind zu dumm oder sind keine Unternehmer. Das Produkt ist komplett von mir abhängig, denn es handelt sich um meine technische Entwicklung. Ich werde jetzt einfach weitermachen und dann sollen die Kinder schauen, wie sie über die Runde kommen, wenn ich verstorben bin."

So formuliert es ein 70-jähriger Unternehmer aus der Zentralschweiz. Auch diese Nachfolgesituation findet eine Lösung, selbst wenn sie durch den Eintritt des Todes und der Rest anschließend durch das Ehe- und Erbrecht definiert wird. Und offen gestanden: Offenbar handelt es sich gar um einen bewussten Entscheid des Unternehmers, eben nichts zu tun. Ein Umstand, der für Nachfolgespezialisten manchmal schwer zu verstehen oder zu akzeptieren ist. Und trotzdem ist es sein freier Entscheid, den es einfach zu respektieren gilt.

Viele Unternehmer tun so, als seien sie unsterblich. Der Blick auf die eigene Nachfolge, also das Unternehmen ohne den Unternehmer, ist auch heute noch ein Tabu. Auch wenn vielen das bevorstehende Thema bekannt ist: So genau und im Detail möchte sich dann doch eher selten jemand damit auseinandersetzen – die betroffenen Übergeber am wenigsten. Und so wird die Frage nach der Nachfolge und dem eigenen Loslassen, also der Trennung vom Unternehmen, gerne immer wieder auf später verschoben, weil sie sich ein „Danach" nicht vorstellen können oder wollen. Und so ist der immer noch präsente Senior-Chef geboren, der sich jenseits der 80 und im schlimmsten Fall auch hochbetagt noch täglich in die Firma begibt und dort „nach dem Rechten sieht". Oder man widmet sich überhaupt erst dann dem Nachfolge-Thema, wenn es gesundheitlich gar nicht mehr anders geht.

Dieser Mangel an „Loslassen-Können" bleibt oft nicht ohne Konsequenz: Durch das Verdrängen bzw. Verschieben des Nachfolgethemas wird der Prozess oft erst spät angegangen mit der Folge, dass dann die Handlungsoptionen für eine Nachfolge, meist auch infolge des Zeitmangels, deutlich geringer sind als es bei einer ausreichenden Planung der Fall gewesen wäre. Ein Denken und Handeln in Szenarien ist dann einfach nicht mehr möglich.[3] Auch das Unternehmen befindet sich zu diesem Zeitpunkt bereits meist nicht mehr auf dem Höhepunkt der Leistungs- und Entwicklungsmöglichkeiten – was wiederum die Zukunftschancen und damit den Verkaufspreis mindert. Im schlechtesten Fall ist bereits Substanz verloren gegangen, die Ertragslage hat sich verschlechtert und das Unternehmen hat möglicherweise wertvolle Mitarbeiter verloren. Im allerschlimmsten Fall ist diese Situation nochmals ein Grund für Nicht-Loslasser, sich jetzt erst recht dem Unternehmen zu verschreiben – mit möglicherweise verheerenden Folgen.

III. Die Bedeutung unterschiedlicher Nachfolgeformen

An dieser Stelle ist es uns wichtig, einen differenzierteren Blick auf die Nachfolgeoptionen zu werfen. Neben vielen Unterschieden wie bezüglich Bewertung, Finanzierung, steuerlicher Implikationen, Beweggründen für oder gegen die Übernahme, gilt es, vor allem ein Verständnis dafür zu bekommen, dass der **Zeitraum**, den eine Nachfolgeregelung benötigt, bei FBO, MBO, MBI und M&A sehr unterschiedlich ist. Bei einem guten FBO und MBO etwa handelt es sich primär um einen Entwicklungs- und nicht um einen Transaktionsprozess. Dies bedeutet, dass im Zeitraum des Nachfolgeprozesses die verschiedenen Erwartungen und Bedürfnisse aufeinander abgestimmt werden und auch Anbahnungs- und Entwicklungsschritte im Zeitablauf umgesetzt werden.

Bei einem MBI und insbesondere M&A dominiert hingegen in der Regel eine Transaktionslogik, bei der mittels strukturiertem und formalisierten Prozess versucht wird, die beidseitigen Informationsasymmetrien zu reduzieren und schnellstmög-

---

3 *Halter/Kissling*, Denken und Handeln im Dienste der Heterogenität: Das St. Galler Nachfolge Modell, in: Dürr/Lardi (Hrsg.), Unternehmensnachfolge. Interdisziplinäres Handbuch zur Nachfolgeregelung, DIKE-Verlag Zürich/St. Gallen, 2014, S. 201-217.

lich zu einem vertraglichen Abschluss zu kommen.[4] Es ist daher nicht überraschend, dass der FBO auch in der Praxis am meisten Zeit in Anspruch nimmt (vgl. Abbildung 1).[5] Vom Moment des ersten gezielten Gesprächs rund um die Nachfolge bis zur eigentlichen Verantwortungsübertragung (die Eigentumsnachfolge folgt in der Regel in diesem Fall noch später) dauert es im Durchschnitt 6,5 Jahre. Anschließend hat der Übergeber im Durchschnitt noch 5,6 Jahren einen Arbeitsplatz. Beim FBO ist allerdings auch die Standardabweichung am größten, im Unterschied zum MBO und der summarisch betrachteten MBI- resp. M&A-Logik. Dies bedeutet, dass der familieninterne Prozess im Vergleich zum Durchschnittswert mitunter auch wesentlich länger oder auch kürzer verlaufen kann.

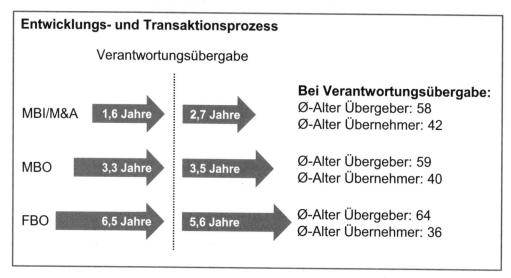

Abb. 1: Entwicklungs- und Transaktionsprozess

Was bedeutet dies nun für unser Thema? Loslassen hat mit **Vertrauen** zu tun. Der familieninterne Prozess dauert zum einen viel länger, zum andern wird im Vergleich zum MBO und vor allem MBI- und M&A-Modell nachweislich viel weniger schriftliche Verbindlichkeit genutzt. Wir sind zur Überzeugung gelangt, dass dies vor allem mit der Nähe zwischen den Exponenten zu tun hat. Innerhalb der Familie wird der Prozess meist auf der Grundlage eines Ur-Vertrauens aufgebaut. Wenn

---

4 *Dehlen/Zellweger/Halter/Kammerlander*, The Role of Information Asymmetry in the Choice of Entrepreneurial Exit Routes, Journal of Business Venturing, Jg. 29, Nr. 2, 2014. S. 193-209, *Halter/Dehlen/Sieger/Wolter*, Informationsasymmetrien zwischen Übergeber und Nachfolger – Herausforderungen und Lösungsmöglichkeiten am Beispiel des Management Buy In in Familienunternehmen, Zeitschrift für KMU und Entrepreneurship, Duncker & Humblot GmbH Berlin, 2012, Jg. 61, Nr. 1-2. S. 35-45.
5 *Halter/Kammerlander*, Nachfolge als Prozess. Herausforderungen und Gestaltung im Zeitraum, KMU Next Schriftenreihe Bern, 2/2014.

das Vertrauensverhältnis zwischen Übergeber und Übernehmer bzw. Nachfolger sehr gut ist, wird dies in der Regel auch die Dauer des Nachfolgeprozesses verkürzen. Es ist anzunehmen, dass auch das Loslassen umso leichter fällt, je größer das Vertrauen in den Nachfolger ist.

Umso schwieriger ist es umgekehrt, wenn das Vertrauensverhältnis eben beschädigt ist: Gerade hier sehen wir insbesondere beim FBO eine besonders hohe Hürde für den Nachfolgeprozess und damit auch für das Loslassen. Allfällige Misstrauensvoten sind beidseitig nur sehr schwer anzusprechen, ohne gleich das Risiko einer Krise im Familiensystem einzugehen. Erschwerend kommt hinzu, dass sich die Bedürfnisse und Erwartungen im Zeitraum verschieben und die Wahrscheinlichkeit dazu beim FBO höher ist – allein durch den Umstand, dass der Zeitraum wesentlich länger ist.

IV. Was sind die Kernelemente und Schwierigkeiten des Loslassens?

Im Zusammenhang mit Burn-out-Prävention wird immer auch darüber gesprochen, wie wichtig es ist, loslassen zu können: also auch im Alltag abgeben zu können und nicht den Anspruch zu haben, alles selbst regeln zu müssen (oder zu wollen). Unternehmerische Persönlichkeiten zeichnen sich allerdings eben gerade dadurch aus, dass sie Verantwortung übernehmen, sich über alle Maßen für den Betrieb engagieren. Häufig wird dadurch eben auch das Unternehmen zum wichtigsten Lebensinhalt – und andere Dinge wie Familie, Beziehungen oder Freundschaften müssen hinten anstehen. Wenn aber ein Unternehmer die engste Verbindung ins Unternehmen hat, sich dort zugehörig fühlt und sich darüber identifiziert – wie kann er sich dann davon trennen? Dies scheint fast unmöglich.

In der psychologischen Beratungspraxis wird der Blick häufig auf die Bereitschaft gelenkt, eine Veränderung zu akzeptieren und etwas Neues zuzulassen. Aber ist dies tatsächlich „nur" eine rationale Entscheidung? Eine aktuelle Studie von *Rachida*, *DeTienne* und *Sieger*[6] untersucht unter anderem, warum Unternehmerinnen sich offenbar leichter von „ihren" Unternehmen trennen können als ihre männlichen Kollegen. Entscheidend hierfür ist offenbar, **wofür** die Unternehmerinnen das Unternehmen aufgeben: Stehen hier persönliche Beziehungen oder die Familie im Vordergrund, ist ein Loslassen anscheinend um vieles leichter.

---

6 *Rachida/DeTienne/Sieger*, 2015.

Es stellt sich also die Frage, **was** losgelassen wird – und was man dafür bekommt. Loslassen im Sinne einer Unternehmensnachfolge bedeutet, eine Rolle abzugeben, und damit nicht nur eine – teilweise lebensfüllende – Aufgabe, sondern auch Macht, Einfluss, Prestige, Kontrolle. Das heißt auch, dass „Loslassen" mit enormem Verlust verbunden ist. Und mit großer Unsicherheit, was die Zukunft betrifft: Was wird diesen Verlust aufwiegen? Mehr Zeit – aber womit soll man diese verbringen? Evtl. mehr finanzielle Freiheit – aber wofür Geld ausgeben? Den meisten Vollblut-Unternehmern ist ja bereits der Gedanke an den „Ruhestand" ein Graus.

Im *St. Galler Ansatz des Nachfolgeprozesses*[7] wird dieser Phase der „Nachbereitung" der Unternehmensnachfolge große Beachtung geschenkt. Für den Übergeber stellt die Übergabe seines Unternehmens eine große Veränderung dar, die vor allem seine alltäglichen Routinen und Gewohnheiten betrifft. Wie soll er mit der gewonnenen Zeit umgehen? Wie verändern sich die Rollen in der Familie? Worauf kann er seine Zeit und Energie verwenden? Wie wird sich sein gesellschaftlicher Status verändern?

Auch wenn die Notwendigkeit für diese Veränderung erkannt wird, wird es doch um vieles leichter fallen, sie anzunehmen, wenn

1. sie bewusst eingegangen wird, d.h. die unternehmerische Karriere auch bewusst abgeschlossen wird.

2. eine klare Vorstellung (Vision) darüber besteht, was in Zukunft kommen soll und welche Vorteile das Loslassen für den Übergeber bringt (z.B. gesundheitliche Entlastung, weniger Stress, mehr Zeit für die Familie o.Ä.).

3. ganz konkrete Schritte (Meilensteine) den Prozess des Loslassens begleiten (z.B. eine Abschiedsfeier, eine geplante Reise, ein neues Projekt etc.).

Ein weiterer zentraler Aspekt des Loslassen-Könnens ist das Vertrauen in den Nachfolger bzw. Übernehmer. Fragt man Unternehmer, die ihr Unternehmen erfolgreich übergeben haben, was der zentrale Punkt bei der Übergabe war, ist ganz besonders das Vertrauen in den Nachfolger von entscheidender Bedeutung. Ob dieser Nachfolger aus der Familie kommt, ist in vielen Fällen zweitrangig. Eine wesentliche Bedingung für ein erfolgreiches Loslassen scheint also das Vertrauen in die Kompetenz des Nachfolgenden zu sein. Wie kann dies erreicht werden?

---

7 *Halter/Schröder*, Unternehmensnachfolge in der Theorie und Praxis, Das St. Galler Nachfolge Modell, Haupt Verlag Bern, 3. Auflage 2012, S. 131 ff.

V. Wie Loslassen gelingen kann: eine Analyse auf unterschiedlichen Ebenen

(Nicht-)Loslassen verbinden wir gerne mit den Begriffen **Wollen**, **Können** und **Dürfen**. In Anlehnung an eine klassische Führungsformel für Motivation oder Leistung müssen alle drei Komponenten gegeben sein, um am Ende des Tages auch wirklich Loslassen zu können.[8] Wenn eine Komponente dieser sinnbildlichen Formel nicht mit „Ja" beantwortet werden kann, ist ihr Resultat formalistisch gesprochen „Null" und führt deshalb zum „Nicht"-Loslassen.

WOLLEN x KÖNNEN x DÜRFEN = Loslassen

Abb. 2: Formel für das Loslassen

Wenn wir mit dieser Formel gleichzeitig auf das Phänomen Unternehmensnachfolge und Familienunternehmen respektive Unternehmerfamilien schauen, gibt es verschiedenste Konzepte, auf die wir uns beziehen können. Entsprechend dem *Familienunternehmensmodell*[9] differenzieren wir nachstehend zwischen den Analyseebenen **Anspruchsgruppen** (Umwelt), **Sozialsysteme** (wie eben Familie und Unternehmen), **Beziehungsebene** (z.B. zwischen Mutter und Tochter) und **Individuum** (auch intrapersonelle Ebene).[10] Wenn wir diese Unterteilung zur Hand nehmen, gibt es ganz verschiedene Beispiele und damit auch unterschiedlichste Gründe, warum jemand (nicht) loslassen kann. Eine Auswahl von möglichen Fragen findet sich in Tabelle 1, wobei die Fragen mehr illustrierenden Charakter haben. Erschwerend kommt hinzu, dass sich die Ebenen im Prozess laufend vermengen oder interagieren. Daher ist es uns wichtig, darauf hinzuweisen, dass es sich deshalb vorwiegend um eine konzeptionelle Differenzierung handelt.

8　Zum Beispiel i.A. an *Knoblauch*, Instrumente des Personalmanagements, in: Bröckmann/Pepels, Personalbindung. Wettbewerbsvorteile durch Human Resource Management, Erich Schmidt Verlag Berlin, 2004, S.101-129.
9　*Halter*, Familienunternehmen im Nachfolgeprozess. Die Emotionen des Unternehmers, Reihe Kleine und mittlere Unternehmen, Band 18, Josef Eul Verlag Köln, 2009, S. 90.
10　Vgl. dazu auch *Halter*, 2009, S. 88 ff., *Halter/Schröder*, 2012, S. 48 ff.

1. Anspruchsgruppen (Umwelt)

Klassische Anspruchsgruppen sind Kunden, Lieferanten und Mitarbeitende, zu denen in der Regel oft eine nachhaltige und auch eine persönliche Beziehung besteht. In Kombination mit der Beziehungsebene ist es sehr schwierig, einander in die Augen zu schauen mit der Botschaft, dass man die berufliche (!) Beziehung nun auflöst. Ein Arbeitsleben lang wurde in die Beziehung zu diesen Anspruchsgruppen investiert und von heute auf morgen soll sie abgebrochen werden? Loslassen **können** bedeutet in diesem Fall, dass die Beziehung (insbesondere zu Kunden und Lieferanten) primär an das Unternehmen gebunden ist, z.B. indem sie bei Mitarbeitenden verankert ist und also nicht nur von der Person des Unternehmers abhängt.

Den **Willen**, hier einen Schnitt zu machen, muss schließlich der Unternehmer selbst aufbringen. Wenn ihm dies schwerfällt, kann das vielfältige Gründe haben: Ist es die Angst, das Gesicht zu verlieren? Oder nicht mehr gefragt und wichtig zu sein?

Gleichzeitig sehen und wissen die Anspruchsgruppen auch, wie alt der geschäftsführende Inhaber ist. So kann es sehr vertrauensstiftend sein, wenn die Nachfolge rechtzeitig und nachhaltig gelöst wird. Dreht man den Spieß um, betonen die Eigentümer selbst, dass sie ihre eigenen Kunden und Lieferanten bzgl. deren Nachfolge sehr wohl ebenfalls beobachten.[11]

Eine nicht zu unterschätzende Anspruchsgruppe stellt die „Öffentliche Meinung" dar. Ob als regional gut verankertes Kleinunternehmen im Dorf oder als bekannter Konzern, der den Familiennamen trägt – jeder Eigentümer ist auch der öffentlichen Meinung ausgesetzt. Hier braucht es breite Schultern, um gute Entscheidungen auch entgegen einer möglicherweise anderslautenden „allgemeinen" Meinung zu fällen und selbstbewusst zu vertreten und umzusetzen, im Wechselbad der Gefühle zwischen entgegengebrachter Wertschätzung, Anerkennung, Besserwisserei und Gerüchten.

2. Sozialsystem Familie und Unternehmen

Bei der Familie steht zum einen die Frage des Familienfriedens im Vordergrund und damit verbunden eben auch die familieninterne Diskussion rund um Fairness und Gerechtigkeit – insbesondere dann, wenn Eigentum und Führung asynchron verteilt werden sollen. Gerade letztere Diskussion wurde in der Praxis sehr lange ver-

---

11 *Christen/Halter* u.a., 2013, S. 21.

mieden. Diese Vermeidungsstrategie steht dann willentlich im Dienste eines vordergründigen Familienfriedens. Punktuell fehlt es aber einfach auch am **Können** der Familienmitglieder, sich in den damit verbundenen Kommunikationsprozess konstruktiv einzulassen, denn über mehrere Jahre eingespielte Kommunikationsmuster können nicht von heute auf morgen verändert werden.

Zum anderen darf im Unternehmen die eignerstrategische Kernfrage nach Vorsorge und Sicherheit nicht vergessen werden. Kann ich es mir finanziell überhaupt leisten, ohne weiterführende Lohnzahlungen meinen Lebensstandard auf unbestimmte Zeit weiterhin aufrechtzuerhalten? Viele UnternehmerInnen investieren alle Erlöse konsequent in die Weiterentwicklung des Unternehmens. Sofern man dieses am Schluss verkaufen kann, geht die Rechnung eventuell auf, wenngleich es dafür keine Garantie gibt. Nach unserer Beobachtung ist bei kleinen Unternehmen die Wahrscheinlichkeit umso höher, dass sich die Eigentümer den rechtzeitigen Ausstieg finanziell gar nicht leisten können, da entsprechende Rücklagen für die Altersvorsorge nicht oder zu wenig (oder zu spät) aufgebaut wurden.

Mit dem Blick auf das Unternehmen geht es primär um die Nachfolge-Würdigkeit und die Nachfolge-Fähigkeit des Unternehmens. **Nachfolgewürdig** ist ein Unternehmen dann, wenn dieses auch in neuen Händen aus marktwirtschaftlicher Sicht eine gewisse Daseinsberechtigung hat. Dies ist dann erfüllt, wenn die Chancen und Risiken (Außensicht) so eingeschätzt werden, dass eine Fortführung der Unternehmung überhaupt Sinn macht. Bei der **Nachfolge-Fähigkeit** geht es mit dem Blick nach innen um die Frage, ob die Stärken und Schwächen des Unternehmens derart sind, dass dieses grundsätzlich auch von Dritten weitergeführt werden kann. Kennen neben dem Eigentümer auch die Mitarbeiter die Prozesse und Schnittstellen? Gibt es eine adäquate Stellvertreterregelung? Ist die Wertschöpfung auf verschiedene Köpfe verteilt? Nur wenn der Eigentümer diese Fragen positiv beantworten kann, kann und darf er die Firma loslassen – ohne dass das Geschäftsmodell gleich implodiert.

3. Beziehungsebene

Gerade in Familienunternehmen haben Familienmitglieder oft verschiedene „Hüte" auf. Spricht jetzt beispielsweise der Inhaber oder der Vorsitzende der Geschäftsleitung mit dem Verkaufsleiter – oder ist es der väterliche Rat an den Verkaufsleiter – oder der väterliche Rat an den eigenen Sohn oder die eigene Tochter, der/die die Verkaufsleiterfunktion inne hat? Unsere Empfehlung ist es, zwingend ein Rollenbewusstsein zu schaffen und den kommunikativen Umgang damit konsequent einzuüben. Gerade die Vermengung der unterschiedlichen Rollen kann zu fundamentalen Irritationen im Familien- und Unternehmenssystem führen, was wiederum das Vertrauen in den anderen und in der Folge die Bereitschaft zum Loslassen nachhaltig schmälern kann.

4. Individuum (intrapersonelle Ebene)

Schließlich geht es um das eigentliche Individuum – der Dreh- und Angelpunkt bei Fragen des Nicht-Loslassens. In Anlehnung an das *St. Galler KMU-Führungskompetenzmodell*[12] verwenden wir nachstehend gerne die drei Begriffe **Haltung, Bereitschaft** und **Handlung**, welche den Individuums-bezogenen Teil als sogenannte „Wirkungssettings" umschreiben.[13]

Im Wirkungssetting **Haltung** steht als eine unternehmerische Kernkompetenz die **reflexive Wahrnehmung**. Dies bedeutet, dass sich der Betroffene sehr bewusst ist über die obenstehenden Perspektiven sowie die eigene Rolle darin, aber auch über seine subjektiven Bedürfnisse und Verhaltensweisen. Diese selbstkritische Reflexionsfähigkeit bedingt damit auch ein Akzeptieren eines Spiegelbilds, das einem vielleicht vordergründig selber nicht gefällt. Wer diesen Teil selber nicht leisten kann, ist auf Unterstützung durch Dritte angewiesen.

Dem Begriff **Bereitschaft** ordnen wir die unternehmerische Kernkompetenz **Kommunikation** zu. Dabei geht es nicht nur darum, in den Dialog mit Dritten einzusteigen, sondern auch mit sich selbst. Die Wahrnehmung kann nur mittels Dialog (weiter)entwickelt und verändert werden.

Schließlich steht hinter dem Begriff **Handlung** die unternehmerische Kernkompetenz, **Entscheidungen zu treffen** und diese auch konsequent umzusetzen – getreu dem Motto, dass ein Unternehmer eben kein Unterlasser ist. Entscheidungen zu fällen und diese auch konsequent umzusetzen, bedarf Mut, Vertrauen und eine gesunde Portion Zuversicht, den Weg ins Ungewisse zu suchen und zuzulassen. So gesehen sind alle bisherigen obigen Umschreibungen mehr oder weniger das beobachtbare Resultat von umgesetzten Entscheidungen (oder eben nicht, im Falle des Nicht-Loslassens).

So betrachtet, bedeutet Nicht-Loslassen: Verharren, an Bewährtem festhalten, den Posten nicht räumen, weitermachen, Zukunftspläne aufschieben („ja, aber spä-

---

12 *Fueglistaller/Halter/Fust,* KMU Führungskompetenz, Unternehmerisches Agieren und Gestalten in Bewegung, Reader, Schweizerisches Institut für Klein- und Mittelunternehmen (KMU-HSG) St. Gallen, 2. überarbeitete und ergänzte Auflage, 2012.

13 *Fueglistaller/Halter/Fust,* 2012.

ter…"). Loslassen im Umkehrschluss bedeutet beispielsweise, Neues wagen, sich verändern, Veränderung zulassen, neue Wege gehen, Position aufgeben, Macht abgeben, Verantwortung abgeben, Vertrauen, neue Aufgaben zu übernehmen (und alte abgeben), sich zurückziehen.

a) Anspruchsgruppen	• Sind die Beziehungen des Unternehmens an die Person oder an das Unternehmen gebunden? • Welche Erwartungen bestehen von Dritten an das Unternehmen? • Gibt es Stakeholder, die vom Unternehmen abhängig sind?
b) Sozialsystem Unternehmen und Familie	• Hat das Unternehmen am Markt eine Daseinsberechtigung (Nachfolge-Würdigkeit)? • Kann das Unternehmen ohne aktives Mitwirken des Eigentümers funktionieren (Nachfolge-Fähigkeit)? • Kann der Lebensunterhalt ohne Lohneinkommen aus dem Unternehmen aufrechterhalten werden?
c) Beziehungsebene	• Sind den involvierten Persönlichkeiten die unterschiedlichen Rollen bewusst? • Wird ein konstruktiver Kommunikationsstil gelebt und gepflegt? • Hat der Verkäufer nach der Transaktion noch etwas zu sagen? bzw. Welche Rolle hat er nach der Übergabe?
d) Individuum	• Was sind meine persönlichen Ziele und Präferenzen? • Was ist meine Identität? • Was ist mein persönlicher Traum? • Was fange ich mit meiner Zeit (und Energie) an? • Was ist mein selbstbestimmtes „Alternativ-Programm"?

Tabelle 1: Fragen zur Überwindung des (Nicht-)Loslassens

VI. Strategien für das Loslassen

Was also kann oder soll man tun, damit das Loslassen gelingt? Auf der Ebene der **Haltung** geht es hier vor allem um das Selbstverständnis als Unternehmer und die eigene Identität: **Bin** ich das Unternehmen? Oder **habe** ich ein Unternehmen? Ist mein Ich, meine Person, so stark mit dem Unternehmen verbunden, dass das eine ohne das andere nicht geht?

Gehen wir davon aus, dass das Loslassen umso schwerer ist, je stärker man sich über seine Rolle als Unternehmer (resp. das Unternehmen) wahrnimmt und versteht, wird deutlich, dass hier der erste Schritt des Loslassens beginnt. Dieser erste Schritt kann dann z.B. sein, sich des eigenen Selbstverständnisses bewusst zu werden und aktiv gegenzusteuern: Durch eine bewusste Reflexion der eigenen Rolle, z.B. aber auch indem man eine persönliche Vision, ein Leitbild für die Zukunft entwickelt.

Auf der Ebene der **Bereitschaft** geht es darum, Handlungsfähigkeit zu schaffen, konkret: Zukunftsoptionen aufzubauen. Oder auch, bestimmte Risiken abzusichern – z.B. finanzielle Risiken durch eine entsprechende Vorsorge.

Auf der Ebene der **Handlung** schließlich geht es um das konkrete Tun: um die Auswahl von (und Entscheidung für) konkrete/n Optionen, also die Umsetzung der Alterssicherung, der Nachfolgeplanung, der Vermögensgestaltung etc.

Auf allen drei Ebenen (Haltung – Bereitschaft – Handlung) lassen sich Fragestellungen anhand des *Familienunternehmensmodells* entwickeln, die dann wiederum zu konkreten „Strategien", zu Maßnahmen (oder Verhalten) führen, die das Loslassen erleichtern bzw. ermöglichen: Eine Veranschaulichung bietet nachstehende Tabelle 2.

Dimensionen und Handlungsebenen	Intra-personell	Inter-personell	System Familie/Unternehmen	Andere Anspruchsgruppen
Haltung (Reflexion, Werte)	Wie ist mein Selbstverständnis als Unternehmer?	Wie lebe ich Beziehungen? Was ist mir wichtig?	Welche Rolle habe ich im Unternehmen/in der Familie? Was ist für die Familie/das Unternehmen wichtig?	Welche weiteren Anspruchsgruppen sind relevant? Mögliche Zielkonflikte (Werte)?
Bereitschaft (Optionen, Möglichkeiten)	Welche Entwicklungsmöglichkeiten habe ich? Was brauche ich dafür?	Was brauche ich, um Beziehungen zu pflegen/aufzubauen? Wie ermögliche ich Kommunikation?	Familien- und Unternehmens-Strategie? (Stärken/Schwächen)	Rahmenbedingungen, die meine/unsere Möglichkeiten einschränken? (Chancen/Risiken)
Handlung (konkretes Verhalten, Maßnahmen)	Wie kann ich sicherstellen, dass ich mich/meine Rolle/mein Tun regelmäßig überprüfe bzw. reflektiere? Eigene Vision?	Regelmäßigen Austausch mit Familie, Freunden sicherstellen? Sparringpartner organisieren? Wer zeigt mir die „rote Karte"?	Konkrete Szenarien entwickeln: Vorsorge? Nachfolge? Testament, Erbe, Gerechtigkeit, ...?	Umgang mit Erwartungshaltungen: Wer oder was will sonst noch berücksichtigt sein? (Öffentlichkeit, Kunden, Gemeinde...)

Tabelle 2: Dimensionen und Handlungsebenen des Loslassens

Gleichzeitig greifen diese Ebenen und Dimensionen ineinander und bedingen sich gegenseitig: So gehen wir davon aus, dass die Schaffung konkreter Lösungen – z.B. zur finanziellen Vorsorge und Absicherung der Familie – auch letztendlich dazu führt, dass das „Loslassen" auf der persönlichen Ebene leichter gelingt. Ebenso kann man argumentieren, dass die Entwicklung konkreter Handlungsoptionen und deren Umsetzung nur dann angegangen werden kann, wenn die persönliche Bereitschaft und Haltung dazu gegeben ist. Unabhängig jedoch, ob die Haltung essenziell Bereitschaft und Handlung bedingt oder umgekehrt: Ohne die entsprechende Haltung auf persönlicher (intra-personeller) Ebene wird ein Loslassen letztendlich nicht gelingen können. Das „Wollen" ist entscheidend – wenn auch das „Können" und „Dürfen" ebenso notwendig ist.

Oft wird im Zusammenhang mit der Unternehmensnachfolge die „magische Grenze" von 65 Jahren genannt. Allerdings: Wenn man den **richtigen Zeitpunkt** an einem konkreten Alter festmachen möchte, wird das sicherlich schwierig. Wir vermuten aber, dass es durchaus eine Zeitspanne gibt, in der die Bereitschaft loszulassen am höchsten ist und später – mit zunehmendem Alter – wieder abnimmt (ähnlich einer Gauss'schen Verteilung). Sich möglichst frühzeitig mit dem Gedanken an das Loslassen, die Nachfolge, auseinanderzusetzen, kann im Sinne der Haltung, des Selbstverständnisses als Unternehmer, sehr nützlich sein. Schließlich ist bereits zum Zeitpunkt der Übernahme als Nachfolger klar, dass man selbst diese Funktion in der Zukunft wieder abgeben wird. Vielleicht wäre dies sogar ein geeigneter Zeitpunkt, sich zu überlegen, wie man selbst diesen Prozess gestalten würde.

Erfolgreiche Beispiele aus der Praxis zeigen, dass es auch sehr nützlich sein kann, sich eine Vision für das Unternehmen, aber auch für sich selbst zu entwickeln und frühzeitig persönliche Zielvorstellungen – für sich als Person **und** für das Unternehmen – zu formulieren. Dies kann z.B. auch ein Leitbild sein, das innerhalb der Familie gemeinsam entwickelt wird.

Damit einher geht für uns ein wichtiger Gedanke. Unser Leben ist geprägt von Routinen und eingespielten und eintrainierten Verhaltens- und Entscheidungsmustern. Diese zu verändern am Schluss eines viele Jahrzehnte langen Berufslebens, ist eine hoch anspruchsvolle Übung. Wir empfehlen deshalb, sich nicht nur rechtzeitig neue Governance-**Strukturen** zu definieren. Es geht vor allem darum, auch die dahinterliegenden Governance-**Prozesse** einzuüben. Dies führt automatisch zur Konfrontation mit den eigenen Mustern.[14] Wer diesen Veränderungsprozess frühzeitig sucht, wählt bewusst den Weg vom Reagieren zum Agieren.

Bei aller Vorbereitung und Planung: Die Zukunft bleibt in letzter Konsequenz unplanbar und ungewiss. Insofern ist es auch ungesichert, ob Zielvorstellungen für

---

14 *Kaduck/Osmetz/Wüthrich/Hammer*, Musterbrecher. Die Kunst, das Spiel zu drehen, Murmann Verlag Hamburg, 2013.

die Zukunft tatsächlich realisiert werden können. Jedoch hilft die Reflexion über eigene Ziele und Visionen auch dabei, die eigenen Wertvorstellungen und Prioritäten zu präzisieren. Wenn es dann noch gelingt, unterschiedliche Szenarien zu entwickeln, die letztendlich alle eine gute Lösung darstellen, ist der wichtigste Schritt zum erfolgreichen Loslassen getan. Das „**Wie**" – also, ob familienintern oder extern, Verkauf oder Liquidation – ist dann zweitrangig. Im Gegenteil: Erst wenn das Loslassen „im Kopf" funktioniert, können alle Nachfolgeoptionen offen und „objektiv" geprüft werden.

2.3 Wenn der Vater mit dem Sohne – Ein Erfahrungsbericht der Stern-Wywiol Gruppe

von Volkmar und Torsten Wywiol

„Die Natur steckt voller Wunder. Eines heißt Lecithin" – so lautet eine Überschrift auf der Website von Sternchemie. Mit diesem Wunderwerk der Natur und der Sternchemie GmbH legte *Volkmar Wywiol* 1980 den Grundstein für die heutige Stern-Wywiol Gruppe, die ihren Hauptsitz in Hamburg hat. Durch Gründung neuer Gesellschaften, Zukauf von Firmen und Partnerschaften mit anderen Unternehmen entwickelte sich das kleine Einzelunternehmen in den vergangenen Jahrzehnten zu einer weltweit operierenden, dynamischen Unternehmensgruppe. Seit 2010 setzt *Torsten Wywiol* als CEO den Erfolgskurs fort. Unter dem Dach der Firmengruppe operieren mittlerweile elf deutsche Spezialbetriebe und 17 internationale Niederlassungen. Diese entwickeln, produzieren und vertreiben Zusatzstoffe für Lebensmittel und Tierernährung. Zum Produktportfolio gehören u.a. Enzyme, Mehlverbesserungsmittel, Stabilisierungssysteme, Schokoladenstücke, Backzutaten, Lecithine, Vitamin- und Mineralstoffpremixe sowie Lipide und Futterfette für die Tierernährung. Die Gruppe beschäftigt weltweit fast 1.000 Mitarbeiter, etwa zwei Drittel davon in Deutschland. Der Umsatz liegt derzeit bei gut 400 Millionen Euro bei einer Exportquote von 85 % in über 100 Ländern. Warum der Generationenwechsel so erfolgreich verlief und welche Hürden dabei zu meistern waren, erläutern *Volkmar* (79 J.) und *Torsten Wywiol* (49 J.) im folgenden Interview – jeder aus seiner Perspektive.

Wie früh stand fest, dass es zur Nachfolge durch den Sohn kommen wird?

Volkmar Wywiol: Ich habe mich erstmals 2000, im Alter von 65 Jahren, mit meiner Nachfolge beschäftigt.

Was waren die wichtigsten Motive?

Volkmar Wywiol: Wie alle Väter hatte ich natürlich den Wunsch, dass eines meiner Kinder – oder auch alle drei – das Unternehmen weiterführen. Schließlich ist der Aufbau einer Firma kein leichter Weg. Wenn sich das Geschäft dann erfolgreich entwickelt, möchte man natürlich, dass es in der Familie bleibt und weiterhin inhabergeführt wird. Da sowohl mein Sohn als auch meine Töchter Betriebswirtschaft studiert hatten, wären sie theoretisch alle als Nachfolger infrage gekommen. Meine

Töchter haben sich seinerzeit aber für ihre Familie und Kinder entschieden, insofern spitzte es sich auf meinen Sohn zu, der auch aufgrund seiner beruflichen Erfahrungen der Geeignetste der Geschwister war.

Torsten Wywiol: Man muss dazu sagen, dass es zu diesem Zeitpunkt auch konkrete Auslöser für eine Nachfolgeregelung gab. Ausschlaggebend waren einerseits gesundheitliche Gründe meines Vaters, andererseits aber auch die Nachfrage unserer finanzierenden Banken. Wenn der Firmenchef eines Familienunternehmens ins Rentenalter kommt, stellt sich schnell die Frage, wie die Nachfolge geregelt ist.

Welche ernsthaften Alternativen gab es?

Volkmar Wywiol: Es gab natürlich die Möglichkeiten, einen der damaligen drei Geschäftsführer als Nachfolger einzusetzen. ...

Torsten Wywiol: ... oder einen völlig Fremden. ...

Volkmar Wywiol: ... richtig. Ich habe mich dann aber bewusst für meinen Sohn entschieden. Insofern war zwar die Frage der Nachfolge gelöst, der eigentliche Prozess begann damit aber erst.

War der Generationenwechsel ein langwieriger Entscheidungsprozess?

Torsten Wywiol: Er war sehr langwierig. Der gesamte Prozess erfolgte über vier Phasen und dauerte insgesamt zehn Jahre. Zunächst einmal hat sich mein Vater etwa zwei Jahre mit dem Thema Nachfolge auseinandergesetzt.

Volkmar Wywiol: Eine zentrale Frage war primär: Ist der Sohn überhaupt daran interessiert, im Familienunternehmen zu arbeiten und wie kann der Vater den Sohn einbauen, ohne bestehende Strukturen zu verletzten? Die zweite Frage war die Erbfolge.

Torsten Wywiol: Das waren zwei zentrale Punkte. Glücklicherweise fand mein Vater in Herrn Prof. Dr. Peter May einen erfahrenen Berater für Familienunternehmen, der ihn gleich in der ersten Sitzung mit der Frage provozierte: „Wollen Ihre Kinder überhaupt das Unternehmen erben?" Das war die Ausgangsposition.

Volkmar Wywiol: Ich habe mich immer für einen toleranten Unternehmer gehalten, musste mir dann in langen Gesprächen von Peter May anhören, ich sei ein Patriarch. Und als solcher stand für mich fest: Wenn ich meinen Kindern etwas schenke, frage ich doch nicht, ob sie das Geschenk überhaupt haben wollen. In dieser Anfangssituation hat unser Coach mir deutlich erklärt: „Wenn Sie Ihre Kinder nicht von Anfang an mit ins Boot holen, dann kann es gut passieren, dass diese die

Firma nicht übernehmen, sondern gleich verkaufen." Mir wurden die Augen geöffnet. Das kam natürlich überhaupt nicht infrage.

Ein gemeinsames Unternehmen war dann der erste Schritt zur Nachfolge. War das eine gute Lösung?

Torsten Wywiol: Nach dem Studium begann mein beruflicher Einstieg in einem international operierenden Konzern. Hier stellte sich mir nach einigen Jahren die Frage, was ich in Zukunft machen will: eine weitere Karriere im Konzern oder eine selbstständige Tätigkeit. Für mich war die Selbstständigkeit das erstrebenswertere Ziel. Durch Zufall ergab sich dann im Jahr 2000 die Möglichkeit, eine kleine Schokoladenfabrik, die *Herza Schokolade*, zu übernehmen. Dabei hat mir eine Bank die Hälfte der Finanzierung ermöglicht. Für die anderen 50 % konnte ich meinen Vater begeistern, stiller Gesellschafter zu werden. Die Geschäftsführung lag jedoch voll in meinen Händen.

Volkmar Wywiol: Auf diese Weise konnte ich meinen Sohn, den ich gern als Nachfolger aufbauen wollte, mit einem eigenen Unternehmen an die Gruppe angliedern und nicht den anderen Geschäftsführern vor die Nase setzen.

Warum dieser „sanfte Einstieg"?

Torsten Wywiol: Diese Rücksichtnahme auf das bestehende Management resultierte aus der eigenen Erfahrung meines Vaters. Er selbst hatte seinerzeit genau das Gegenteil erlebt. Deshalb war ihm dieses Vorgehen sehr wichtig.

Volkmar Wywiol: Als ich noch angestellter Geschäftsführer in einem anderen Unternehmen war, wurde mir mit 40 Jahren der 28-jährige Sohn des Inhabers vorgesetzt, dem jedoch das nötige Know-how fehlte. Das war keine angenehme Situation. Insofern war der Weg meines Sohnes, über eine eigene Firma in die Gruppe zu kommen, die elegantere und wesentlich bessere Lösung.

Hatte dieser Schritt auch Vorteile für die Nachfolgeregelung?

Torsten Wywiol: Auf jeden Fall. Mein Vater war zwar Mitgesellschafter des Unternehmens, aber ich war alleiniger Geschäftsführer. Insofern konnten wir beide sehen, ob ich als Unternehmensführer sowie potenzieller Nachfolger überhaupt qualifiziert bin. Mein primäres Ziel war anfänglich jedoch, die Anteile meines Vaters an der *Herza Schokolade* zu übernehmen und unabhängig mein eigenes Unternehmen auszubauen. Als der eigentliche Prozess der Nachfolgeregelung in 2002 begann, war ich bereits seit zwei Jahren als angegliedertes Unternehmen in der Gruppe tätig und somit in alle Themen voll involviert. Vor diesem Hintergrund wusste ich, was auf mich zukam, und konnte mir sehr gut vorstellen, die Gruppe zu führen.

Torsten Wywiol, warum sind Sie nicht direkt nach dem Studium in das Familienunternehmen eingestiegen?

Torsten Wywiol: Das wäre für mich nie infrage gekommen, weil mein Vater als unternehmender Unternehmer Familienmitgliedern gegenüber besonders streng war. Es ist sehr schwierig, sich zu behaupten, wenn man nicht bereits anderswo seine eigenen Erfahrungen gesammelt, seine Fehler gemacht und auch seine Erfolge gefeiert hat. Ich würde jedem empfehlen, erst einige Jahre in anderen Unternehmen zu arbeiten, bevor man in den Familienbetrieb einsteigt. Hinzu kommt, wenn man schon als junger Mensch in der väterlichen Firma seine Brötchen verdient, dann bleibt man immer Sohn und agiert nicht auf Augenhöhe. Und das funktioniert nicht.

Volkmar Wywiol: Das ist ohnehin ein Problem. Der Sohn kennt den Vater nur als Vater, nicht als Unternehmer oder Geschäftsmann. Umgekehrt genauso: Ein Vater sieht den Sohn nur als Kind – als Schüler oder Studenten, aber nicht als aktiven und gestalterischen Unternehmer, der mit anpackt und loslegt. Das ist ein Konflikt vieler Väter, an dem man mit Einsicht, Weitblick und großer Toleranz kontinuierlich arbeiten muss.

Im Jahr 2003 begann dann mit Phase 2 die eigentliche Nachfolgeregelung. Was passierte in dieser Zeit?

Torsten Wywiol: Zu dieser Zeit wurde die Familie ins Boot geholt – genauer gesagt, meine beiden Schwestern und ich sowie unsere Lebenspartner. In vielen Gesprächen haben wir die Zukunft des Familienunternehmens diskutiert. Die Gespräche wurden von Peter May begleitet. Die zentrale Frage lautete: Wer soll das Unternehmen weiterführen – ein Familienmitglied oder ein Externer? Darüber hinaus ging es aber auch um generelle Themen wie: Glauben wir an die Zukunft des Familienunternehmens? Haben wir den Mut, die Unternehmerrolle einzunehmen? Welche Ziele wollen wir erreichen? Wie ist das Verhältnis untereinander in einer Geschwistergesellschaft?

Ende 2003 haben wir dann die Nachfolge innerhalb der Familie fixiert. Das wichtigste war die Formulierung unserer Familienverfassung. Hierin sind die wesentlichen Kernpunkte genau festgelegt – von den Unternehmenszielen über Führungsstil und Unternehmenssteuerung bis hin zur Mitarbeit von Familienmitgliedern in der Firma und zur Funktion des Beirats. Zum Beispiel dürfen nur die familienfremden Beiratsmitglieder über die Qualifikation von Familienmitgliedern als Geschäftsführer der Holding entscheiden. Das war für uns alle ein ganz wesentlicher Aspekt, um Konflikte von vornherein zu vermeiden.

Wann begann der eigentliche Prozess der Nachfolge?

Volkmar Wywiol: Im Unternehmen haben wir den Generationenwechsel zwei Jahre später bekanntgegeben. *Herza Schokolade* wurde 2005 in die Gruppe integriert und wir haben die Holding gegründet. Seit diesem Zeitpunkt war mein Sohn nicht mehr Gesellschafter, sondern angestellter Geschäftsführer der *Herza*. Gleichzeitig wurde er Prokurist in der Holding.

Torsten Wywiol: Bis zur Übergabe der Geschäftsführung dauerte es dann noch einmal fünf Jahre. 2008 hat der Beirat mich zunächst als geeigneten Nachfolger bestätigt und neben meinem Vater zum gleichberechtigten Geschäftsführer der Holding berufen. Im Anschluss haben wir das Unternehmen zwei Jahre in der Doppelspitze geführt, wobei die Verantwortungsbereiche aufgeteilt wurden. Seit 2010 bin ich alleiniger CEO der Gruppe.

Volkmar Wywiol: Das war über einen langen Zeitraum eine gesunde Entwicklung. Mein Sohn hat die Integration der langjährigen Geschäftsführer großartig über die letzten fünf Jahre in einer offenen und fairen Form vorangetrieben. Dabei musste er aber auch Entscheidungen treffen, die ich so nicht vorausgeahnt habe. Zum Beispiel mussten wir uns von einem tüchtigen Mitarbeiter der ersten Stunde trennen. Das war schmerzlich, aber dennoch situativ bedingt richtig. Ich habe daraus gelernt. Ein Unternehmen braucht total unterschiedliche Charaktere für das Machen in der Aufbauphase und das folgende Management eines mittelständischen, stark wachsenden Unternehmens mit 400 Mio. € Umsatz, elf deutschen Gesellschaften und 17 Auslandstöchtern.

Was hätten Sie, Volkmar Wywiol, gemacht, wenn sich herausgestellt hätte, dass Ihr Sohn den Aufgaben nicht gewachsen ist?

Volkmar Wywiol: Dann hätte ich Ausschau nach einem externen Nachfolger gehalten.

Torsten Wywiol: Ich war sogar innerhalb der Familie der Einzige, der von Anfang an gesagt hat, dass ich mir auch einen externen Kandidaten vorstellen könnte. Wir hatten schon immer tolle Typen im Management. Aber es ist wie im Fußball: Individualisten reichen nicht aus. Jede Mannschaft braucht einen guten Kapitän, der den Ton angibt. Dazu kommt dann der Trainer, der das Team erfolgreich aufstellt.

Wir hatten seinerzeit zwar gute Kapitäne, die sich aber nicht zwangsläufig für das Traineramt eigneten. Insofern wäre auch eine externe Lösung in Frage gekommen.

Was würden Sie genauso machen?

Volkmar Wywiol: Die Nachfolge nicht nach dem Motto regeln „Hier dichtet der Chef noch selbst". Es ist wirklich wichtig, sich professionelle Beratung von außen zu holen.

Torsten Wywiol: Ich würde den anfänglichen Prozess genauso wiederholen. Also nicht nur die Geschwister, sondern auch deren Lebenspartner – ob verheiratet oder nicht – in die Diskussion voll einbeziehen. Dass wir uns in diesem Kreis mehrere Wochenenden mit der Thematik auseinandergesetzt haben, führte zu Klarheit auf allen Seiten. Die Gespräche waren nicht immer einfach, es ging z.T. auch sehr ans Eingemachte. ...

Welche Rolle spielte dabei der externe Berater?

Torsten Wywiol: Der unabhängige Moderator war ein wichtiger Schlüssel zum Erfolg. Diskussionen, bei denen die persönliche Kompetenz auf dem Prüfstand steht, sind immer in gewisser Weise emotional. Ich verstehe mich sehr gut mit meinen Schwestern, dennoch wurden in unseren Gesprächen auch Eifersüchteleien aus der Jugendzeit angesprochen. Mit Hilfe eines neutralen, unabhängigen Moderators bleiben die Themen auf der Sachebene. Das war sehr professionell. Hier hat mein Vater damals schon sehr weit vorausgedacht.

Volkmar Wywiol: Man benötigt wirklich einen Spezialisten für die Familiennachfolge in Unternehmen. Das haben wir intuitiv richtig gemacht und bis heute bin ich Peter May dankbar für seine Geduld, Einfühlungskraft und Vorwärtsstrategie. Wir waren wirklich nicht immer einer Meinung und ich habe die „May'sche Reine Lehre" so manches Mal verflucht.

Was würden Sie anders machen?

Torsten Wywiol: Ich denke, es ist von Anfang an wichtig, die Aufgabenprofile genau zu definieren und zu kommunizieren. Es gilt, die unterschiedlichen Verantwortlichkeiten von Vater und Sohn klar herauszustellen und sich dann auch an diese Spielregeln zu halten. Dieser Prozess hat bei uns länger gedauert, weil wir nach der Aufgabenverteilung zunächst nicht stringent danach gelebt haben.

Volkmar Wywiol: Es ist ja auch ein Lernprozess. Wenn man jahrelang sämtliche Entscheidungen allein getroffen hat, ist es schwierig, sich an die neue Situation zu gewöhnen, solange man noch vollständig im Tagesgeschäft integriert ist.

Gab es Schwierigkeiten?

Torsten Wywiol: Abgesehen von den erwähnten anfänglichen Ungenauigkeiten bei den Verantwortungsbereichen, gab es keine Probleme. Auch wenn wir unterschiedlicher Meinung waren, haben wir trotzdem stets nach außen mit einer Sprache gesprochen. Eine alte Weisheit besagt: jeder Wechsel ist eine Krise. Bei uns kam es zu keinem Bruch, weder in den geschäftlichen noch in den privaten Beziehungen. Wir haben weiterhin ein stark wachsendes Unternehmen. ...

Volkmar Wywiol: ... wir haben es gut hingekriegt. Es hat länger gedauert, aber wir haben die Nachfolge sehr gut über die Bühne gebracht!

Wie haben Sie die Schwierigkeiten überwunden?

Torsten Wywiol: Mein Vater und ich diskutieren Probleme offen miteinander. Vor allem aber verfolgen wir die gleichen Unternehmensziele und vertreten die gleiche Unternehmenskultur. Wir richten unseren Blick in die Zukunft, eruieren mögliche Potenziale, investieren in moderne Technologien sowie in die Qualifikation unserer Mitarbeiter und sichern so langfristig den Erfolg der Unternehmensgruppe. Wir entwickeln die Firma weiter, haben nur in der Zwischenzeit das Staffelholz an die nächste Generation übergeben. Ich glaube, darin liegt der Erfolg.

Volkmar Wywiol: Und ich bin davon überzeugt, dass mein Sohn das Unternehmen noch zu vielen Erfolgen führen wird und ich ihn dabei bestmöglich unterstützen werde.

Das bedeutet, die Zusammenarbeit läuft sehr harmonisch?

Volkmar Wywiol (verschmitzt): Wenn wir den gesamten Prozess betrachten – auch unter der Überschrift ,Wenn der Vater mit dem Sohne' – dann geht es nicht nur um die Nachfolge, sondern natürlich auch um die Zusammenarbeit. Das haben wir über die Jahre gelernt und sehr gut umgesetzt, weil der Vater auch sehr tolerant und beweglich sein kann, wenn die Situation es erfordert.

Torsten Wywiol (lachend): Ja, das haben wir tatsächlich nach vielen auch teilweise kontroversen Diskussionen gelernt. Früher akzeptierte mein Vater nur gelenkte Demokratie und kommunizierte es solange, bis man irgendwann daran glaubte. Ich kenne meinen Vater natürlich gut und er macht es auch charmant, aber er bleibt ein Patriarch. Dies ist ein typischer Führungsstil von Gründerunternehmern, der in unserer wachsenden Organisation kein Zukunftsmodell sein kann. An meine Art der Führung musste er sich erst gewöhnen. Aber diesen neuen Stil hat er vollständig akzeptiert und ist dadurch ein hervorragender Sparringspartner für mich geworden. Hier zeigt sich sein hohes Maß an Flexibilität, die ich schätze.

Was waren für Sie die schönsten Momente?

Volkmar Wywiol: Am schönsten ist es für mich zu sehen, wie sich das Unternehmen kontinuierlich weiterentwickelt – sowohl im Hinblick auf Produkte und Innovationen als auch bei Service und Beratung. Es ist einfach schön zu sehen, dass unsere Funktion als Entwickler und Hersteller von Zusatzstoffen für Lebensmittel und Tierernährung weltweit gebraucht wird. Aber offen gesagt, ist es auch ein wenig schmerzlich, das Gestaltungszentrum abzugeben – es macht mich jedoch stolz zu erleben, dass es auch die nächste Generation kann nach dem Motto: „Viele Wege führen nach Rom".

Torsten Wywiol: Für mich war einer der schönsten Momente, als mein Vater auf der Weihnachtsfeier den Mitarbeitern gesagt hat, dass ich sein designierter Nachfolger bin. Das war ein klares Commitment.

Welchen Rat würden Sie anderen Senioren bzw. Junioren geben?

Volkmar Wywiol: Mein Rat lautet: Mach mit, mach weiter, aber nur in der untergeordneten Position. Das funktioniert durch Toleranz und Akzeptanz. Die Junioren sollten umgekehrt die Senioren solange ‚mitspielen' lassen, wie sie Lust an der Gestaltung und Weiterentwicklung haben. Das gehört ebenfalls dazu.

Torsten Wywiol: Wenn wir den Vergleich zum Fußball ziehen, würde der Senior vielleicht nicht gerade im Sturm oder in der Verteidigung spielen. Er wäre der Joker, der regelmäßig für einige Minuten eingesetzt wird und dabei exzellente Flanken schießt. Aber die Puste reicht nicht für die gesamte Spielzeit. Die klaren Akzente müssen durch die jungen Spieler erfolgen.

Volkmar Wywiol: Man muss erkennen, dass man in der Führungsposition nur ein Mandat auf Zeit hat und rechtzeitig für einen qualifizierten Nachfolger sorgen muss, der das Unternehmen in eine neue Ära führt – mit neuer Kraft und neuen Ideen.

Torsten Wywiol: Ganz genau. Auch ich habe nur ein Mandat auf Zeit. Und wenn die dritte Generation der Geschäftsführung ebenfalls aus der Familie kommt, würden wir uns natürlich sehr freuen. Aber falls keiner aus der Nachwuchsgeneration qualifiziert ist, werden wir eine externe Führungskraft für diese Position suchen. Die wichtigste Voraussetzung ist, dass man unternehmerisch, kreativ und zukunftsorientiert denken kann und wirklich die Verantwortung übernehmen will. Das habe ich für mich in Anspruch genommen. Jetzt besteht die Herausforderung darin, das Schiff auch sicher durch mögliche stürmische Gewässer zu navigieren, um weiterhin interessante Zukunftsmärkte rund um den Globus anzusteuern. Das ist meine Aufgabe für die nächsten 20 Jahre.

Torsten Wywiol (grinsend): ... und dann gehen wir wohl gemeinsam in Rente.

2.4 Töchter im Familienunternehmen: Weibliche Nachfolge als Chance im Generationenwechsel

von Dr. Daniela Jäkel-Wurzer und Kerstin Flohr (geb. Ott)

I. Töchternachfolge – ein Statement vorab

Aktuellen Studien[1] zufolge fallen die Zahlen und Prognosen zur weiblichen Nachfolge in Familienunternehmen oftmals unterschiedlich aus. Sie variieren zwischen 10 % und 40 %. Diese Abweichungen resultieren zum einen aus den verschiedenen Begriffen und Definitionen, mit welchen das Forschungsfeld Familienunternehmen abgesteckt wird. Aber auch Unterschiede zwischen den einzelnen Bundesländern und die stetig steigende Zahl weiblicher Übernahmen sorgen für die größere Bandbreite.

Um einen grundlegenden Überblick über die aktuellen Entwicklungen im Forschungsfeld weibliche Nachfolge zu ermöglichen, wurde durch die Initiative generation töchter 2013 eine groß angelegte wissenschaftliche Studie[2] durchgeführt. Die Ergebnisse liegen den nachfolgenden Ausführungen zugrunde. Mehr als 45 der erfolgreichsten Familienunternehmerinnen in Deutschland, Österreich und der Schweiz wurden per Fragebogen und in anschließenden Interviews zu den Themen Nachfolge, Führung, Familie und Beruf und Erfolgsfaktoren befragt. Eines der zentralen Ergebnisse der Studie belegt deutlich auch einen zukünftigen Handlungsbedarf. Zwar wächst die Zahl der erfolgreichen weiblichen Nachfolgen stetig. Dennoch haben nur 35 % der in der Studie befragten Unternehmerinnen männliche Geschwister. Mehr als 70 % dieser Brüder waren jünger als die Nachfolgerin selbst. Das Fehlen männlicher Konkurrenten aus dem familiären Kreis ist demnach auch weiterhin ein entscheidender Faktor, der die Übernahme der Unternehmensspitze durch eine Tochter beeinflusst.

Hier spiegelt sich durchaus die aktuelle gesellschaftliche Entwicklung wider. Die Zahl der Hochschulabsolventen und Absolventinnen betrachtend, ist das Verteilungsverhältnis bzgl. einer Gleichstellung mit einem Frauenanteil von 52 % noch

---

1 Vgl. u.a. *bundesweite gründerinnenagentur*, Unternehmensnachfolge durch Frauen in Deutschland – Daten und Fakten IV., Nr. 38, 2015.
2 *Jäkel-Wurzer/Ott*, Töchter im Familienunternehmen. Wie weibliche Nachfolge gelingt und Familienunternehmen erfolgreich verändert, Springer Gabler Verlag Berlin Heidelberg, 2014.

nahezu ausgeglichen. Gleiches gilt für die Verteilung der Erwerbsarbeit generell. Mit Blick auf den Eintritt ins mittlere Management zeigen die Zahlen erstmals eine deutliche Differenz. So sinkt der Frauenanteil in Führungspositionen in Unternehmen mit mehr als 100 Beschäftigten auf 15 %. Mit steigender Größe des Unternehmens verringert sich die Zahl weiblicher Führungskräfte weiter.[3]

Für die Mehrheit der Frauen überschneidet sich die Lebensphase der Familiengründung mit der Kernphase der Karriereentwicklung. Um Familie und Beruf zu vereinbaren, entscheiden sich berufstätige Mütter häufiger für die Arbeit in Teilzeit, ein Modell, das in vielen Unternehmenskulturen die Übernahme von Führungsverantwortung und somit den weiteren beruflichen Aufstieg verzögert bzw. blockiert. Auch eine deutlich männliche Prägung der Managementkultur vor allem in größeren deutschen Unternehmen wird als Grund dafür angeführt, dass Frauen über eine bestimmte Karrierestufe nicht hinausgehen können oder auch wollen. Unter dem Begriff der gläsernen Decke[4] werden eine Vielzahl von Erklärungsansätzen gefasst, die den Ausschluss von hoch qualifizierten Frauen aus den Top-Führungspositionen beschreiben. Überdeutlich zeigt sich diese Entwicklung mit Blick auf die deutschen Vorstand- und Aufsichtsratspositionen, in denen Frauen mit einem deutlich geringeren Anteil als Männer vertreten sind.

Haben Töchter die Hürde der Sichtbarkeit im Wettbewerb um die Nachfolge einmal genommen und sich als Kandidatin durchgesetzt, treten sie direkt an die Unternehmensspitze. Unabhängig von Quoten und sonstigen politischen und gesellschaftlichen Bemühungen der Förderung von Frauen in Führung, sind es genau diese Beispiele erfolgreicher Frauen in Spitzen-Positionen, die ein nachhaltiges Umdenken in der Gesellschaft bewirken und eine Kultur der Gleichstellung vorantreiben. Mit ihren Erfolgsstrategien stehen die Familienunternehmerinnen als Rollenmodelle für junge Töchter und Frauen, die diesen Weg ebenso gehen wollen, und prägen gleichzeitig ein positives gesellschaftliches Selbstverständnis.

Das Thema weibliche Nachfolge gewinnt somit weit über den gelungenen Generationenwechsel in deutschen Familienunternehmen hinaus eine erweiterte Bedeutung. Es bezieht Verantwortung auch und gerade für ein gesamtgesellschaftliches Umdenken, das die geschlechtliche Gleichstellung und damit die Qualifikation als Auswahlkriterium in den Mittelpunkt stellt.

---

3 Vgl. *Bundesministerium für Familie, Senioren, Frauen und Jugend* (Hrsg.), 4. Bilanz Chancengleichheit. Erfolgreiche Initiativen unterstützen – Potenziale aufzeigen, 2011.
4 Vgl. *Bundesministerium für Familie, Senioren, Frauen und Jugend* (Hrsg.), Frauen in Führungspositionen. Barrieren und Brücken, 2010.

II. Erfolgsfaktoren weiblicher Nachfolge

Das Thema weibliche Nachfolge hat in den letzten Jahren eine spannende und gleichermaßen rasante Entwicklung vorzuweisen. So ist nicht nur die Zahl der Nachfolgen durch Töchter deutlich gestiegen. Auch das Selbstverständnis, mit dem Töchter diese Position für sich beanspruchen und vor allem mit dem sie die Unternehmensstrukturen nach eigenen Bedürfnissen und Modellen (um-)gestalten, hat sich stark verändert.

Anhand unserer aktuellen Studie[5] wurden wesentliche Erfolgsfaktoren weiblicher Nachfolge herausgestellt. Einige ausgewählte werden nachfolgend näher betrachtet.

1. Die Tandemstrategie

Laut den Ergebnissen unserer Studien führen mehr als 60 % der befragten Töchter das Unternehmen nach Antritt der Nachfolge deutlich länger als zwei Jahre gemeinsam mit dem Vater. Die Tandemstrategie ist damit ein wesentliches Merkmal weiblicher Nachfolgestrategien. Sie kann zudem als ein Unterscheidungsmerkmal zur männlichen Nachfolge gesehen werden. Die Übergabe zwischen Vater und Sohn ist stärker von einer aus der geschlechtlichen Vergleichbarkeit resultierenden Rivalität geprägt, wodurch Söhne nachdrücklicher und bereits zu einem früheren Zeitpunkt der Nachfolge eine klare Exit-Lösung anstreben.

Die Phase der Nachfolge ist ein Übergang, der sowohl hohe Chancen als auch Risiken für Familie und Unternehmen birgt. Die bestehenden Muster und Strukturen werden mit Eintritt der neuen Generation deutlichen Veränderungen unterzogen. So entsteht in der Übergabesituation für alle Beteiligten immer ein gewisses Maß an Unsicherheit und Unordnung. Rollen und Regeln verlieren ihre bisher verlässliche Gültigkeit und müssen neu verhandelt werden. Komfortzonen werden verlassen und neue Wege beschritten. Damit dieser Prozess gelingt, braucht es Zeit und vor allem eine gute Kommunikation zwischen den Beteiligten. Damit der Generationenwechsel als Chance zur Sicherung der Zukunftsfähigkeit des Unternehmens genutzt werden kann, müssen Erwartungen klar ausgesprochen und Ziele gemeinsam verhandelt werden. Gelingt den Generationen die aktive Verständigung nicht, vertiefen sich Konflikte und der Übergang wird zum Risiko für das Gesamtsystem.

---

5 Ebenda.

Eine verlängerte Übergabephase, in der Tochter und Vater in einem durchschnittlichen Zeitraum von zwei bis fünf Jahren das Unternehmen gemeinsam führen und somit den Übergang gemeinsam gestalten, birgt viele Ressourcen, die zum Gelingen des Nachfolgeprozesses beitragen können. Eine entscheidende Rolle spielt der zeitliche Verlauf. Mit der Tandemstrategie geben sich Übergeber und Übernehmende Zeit für Gestaltung und Klärung im Übergang. Zeit, in der Töchter sich in ihre neuen Rollen einfinden können und das Risiko einer Überforderung eingegrenzt ist. Zeit, in der Mitarbeiter, Kunden und Partner sich an die veränderte Situation anpassen können und in der Widerstand sowie Ängste verringert werden. Und nicht zuletzt Zeit, die der Übergeber für den schwierigen Prozess des Loslassens nutzen kann und in der beide Generationen im Dialog neue Rollen und Regeln finden und festigen.[6]

Unsere Studie[7] belegt, dass in dieser Phase wichtiges Wissen vom Vater zur Tochter weitergegeben wird. Häufig in Form von Aufgabenpaketen übernimmt die Nachfolgerin schrittweise Verantwortung vom Vater und arbeitet sich in die neuen Aufgaben ein. Der Vater ist als wichtiger Ansprechpartner und Mentor präsent. Reihenfolge und Tempo der Übergabeschritte werden regelmäßig abgesprochen und angepasst. Angesichts der vorherrschenden besonderen Komplexität im Nachfolgeprozess ist die Form der Steuerung entscheidend. In dieser Phase werden auch zentrale Funktionswechsel vorgenommen. Töchter richten ihre Führungstätigkeit häufig auf andere operative Schwerpunkte aus, als der Vater sie besetzte. Tandempartner, die als Experten einzelne Verantwortungsbereiche übernehmen, oder Fremdgeschäftsführer, durch die die Managementstruktur des Unternehmens wachstumsbedingt per se breiter aufgestellt wird, werden in dieser Phase integriert.

Väter übergeben im Zuge der Tandemführung ihren Töchtern auch wichtige Netzwerkpositionen, die sie selbst innehatten. Die Gremienarbeit als wichtiger Bestandteil der Unternehmensführung wird auf die Tochter übertragen. Vor allem für junge Nachfolgerinnen ist dieser direkte Einstieg an der aktiven Spitze wichtiger politischer und wirtschaftlicher Netzwerke ein Vorteil. Oftmals männlich geprägt, wären die Barrieren für die Übernahme dieser Ämter ohne eine flankierende Unterstützung des Vaters weitaus höher und zeitintensiver.

Führen Vater und Tochter im Zuge der Tandemstrategie das Unternehmen gemeinsam, bedeutet das nicht, dass in dieser Zeit keine Veränderungsprozesse stattfinden. Unsere Studie zeigt, dass Töchter häufig über ein eigenes Projekt in die Nach-

---

6 Siehe dazu auch den Beitrag „Die Kunst des Loslassens" in diesem Kapitel.
7 Jäkel-Wurzer/Ott, 2014.

folge einsteigen. Sie verschaffen sich so einen guten Überblick über die Unternehmensstrukturen, ohne jedoch zunächst vergleichbar zu sein und in direkte Konkurrenz mit den bestehenden Positionen zu gehen. Sie lernen die Mitarbeiter kennen und deren Bedürfnisse verstehen und entwickeln ihre eigenen Ideen und Vorstellungen über zukünftige Strukturen, Produkte und Prozesse im Unternehmen. Ihr Einstiegsprojekt kann so als eine Art Auftakt eines umfangreicheren Veränderungsprojekts gesehen werden, mit dem die Töchter zum einen ihre eigenen Vorstellungen und Bedürfnisse im Unternehmen umsetzen und zum anderen das Unternehmen auf die Zukunft ausrichten. Als eine Besonderheit weiblicher Nachfolge findet dieser Wandel in einer sehr engen Orientierung und Wertschätzung gegenüber der bestehenden Wertekultur und gegenüber den Leistungen des Vaters statt. Die Töchternachfolge gibt hier vielfach positive Beispiele einer gelingenden Balance von Veränderung und Erhalt.

Auf die Frage nach der Urheberschaft des gleichermaßen erfolgreichen und erheblichen Veränderungsprozesses in ihrem Unternehmen im Zuge der Nachfolge, antwortet eine der befragten Unternehmerinnen: „Mein Vater hatte die Pflänzchen bereits ausgewählt und gesät und ich habe dann entschieden, welche Pflanzen groß werden sollen und das Unkraut beseitigt. Somit war es ein Gemeinschaftsprojekt." Dieses Bild steht für viele ähnliche Beispiele des Zusammenwirkens zweier Generationen im Übergang von Vater auf die Tochter, in unserer Studie und darüber hinaus. Werte und Kultur des Unternehmens nicht nur zu sichern, sondern im Zuge der Nachfolge auszubauen und zu entwickeln, war nahezu allen Studienteilnehmerinnen ein wesentliches Anliegen. Sie integrierten diese aktiv zur Entwicklung zentraler Unternehmensfelder wie Markenbildung, Produktentwicklung, Qualitätssicherung, Führungskultur und Mitarbeiterentwicklung.

Ein weiterer entscheidender Vorteil der Tandemstrategie ist die Integration von individuellen Lebensplänen. Viele Unternehmerinnen nutzten die Phase der gemeinsamen Führung mit dem Vater, um eine eigene Familie zu gründen. Gerade Übergeber können hier nicht nur in der Rolle des Großvaters wichtige Unterstützung leisten. Sie springen auch im operativen Geschäft vertretend ein, die Töchter können in der Anfangsphase ihrer Mutterschaft pausieren oder ihre Arbeitszeit reduzieren. Im Aspekt freie Biografie-Gestaltung zeigt sich eine der zentralsten Entwicklungen im Vergleich mit vorangegangenen Studien.[8] So stieg die Bereitschaft des Vaters, die eigene Tochter auch angesichts des Nachfolgeprozesses und der In-

---

8 *Jäkel-Wurzer*, Töchter im Engpass. Eine fallrekonstruktive Studie zur weiblichen Nachfolge in Familienunternehmen, Verlag für systemische Forschung im Carl-Auer Verlag Heidelberg, 2010.

haberin-Rolle bei ihren Plänen zur Familiengründung aktiv zu unterstützen, maßgeblich an. Diese Entwicklung beeinflusst zusätzlich die Variablen Gründung einer Zeugungsfamilie und Sicherung der familieninternen Nachfolge im Kontext weiblicher Nachfolge deutlich positiv. Ebenso können Abwesenheitszeiten der Töchter durch Aus- und Weiterbildungen z.B. im Zuge des Quereinstiegs im Rahmen des Tandemmodells organisiert und abgefangen werden.

Das Unternehmen und die damit verbundenen Rollen, die Tagesstruktur und die Netzwerke loszulassen, ist eine der schwierigsten Aufgaben für den Übergeber und gleichsam der Punkt, der oftmals über Erfolg und Gelingen des Übergangs entscheidet. Nicht nur aufgrund des erhöhten Zeitfaktors begegnen Töchter diesem Prozess mit sehr viel Wertschätzung. Sie suchen regelmäßig das Gespräch mit dem Vater und sprechen auch schwierige Themen offen an. Sie verfolgen nicht das Ziel, den Vater möglichst schnell „aus dem Haus" zu bekommen, sondern suchen mit ihm gemeinsam geeignete Positionen und Aufgaben für seine neue Lebensphase. Beispiele dafür sind Ämter in Gremien wie Beiräten oder Aufsichtsräten, Öffentlichkeitsarbeit für das Unternehmen oder eine beratende Funktion.

Die Bedingung dafür ist jedoch eine klare Rollenverteilung, in welcher die Hauptverantwortung der Tochter für das Unternehmen nach innen und außen deutlich ist. In diesem Punkt spiegelt sich auch das Risiko der Tandemstrategie wider.

Unsere Studienergebnisse[9] belegen eine deutliche Wechselwirkung zwischen den Variablen Länge des Tandems und Erfolg der Übergabe. Mit zunehmender Dauer des Tandems (in unserer Studie im Durchschnitt länger als fünf Jahre) nimmt die Option einer konsequenten und damit gelungenen Übergabe tendenziell ab. Je jünger die Tochter zum Zeitpunkt der Übergabe ist, desto höher ist das Risiko einer „Tandemführung auf unbestimmte Zeit". In dieser Dynamik wird es zunehmend schwerer für die Nachfolgerin, auf Augenhöhe mit dem Vater zu sein, ihren eigenen Führungsstil zu entwickeln und eigene Entscheidungen durchzusetzen. Genau dieser Prozess ist jedoch wichtig, um das Unternehmen absehbar erfolgreich führen zu können. Verbleiben die Töchter dauerhaft in der zweiten Reihe, sinkt ihre Glaubhaftigkeit als Nachfolgerin auch nach außen und sie sind für diese Position „dauerhaft verbrannt".

Entscheidend ist daher, dass Vater und Tochter bereits am Anfang des Nachfolgeprozesses einen genauen Fahrplan festlegen, der auch den Zeitpunkt oder zumindest die genauen Bedingungen, die für einen Ausstieg des Vaters gegeben sein müs-

---

9 *Jäkel-Wurzer/Ott*, 2014.

sen, in Form von Meilensteinen festlegt. Bereits zu Beginn der Nachfolge den offenen Dialog zu suchen und die Ergebnisse schriftlich festzuhalten, hat den Vorteil, dass frühzeitig Spielregeln festgelegt und gegenseitige Erwartungen offen gelegt werden. Auch die innere Ernsthaftigkeit, den Schritt in die Verantwortung zu gehen bzw. die Verantwortung perspektivisch konsequent loszulassen, kann bereits zu diesem frühen Zeitpunkt auf beiden Seiten einer ersten Prüfung unterzogen werden. Darüber hinaus hat der Fahrplan noch einen weiteren, nicht zu unterschätzenden Vorteil. Auf der Grundlage der Vereinbarungen können Töchter auch Jahre später die Punkte einfordern, sollte der Prozess stocken oder von den gegenseitigen Erwartungen abweichen. Wurden vorab keine Festlegungen getroffen, stellt sich für die Nachfolgerin häufig die Frage nach der Legitimation, mit der sie einzelne Verantwortungsbereiche bzw. Umsetzungsschritte vom Vater einfordern und/oder ihm Grenzen setzen kann. „Habe ich überhaupt das Recht, die Beteiligung am Unternehmen zu fordern?" Schriftliche Vereinbarungen, die auch im familiären Einvernehmen getroffen wurden, bieten hier eine verlässliche Gesprächs- und Verhandlungsgrundlage für später aufkommende Konflikte und Zweifel.

Nicht immer gelingt es jedoch, den Nachfolgeprozess erfolgreich abzuschließen. Als einer der Hauptgründe eskalierender Konflikte und unüberwindbarer Differenzen im Verlauf der Übergabe zeigte sich in unserer Studie[10] die Schwierigkeit des Übergebers, das Unternehmen loszulassen, d.h. den Schritt endgültig und mit allen Konsequenzen zu vollziehen. Anzeichen für eine konflikthafte Verzögerung, die ein Handeln erforderlich macht, sind die Nicht-Einhaltung vereinbarter Verantwortungen sowie die dauerhafte und massive Überschreitung von Funktionsgrenzen seitens des Vaters. Entscheidungen der Tochter werden dann öffentlich wahrnehmbar übergangen und es ist eine deutliche, einseitig bestimmte Einflussnahme in ihren Kompetenzbereich wahrnehmbar. Derartige schwebende sowie unklare Rollen- und Machtverhältnisse gefährden nicht nur die Akzeptanz der zukünftigen Inhaberin. Sie verunsichern auch Mitarbeiter sowie Kunden und werden vergleichsweise zeitnah auch im wirtschaftlichen Ergebnis sichtbar. Konflikte dieser Form binden ein nicht zu unterschätzendes Maß an Energie, das für die Unternehmenslenkung bestimmt ist. Schwebende Machtverhältnisse bieten zudem Angriffsfläche für diverse Rollenübertritte, Ängste und Widerstand.

Im Interesse von Unternehmen, Nachfolgerin und Familie ist es daher wichtig, derartigen Dynamiken zeitnah entgegenzuwirken. Damit ist zumeist der Ausstieg einer der beiden Konfliktparteien verbunden. Nachfolgerinnen sollten bereits zu Be-

---

10 Ebenda.

ginn der Nachfolge „im Stillen" einen Preis bestimmen, den sie zu zahlen bereit sind. Zu und unter welchen Bedingungen führe ich den Prozess der Übernahme bis zum Ende? Den Vater buchstäblich „vor die Tür zu setzen", kann eine wirksame Möglichkeit sein, einen anhaltenden Machtkonflikt zu beenden. Der Erwerb von mehrheitlichen Anteilen am Unternehmen durch die Tochter ist dafür eine funktionale Strategie. Besitzverhältnisse werden somit materiell und rechtlich klar definiert, was wiederum auch Auswirkungen auf das subjektive Empfinden und damit das Verhalten hat. Mit einem Bruch abseits jeder Einigung ist erfahrungsgemäß jedoch fast zwangsläufig auch der Abbruch der Beziehungen verbunden.

Ein weiterer Weg ist der Rückzug aus dem Unternehmen. Töchter entscheiden sich dann für die Fortsetzung ihrer Karriere außerhalb des Familienunternehmens. Deutlich wird, dass der Preis der Auflösung einer dauerhaft festgefahrenen und konflikthaften Nachfolgesituation emotional und wirtschaftlich für alle Beteiligten sehr hoch ist. Bereits zu Beginn sollte es daher ein erklärtes Ziel aller sein, den Prozess bestmöglich vorzubereiten, eine verlässliche Form des Umgangs mit Konflikten festzulegen und den Rückhalt aller Beteiligten zu sichern.

Die Ergebnisse unserer Studie belegen, dass angesichts dieser vorbereitenden Schritte und einer offenen Kommunikation die Mehrheit der weiblichen Nachfolgen gelingt und entstehende Konflikte konstruktiv gelöst werden können.

Die Phasen der Tandemstrategie:[11]

1. Die WIR-Phase

   Die WIR-Phase ist durch eine integrative Haltung geprägt. Der Vater führt nach wie vor das Unternehmen und lässt seine Tochter mehr oder weniger Anteil nehmen. Oft gibt er ihr über ein eigenes Projekt die Möglichkeit, sich zu bewähren. In dieser Phase nehmen Väter nicht selten eine wichtige Mentoren-Funktion ein. Die Grundhaltung der Tochter ist es, sich am Vorbild des Vaters zu orientieren.

2. Phase des Findens und Ausprobierens

   In der zweiten Phase beginnen Töchter, ihren eigenen Führungsstil zu entdecken und weiterzuentwickeln. Dabei setzten sie erste Veränderungen durch. Im Unterschied zur ersten Phase stellen sich Töchter nun stärker die Frage nach den eigenen Zielen, Werten und Wünschen.

---

11 Vgl. *Jäkel-Wurzer/Ott*, 2014.

3. Konflikt- und Abgrenzungsphase

Die dritte Phase ist von einer „konstruktiv-aggressiven" Haltung geprägt. Jetzt werden offen Konflikte ausgetragen und eigene Grenzen ausgelotet. Der Vater wird zunehmend entidealisiert. Im Idealfall ist eine Beziehung auf Augenhöhe das Ergebnis dieser „Emanzipation". Die Tochter übernimmt schrittweise die Verantwortung und etabliert sich in ihrer Rolle als neue Chefin. Gleichzeitig gewinnt der Ausstieg des Vaters an Gestalt. Grenzen werden verhandelt und Rollen neu definiert.

4. Verhandlungs- und Gestaltungsphase

Die Grundstimmung der vierten Phase ist konstruktiv. Berater werden hinzugezogen. Die Übergabe wird im Detail besprochen und umgesetzt. Noch ausstehende Anteile werden übertragen. Neue Strukturen und Regeln werden etabliert. Der Vater verabschiedet sich und besetzt seine neue Rolle. Die Veränderungen werden nun auch nach außen kommuniziert. Diese Phase der Neuorientierung ist eine zentrale Phase im Nachfolgeprozess.

5. Zustimmungs- und Integrationsphase

Nachdem der eigentliche Prozess der Nachfolge abgeschlossen ist, folgt die (lange) Phase der Integration aller Veränderungen sowohl im Unternehmen als auch nach außen. Die neuen Strukturen, die mit dem Übergang einhergehen, etablieren sich, und die neue Führungs-Generation ist in ihrer Aufgabe angekommen.

2. Der Traditions-Bruch als Chance für Innovation und Veränderung

Innovation ist für Unternehmen aller Branchen und Größen ein Hauptkriterium langfristigen Erfolgs. Neue Produkte, Prozesse, Dienstleistungen und Strukturen zu erfinden und zu kommerzialisieren, kann damit strategisch als eine zentrale Aufgabe der Zukunftssicherung gesehen werden. Angesichts des besonderen Anspruchs von familiengeführten Unternehmen, diese über Generationen zu erhalten und weiterzugeben, erhalten die Themen Innovation und Veränderung in dieser Unternehmensform eine besondere Bedeutung. Ob Familienunternehmen ein erhöhtes Innovationspotenzial besitzen oder ob der Einfluss der Familie die Investition in Forschung und Entwicklung eher einschränkt, darüber herrscht geteilte

Meinung in der vorherrschenden Literatur.[12] Es ist jedoch anzunehmen, dass mit zunehmendem Wachstum und Alter eines Familienunternehmens die Innovationsfähigkeit abnimmt und die Risikoaversion steigt.[13] Diese Annahme hängt ebenso mit der Dauer der Amtszeit des Unternehmers zusammen, die eine gewisse strategische Trägheit sowie das Auftreten sogenannter „blinder Flecken" begünstigt und damit zu abnehmender Innovationsneigung führt.

Dem entgegenwirkend birgt insbesondere die Phase des Generationenwechsels erhöhte Chancen für Veränderung und Innovation. So wird die Nachfolgephase in der Forschung auch als Katalysator von Veränderungen und Neuerungen beschrieben.[14] Als ein spezifisches und vor allem regelmäßig wiederkehrendes Moment im Lebenszyklus von Familienunternehmen ist die Nachfolge ein wirksames Instrument, der strategischen Trägheit entgegenzuwirken. Im Übergang von einer zur anderen Generation werden zwangsläufig bestehende Muster hinterfragt und Veränderungen angestoßen. Zwei Faktoren des Generationenwechsels wirken sich hier besonders begünstigend auf die Innovationsbereitschaft eines Familienunternehmens aus. Zum einen betritt mit dem Nachfolger/der Nachfolgerin eine zunächst weitestgehend außenstehende Person das System. Diese gehört einer neuen Generation an und steht damit für veränderte Werte und Sichtweisen. Durch ihre Ausbildung bringen Nachfolger und Nachfolgerinnen häufig neues Wissen und optimalerweise auch branchenfremde Erfahrungen mit. Noch nicht mit den Strukturen des Unternehmens vertraut, nehmen sie blinde Flecken leichter wahr und hinterfragen aktiv bestehende Muster und Strukturen. Auf dieser Grundlage können Veränderungsbedarfe leichter identifiziert werden. Der zweite begünstigende Faktor ist der im Rahmen der Übergabe entstehende Dialog zwischen den Generationen. Idealerweise tauschen sich Übergeber und Übernehmer in der Phase des Übergangs intensiv über Ziele, Abläufe und Verantwortungen aus. Auch hier entsteht ein erhöhtes Innovationspotenzial, da dieses am ehesten im Zusammenwirken unterschiedlichen Wissens, Erfahrungen und Einstellungen entsteht. Veränderung ist damit immer ein Produkt mehrerer Beteiligter, die sich in einen aktiven Austausch darüber begeben. Der Übergang bietet so eine besondere Möglichkeit für Familienunternehmen, die Innovationsaktivitäten zu steigern und damit die Zukunftsfähigkeit zu sichern.

---

12 Vgl. auch *Hauck/Prügl*, Veränderung und Innovation während der Führungsnachfolge in Familienunternehmen: eine erste theoretische Annäherung, zupFiF, Schriftenreihe des Friedrichshafener Instituts für Familienunternehmen, Band V, 2015, S. 15 ff.
13 Vgl. ebenda.
14 Vgl. *Kotlar/De Massis*, Goal Setting in Family Firms: Goal Diversity, Social Interactions, and Collective Commitment to Family-Centered Goals. Entrepreneurship: Theory & Practice, 2013, 37(6), S. 1263-1288.

Veränderungsprozesse umzusetzen, kann als eine der wichtigsten Aufgaben der übernehmenden Generation gesehen werden. Von ihr hängt im gesteigerten Maße der zukünftige Erfolg des Unternehmens ab. In der Literatur wird in diesem Zusammenhang der psychologische Aspekt des Bewährungsdruckes beschrieben, unter dem Nachfolger und Nachfolgerinnen im Besonderen stehen und der als innerer Antreiber für Veränderung sowie Innovation wirkt. Die Ergebnisse unserer Studie[15] verweisen darüber hinaus auf einen systemstrukturellen Aspekt, der besonders in der weiblichen Nachfolge zum Tragen kommt.

Geschichtlich betrachtet, hat die Nachfolge in Familienunternehmen eine tief verwurzelte männliche Tradition. In den letzten Jahrzehnten fiel die Entscheidung der Unternehmensübernahme aufgrund der familiären und gesellschaftlichen Muster primär auf die Söhne. Diese Muster erfahren, wie bereits beschrieben, erst seit wenigen Jahren einen wahrzunehmenden Wandel. Damit kann die Unternehmensübernahme durch Töchter als Strukturbruch in der gewordenen Tradition des Systems eingeordnet werden.[16] Bei Töchtern besteht schon aufgrund ihres Geschlechts nur eingeschränkt die Möglichkeit, den Vater in Führungsstil und Verhalten „zu kopieren". Bereits daraus ergibt sich eine gesteigerte Veränderungsdynamik in der Nachfolge. Diese wird durch den systemstrukturellen Bruch, der bei der Übernahme durch Töchter entsteht, noch verstärkt. Es entsteht ein erweiterter Spiel- und Freiraum für Veränderung und Innovation. Deutlich sichtbar wird diese Besonderheit beim Thema Familie und Führung. Im Unterschied zu ihren Vätern sind es die Nachfolgerinnen selbst, die Kinder austragen und (mit)verantwortlich für die Organisation der Vereinbarung von Familie und Unternehmen sind. Angesichts der Doppelrolle können Töchter nicht ihre umfänglichen Zeit-und Energieressourcen in die Inhaberschaft investieren. Diese spezifischen Rollenanforderungen haben direkten Einfluss auf die Art und Weise, wie Töchter die Strukturen (Führung, Management, Aufgabenverteilung, Verantwortung etc.) im Unternehmen gestalten. Im Zuge der Balancierung von Familien- und Unternehmensbedürfnissen angesichts der Doppelrolle werden Veränderungsprozesse angestoßen und umgesetzt, die sich auch begünstigend auf das Innovationspotenzial auswirken.[17]

Unterstützt wird diese Entwicklung vom Faktor der Konsensorientierung als Merkmal weiblicher Nachfolgen. Wie bereits beschrieben, trägt ein konstruktiver Generationendialog maßgeblich zu einem gesteigerten Innovationspotenzial bei. Der

---

15 *Jäkel-Wurzer/Ott*, 2014.
16 *Jäkel-Wurzer*, 2010.
17 Siehe dazu auch den Beitrag „Wenn der Vater mit dem Sohne – Ein Erfahrungsbericht der Stern-Wywiol Gruppe" in diesem Kapitel.

aktive Austausch zwischen Vater und Tochter wird insbesondere angesichts der Tandemstrategie (siehe hierzu auch II. 1) und der damit verbundenen verlängerten Phase einer gemeinsamen Führung gestützt. Darüber hinaus beschreiben Hauck und Prügl[18] in einem Aufsatz zu Veränderung und Innovation während der Führungsnachfolge in Familienunternehmen ein hohes Level an Kommunikationsfähigkeit sowie Commitment der Familienmitglieder als Faktoren, die die Innovationsentwicklung begünstigen. Unserer Studie[19] folgend, ist die Übergabe zwischen Vater und Tochter in einem hohen Maß durch Konsensorientierung geprägt. Sich lösungsorientiert in regelmäßigen Gesprächen mit dem Übergeber und den Familienmitgliedern abzustimmen, bewerten die Töchter als sehr wichtig und investieren entsprechend viel Zeit in den Dialog. Während angesichts der Rivalität männliche Nachfolge immer auch durch die Frage geprägt ist, „wie kann ich besser sein" (Kampf), geht es in der weiblichen Nachfolge angesichts des Strukturbruchs mehr um die Frage „wie kann ich es als Frau machen" (Gestalten). Davon ausgehend, dass Innovation auch oder gerade für Familienunternehmen ein Hauptkriterium generationenübergreifenden Erfolgs ist, zeigt sich hier in der weiblichen Nachfolge eine Reihe besonderer Chancen und Potenziale.

3. Unternehmensführung und Familie

Die Gründung einer (Zeugungs-)Familie zeigt sich als ein zentrales Merkmal weiblicher Nachfolge, das in vielerlei Hinsicht Einfluss auf den Verlauf des Nachfolgeprozesses und die daran anschließende Art und Weise der Unternehmensleitung und -entwicklung nimmt. Dass Nachfolgerinnen sich die Freiheit nehmen, ihre individuellen biografischen Vorstellungen und Pläne – dazu gehört auch und im Besonderen die Familiengründung – umzusetzen und zu gestalten, ist durchaus keine Selbstverständlichkeit. So belegen Studien[20], dass Töchter, die in den 60er und 70er Jahren oder früher geboren sind und die Anspruch auf die Unternehmensnachfolge erhoben, deutlich häufiger auf Familiengründung verzichteten. Neben der starken Einbindung in die operative Verantwortung ist die traditionell geprägte rigide Struktur einer der Hauptgründe für den begrenzteren Gestaltungsspielraum, den das Unternehmen Nachfolgerinnen bot bzw. den diese innerhalb der Nachfolge subjektiv wahrnahmen. „Es so wie der Vater machen" lautete die implizite Botschaft für die Töchter. Dahinter lag die (un-)ausgesprochene Erwartung, den Großteil der zeitlichen und personellen Ressourcen in das Unternehmen zu geben.

---

18 Vgl. auch *Hauck/Prügl*, 2015.
19 *Jäkel-Wurzer/Ott*, 2014.
20 *Jäkel-Wurzer*, 2010.

Mitunter stellten Väter ihre Töchter auch direkt vor die Wahl „Unternehmen oder Familiengründung". Sichtbare Rollenvorbilder, die alternative Wege aufzeigen und damit individuelle Gestaltung gefördert hätten, gab es in in diesen Generationen nur begrenzt. In einem überwiegend männlich geprägten Umfeld war es für viele der Töchter eine große Herausforderung, die innere und äußere Legitimation für ihre Rolle als Nachfolgerin zu erhalten. Daraus resultierend, sahen sich diese häufig einer „entweder/oder"-Konstellation in der Entscheidung gegenüber, die ihren biografischen Gestaltungsspielraum maßgeblich einschränkte.

Nicht zuletzt aufgrund der Tatsache, dass diese Entwicklung die Möglichkeit einer familieninternen Nachfolge in der nächsten Generation eingrenzte, was dem generationenübergreifenden Erhalt als einem der zentralen Merkmale von Familienunternehmen deutlich widersprach, weist die weibliche Nachfolge bzgl. des Gestaltungsspielraums für Töchter eine rasante und zugleich vielversprechende Entwicklung auf. Das veränderte Selbstverständnis der Unternehmensübernahme durch Frauen wird unterstützt von gesellschaftlichen Veränderungsprozessen, aus denen Fortschritte in der Gleichstellung und ein verändertes Frauen- und Familienbild resultieren.

Diese Entwicklungen zeigen sich auch in den Ergebnissen unserer Studie.[21] 70 % der befragten Unternehmerinnen haben Kinder, über 90 % leben in einer Partnerschaft. Mehr als 80 % sind davon überzeugt, dass die Führung eines Familienunternehmens die Vereinbarkeit von Beruf und Familie positiv beeinflusst. Die Studienergebnisse belegen darüber hinaus eine Wechselwirkung zwischen den Variablen Vereinbarkeit und Unternehmensentwicklung. So wirkt sich die Anforderung, Familie und Führung zu vereinbaren, indirekt auch positiv auf das Unternehmen aus. Trotz gut aufgestellter Betreuungsnetzwerke und dem Rückhalt des Partners sowie der eigenen Familie wollen und können Nachfolgerinnen die Verantwortung für Betreuungs- und Familienaufgaben nicht gänzlich übertragen. Insbesondere die Kinder stehen bei den meisten der befragten Frauen an erster Stelle. Die daraus entstehende Doppelrolle wird in den Organisationsstrukturen sowie der gelebten Führungskultur sichtbar. Bereits zu Beginn der Übernahme setzen die Frauen Veränderungsprozesse in Bewegung, durch die Mitarbeiter stärker als bisher in Verantwortung und Entscheidungen eingebunden werden und zur Mitgestaltung aufgefordert sind. Die Führung ist kooperativer geprägt und Prozesse werden zunehmend auf Eigenverantwortung ausgerichtet. Häufig, im Unterschied zum Übergeber, ist es ein Ziel der Frauen, sich für begrenzte Zeiträume entbehrlich zu ma-

---

21 *Jäkel-Wurzer/Ott*, 2014.

chen, indem Mitarbeiter selbstverantwortlich entscheiden und handeln. Die deutliche Präferenz der Frauen für die Führung in Tandemstrukturen (auch nach Beendigung der Nachfolge) unterstützt diese Entwicklung. In der Führungsebene zeigen sich die Veränderungen zumeist über die Besetzung neu geschaffener Positionen mit ausgewiesenen Fach-Experten (F&E, Technik, Produktion etc.) oder auch Fremdgeschäftsführern (Management). Die im Verlauf der Veränderung verstärkt kooperativ und kommunikativ geprägte Kultur wirkt sich nachhaltig positiv auf verschiedene Faktoren wie Innovationsbereitschaft, Mitarbeiterbindung, Mitarbeiterentwicklung, Führungskultur, Wettbewerbsfähigkeit, Wissensmanagement und Markenbildung aus. So zeigen die Studienergebnisse auch einen Zusammenhang zwischen gelungener weiblicher Unternehmensübernahme und erfolgreicher wirtschaftlicher Unternehmensentwicklung in den Jahren nach der abgeschlossenen Übernahme.

Die Führung von Familienunternehmen durch Frauen wirkt sich ebenfalls positiv auf die Möglichkeiten der Mitarbeiter und Mitarbeiterinnen in diesen aus, Familie und Beruf zu vereinbaren. So stieg die Quote der beschäftigten Frauen während der weiblichen Führungsperiode wahrnehmbar an. Die Ursache für den Anstieg ist jedoch in keinem Fall die Bevorzugung von weiblichen Fachkräften bei der Besetzung von Stellen. Fast einheitlich gaben die befragten Unternehmerinnen an, bei Einstellungen und Beförderungen das Kriterium der Qualifikation an oberste Stelle zu setzen. Quotenregelungen lehnen sie deutlich ab. Der Anstieg resultiert daher vielmehr aus der Herausbildung einer Unternehmenskultur, die die Bedürfnisse der Vereinbarkeit von Familie und Beruf stärker in den Fokus nimmt und dementsprechende Freiräume (Unternehmenskindergarten, Heimarbeitsplätze und Führung in Teilzeit) schafft. Ein Erklärungsansatz hierfür ist ein ausgeprägtes Bewusstsein für die Herausforderung angesichts der Doppelrolle, das die Inhaberinnen auch aufgrund ihrer eigenen Erfahrungen entwickeln. Darüber hinaus ist es auch hier die Vorbildfunktion und das daraus resultierende erlebbare Rollenmodell, welches auch Mitarbeiterinnen motiviert, ihre beruflichen und privaten Ziele zu verbinden. Die Mehrzahl der befragten Unternehmerinnen setzt diesbezüglich auf einen engen Kommunikationsprozess, um individuelle Lösungsmodelle zu finden, die die Bedürfnisse der Mitarbeiterinnen und Mitarbeiter mit denen des Unternehmens in Einklang bringen.

III. Ausblick

Die Entwicklungen der letzten Jahre geben deutlich positive Signale für einen Anstieg weiblicher Nachfolgen in der Zukunft. Vor allem die Existenz positiver Rollenvorbilder sowie die Erfolgsfaktoren, die mit der Übernahme von Töchtern verbunden sind, führen zur Veränderung traditionell geprägter Rollen- und Entscheidungsmuster. So steigt die Anzahl der Übergeberinnen und Übergeber, die Qualifikation und Bereitschaft als entscheidendes Auswahlkriterium in der Nachfolge bewerten, immer mehr an. Veränderte Anforderungen an Familienunternehmen im Zuge des demografischen Wandels stützen diese Entwicklung.

Ebenso erfährt der Verlauf des Nachfolgeprozesses durch die weibliche Führung eine positive Entwicklung. Frauen übergeben das Unternehmen im Schnitt zehn Jahre früher als ihre Väter.[22] Damit ist auch die frühere Planung der eigenen Nachfolge verbunden. Besonders der kritische Aspekt des Loslassens verliert hier an Bedeutung, was die Erfolgschancen der Nachfolge erhöht. Die befragten Unternehmerinnen gaben Qualifikation und Freiwilligkeit als wichtigste Faktoren bei der Entscheidungsfindung für eine Übergabe in die nächste Generation an. Auch wenn es aufgrund der geringeren Zahl von Übergaben durch Familienunternehmerinnen noch keine ausreichende Anzahl an Studien gibt, eine positive Entwicklung deutet sich anhand der vorliegenden Ergebnisse bereits an.[23]

Die aktuelle Forschung zur weiblichen Nachfolge lässt noch erheblichen Spielraum, um das Thema differenzierter und fokussierter zu betrachten. Mit zunehmender Anzahl weiblicher Nachfolgen und ebenso Unternehmensübergaben durch Frauen wird es zukünftig eine wichtige Aufgabe sein, diese Lücke durch eine verstärkte Aufmerksamkeit von Praxis, Wissenschaft und Forschung zu schließen.

---

22 *Jäkel-Wurzer/Ott*, 2014.
23 Ebenda.

2.5 Nachfolge in Geschwisterkonstellationen – Eine besondere Herausforderung für Unternehmerfamilien

von Dr. Arno Lehmann-Tolkmitt und Nina Heinemann

I. Einleitung

„Ich bin geworden wie ich bin, weil ich nicht werden wollte wie Du …", so erklärt Thomas Buddenbrook seine persönliche Entwicklung in Abgrenzung zu seinem Bruder Christian. Viel distanzierter kann ein Verhältnis zwischen Geschwistern wohl nicht sein, als es Thomas Mann in seinem berühmten Roman über den Aufstieg und Fall einer Unternehmerfamilie beschreibt. Demgegenüber formulieren andere Geschwister, die gemeinsam ein Familienunternehmen führen: „Uns gibt's nur im Doppelpack."

Geschwister in der Nachfolge sind in Familienunternehmen eine besondere Konstellation. Ein Konflikt zwischen ihnen ist eine der größten Herausforderungen eines Familienunternehmens – und viele scheitern daran. Andererseits kann die Geschwister-Konstellation auch die erfolgreichste in der Entwicklung eines Unternehmens sein. Die Praxis kennt für beide Extreme viele Beispiele.

In jedem Fall ist das Zusammenwirken von Geschwistern faszinierend und betrifft fast alle Familienunternehmen im Laufe ihrer Entwicklung. Diese Konstellation bewegt den Gründer bei der Frage, wie es unter dem Einfluss seiner Kinder – den Geschwistern – mit dem Unternehmen weitergeht. Sie prägt in den meisten Fällen die zweite Generation eines Unternehmens und ihre Stabilität entscheidet oft über den Fortbestand der Gesellschaft. Schließlich setzen sich die Dynamiken von Geschwister-Konstellationen häufig über Generationen fort.

Nachfolgend sollen die Besonderheiten dieser Konstellation beleuchtet und die dadurch entstehenden Herausforderungen für Familienunternehmen erkennbar werden. Außerdem wollen wir Lösungsansätze für mögliche Konflikte aufzeigen.

II. Geschwister – eine besondere Konstellation und warum sie problematisch sein kann

In Deutschland wachsen zwei von drei Kindern mit einer Schwester oder einem Bruder auf; in Unternehmerfamilien gibt es traditionell überdurchschnittlich viele Kinder. Die Geschwisterbeziehung ist die längste soziale Beziehung, die es gibt. Und neben den Eltern-Kind-Beziehungen die einzige, die durch Geburt angelegt wird. Geschwister sind unzertrennlich und das prägt ihr Verhältnis. Geschwister-Liebe und Geschwister-Hass sind sprichwörtlich. Um diese besondere Konstellation zu verstehen, ist es wichtig, zunächst den **Ausgangspunkt**, die Geschwister-Dynamik, näher zu beleuchten.

In dem Moment, wo mehr als ein Kind in eine Familie kommt, entsteht eine eigene Gruppe in der Familie – die **Geschwister**. Geschwister nehmen eine Vielzahl von Rollen füreinander ein: Sie können engste Vertraute und Verbündete, Vorbilder und Lehrer, Beschützer oder Opfer, loyale Mitstreiter oder Rivalen sein. Häufig sind sie auch vieles davon. Dabei verändern sich Geschwisterbeziehungen fortwährend,[1] insbesondere mit dem Wechsel der Lebensphasen. Einige Aspekte sind dabei besonders prägend für Geschwister.

1. Gleichbehandlung und Rivalität

Geschwisterbeziehungen sind komplex und selten störungsfrei.[2] Sie sind nicht nur geprägt durch die jeweilige Persönlichkeit der Kinder, sondern auch durch die Beziehung der Eltern untereinander und zu den einzelnen Kindern.[3] Dabei haben Kinder sehr empfindsame Antennen für Unterschiede. Wird das tief verwurzelte Bedürfnis nach **Gerechtigkeit**[4] in der Wahrnehmung des Kindes verletzt, entstehen in der Regel Neid und Rivalität.

Dabei können Kinder durchaus mit ungleicher Behandlung umgehen, wenn sie diese als „fair" empfinden. Das wird möglich, wenn sie einheitliche Regeln, sachliche Gründe oder eine längerfristige Ausgewogenheit erkennen können. Haben sie hingegen den subjektiven Eindruck – und allein der ist entscheidend –, dass ein Geschwister ungerechtfertigt bevorzugt wird, belastet dies auch die Beziehung zwischen den Geschwistern. Ist eines gar das vielgeleugnete **Lieblingskind**, hat dieses

---

1 Vgl. dazu auch *Sohni*, Geschwisterdynamik, Psychosozial-Verlag Gießen, 2. Auflage 2014, S. 84.
2 Vgl. dazu auch *Sohni*, 2014, S. 89.
3 *Siegler/DeLoache/Eisenberg*, Entwicklungspsychologie im Kindes- und Jugendalter, Elsevier Verlag München, 1. Aufl. 2005.
4 Vgl. dazu *Petri*, Geschwister – Liebe und Rivalität, Kreuz Verlag Freiburg im Breisgau, 2012, S. 154.

meist nicht nur mit den Aggressionen der Geschwister, sondern auch mit den eigenen Schuldgefühlen zu kämpfen.[5]

Für Geschwister ist es normal, sich zu vergleichen und zu messen: Der andere ist Maßstab. Dieser – oft von Kindesbeinen an spielerisch ausgetragene – **Wettbewerb** kann Antrieb und Ansporn individueller Entwicklung sein. In der Unterschiedlichkeit erkennt jeder sich selbst mit seinen individuellen Stärken und Schwächen und kann so sein Selbst-Bewusstsein schärfen.

Gibt es hingegen größere Unterschiede in Talenten oder Erfolg, entstehen auf Dauer Neid und Rivalität. Gleiches gilt, wenn Kinder sich Benachteiligungen und ungerechter Behandlung durch die Eltern ausgesetzt sehen. Werden dadurch so wertvolle Güter wie Geld, Liebe und Anerkennung unterschiedlich verteilt, entfaltet **Rivalität** destruktive Kraft.[6] Je weniger emotionale Sicherheit die einzelnen Geschwister erfahren und je stärker das Ungleichgewicht zwischen den Geschwistern ist, desto größer sind die Wahrscheinlichkeit und die zu erwartende Heftigkeit dieser Gefühle.

2. Freiheit der Selbstentwicklung

Kinder lieben ihre Eltern und wollen von ihnen geliebt werden. Sie brauchen deren Aufmerksamkeit und Anerkennung – im Zweifelsfall auch auf Kosten der Geschwister. In diesem Wettstreit versuchen sie, die Erwartungen der Eltern zu erfüllen. Dabei kann es sich um explizit ausgesprochene Anforderungen handeln oder aber um nicht artikulierte, manchmal den Eltern selbst nicht bewusste Wünsche. Häufig behindern solche Erwartungen Kinder bei der freien Entwicklung und einer ihrem Alter angemessenen Ablösung von der Familie.[7]

Mit dem Erwachsenwerden, dem Auszug aus dem Elternhaus und der Berufs- und Partnerwahl entstehen normalerweise zunehmende **Unabhängigkeit** und meist auch räumliche Distanz zu Eltern und Geschwistern. Jeder geht seinen eigenen Weg, oft entfalten sich sehr unterschiedliche Lebensentwürfe. Losgelöst von den Eltern können Geschwister veränderte Verhaltensweisen und eigenständige Beziehungen zueinander entwickeln. Mit der Geburt von eigenen Kindern und dem Wechsel in die Eltern-Rolle vergrößert sich die Unabhängigkeit noch einmal deutlich, gleichzeitig werden die familiären Beziehungen häufig wieder enger gelebt.

---

5 Vgl. dazu auch *Sohni*, 2014, S. 66.
6 Bis hin zur Vergeltungsaggression, vgl. *Petri*, 2012, S. 79.
7 Vgl. *Konrad*, Das bleibt in der Familie, Piper Verlag München, 4. Aufl. 2013, S. 58.

Diese Beziehungen sind idealtypisch durch Autonomie, Gleichberechtigung und Loyalität gekennzeichnet.

Eine wichtige Voraussetzung für engere Beziehungen in der erweiterten Familie ist eine gute Integration der **Partner**, die unterschiedliche Werte und Prägungen mit in die Familie einbringen. Gelingt dies nicht, sind zunehmende Spannungen und Distanz häufige Folgen, die sich auch auf die nächste Generation übertragen.

Die Entfaltung von Individualität, die Ablösung vom Elternhaus und der Aufbau eines eigenständigen Lebens sind wesentlicher Teil des Erwachsenwerdens. Die Rolle der Eltern sollte dabei sein, ihre Kinder in die Selbstständigkeit zu begleiten und darin zu unterstützen, den Weg in ein unabhängiges und erwachsenes Leben zu finden.[8]

Sind die Beziehungen zu den Geschwistern problematisch und spannungsbeladen, wird der Kontakt in der Regel minimiert oder vollständig abgebrochen. Dies kann durchaus für die einzelne Person oder das Familiengefüge belastend sein, ermöglicht im Normalfall aber dennoch unabhängig davon ein selbstständiges und stabiles Leben mit der eigenen Kleinfamilie und beeinträchtigt nicht den beruflichen Werdegang.

3. Geschwisterkonstellationen

Häufig werden Geschwistern typische **Charaktermerkmale** in Abhängigkeit ihres Geschlechts und der Position in der Geschwisterfolge zugeschrieben.[9] Demnach werden Erstgeborene meist als vernünftig und verantwortungsvoll beschrieben. An sie werden von den Eltern die größten Erwartungen gestellt – auch dahingehend, eine Vorbildfunktion und besondere Verantwortung gegenüber den anderen Geschwistern einzunehmen. Genau im Gegensatz dazu wachsen die jüngsten Geschwister mit deutlich größeren Freiheitsgraden und mehr Leichtigkeit auf, oft als klassische „Nesthäkchen" in einer beschützten Sonderrolle. In diesen Konstellationen wird mittleren Geschwistern eine Vermittlerposition zugeschrieben. Sie versuchen, emotionale Balance und Bindung in der Familie herzustellen.

---

8 Vgl. *Konrad*, 2013, S. 87.
9 Grundlegend hierzu *Toman*, Familienkonstellationen – Ihr Einfluss auf den Menschen, C.H.Beck München, 9. Aufl. 2011.

Solche „typischen" Ausprägungen sind nicht zwingend.[10] Tatsächlich können andere Einflüsse überwiegen. Entscheidend bleibt, wie die jeweiligen Personen und ihr Umfeld damit umgehen.[11] Das gilt auch für Unternehmerfamilien, selbst wenn sie mit ihrem oft konservativen Wertesystem und Rollenverständnis dieser Typisierung folgende Charakterausprägungen – insbesondere mit Blick auf den „Erstgeborenen" – tatsächlich fördern.

4. Wenn das Familienunternehmen hinzukommt

a) Geschwisterdynamik in der Unternehmerfamilie

Sind Geschwisterbeziehungen an sich schon komplex, so wird dies durch die Existenz eines Unternehmens in der Familie noch gesteigert. Für die Entwicklung von guten, gesunden Beziehungen innerhalb der Familie ist es von großer Bedeutung, Abnabelung und Wieder-Annäherung, Emanzipation und Identifikation in Einklang zu bringen. Durch die starke Bindungswirkung, die ein Familienunternehmen entfalten kann, wird dies deutlich erschwert.

Im Gegensatz zu der Konstellation mit nur einem Kind, kann es zwar entlastend sein, nicht zwangsläufig der Rolle des Thronfolgers ausgesetzt zu sein. Dennoch hat die große Bedeutung, die das Unternehmen für die Eltern einnimmt, einen starken Einfluss auf die Kinder: Ist das „Spielfeld" so klar markiert, kann aus dem Wettbewerb um Aufmerksamkeit und Anerkennung der Eltern leicht der **Wettbewerb um die Nachfolge** im Unternehmen werden. Die Kinder haben das Bedürfnis, einen Platz in dem für die Eltern so zentralen Lebensbereich zu finden.

Entgegen allen offiziellen Ermutigungen, den eigenen Weg zu gehen, stellt die Qualifikation zum Nachfolger in der Regel den Maßstab dar, an dem Unternehmerkinder sich gemessen fühlen. Entscheidet eines sich für einen anderen Weg, ahnt es häufig nur den – emotionalen und wirtschaftlichen – Preis dafür.

Diese **Anziehungskraft des Unternehmens** erschwert die wichtige Ablösung von den Eltern: zunächst emotional, bei einem Weg in das Unternehmen dann häufig auch finanziell. Treten Nachfolger in das elterliche Unternehmen ein, ohne sich zuvor mit einem eigenen beruflichen Weg wirtschaftliche Unabhängigkeit von den Eltern bewiesen zu haben, fehlt meist ein wichtiger Baustein im Erwachsen aus

---

10 Vgl. z.B. *Rathsmann-Sponsel/Sponsel*, Untersuchung von Tomans Persönlichkeitscharakterisierung nach den Geschwisterkonstellationen und ihre Übertragung in den CST-Charakter-Struktur-Test nach Fritz Riemann, Internet Publikation für Allgemeine und Integrative Psychotherapie, ISSN 1430-6972, IP-GIPT DAS 2015.
11 Vgl. dazu auch *Sohni*, 2014, S. 55.

der elterlichen Bindung. Dies erschwert auch eine unabhängige Entwicklung der Geschwisterbeziehungen erheblich.

Schlägt eines von mehreren Kindern den Weg in das Familienunternehmen ein, ist es gegenüber den anderen Kindern – im Wertesystem des Unternehmers, das alle Kinder gut kennen, – herausgehoben, mehr wert, „näher an der Sonne": mit den geschwisterlichen Nebenwirkungen des Lieblingskindes. Gleichzeitig stellt diese „Auswahl" eines Kindes – wird sie nicht **nach klaren Regeln, professionell und fair** vorgenommen – auch eine erhebliche psychische Belastung für beide Eltern und den Zusammenhalt der Familie insgesamt dar.

Zumindest diese Entscheidung scheint entschärft, wenn mehrere Kinder in das Familienunternehmen eintreten. Darüber hinaus sind Eltern oft froh, wenn sie die Last der Verantwortung zukünftig auf mehrere Schultern verteilt sehen und der Zunahme an Größe und Komplexität im Unternehmen mit mehreren Personen begegnet werden kann, die idealerweise sich ergänzende Fähigkeiten und als Geschwister blindes Vertrauen zueinander mitbringen. Das ist aber nicht selbstverständlich.

b) Geschwisterdynamiken im Familienunternehmen

Typischerweise sind die Dynamiken und Geschwisterkonflikte in Unternehmerfamilien besonders intensiv. Durch eine gemeinsame Nachfolge können solche Spannungen oder **Konflikte in das Unternehmen übertragen** und verfestigt werden. Dabei werden die Auswirkungen der Konflikte schnell allumfassend und **existentiell** – nicht nur für die betroffenen Familienmitglieder, sondern für das gesamte Unternehmen und seine Mitarbeiter.

Gibt es Spannungen zwischen Geschwistern, wird normalerweise der Kontakt reduziert. Dies beeinträchtigt den normalen Alltag in der Regel kaum, da es heutzutage meist nur geringe Überschneidungen gibt. Sind diese Geschwister jedoch im Familienunternehmen tätig, bergen gegenseitige Abhängigkeit, große Nähe durch Überschneidung der wichtigsten Lebensbereiche und fortgeführter Wettbewerb ein erhebliches **Konfliktpotenzial.**

Für Nachfolger in Familienunternehmen ist es wichtig, neue Rollen einzunehmen, sich weiterzuentwickeln und zu verändern. Geschwister als Zeugen, als Chronisten der eigenen Entwicklung, können diese **Veränderung** erschweren. Sie kennen sich und die Ängste des anderen von klein auf, haben Scheitern und jugendliche Fehltritte erlebt. Gelingt es nicht, dieses Bild weiterzuentwickeln, kann das zur Hypothek für die gemeinsame Führung werden. Die familiäre, geschwisterliche Rolle kann die Entwicklung von Autorität erschweren, wenn die Rolle des „kleinen Bruders" oder der „kleinen Schwester" fixiert und in das Unternehmen übertragen wird.

Schaut man auf Geschwisterkonstellationen, kann nicht per se gesagt werden, welche davon im Familienunternehmen mehr oder weniger gut funktionieren: gleichgeschlechtliche oder Bruder-Schwester-Teams, großer oder möglichst geringer Altersunterschied. Auch hier gelten aber wohl die Erkenntnisse der Geschwisterforschung: Je geringer der Altersunterschied zwischen Geschwistern ist und bei gleichem Geschlecht sind die Beziehungen am intensivsten: im Positiven wie im Negativen. **Entscheidend für den Erfolg** sind die richtige Passung von Kompetenzen und Persönlichkeiten, Rollen und Regeln sowie die Fähigkeit zur intensiven Reflexion und Kommunikation, um Missverständnisse und Konflikte überwinden und sich gemeinsam weiterentwickeln zu können. Ist dies gegeben, können die Vorteile von Geschwisterkonstellationen ihre volle Kraft entfalten.

III. Geschwister-Konstellationen im Familienunternehmen: Wann sie problematisch sein können

Beim Blick auf die verschiedenen Entwicklungsstufen eines Unternehmens wird deutlich, wie sich die geschwisterlichen Konstellationen im Familienunternehmen auswirken und sich zum Vorteil oder eben auch zur Herausforderung entwickeln können. Dabei kann das 3-Dimensionen-Modell helfen.[12] Es stellt die Entwicklung von Familienunternehmen entlang der Dimensionen Inhaber-Struktur, Governance-Struktur und Unternehmens-Struktur dar und verdeutlicht typische Herausforderungen in jeder Entwicklungsstufe.

---

12 Vgl. grundlegend zum 3-Dimensonen-Modell *May*, Erfolgsmodell Familienunternehmen, Murmann Verlag Hamburg, 2012, S. 177-205.

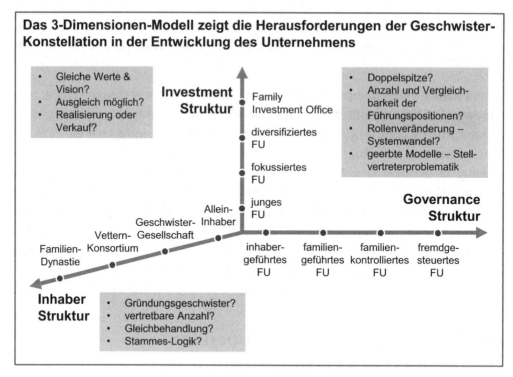

Das 3-Dimensionen-Modell zeigt die Herausforderungen der Geschwister-Konstellation in der Entwicklung des Unternehmens

Abb. 1: Das 3-Dimensionen-Modell zeigt die Herausforderungen der Geschwister-Konstellation in der Entwicklung des Unternehmens

1. Die Gründung durch Geschwister

Geschwister, die gemeinsam ein Unternehmen gründen, tun dies sehr bewusst und aus freien Stücken. Wählt man Geschwister als Geschäftspartner, scheinen alle Vorzüge geschwisterlicher Nähe zur Geltung zu kommen: **Übereinstimmende Werte und ein klares Ziel:** das Erreichen einer gemeinsamen unternehmerischen Vision. **Gemeinsamkeit** als Erfolgsfaktor, denn man ist davon überzeugt, dass der Erfolg nur gemeinsam zu erreichen ist und deshalb jede Handlung des anderen auch im eigenen Interessen sein wird. **Klare Rollen**, denn die Aufgaben werden entsprechend den Fähigkeiten und eigenen Vorlieben verteilt.

Die Gründungssituation lässt zu, dass Geschwister ihre Zusammenarbeit selbst gestalten. Offenbar eliminieren diese Freiheit und die Freiwilligkeit des Zusammenschlusses viele Konfliktpotenziale. Einige der rasantesten unternehmerischen Erfolgsgeschichten sind Gründungsunternehmen von Geschwistern. Beispiele wie die der Gebrüder Albrecht (Aldi), Strüngmann (Hexal) oder Samwer (Rocket Internet) kennen viele.

2. Die Fortführung durch Geschwister

Eine grundlegend andere Konstellation ergibt sich, wenn ein Unternehmen auf Geschwister übertragen und von ihnen fortgeführt werden soll. Hier trifft eine Vielzahl komplexer Themen aufeinander. Denn **durch die Fortführung** des Unternehmens durch mehrere Geschwister wird **ein bestehendes System verändert**.

Bereits für die übergebenden Eltern stellen sich alle maßgeblichen Fragen: Wie viele Inhaber verträgt das Unternehmen (**Anteilsnachfolge**) und wie viele Geschäftsführer sind nötig (**Führungsnachfolge**)? Wer ist willens, wer ist fähig und funktioniert es mit mehreren gemeinsam? Dabei geht es für die Eltern auch um eigene Erwartungen und Hoffnungen, die sich durch ein Kind oder die Kinder erfüllen. Die Herausforderungen, die Geschwister untereinander haben, sind zu einem maßgeblichen Teil schon durch die Antworten der Eltern auf all diese Fragen angelegt.

Für jedes Kind geht es um die Entwicklung seines Lebensmodells in Abhängigkeit von der engen Verknüpfung von familiärer Konstellation und unternehmerischer Struktur. Vor allem stellt sich die Frage, wie das Zusammenspiel von Geschwistern in einem Unternehmen funktioniert.

Betrachtet man die Fortführung durch Geschwister systematisch, wird schnell erkennbar, dass mehrere Nachfolger nach einem einzelnen Gründer ganz neue Rollen einnehmen. Waren Vater oder Mutter noch allein entscheidende, absolut unabhängige Unternehmer, sind Geschwister künftig aufeinander angewiesen und voneinander abhängig. Konflikte können entstehen, wenn hierbei (falsche) Erwartungen enttäuscht werden.

Am deutlichsten wird dies, wenn früh kommuniziert wurde, dass einer der richtige Nachfolger sei und er sogar zum alleinigen Thronfolger erzogen wurde. Kommen später doch Geschwister in das Unternehmen oder erhalten Anteile, bedeutet dies einen radikalen Wandel gegenüber den bisherigen Erwartungen aller Beteiligten.

Viel häufiger sind die Fälle, in denen lange unklar bleibt, wer nachfolgen kann oder soll. Das kann gute Gründe haben: Ein Erwartungsdruck soll gerade vermieden werden. Die Kinder sollen sich frei entwickeln und gleiche Chancen für eine Nachfolge haben. Oder man kann die Fähigkeiten noch gar nicht beurteilen. Oft sind die Signale der Eltern auch widersprüchlich oder werden zumindest unterschiedlich interpretiert.

Werden diese Unklarheiten nicht beseitigt, bevor die Geschwister die Fortführung gemeinsam angehen, kann die Geschwister-Konstellation schnell zur Herausforderung werden. Soweit eine gemeinsame Fortführung angelegt wird, sollte jedenfalls klar sein, dass sich damit das gesamte System verändert und eine Geschwister-Konstellation nach anderen Regeln funktioniert. Jedenfalls hat kein Geschwister künftig die Position der Eltern, die ihm oder ihr zeitlebens vorgelebt wurde.

a) Fortführung mit gleichen Rollen

Die Rollen der Kinder sind andere als die der Eltern, aber sie können untereinander vergleichbar sein. Wenn die Anteile gleich verteilt sind und die Geschwister das Unternehmen gemeinsam führen, spricht man von einer sogenannten **Doppelspitze**.

Das **setzt allerdings voraus**, dass eine **gleichberechtigte Führung möglich ist**, zumindest aber, dass Unterschiede zwischen den Geschwistern umfassend akzeptiert werden. Häufig sind das Fälle, in denen sich die Fähigkeiten der Geschwister gut ergänzen („der Techniker und der Kaufmann", „der Innen- und der Außenminister", „der risikoscheue Kopfmensch und der impulsive Bauchtyp") und diese Fähigkeiten für das Geschäftsmodell gleichermaßen von Bedeutung sind.

Von ihrer inneren Haltung her sind diese Geschwister den Gründungs-Geschwistern vergleichbar. Auch Doppelspitzen in der Nachfolge verweisen darauf, dass ihr Ziel nur gemeinsam erreicht werden kann und gerade das Zusammenspiel ursächlich für den Erfolg ist. Selbst das größte Risiko, eine Patt-Konstellation, sehen sie nicht, weil die gemeinsame Überzeugung stets vor der einzelnen Position steht (Gleichwohl empfiehlt es sich, die Handlungsfähigkeit des Unternehmens, etwa durch einen Beirat, abzusichern). Obwohl das Unternehmen übergeben wurde, scheinen die Rollen ideal zu den Personen zu passen und zueinander komplementär zu sein.

Dieses Bild der Fortführung ist oftmals die Wunschlösung der Eltern. Geschwister sehen das häufig schon anders. Zudem sind die Dynamiken in Unternehmen und Familie vielfältig. Positionen und Aufgaben im Unternehmen unterliegen den Regeln des Marktes und des Geschäftsmodells. Und zwischen Geschwistern werden Rollen und Persönlichkeit unterschiedlich bewertet. Dass persönliche und fachliche Fähigkeit, die innere Haltung und die Bedürfnisse des Unternehmens in all diesen Fragen harmonisch zusammen kommen, ist in der Praxis eher selten. In vielen Fällen entstehen selbst bei objektiv vergleichbaren Rollen gewisse Spannungen zwischen den Geschwistern.

b) Fortführung mit unterschiedlichen Rollen

Werden **unterschiedliche Rollen** der Geschwister im gemeinsamen Unternehmen angelegt, treten **weitere Herausforderungen** hinzu. Die Veränderung der Rollen kann in der Führung und der Beteiligung erfolgen. Geschwister können in unterschiedlichen Führungsebenen arbeiten oder gar keine operative Rolle im Unternehmen übernehmen. Anteile können gleich oder unterschiedlich verteilt werden. Jedenfalls verändert das Auseinanderfallen der Rollen das System des Familienunternehmens am nachhaltigsten. Denn mit **unterschiedlichen Rollen** sind **individuelle Interessen** verbunden. Die Herausforderung liegt darin, diese Unterschiede auf familiärer Ebene und auf Unternehmensebene miteinander in Einklang zu bringen.

Die Fortführung durch mehrere Geschwister in unterschiedlichen Rollen ist das häufigste Modell in der Praxis. Während die Anteile oftmals gleich verteilt werden, übernimmt nur einer die operative Fortführung. Diese Lösungen können für Geschwister genau die richtigen sein und sehr gut funktionieren, denn sie können den unterschiedlichen Fähigkeiten und Interessen gerecht werden. Die Anteilsverteilung folgt eher Gerechtigkeitserwägungen, während die Führung nach Eignung entschieden wird. Ein System, das auch für folgende Generationsübergänge geeignet ist.

Voraussetzung ist allerdings, dass diese Lösung auch von allen akzeptiert und gewollt ist. Idealerweise gibt es vor der Entscheidung transparente Regeln für die Eignung und objektive Entscheidungsprozesse dazu. Ansonsten bergen unterschiedliche Rollen erhebliches Konfliktpotenzial, wenn Kinder diese Rollen nicht frei gewählt haben. Jedenfalls, wenn es keine bewusste und transparente Entscheidung war, deren Tragweite zuvor diskutiert und akzeptiert wurde. In vielen Fällen erwarten, wünschen und hoffen die Eltern, dass es für die Kinder trotzdem funktioniert, dass sie füreinander einstehen und sich gemeinsam dem Wohl des Unternehmens unterordnen. Deshalb treten diese Konflikte häufig erst zutage, wenn die elterliche Klammer wegfällt und sich aufgestaute Erlebnisse und Emotionen entladen.

In diesem Moment verwirklichen sich alle Gefahren der geschwisterlichen Konstellation und wenn sie ins Unternehmen getragen werden, bedrohen sie auch dessen Fortbestand. Jedes fünfte Kind in Deutschland hat den Kontakt mit seinen Geschwistern abgebrochen – und in Familienunternehmen wird die geschwisterliche Dynamik um ein Vielfaches gehebelt. Um das Unternehmen fortführen zu können, ist man im Konfliktfall zur Lösung gezwungen. Andernfalls wandelt sich die Geschwister-Konstellation zur dauernden Last.

3. Die Nachfolge nach Geschwistern

Schließlich kann die Geschwister-Konstellation sogar in den folgenden Generationen fortwirken. Dabei können Erfolgsmodelle genauso fortgeschrieben wie Konflikte der Geschwister von der nächsten Generation als Stellvertreter ihrer Eltern fortgeführt werden.

Auch die erfolgreiche Doppelspitze erfährt ihren letzten Lackmustest bei der Übertragung auf die nächste Generation. Die Viereck-Konstellation zwischen Geschwistern und deren jeweiligen Kindern/Neffen erhöht noch einmal die Komplexität. Im Zweifel wünschen sich Eltern die Nachfolge durch ihr eigenes Kind, dem sie näher stehen als der Nichte oder dem Neffen. Zentral ist der Wunsch, dass das eigene Kind auch die eigene Rolle fortführt. Das setzt allerdings voraus, dass alle Prämissen, die schon zwischen den Geschwistern nur in Ausnahmefällen erfüllt waren, nun auch durch deren Kinder zu erfüllen sind.

Bei unterschiedlichen Rollen der Geschwister stellt sich die Frage, ob diese Rollen von den Enkeln unverändert übernommen werden können. Viele juristische Gestaltungen setzen gerade hier an und versuchen, die geschwisterliche Konstellation festzuschreiben (etwa durch Stammesregeln, Poolvereinbarung o.ä.).

Alternativ ist erneut zu entscheiden, wer die Führung übernimmt und wie die Anteile zu verteilen sind. Hier zeigt sich, ob bereits die Geschwister ein System angelegt haben, das auch für ihre Kinder funktionsfähig ist, also Rollen bietet, die familiär akzeptiert werden und im Unternehmen funktionieren. (Aus Sicht der Großeltern kann man von der „Enkelfähigkeit" eines Modells sprechen.) Spätestens in dieser Situation müssen die Geschwister ein zukunftsfähiges Modell aufsetzen, um ihrer Verantwortung gerecht zu werden.

IV. Lösungsansätze und Strategien für Geschwister

1. Let's talk

Familienmitglieder kennen einander so gut, dass sie auf persönlicher Ebene sehr genau beurteilen können, welche Themen sie miteinander behandeln können, ohne sich zu streiten. Gerade bei Geschwistern wird dieser schmale Grat einer konstruktiven Auseinandersetzung aber selten getroffen. Entweder die Diskussion eskaliert sehr schnell oder die Fragen werden verdeckt und verschoben, um den Streit zu vermeiden. Auf der Ebene des Unternehmens wollen alle, dass es professionell und sachlich zugeht.

Nur selten gelingt diese Trennung der Bereiche Familie und Unternehmen. Gerade in der Kommunikation der Geschwister birgt die doppelte Rolle in Familie und Unternehmen Konfliktpotenzial. Dabei sind die meisten Themen der Geschwister-Konstellation bereits lange vorhanden. Sie entstehen nicht spontan. Sie werden nur nicht angegangen. Und die meisten werden nicht einfacher, wenn sie später behandelt werden.

Daher sollten Geschwister den aktiven Austausch miteinander bewusst suchen und nach Möglichkeit institutionalisieren. Stabile Unternehmensentwicklungen verdecken viele Probleme. Andersherum sollten gerade solche Phasen aber genutzt werden, um Herausforderungen zwischen Geschwistern zu lösen.

2. Strukturen schaffen und nutzen

Geschwister sollten sich die Zeit nehmen und einen Rahmen schaffen, um im Schnittpunkt von Familie und Unternehmen zu Lösungen zu kommen. Vielleicht ist es ungewohnt, sich strukturiert oder gar moderiert auszutauschen. Aber ein Familienfest ist ebenso wenig dazu geeignet, grundsätzliche Fragen zu besprechen, wie es ein Geschäftsführer-Meeting ist, einen Geschwister-Streit zu erledigen.

Spätestens wenn die nächste Generation heranwächst und Erwartungen an deren künftige Rollen entstehen, sollten Geschwister sich mit ihren Rollen und deren Übertragung auseinandersetzen.

Vielfach helfen auch Dritte dabei, Geschwister miteinander ins Gespräch zu bringen. Das **kann der Beiratsvorsitzende ebenso sein wie der Pater eines Klosters oder ein professioneller Mediator.** Auch für den Austausch von Geschwistern gilt: Wenn sie miteinander etwas erreichen wollen, was sie vorher nicht erreicht haben, sollten sie miteinander etwas tun, was sie zuvor nicht getan haben.

3. Erfolgsfaktoren und Kontrollfragen

Geschwister im Einklang sind ein fast unschlagbares Team, liegen sie im Streit, ist dieser zerstörerisch wie in kaum einer anderen Konstellation. Es gibt Faktoren, die Konflikte bedingen oder vermeiden. Nachfolgende Übersichten können als Kurz-Check dienen.

(Miss-)Erfolgsfaktoren für Geschwister in der Führung

destabilisierend ← → stabilisierend

Nachteilig	Förderlich

• Ungerechtigkeiten
• Ungleiches gleich machen
• starke Unterschiede in:
  – Leistungsfähigkeit und -bereitschaft
  – Qualifikation und Erfahrung
  – Interessen
• übereinstimmende Fähigkeiten/Charaktere
• Übertragung von Konflikten aus der Familie
• Harmoniebedürfnis
• nicht erfüllte Erwartungshaltung
• (Erziehung zum) Einzelkämpfer
	• komplementäre Fähigkeiten
	• klare Rollen, Strukturen und Regeln
	• gemeinsame Werte und Ziele
	• Vertrauen und Wertschätzung
	• offene Kommunikation und Streitkultur
	• Disziplin und Demut
	• Teamplayer
	• externe Begleitung

Abb. 2: (Miss-)Erfolgsfaktoren für Geschwister in der Führung

10 Erfolgsfaktoren

1. Gemeinsame Ziele und Werte

2. Klare Rollen, basierend auf sich ergänzenden Fähigkeiten

3. Klare Strukturen und Regeln für das Unternehmen

4. Keine Rivalität – keiner kann alleine gewinnen

5. Vertrauen und gegenseitiger Respekt

6. Disziplin und Demut

7. Offene Kommunikation und Streitkultur

8. Entwicklungsfähigkeit und Veränderbarkeit

9. Engagement für den Zusammenhalt der Familie

10. Gemeinsame Inhaber-Strategie und Stabilisierung der Nachfolge durch externe Begleitung

10 Kontrollfragen

1. Würden wir auch gemeinsam ein Unternehmen gründen?

2. Was machen wir, wenn wir uns nicht einig sind?

3. Sind wir in der Lage, persönliche Interessen dem Unternehmen unterzuordnen?

4. Können wir Privates und Unternehmerisches trennen?

5. Haben wir gemeinsame Werte und Ziele?

6. Haben wir eine ähnliche Einstellung zu Arbeit und Verantwortung?

7. Schätzen wir uns gleichwertig? Ist einem von uns wichtig, Macht und Dominanz zu haben?

8. Ergänzen sich unsere Fähigkeiten? Haben wir darauf basierend klare Rollen?

9. Haben wir professionelle Strukturen im Unternehmen etabliert? Mit klaren Regeln zur Entscheidungsfindung und Konfliktlösung?

10. Gibt es einen großen Unterschied in Erfahrung, Kompetenz, Alter?

2.6 Wenn mehrere an der Spitze stehen – Nachfolge und Geschwister-Gesellschaft bei Goldbeck

von Axel Gloger

I. Governance bei Goldbeck in der zweiten Generation

Ortwin Goldbeck ging im Jahr 1969 mit einem eigenen Geschäft an den Start, er gründete einen Stahlbaubetrieb. Wachstum gehörte von Anfang an zur DNA des Familienunternehmens. Sukzessive dehnte der Gründer während der gut vier Jahrzehnte seines Wirkens an der Firmenspitze die Kernkompetenz aus, heute steht der Firmenname „GOLDBECK" für das größte familiengeführte Hochbauunternehmen im Lande – spezialisiert auf Bauten für gewerbliche und kommunale Auftraggeber.

Der Gründer ist inzwischen längst in den Aufsichtsrat gewechselt, die Nachfolge haben seine drei Söhne angetreten: *Jörg-Uwe Goldbeck, Joachim Goldbeck* und *Jan-Hendrik Goldbeck* führen gemeinsam die Besitzgesellschaft, sie sind alle drei Vorstandsmitglied in der Goldbeck SE. Hier sind die Interessen der familiären Eigentümerschaft gebündelt. „Wir besprechen die Schlüsselthemen auf der kapitalhaltenden Ebene, viel kann ganz unbürokratisch nach individuellem Abstimmungsbedarf geklärt werden", erläutert Jan-Hendrik Goldbeck.

Im operativen Geschäft haben sie ihre Einflussbereiche aufgeteilt. Das Baugeschäft führen zwei der Brüder gemeinsam. Jörg-Uwe Goldbeck verfügt über ein abgeschlossenes Studium der Betriebswirtschaftslehre in Bayreuth und eine Ausbildung als Industriekaufmann, er ist seit dem Jahr 2007 für Steuern, Finanzen, Marketing und HR zuständig sowie Sprecher der Geschäftsführung. Jan-Hendrik Goldbeck, ausgebildeter Wirtschaftsingenieur mit Abschluss von der Universität Karlsruhe, betreut das operative Kerngeschäft in Süddeutschland, die Immobilieninvestments und einige weitere Tochtergesellschaften. Zukünftig kommt noch der Ausbau der internationalen Tätigkeit hinzu. Er ist in Frankfurt, Bielefeld und Hirschberg tätig, während sein Bruder ausschließlich von Bielefeld aus operiert, dem Stammsitz des

Unternehmens.[1] Diese Mischung aus geschwisterlicher Nähe und räumlicher Distanz trägt zum Gelingen der Geschwister-Gesellschaft bei.

Der dritte im Bunde, Joachim Goldbeck, verantwortet innerhalb der Unternehmensgruppe einen eigenständigen Bereich – die Firma Goldbeck Solar. Dieses Unternehmen hat seinen Sitz in Hirschberg bei Heidelberg. Seine Spezialisierung: Solaranlagen auf Flachdächern und im Freiland für gewerbliche Kunden.

Wie ist es zu dieser Verteilung der Aufgaben gekommen? „Wir haben die Wirkungsfelder unseren Neigungen entsprechend aufgeteilt", sagt Jörg-Uwe Goldbeck, „in der Summe hat sich die Aufteilung so entwickelt, wie sie zu den Menschen passt." Am Beispiel des Werdegangs von Joachim Goldbeck: Sein Weg war schon immer von der Faszination für Technik getrieben; das war nicht nur ihm, sondern auch den Brüdern frühzeitig klar. Er studierte Maschinenbau, galt immer als der ausgeprägteste Techniker der drei – und interessierte sich schon sehr früh für Nachhaltigkeit. So war es nur folgerichtig, dass er im Jahr 2001 unter dem Dach der Gruppe das eigenständige Geschäft Goldbeck Solar gründete.

Die Brüder machen das Geschäft mehr zur gemeinsamen Sache, als es auf den ersten Blick erscheint. Klar, jeder hat seine Aufgaben, seinen eigenen Verantwortungsbereich. Aber es gibt viele Schnittstellen, überdies die Interessen und Ziele des Unternehmens Goldbeck als Ganzes. Hier setzen die Brüder auf gemeinsames Wirken. „Miteinander reden", beschreibt einer der drei das Credo, „das war schon immer Tradition in der Familie." Hier wurde nie etwas durchgedrückt, sondern stets erst einmal diskutiert. Nicht immer sei man in allen Fragen einer Meinung, dafür sind die Charaktere und persönlichen Schwerpunkte zu unterschiedlich. „Aber wir haben uns angewöhnt, so lange miteinander zu reden, bis eine Entscheidung von allen getragen werden kann", sagt Jörg-Uwe Goldbeck. Konsens und Loyalität zu den Interessen des Familienunternehmens ist den Brüdern wichtig, Firm first geht vor Ego-Trip.

II. Die Geschwister-Gesellschaft als Chancenmodell

Diese Praxis an der Spitze des Familienunternehmens bringt zwei Dinge zusammen, die in der familiären Führung wichtig sind: Gemeinsamkeit und Auseinandersetzung. Einerseits braucht das Unternehmen einen einheitlichen Willen, wenn es vorankommen will, andererseits trägt der gewählte Weg aber auch dem

---

1 Die Führung des Baugeschäfts von Goldbeck liegt in den Händen von sechs Geschäftsführern, davon sind zwei Familienmitglieder, vier weitere sind familienfremde Spitzenmanager. Stand Juli 2015.

Rechnung, was ist:[2] Drei unterschiedliche Charaktere tragen Verantwortung, jeder von ihnen will seinen Beitrag leisten, der Weg zum Konsens soll über eine ernsthafte Abwägung aller Argumente führen.

Die Kultur des gemeinsamen Umgangs stützt diese Vorgehensweise. Jeder der Brüder hat unterschiedliche Profile, die mit gegenseitigem Respekt geachtet und geschätzt werden. Das erleichtert die Diskussion und die Ausübung einer professional ownership, den Einsatz für die Sache. „Wir achten gegenseitig unsere Schmerzpunkte. Wir reden offen über Fakten und Gefühlslagen, bringen die Themen auf den Tisch und suchen mit gegenseitigem Respekt nach einer Lösung, bei der alle mitgehen können. Solche Diskussionen können auch länger dauern, aber das ist uns die Einigkeit wert", sagt Jan-Hendrik Goldbeck.

Es ist das Verdienst der Brüder und ihres Vaters, dass das Modell Geschwister-Gesellschaft funktioniert. Denn das ist keineswegs selbstverständlich. Brüder und Schwestern im Team an der Spitze eines Unternehmens, das kann nicht nur Quelle kraftvoller Führung sein, sondern manchmal auch die Hölle familiärer Führung. Fälle von Neid, Eifersucht und Missgunst in anderen Familienunternehmen zeigen das: Der heftige Bruderzwist zwischen *Adolf und Rudolf Dassler* endete erst, als die beiden ihre Gebr. Dassler GmbH auflösten und unternehmerisch getrennte Wege gingen.[3] Zwei Brüder, die viele Jahre die Brauerei Gaffel führten, verzehrten sich solange in Streitereien vor Gericht, bis einer der beiden aus dem Geschäft ausschied. Das Verhältnis von *Hans und Paul Riegel* prägte über viele Jahre die Spannungen und Kämpfe um Ansprüche auf die Nachfolge bei Haribo.

Die Goldbecks kennen das Risiko. „Wir sind uns aber darüber im Klaren, dass Führung unter Geschwistern ein empfindliches Gleichgewicht ist. Dass das funktioniert, ist alles andere als selbstverständlich – aber wir sind immer bereit, etwas dafür zu tun, um es zu sichern", sagt Jörg-Uwe Goldbeck.

Deshalb haben sie sich auf eine Familiencharta verpflichtet, in der die Grundregeln familiärer Führung verankert sind. Im Jahr 2008 wurde die Charta im Kontext der Nachfolge ins Leben gerufen. Die Familie hat das schriftlich niedergelegt, was sie als Grundkonsens ihrer Eigentümerrolle versteht: Das langfristige Interesse des Unternehmens soll stets im Mittelpunkt des Wirkens stehen, die Kommunikation der familiären Stakeholder soll stets offen, fair und transparent sein. „Die Charta wird

---

2 *Gloger,* Über_Morgen. Was Ihr Unternehmen in Zukunft erfolgreicher macht, Linde Verlag Wien, 2012, S. 96 f.
3 *Eglau,* Erbe, Macht & Liebe. Unternehmerfamilien zwischen Interessen und Emotionen, Dodos Verlag Düsseldorf, 2001, S. 166 f.

von uns allen getragen. Sie gibt uns eine Agenda für den gemeinsamen Umgang. Diese Regeln sind für uns mehr als ein Blatt Papier, wir haben sie gemeinsam geschaffen und leben sie", sagt Jörg-Uwe Goldbeck. Den Geschwistern ist wichtig, dass ihr Regelwerk auch in die Zukunft wirkt. Sie wird deren Kindern, den Angehörigen der dritten Generation, dereinst ein Wegweiser sein, wenn sie in die Eigentümerrolle hineinwachsen.

III. Der Schritt der drei Brüder ins Co-Unternehmertum

Die heute an der Firmenspitze stehende, zweite Inhabergeneration ist stark durch die gemeinsame Vergangenheit in der Familie geprägt. Jörg-Uwe, Joachim und Jan-Hendrik Goldbeck stehen sich altersmäßig nahe, der Übergang von der Rolle „Geschwister" in die Rolle „Co-Unternehmer" vollzog sich fließend, die drei wuchsen Schritt für Schritt in die gemeinsame unternehmerische Verantwortung hinein. „Das war ein evolutionärer Prozess, jeder von uns ist auf seinem Weg und zu unterschiedlichen Zeiten in die Aufgabe im Familienunternehmen hineingewachsen", sagt Jan-Hendrik Goldbeck.

Der Älteste, Jörg-Uwe Goldbeck, ist Jahrgang 1968. Seinen Weg ins Unternehmen schildert er so: „Ich habe in Bayreuth Betriebswirtschaftslehre studiert. Während meines Studiums hat mein Vater sehr geschickt das Interesse am Geschäft geweckt. Er kam bei mir vorbei, wir gingen gemeinsam auf Reisen. Das war in den Nachwendejahren, die Firma Goldbeck war in den neuen Bundesländern aktiv und wir besuchten dort die Projekte. Nach dem Abschluss des Studiums arbeitete ich bei einer Unternehmensberatung in Frankfurt. 1998 trat ich ins Familienunternehmen ein, zunächst als Kaufmann in der Niederlassung in Hamburg. Seit 2000 bin ich Geschäftsführer für Finanzen, Marketing und Personal, seit 2008 Sprecher der Geschäftsführung."[4]

Joachim Goldbeck, Jahrgang 1971, studierte Wirtschaftsingenieurwesen und gelangte durch sein Interesse an Nachhaltigkeit und seine starke technische Neigung in eine zu seinem Profil passende Position im Familienunternehmen.

Jan-Hendrik Goldbeck wurde im Jahr 1977 geboren, er hatte schon als Jugendlicher eine hohe Affinität zum Geschäft des Vaters, wie er heute berichtet: „Von meinem

---

4 *Von Au*, Vertrauen schenken, Respekt zeigen, UnternehmerBrief, INTES Akademie für Familienunternehmen Bonn, 01/2015, S. 14 f. (Interview über die Nachfolge bei Goldbeck).

14. Lebensjahr an war mir ziemlich klar, dass mich mein Weg zu Goldbeck führen wird. Ich sah viel Potenzial in Vaters Unternehmen, die Vorstellung, dort eine berufliche Heimat zu finden, fand ich sehr reizvoll. Im Jahr 2005 bin ich nach externer Bewährung als Vorstandsassistent der IVG Immobilien AG eingestiegen, zunächst als Bau- und Projektleiter, seit 2008 gehöre ich der Geschäftsführung an."

Drei Nachfolger, drei individuelle Wege – das ist Grundbild und Erfolgsmuster des Generationenübergangs von der ersten auf die zweite Inhaber-Generation. Jeder konnte unter hohen Freiheiten seinen Weg in die Führungsposition gehen. Zu den Standards gehörten bei Jörg-Uwe, Joachim und Jan-Hendrik Goldbeck ein akademisches Studium, das den persönlichen Neigungen entsprach, und eine Bewährung in Rahmen eines Berufswegs außerhalb des Familienunternehmens. Das ermöglichte sowohl die Erprobung der eigenen Fähigkeiten außerhalb vom Wirkungsfeld des Vaters, es ermöglichte aber auch das Herausbilden und Verfeinern des eigenen Arbeits- und Führungsstils.

IV. Die Rolle des Gründers Ortwin Goldbeck als Wegbereiter

Für all das war der Unternehmensgründer Ortwin Goldbeck ein wichtiger Katalysator. Der im Jahr 1939 geborene Unternehmer hat, als Gründer und langjähriger Mehrheitsgesellschafter, den Weg für seine Söhne ins Unternehmen vorgedacht und lange vor der Umsetzung der Nachfolge die Weichen für einen gelungenen Übergang gestellt. Sein Wirken zeigt, dass Weitblick eine wichtige Zutat für den Erfolg familiärer Eigentümerschaft ist: Schon im Alter von 50 Jahren begann er, sich Gedanken darüber zu machen, wer das Unternehmen Goldbeck dereinst führen wird. Seine drei Söhne sind zu diesem Zeitpunkt schon lange auf der Welt, er hat also ein gedankliches Szenario, das der langfristigen Vorbereitung auf das Loslassen einen Rahmen gibt.

„Man mag das für verfrüht halten. Aber so konnte ohne Zeitdruck ein Konzept entstehen, das rund ist. Drei Jahre vor dem Stichtag gab unser Vater dann bekannt, dass er mit Ende 67 aus der Geschäftsführung ausscheidet und in den Beiratsvorsitz wechselt", berichtet Jan-Hendrik Goldbeck über die Nachfolgeplanung. Ortwin Goldbeck gibt damit dem Übergang einen Fahrplan, gleichzeitig setzt er sich in die Pflicht, seinen Söhnen den nötigen Raum für ihr Wirken zu geben.

Der Gründer des erfolgreichen Hochbau-Unternehmens löst damit einen Gedanken ein, der zum Rüstzeug guter familiärer Governance gehört: „Man kann nicht früh genug damit beginnen, am Thema Nachfolge zu arbeiten." Viele Unternehmer erkennen dieses Thema nicht ausreichend, sie fangen zu spät an und steuern damit ins Risiko. *Albert Darboven*etwa verlor seinen Nachfolger aus der Familie, weil er noch im siebten Lebensjahrzehnt zögerte, die Führung des Geschäfts abzugeben. *Gustav Lübbe* starb mit 77 Jahren in seinem Amt als Verlagschef, Warnsignale, dass seine Kräfte sehr endlich sind, hatte er Mitte der 1990er Jahre ebenso ignoriert wie seine Verpflichtung, seine Nachkommen *Stefan und Cornelia Lübbe* auf das Amt an der Spitze vorzubereiten.

Im rechten Moment loslassen statt festhalten, gehört zur Agenda unternehmerischer Könnerschaft. *David Ogilvy*, ehemaliger Inhaber der weltweit tätigen Werbeagentur Ogilvy & Mather,[5] beschreibt das anhand seines eigenen Rollenwechsels. „Ich monopolisierte die gesamte Macht und alles Wirken in der Öffentlichkeit. Hätte mich morgen ein Taxi überfahren, wäre Ogilvy & Mather in Rauch aufgegangen." Nach seinem 60. Geburtstag beginnt er seinen Rückzug, trifft keine Kunden mehr, konzipiert keine Kampagnen mehr, tritt aus dem Licht der Öffentlichkeit heraus. „Für mich war diese Selbstbeschneidung schwierig. Aber sie funktionierte. Meine jüngeren Partner blühten auf. Das Geschäft wuchs weiter – schneller als zuvor."[6]

Nach demselben Muster handelte Ortwin Goldbeck lange, bevor die Nachfolge ein Thema wurde. Sein Naturell kommt ihm dabei entgegen. Im Universum der verschiedenen Führungstypen gehört der Gründer zu den Delegierern. Es ist ihm im Lauf seines Berufslebens immer leicht gefallen, Aufgaben abzugeben – und die damit betrauten Mitarbeiter mit dem richtigen Maß an Vertrauen auszustatten. „Er konnte schon immer abgeben, was ihm lieb war", sagt Jörg-Uwe Goldbeck. Erst tat er das mit einzelnen Projekten, etwa Bauvorhaben, später ganzen Arbeitsbereichen im wachsenden Unternehmen. Die Krönung der Delegierer-Laufbahn war die Abgabe der Geschäftsleitung. „Sein größter Schritt, eine enorme unternehmerische Leistung, es passte zu ihm", sagen seine Söhne. Er habe immer Freude daran gehabt, etwas wachsen zu sehen, was er in andere Hände weitergegeben hat. Mit dieser Denkweise fiel es Ortwin Goldbeck nicht schwer, auch sein eigenes Ausscheiden so konsequent zu betreiben.

Der Beginn des Geschäftsjahres der Firma Goldbeck ist der 1. April, derselbe Tag, an dem der Gründer Geburtstag hat. Dieses Datum wurde für den Senior zum Stich-

---

5 Seit Mai 1989 gehört Ogilvy & Mather zur WPP Group plc in London, eine der größten Werbe-Holdings der Welt. *David Ogilvy* ist 1999 gestorben.
6 *Ogilvy,* The unpublished Ogilvy, Profile Books London, 2012, S. 56 f.

tag. Die Übergabe war, lange vorgeplant, auf den 68. Geburtstag terminiert – und so kam es dann auch. Von diesem Tag an ward der Unternehmer nicht mehr auf Geschäftsleitungs-Sitzungen zu sehen, ab jetzt standen die Söhne an der Firmenspitze. Es gab keinen verzögerten Rückzug, keine Ausreden, noch dies und jenes für das Unternehmen zu Ende bringen zu müssen.

Dafür hat er bis heute Respekt und Bewunderung seiner Söhne. „Sein Ausscheiden hat er mit bemerkenswerter Konsequenz umgesetzt. Nicht mal am Kaffeetisch zu Hause hat er sich nach seinem Wechsel in den Beirat ins Operative eingemischt", sagt Jan-Hendrik Goldbeck.

Parallel dazu hat er die Kapitalanteile an seine Söhne weitergegeben, der Gründer selbst hält nur noch ein paar symbolische Shares. Sein Interesse am Geschehen im Unternehmen ist damit keineswegs erloschen – aber den Versuchungen, seinen Söhnen hereinzureden oder sich auch nach der Übergabe am 1. April 2007 ganz beiläufig ins Geschäft einzumischen, widersteht der Senior konsequent: Wenn ihn Mitarbeiter auf dem Flur ansprachen, ihn um Einschätzung der Entscheidung baten, verweist er höflich, aber bestimmt auf die neuen Verantwortlichkeiten: „Regeln Sie das doch bitte mit meinen Söhnen." Bypass-Lösungen, die zwangsläufig zu einer Nebenregierung geführt hätten, haben die Goldbecks nie akzeptiert. Klarheit im Interesse des Gelingens der Nachfolge lag ihnen immer am Herzen. „Auch wenn es nur kleine Dinge sind, man darf solche Gewohnheiten gar nicht erst einschleifen lassen. Das schafft nur Unfrieden", so die Haltung der Eigentümer.

So kann Ortwin Goldbeck, unbeschwert und ohne seine Söhne zu belasten, jeden Tag ins Büro kommen. Die Nachfolge wurde dadurch erleichtert, dass sich der ehemalige Firmenchef außerhalb des Geschäfts neue Wirkungsfelder geschaffen hat, so war er zum Beispiel acht Jahre Präsident der Industrie- und Handelskammer Ostwestfalen zu Bielefeld.

V. Teamführung war bei Goldbeck schon in der Gründerzeit angelegt

Dass das Kerngeschäft bei Goldbeck heute von zwei Familienmitgliedern und vier familienfremden Geschäftsführern geführt wird, erscheint mit Blick auf die Genese des Führungskonzepts nur folgerichtig. Denn Teamführung gab es bei Goldbeck bereits in der Gründungsphase. Das Unternehmen hatte eine Dreierspitze – neben Ortwin Goldbeck standen sein Schwager und ein enger Freund an der Spitze. „Beide waren mit je 12,5 Prozent am Kapital beteiligt", beschreibt Jan-Hendrik

Goldbeck, wie der Gründer schon in der Anfangszeit für geteilte Verantwortung gesorgt hat.

Das war der Grundstein für die bis heute praktizierte Teamkultur. Der Vater habe nie betont, dass er der Primus in der Führung sei, sagt sein Sohn Jan-Hendrik, sich vielmehr auf seine Passion konzentriert und sich bei Themen wie dem Vertrieb von Menschen mit komplementären Fähigkeiten unterstützen lassen.

So gelang es dem Gründer, den Fokus auf das zu legen, was er immer am besten konnte. Jörg-Uwe Goldbeck erklärt den Weg von Ortwin Goldbeck so: „Unser Vater ist Ingenieur. Mit dieser Denkweise hat er das Unternehmen groß gemacht, Goldbeck ist technikgetrieben." Der Unternehmer führte das elementierte, systematisierte Bauen ein. Damit werden individuell konzipierte Gewerbebauten im Baukastensystem erstellt. Die große Stärke dieses Verfahrens bis heute sei, erläutert Jörg-Uwe Goldbeck, das handwerkliche Geschehen auf der Baustelle, das oft schwer kontrollierbaren Einflüssen wie dem Wetter unterliege, durch gesicherte industrielle Qualität zu ersetzen. Beton- und Stahlteile werden in den Werken des Unternehmens vorproduziert, auf der Baustelle erfolgen nur noch die Arbeitsschritte Endmontage und Innenausbau. „Deshalb können wir Aufträge besonders wirtschaftlich und schnell ausführen", sagt Goldbeck.

Die Teamführung, durch den Gründer konzeptionell angelegt, wurde zur Voraussetzung für die Wachstumsgeschichte des Unternehmens. In den 1980er Jahren, nur gut zehn Jahre vom Zeitpunkt der Gründung entfernt, geht Ortwin Goldbeck in die Fläche. Um näher an den Kunden für seine Bauprojekte zu sein, baut er ein flächendeckendes Netz an Niederlassungen auf – zunächst in Deutschland, später auch in Österreich, Polen, Tschechien, der Slowakei und der Schweiz sowie in Großbritannien.

Auch an dieser Entwicklung zeigt sich wieder der Unternehmertypus des Delegierers: Wer dezentral wächst, muss Verantwortung abgeben können. Die erste Niederlassung wurde schon Anfang der 1970er Jahre in Hannover gegründet, eine Kultur der Schaffung von Freiräumen und der Übertragung von Verantwortung begünstige diesen und die vielen weiteren Expansionsschritte.

Bis heute wirkt der Gründer auf dem Feld seiner größten Passion für das Unternehmen. Ortwin Goldbeck ist der Pionier, der Tüftler, der immer wieder gute Einfälle hat, wie man in der Fertigung noch etwas besser machen kann. „Die Produktion ist sein Hobby", sagt Jan-Hendrik Goldbeck, „heute lebt er dort die Rolle des kundigen Beraters." Dort bringt er sich fragend, Anregungen gebend und meinungsfreudig ein, leistet mit seinem umfassenden Ingenieurwissen Beiträge – lässt aber die heutigen Verantwortungsträger die Richtung bestimmen.

VI. Herkunft und Entwicklung des Geschäfts von Goldbeck

Goldbeck ist heute Marktführer als Spezialist für Hallen-, Industrie- und Gewerbebau. Das Unternehmen erwirtschaftet einen Umsatz von 1,8 Milliarden Euro, beschäftigt über 4.000 Mitarbeiter und unterhält europaweit über 40 Standorte.

Zur Gründung im Jahr 1969 sah das Geschäft noch ganz anders aus. Das Bielefelder Unternehmen geht als Stahlbaubetrieb an den Start, die Grundlage des Geschäfts bilden Einzelaufträge in handwerklicher Fertigung, die nach Stahltonnage abgerechnet werden. In den 1980er Jahren erweitert Goldbeck die Kompetenz vom Einzelgewerk Stahlbau hin zum schlüsselfertigen Bauen. Die Entwicklung der Vorproduktion und die Systematisierung von Bauteilen zu ausgereiften Bausystemen ermöglicht die rationelle, industrielle Fertigung von Stahlelementen. Die ersten Filialen werden gegründet. Sie reichen nun von der Immobilienkonzeption und dem Finanzierungs-Know-how über das schlüsselfertige Bauen bis hin zur Betreuung der Gebäude, dem Facility Management.

Dieser Vorstoß ins Dienstleistungsgeschäft stärkt die Alleinstellungsmerkmale des Familienunternehmens, Kunden werden mit einem Alles-aus-einer-Hand-Konzept bedient, das Versprechen zum Firmennamen „GOLDBECK" lautet „konzipieren – bauen – betreuen" und stützt diese strategische Positionierung.

Seit der Jahrtausendwende ist Goldbeck verstärkt mit Bauleistungen auf den Wachstumsmärkten in Zentraleuropa, Großbritannien, Österreich und der Schweiz tätig. Die Produktpalette wird erweitert um die Bereiche Solar, Bauen im Bestand und Public Private Partnership. In Hamm entsteht ein neues Werk für Betonfertigteile – und wird kurz darauf noch erweitert. „Seit Mitte des Jahrzehnts entwickeln Goldbeck-Ingenieure in interdisziplinären Teams kundennutzenorientierte Gebäude und korrespondierende Energieeffizienz-Konzepte", lässt das Unternehmen verlauten.[7]

So zeigt Goldbeck prototypisch, wie ein Familienunternehmen sein Geschäft über den Zeitraum von einer Generation weiterentwickelt. Der Gründer stand fast 40

---

7 *Goldbeck*, Unternehmensinformationen, Goldbeck-Historie, www.goldbeck.de/unternehmen/historie, Stand Juli 2015.

Jahre an der Spitze, begann mit einem Angebot, das gut in den Aufschwung Ende der 1960er Jahre passte. Sein Unternehmen war ein Kleinbetrieb mit kaum mehr als einer Handvoll Mitarbeiter. In der weiteren Entwicklung bewährte sich der Unternehmer als Chancenverwerter – er baute das Angebot aus, erkannte, wo er durch Einführung industrieller Elemente in den Hochbau Kosten-, Geschwindigkeits- und Nutzenvorteile für den Kunden erschließen konnte. Die Projekte wurden größer, diverser und boten dem Kunden neuen Mehrwert. Folgerichtig diversifizierte er das reine Baugeschäft unter Aufnahme baunaher Dienstleistungen, internationalisierte sein Engagement und konnte so ein andauerndes Wachstum für das Familienunternehmen erzielen.

Die Nachfolge bei Goldbeck war nur ein scheinbarer Bruch – die Umstellung der Führung von einem Inhaber auf die drei Söhne des Inhabers war eine Fortsetzung eines Gedankens, der längst in der Kultur des Unternehmens verankert war. Partizipation, Aufteilung der Führung, dezentrale Entscheidungen und Teamorientierung an der Spitze wurden in der Firma Goldbeck schon lange vor dem Übergang von der ersten auf die zweite Generation praktiziert. Insofern wird sich das 2007 mit dem Generationswechsel begonnene Führungsmodell mit mehreren Familienmitgliedern und familienfremden Managern an der Spitze als gute Vorbereitung auf die zukünftigen Entwicklungen erweisen.

3. Kapitel: Alternativen zur familieninternen Nachfolge

3.1 Nachfolge mit Hilfe familienfremder Manager

von Dr. Karsten Schween und Dr. Carlo Mackrodt

I. Gründe und Konstellationen für familienfremdes Management

Während der Gründungsphase eines Familienunternehmens wird dieses fast immer von einem oder mehreren Familienmitgliedern geführt. Mit zunehmender Reife, Größe und Komplexität wird es jedoch zum Normalfall, die Führung ganz oder teilweise an familienfremde Manager zu übergeben.[1] Die Mehrheit der Familienunternehmen wird daher von Familienmitgliedern und familienfremden Managern gemeinsam geführt.

Hauptgründe für den Einsatz von Fremdmanagern in Familienunternehmen sind deren Fachkompetenz und der Mangel an geeigneten Nachfolgern aus dem Familienkreis, die die Fähigkeiten und die Motivation zur Führung des Familienunternehmens mitbringen.

Präferiert werden familienfremde Manager aus dem eigenen Führungsnachwuchs oder aus anderen Familienunternehmen rekrutiert, da hier eine ähnliche kulturelle Prägung unterstellt wird. Die Mehrzahl der Familienunternehmen ist mit ihren externen Managern zufrieden und diese Zufriedenheit steigt mit der Zugehörigkeitsdauer zum Unternehmen. Diese ist im Durchschnitt höher als die Verweildauer von Führungskräften in Publikumsgesellschaften, weil Fremdmanager an Familienunternehmen Aspekte wie die langfristige strategische Ausrichtung, die starke Wertebasis, die Unabhängigkeit vom Kapitalmarkt und die Zusammenarbeit mit charismatischen Unternehmern schätzen.

---

1 Siehe dazu etwa *Schweinsberg/Koenen*, Fremdmanagement in Familienunternehmen – Ergebnisse und Handlungsempfehlungen, INTES Akademie für Familienunternehmen Bonn, 2009, S. 4.

Die Frage, ob ein Familienunternehmen von Familienmitgliedern oder fremden Dritten geführt wird, ist keinesfalls eine „schwarz-weiß" Entscheidung. Vielmehr gibt es eine Vielzahl möglicher Führungskonstellationen. Management-Teams ohne Beteiligung der Unternehmerfamilie finden sich vor allem bei großen Familienunternehmen, wie Henkel oder Haniel, wo die aktive Mitwirkung der Familie in der Führung meist ausgeschlossen oder stark reglementiert wird. Der Regelfall sind jedoch gemischte Führungsteams aus Familienmitgliedern und externen Managern, denn auf diesem Weg besteht die Möglichkeit, externe Kompetenz und „Inhaber-Bonus" der Familienmitglieder optimal zu kombinieren. Oft nehmen dabei die Familienmitglieder die Rolle des Sprechers oder des Vorsitzenden von Geschäftsführung oder Vorstand ein.

Während die bisher genannten Nachfolge-Konstellationen in der Regel auf Dauer angelegt sind, kann es in Sondersituationen auch sinnvoll sein, auf zeitlich befristete Managementkapazität – sogenannte Interims Manager – zurückzugreifen. Dies bietet sich beispielsweise in schwierigen Restrukturierungssituationen an, da hier für einen kurzen Zeitraum besondere Fähigkeiten und Erfahrungen gefragt sind oder gar von Finanzierungspartnern gefordert werden. Auch in Notfall-Situationen, in denen zentrale familieninterne oder -externe Führungskräfte kurzfristig durch Krankheit oder Tod ausfallen, können Interims Manager aufgrund ihrer kurzfristen Verfügbarkeit einen wichtigen Beitrag zur Stabilisierung der Situation leisten und dabei helfen, Zeit für die Gestaltung einer langfristig angelegten Nachfolgelösung zu gewinnen.

II. Wichtige Erfolgsvoraussetzungen für familienfremdes Management

Wenn familienfremde Manager scheitern, ist dies meist nicht auf mangelnde fachliche Qualifikation zurückzuführen. Vielmehr liegen die Hauptgründe für ein Scheitern in der Regel bei „weichen" Faktoren wie Kultur oder organisatorischer Einbettung der neuen Führungskräfte (siehe Abbildung 1). Daher ist es für Familienunternehmen sehr wichtig, die notwendigen Voraussetzungen zu schaffen, unter denen familienfremde Manager erfolgreich sein können.

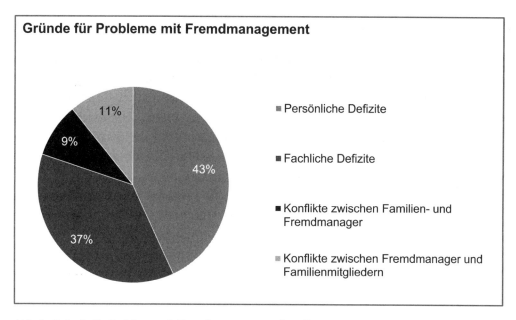

Abb. 1: Gründe für Probleme mit Fremdmanagement (Quelle: Schweinsberg/Koenen, 2009, S. 9)

1. Gemeinsame Inhaberstrategie

Die erste wichtige Voraussetzung ist, dass die Eigentümer eine klare, gemeinsame inhaber-strategische Vorstellung über die zukünftige Ausrichtung des Unternehmens haben. Will beispielsweise ein Teil der Inhaber den Status Quo des Unternehmens bewahren und die Ausschüttungen maximieren, während der andere Teil der Inhaber die Erträge thesaurieren möchte, um damit eine ambitionierte Wachstumsstrategie zu verfolgen, wird es sehr schwerfallen, gemeinsame Rahmenbedingungen festzulegen, unter denen ein Fremdmanagement erfolgreich arbeiten kann. Der Dissens wird in diesem Fall durchziehen von der Frage der strategischen Ausrichtung über die Anforderungsprofile für das Management, die wichtigen Eckpunkte der Corporate Governance, die organisatorische Ausrichtung bis zu Zielvereinbarungen für das Management. In solchen Fällen ist das Scheitern des Fremdmanagements und oft auch des Familienunternehmens vorprogrammiert. Daher ist die wichtigste Erfolgsvoraussetzung für Management und Unternehmen die gemeinsame Festlegung einer Inhaberstrategie – oft dokumentiert in Form einer Familienverfassung.

2. Klares Anforderungsprofil

Die zweite wichtige Voraussetzung für den Erfolg von Fremdmanagement ist die Erstellung eines klaren Anforderungsprofils bei der Suche nach familienfremden Managern. Dieses sollte neben fachlichen Aspekten vor allem auch auf wichtige persönliche Aspekte eingehen und beschreiben, welche Werte gelebt werden sollen und welche Charaktereigenschaften gewünscht sind, um die persönliche „Chemie" an der Schnittstelle zu Eigentümerfamilie und Familienunternehmen zu verbessern. Gerade dieser Aspekt ist bei Familienunternehmen wichtig, denn persönliche Defizite und Konflikte mit der Inhaberfamilie werden von Eigentümern als Hauptgründe angeführt, wenn Fremdmanager in ihrem Familienunternehmen scheitern. Um diese Gefahr für bei Seiten zu minimieren, ist es im Rahmen eines Such- und Evaluierungsprozesses wichtig, viel Zeit miteinander zu verbringen – auch außerhalb klassischer Interviewsituationen. Oft bringt ein gemeinsames Abendessen mit Partnern beiden Seiten hierzu mehr Erkenntnis als ein klassisches Bewerbungsgespräch.

3. Corporate Governance

Zudem ist eine klare Corporate Governance wichtig – am besten schriftlich dokumentiert in der oben bereits erwähnten Familienverfassung. Ein solches Regelwerk sollte klarstellen, welche Rechte und Pflichten das familienfremde Management hat und wie die Schnittstellen zu den Eigentümern geregelt ist, wann und wie informiert wird, wie die Geschäftsordnung innerhalb der Geschäftsführung aussieht und ob es einen Beirat oder ein Kontroll- oder Beratungsgremium gibt. In aller Regel sind Beiräte für die Zusammenarbeit mit familienfremden Managern sehr hilfreich, weil sie eine regelmäßige Plattform für einen sachlichen Austausch mit Mitgliedern der Eigentümerfamilie und sachverständigen dritten Personen darstellen. Oft spielen die Beiräte auch eine wichtige Rolle bei der Auswahl und Beurteilung von Fremdmanagern.

4. Überprüfung der Organisationsstruktur

Wichtig bei der Suche und Integration familienfremder Manager ist zudem eine Überprüfung der Organisationsstrukturen. Dies gilt insbesondere dann, wenn sich die strategische Ausrichtung ändert oder die Führung von einem langjährigen Familiengeschäftsführer übernommen wird. In einem solchen Fall ist die Organisation oft sehr stark auf den geschäftsführenden Gesellschafter zugeschnitten und ohne gewisse Veränderungen nur schwer nachfolgefähig. Dabei ist insbesondere zu beachten, dass Verantwortung und Kompetenzen klar aufeinander abgestimmt und kommuniziert werden. Ein einheitliches Verständnis über die Schlüsselpositionen und ihre Einbindung sowie über das Anforderungsprofil der Stelleninhaber ist unabdingbar für den Erfolg von Unternehmen.

5. Passende Vergütungs- und Anreizstruktur

Schließlich gilt es auch, passende Vergütungs- und Anreizstrukturen für familienfremde Manager zu schaffen. Während die durchschnittliche Vergütung von Führungskräften in Familienunternehmen etwa derjenigen in Publikumsgesellschaften entspricht, ist die Bandbreite der Vergütung deutlich höher. Neben der festen Vergütung gilt es, variable Anreizstrukturen zu schaffen, die die mittel- bis langfristigen Ziele von familienfremden Managern und Eigentümerfamilie angleichen. Da unternehmerisches Denken Freiraum erfordert, ist ein hoher variabler Gehaltsanteil basierend auf individuellen und gemeinsamen Zielen des Managements zielführend. In der Regel nicht zu empfehlen ist eine Kapitalbeteiligung von Fremdmanagern, um dieses Ziel zu erreichen, da bei einer späteren Trennung nicht nur arbeitsrechtliche, sondern auch gesellschaftsrechtliche Probleme auftreten können. Zudem lassen sich die gewünschten Anreiz- und Bindungseffekte über andere Modelle viel einfacher erzielen. Hierzu gehören beispielsweise „Long Term Incentive"-Modelle, bei denen das Unternehmen bei Ein- und Austritt des Managers nach der gleichen Methodik bewertet wird und diesem ein Anteil der erzielten Wertsteigerung zufällt. Denkbar sind auch „Bonusbank"-Modelle, bei denen ein Teil des Jahresbonus nicht ausgezahlt, sondern in eine langfristige „Bonusbank" eingestellt wird.

Erfolgsversprechend sind zudem auch nicht-monetäre Bindungselemente, etwa ein eigener Gestaltungsspielraum für Fremdmanager sowie klare Verantwortungsbereiche und eine klare Kompetenzzuteilung, die auch entsprechend gelebt werden. Nicht zu unterschätzen sind außerdem kulturelle Ziele, etwa sich für das Unternehmen, die Mitarbeiter und am Standort sozial bzw. karitativ einzubringen, die Berücksichtigung finden sollten.

Wenn eine Eigentümerfamilie in den fünf genannten Bereichen Inhaberstrategie, Anforderungsprofil, Corporate Governance, Organisation und Anreizsystem ihre Hausaufgaben gemacht hat, trägt sie damit wesentlich zum Erfolg von Fremdmanagement und Unternehmen bei, denn sie minimiert damit die typischen Gründe für ein Scheitern von Fremdmanagern in Familienunternehmen.

III. Wie findet und gewinnt man gute Fremdmanager?

Für Familienunternehmen ist es überlebenswichtig, die Firmenleitung mit Kandidaten zu besetzen, die auch in zehn Jahren noch im Sinne der Gesellschafter agieren. Der Erfolg der Stabübergabe hängt dabei wesentlich von der Qualität des Such- und Einarbeitungs-Prozesses ab.

1. Zeitplan und Struktur des Suchprozesses

Die strategische Schlüsselaufgabe des Suchens und Einarbeitens eines Fremdmanagers zeichnet sich durch folgende Elemente aus, die zu den Standards einer erfolgreichen Nachfolgeplanung gehören:

- Schaffung der Erfolgsvoraussetzungen gemäß Abschnitt II.

- Transparenz des Entscheidungsprozesses

- Offene Kommunikation

Dringend verabschieden sollten sich Eigentümerfamilien vor diesem Hintergrund von der Vorstellung, bei der Neubesetzung von Top- oder sogar des Chefpostens kurzfristig entscheiden zu können – am besten erst dann, wenn das bisherige Firmenoberhaupt seinen Schreibtisch schon fast geräumt hat. Zum Vergleich: Schon der Einstellungsprozess eines „einfachen" Fremdmanagers – also unterhalb der obersten Unternehmensspitze – ist selbst bei optimaler Taktung und der Unterstützung durch einen auf Familienunternehmen und die eigene Branche spezialisierten Personalberater nicht unter einem Vierteljahr zu stemmen, wenn bis zur Einstellung folgende Schritte seriös und sorgfältig durchlaufen werden sollen, wozu bei der Suche nach einem Fremdmanager – egal welcher Hierarchieebene – immer dringend zu raten ist:

- Briefing durch Gesellschafter und Beirat

- Erstellung und Abstimmung des Aufgabenprofils

- Identifizierung und Direktansprache der Kandidaten

- Ausführliche Interviews mit den Kandidaten

- Präsentation potenzieller Nachfolger

- Auswahl und finale Vertragsverhandlungen

Ein unter Zeitdruck akquirierter neuer Kopf passt eben oftmals doch nicht zur Firmenphilosophie. Und die Praxis zeigt immer wieder, wie schnell eine über Jahre oder sogar Jahrzehnte aufgebaute Unternehmenskultur durch eine falsche Nachbesetzung kippen kann. Der Vergleich mit dem Trainerposten im Fußball drängt sich auf. Auch hier wird oft versucht, mit Schnellschüssen zu punkten. Am Ende gibt sich das Spitzenpersonal in immer kürzeren Zeitabständen die Türklinke in die Hand, meist ohne dass der sportliche Erfolg nachhaltig zurückkehrt. Auch für Unternehmen bestätigen wissenschaftliche Untersuchungen, dass sich häufige Wechsel in der Führungsetage wirtschaftlich negativ auswirken.[2]

Es ist daher sinnvoll, wenn sich Eigentümer und Beirat mit mindestens zwei bis drei Jahren Vorlauf intensiv darüber klar werden, was der neue Mann oder die neue Frau an der Spitze können und wie er oder sie sein sollte. Da die überwiegende Zahl der Wechsel an der Spitze von Familienunternehmen nicht spontan erfolgt, sondern langfristig absehbar ist, dürfte dieses durchaus zu leisten sein. Was genau in das Anforderungsprofil aufgenommen wird, bestimmt der Bedarf des Betriebs in den kommenden zehn Jahren. Hilfreich dafür ist, dass sich Gesellschafter und Beirat auf ein Anforderungsprofil einigen, das kompatibel zu Vision, Leitbild, Strategie und Zielen des Unternehmens ist. Kontinuität in der Unternehmenskultur ist Trumpf.

Generell sollte ein Fremdmanager, der Verantwortung bei einem Familienunternehmen übernehmen möchte, folgende Fähigkeiten mitbringen:

- Adäquate Führungserfahrung

- Branchenverständnis

- Entscheidungskraft

- Unternehmertum

- Bereitschaft, die „Perspektive der Inhaberfamilie" anzunehmen

- Auf Dauer angelegter Beschäftigungswunsch

- Respekt, Wertschätzung und Bescheidenheit

- Fairness, Integrität und Loyalität

- Offenheit, Empathie und Verständnis für die spezifische Unternehmenskultur

- Ggfs. Erfahrung in Familienunternehmen

---

2 Siehe *Kreese/Hauer/Tänzler*, Verweildauer des Managements von Familienunternehmen und Unternehmen in Streubesitz, Stiftung Familienunternehmen Stuttgart, 2011.

Diese umfangreiche Liste verdeutlicht, warum es unmöglich ist, die passenden Kandidaten praktisch im Vorbeigehen zu finden. Stattdessen sollte das Familienunternehmen Schritt für Schritt vorgehen.

So ein langfristiges und abgestimmtes Vorgehen schützt übrigens nicht nur das Unternehmen vor im schlimmsten Fall existenzbedrohenden Fehlentscheidungen, sondern wirkt auch auf potenzielle Kandidaten professionell und damit zusätzlich anziehend. Lässt sich von diesem Ablauf doch auf die künftige Zusammenarbeit mit Gesellschaftern und Beiräten schließen. So mancher geeignete Fremdmanager hat sich schon gegen ein Familienunternehmen entschieden, da ihm der Rekrutierungsprozess zu unstrukturiert und chaotisch sowie zu stark von Emotionen getrieben erschien.

2. Interne versus externe Fremdmanager

Die Frage, ob Fremdmanager besser intern oder extern rekrutiert werden sollten, ist wie die Entscheidung pro oder contra Fremdmanagement nicht eindeutig zu beantworten. Laut in den vergangenen Jahren durchgeführten Studien ist das Risiko, dass ein extern gewonnener Manager scheitert, zwar ungefähr anderthalb mal so groß wie bei einer aus den eigenen Reihen aufgestiegenen Führungskraft.[3] Ob die Gruppe der aus dem oben beschriebenen Prozess sich herauskristallisierten Anwärter auf die Nachfolge nun firmenintern, extern oder gemischt zusammengestellt wird, ist aber gar nicht so entscheidend. Wichtiger ist, dass der sich ergebende Pool ein festgelegtes Verfahren durchläuft.

Dabei werden alle Kandidaten gleichberechtigt und objektiv behandelt. Alle Bewerber – intern wie extern – müssen stets das Gefühl haben, dass sie eine reelle Chance haben und nicht nur Zählkandidaten sind. Das setzt eine offene Kommunikation sowie eine ständige Transparenz zu jeder Zeit des Auswahlverfahrens voraus. Dies ist besonders für interne Kandidaten wichtig, die durch den Prozess nicht so beschädigt werden dürfen, dass ihnen, falls die Entscheidung nicht zu ihren Gunsten ausfällt, nur noch übrig bleibt, das Unternehmen zu verlassen, um ihr Gesicht zu wahren.

Ein eindeutiger Vorteil interner Kandidaten ist, dass man sie viel besser in ihrer Entwicklung beobachten kann. Übertrifft der Kandidat stets die Erwartungen? Zeigt er oder sie herausragende und messbare Leistungen? Passt der Bewerber in die Unternehmenskultur? Und wie hoch sind Selbstbewusstsein und Einfühlungsver-

---

3 Z.B. *RHR International*, Transition in Leadership – Corporate Board Survey, Chicago, 2011.

mögen? Traue ich ihm/ihr zu, dass er/sie in einem anderen Bereich in einer auch höheren Position die Aufgabe stemmt? Alles Punkte, die sich bei einem externen Kandidaten wesentlich schwerer ergründen lassen als bei einem Eigengewächs. Die Erfahrung zeigt aber immer wieder: Die Geistes-Einstellung („attitude") ist sehr viel wichtiger als die fachliche Qualifikation bzw. formale Fähigkeiten („skills"). Bei Externen kann man aber nur die fachliche Qualifikation messen.

Die Variante, die Einstellung über den Umweg einer Eingangsposition nachzuholen, ist bei Top-Positionen eher eine theoretische Diskussion. Kandidaten, die bereits Erfahrungen als Nummer Eins haben, müssten vorrübergehend einen Schritt zurückgehen. Dazu sind diese meist nur bereit, wenn sie schon längere Zeit ohne Job sind oder wenn eine eindeutige Perspektive gegeben wird. Eingangspositionen sind daher meist nur attraktiv für externe Fremdmanager, die bei ihrem jetzigen Arbeitgeber noch nicht Mitglied der Geschäftsleitung sind oder aber als Geschäftsführer absehbar keine Perspektive haben, dort auch den Vorsitz zu übernehmen. Oder wenn die Person eine klare Perspektive aufgezeigt bekommt, diese Position bei Erfüllung bestimmter vorab vereinbarter Kriterien zu erhalten. Das Risiko, dass es auch beim neuen Unternehmen dazu nicht reicht, bleibt aber in allen Fällen und ist höher als bei einem internen Kandidaten.

Dennoch sollten auch Familienunternehmen über ein gutes Corporate Branding rechtzeitig versuchen, externe Top-Kandidaten für das eigene Unternehmen zu interessieren. Schon bei der Besetzung eines Top- oder sogar des Chefpostens sollten Unternehmen im Idealfall dessen potenzielle Nachfolgekandidaten in der Pipeline haben. Das führt zwangsläufig dazu, dass das Führungsteam rechtzeitig besetzt wird und auch mögliche „Alternativkandidaten" für die Unternehmensspitze im Blick sind und gezielt entwickelt werden können.

Während eine interne Nachfolgeplanung also Kontinuität verspricht, kann ein externer Manager einem Familienunternehmen neue Impulse geben. Beide Wege sind möglich und sollten ernsthaft in Erwägung gezogen werden. Dabei gilt immer noch die alte Regel (siehe oben formale Fähigkeiten/fachliche Qualifikation vs. Geistes-Einstellung): Die Fähigkeiten des Kandidaten sind entscheidend, nicht die Herkunft.

3. Vertragsgestaltung

Die wie vorher geschilderte intensive und strukturierte Suche nach einem Fremdmanager, der den Werten und Gepflogenheiten des Unternehmens entspricht, schützt sicherlich bereits in einem hohen Maße davor, bei der Gestaltung des Arbeitsvertrags auf unüberwindbare Hürden oder Übervorteilungsversuche zu treffen. Dennoch sollte die Komplexität des Kontrakts nicht unterschätzt werden, da folgende juristische Bereiche gleichzeitig betroffen sind: Zivilrecht, Arbeitsrecht, Gesellschaftsrecht, Steuerrecht, Sozialversicherungsrecht und Strafrecht. Am Ende kommt es darauf an, einen für beide Seiten akzeptablen und stabilen Arbeitsvertrag zu vereinbaren. Denn viele der hässlichen Streitigkeiten vor Gericht haben ihren Ursprung in nachlässig verfassten und schlecht durchdachten Kontrakten.

Die wichtigsten Punkte, die es dabei neben der exakten Positionsbezeichnung und dem genauen Einstiegstermin üblicherweise zu klären gilt, sind:

• Vergütung

• Vertragslaufzeit

• Altersversorgung

Das größte Augenmerk liegt hierbei sicherlich auf dem Bereich Vergütung. Um eine angemessene Vergütung (Festgehalt und Tantieme) zu erzielen, sollten folgende Grundregeln beachtet werden: Klarheit über die Definition und Messung von Erfolg, Belohnung nur nachhaltiger, langfristiger Wertsteigerung sowie Beteiligung an den unternehmerischen Chancen, aber auch Risiken. Die Vergütungshöhe schwankt dabei stark nach Unternehmensgröße, Branche, Region und Aufgabe.

Auch in Familienunternehmen ist trotz der nachhaltigen und langfristigen Strategie beim Spitzenpersonal der Zeitvertrag für Geschäftsführer üblich. Im Gegensatz zu den meisten börsennotierten Unternehmen ist dabei der Drei-Jahres-Vertrag – zumindest zu Beginn der Zusammenarbeit – sogar üblicher als die Fünf-Jahres-Variante. Einige Unternehmen wollen sich in der Form absichern, dass sie einen Ein-Jahres-Vertrag mit einer Drei-Jahres-Periode für den Anschlussvertrag vereinbaren oder generell unbefristete Verträge mit einjähriger Kündigungsfrist abschließen.

Das Thema zusätzliche Altersversorgung wird immer dann schwierig, wenn ein langjähriger Konzernmanager zu einem Familienunternehmen wechseln möchte. Denn die Fortführung des bei Großkonzernen üblichen Versorgungsniveaus ist für viele Familienunternehmen schlichtweg nicht darstellbar oder würde das bisherige Gehaltsgefüge des Betriebs aus der Balance bringen.

4. Einarbeitung des Fremdmanagers

Ist ein neuer kompetenter und charakterstarker Unternehmenschef gefunden und der Vertrag unterschrieben, endet die Arbeit des Beirats oder der Inhaber keineswegs. Denn sowohl die schnelle Integration des Neuen als auch die Gestaltung der künftigen Rollen der im Laufe des Nachfolgeprozesses „Unterlegenen" gelingt nur, wenn sich die Kontrolleure weiterhin intensiv kümmern.

Ein professionelles Einarbeitungsprogramm („Onboarding") kann die Erfolgsaussichten der Besetzung dabei deutlich steigern. Es sorgt dafür, dass der neue Chef ein tiefes Verständnis der Erwartungen erlangt, dass er die Ziele seiner Führungsrolle mit denen des Unternehmens verknüpft und klare strategische Prioritäten setzt, die von Unternehmensleitung und Inhabern gleichermaßen getragen werden. Das schafft Ruhe im Betrieb und bildet die Grundlage für Kontinuität.

Für die Planung und dann erfolgreiche Durchführung der Einarbeitung müssen folgende Vorbereitungen getroffen bzw. Fragen geklärt werden:

- Klare eindeutige Zielvorstellung und klares Verständnis über das Anforderungsprofil und Eigenschaftsprofil der Aufgabe

- Klares Commitment der Gesellschafter bzw. des Beirats oder Aufsichtsrats zum Kandidaten

- Verhaltens- und Situationsanalyse (aktueller Unternehmensstatus, Brennpunkte identifizieren, Stärken und Schwächen des neuen Chefs benennen)

- Potenzielle Beschleuniger des Integrationsprozesses identifizieren und diese kontaktieren

- Kommunikationsstrategie festlegen

- Meilensteine der Integration festlegen und regelmäßig überprüfen (z.B. 30- und 90-Tage-Aktionsplan)

- Hilfsmittel (z.B. Coach) organisieren

- Regelmäßige Feedback-Termine mit den Gesellschaftern/Beiräten festlegen

Wichtig: Auch bei einer internen Nachfolgeregelung ist die aktive Gestaltung des Übergangsprozesses wichtig, da der neue Chef in eine völlig andere Rolle hineinwachsen muss und gleichzeitig auf seiner alten Position eine Lücke hinterlässt, die ebenfalls adäquat und ohne lähmendes Vakuum geschlossen werden muss.

5. Häufige Fehler im Such- und Einarbeitungsprozessprozess

Als Fazit aus den vorherigen Ausführungen lassen sich folgende Punkte als die schwerwiegendsten Fehler bei der Suche nach einem Fremdmanager festhalten:

- Zu geringer zeitlicher Vorlauf
- Zu chaotischer und emotionaler Prozess
- Kein einheitliches Anforderungsprofil definiert
- Zu enge Fokussierung auf eine bestimmte Zielgruppe
- Keine eindeutige Einigung auf einen Kandidaten
- Kein professioneller Einarbeitungsprozess
- Einmischung der Gesellschafter in das operative Geschäft
- Zu wenig Kommunikation/Feedback

Trotz der vielen zu beachtenden Details und drohender Fallstricke sollte das Thema Nachfolgeplanung die Verantwortlichen eines Familienunternehmens nicht abschrecken. Zwar ist die Suche nach einem neuen Geschäftsführer in der Tat aufwendig. Allerdings sichert sie mit den richtigen Schritten und dem angemessenen Vorlauf den langfristigen Erfolg des Unternehmens und somit das Lebenswerk und die Einkommensquelle der Eigentümerfamilie.

IV. Empfehlungen für Fremdmanager

Neben den oben genannten eigentümerseitigen Voraussetzung für eine erfolgreiche Zusammenarbeit von Inhaberfamilie und externen Managern müssen auch die Fremdmanager einen aktiven Beitrag hierzu leisten.

1. Kongruenz der eigenen Werte und Ziele mit denen der Inhaberfamilie

Als erster wichtiger Aspekt ist ein sehr genauer, ehrlicher Abgleich zwischen den eigenen Werten und Zielen und denen der Inhaberfamilie zu nennen. Langfristig erfolgreich in Familienunternehmen sind meist Führungskräfte, die sich als Unternehmer, aber gleichzeitig auch als Treuhänder des Familienvermögens sehen und nicht unbedingt selbst im Mittelpunkt stehen müssen. Diese kulturelle Prägung widerspricht oft den gelebten Verhaltensmustern in Führungsetagen großer Publikumsgesellschaften und verdient daher besonderes Augenmerk von beiden Seiten.

2. Transparenz, Integrität und Loyalität

Zweitens sind für Fremdmanager in Familienunternehmen absolute Transparenz, Integrität und Loyalität von höchster Wichtigkeit, um Vertrauen zu schaffen. Gerade am Anfang einer Zusammenarbeit sind diese Aspekte – oft und vor allem auch in vermeintlich unwesentlichen Details – von großer Bedeutung. Bescheidenheit in Kostenfragen – wie bei der Ausstattung des Firmenwagens oder der Buchungsklasse bei Flügen – und auch im Außenauftritt sind wichtige, vertrauensbildende Maßnahmen gegenüber der Inhaber-Familie.

3. Management der Eigentümer-Schnittstelle

Drittens sollte gerade am Anfang viel Fokus auf das Management der Eigentümer-Schnittstelle gelegt werden. Dazu ist es wichtig, die Menschen zu kennen, deren Interessen und Sorgen zu verstehen und als solche zu akzeptieren. Es gilt, gemeinsame klare Regeln der Zusammenarbeit zu etablieren, insbesondere was die Kommunikation betrifft. Gerade am Anfang ist zuweilen ein gewisses Maß an „Über-Kommunikation" hilfreich, um Vertrauen zu schaffen. Auch in schwierigen Themen sollte von Anfang an eine Feedback-Kultur etabliert werden, die es beiden Seiten ermöglicht, früh und offen über empfundene Probleme oder Missstände zu sprechen.

Wenn man diese Aspekte als Fremdmanager im Familienunternehmen berücksichtigt, danach handelt und sich diese Verhaltensweisen im Kontext der neuen Aufgabe richtig anfühlen, dann ist die Wahrscheinlichkeit hoch, dass es zu einer dauerhaften und für beide Seiten fruchtbaren Zusammenarbeit kommt.

3.2 Fremdmanagement im Familienunternehmen – Ein Erfahrungsbericht von Dorma

von Axel Gloger

I. Governance-Situation: Erfahrung mit familienfremdem Spitzenmanagement

Als *Thomas P. Wagner* im Jahr 2010 bei Dorma einstieg, war das Fundament für sein Wirken schon bereitet. Er war damals 43 Jahre alt, wurde CEO des Unternehmens – und konnte darauf bauen, dass das Familienunternehmen Erfahrung mit seiner Rolle hatte. Bei Dorma, dem südwestfälischen Hersteller für Türschließtechnik und Zugangssysteme, ist ein Familienfremder an der Spitze nichts Neues, im Gegenteil: Dieser Typ Führung gehört seit zwei Generationen zur DNA das Unternehmens. So hatte Wagners Vorgänger 15 Jahre erfolgreich an der Spitze des Industrieunternehmens gewirkt. Der Externe und der damalige Alleininhaber hatten eine klare Arbeitsteilung etabliert. Sie sicherte dem Familienunternehmen Identität und Fortbestand – und dem angestellten Top-Manager sein Handlungsfeld.[1]

Das war für Wagner wie auch für die familiären Eigentümer ein Vorzug. Das Format „Führung durch einen Familienexternen" musste nicht erst etabliert und durchgesetzt werden, mit all den Kämpfen, die das in manchem Unternehmen mitunter nach sich zieht. Bei Dorma war das Governance-Modell bewährt, Wagner konnte es von seinem Einstieg an als Kapital nutzen, die Eigentümer konnten gleichzeitig darauf vertrauen, dass der Schritt, die Führung zum wiederholten Mal in der Firmengeschichte in die Hände eines Externen zu legen, abermals gute Chancen auf Gelingen hat.

Die nötige Nähe zum Geschäft brachte Wagner mit. Mit seinen Produkten ist Dorma ein Zulieferer für große Bauvorhaben – Bürohäuser, Hotels, Flughäfen und Wolkenkratzer etwa. Mit einem sehr ähnlichen Markt war Wagner viele Jahre seines Berufsweges befasst. Otis, ebenfalls ein Zulieferer für große Bauvorhaben, war

---

1 Der Inhalt dieses Kapitels fußt auf zwei längeren Gesprächen vom Oktober 2014 und Juni 2015, die der Autor mit Thomas P. Wagner in dessen Rolle als CEO von Dorma führte. Daraus entstand diese Fallstudie mit dem Thema „Familienfremder CEO bei Dorma". Beim zweiten Gespräch war die Fusion von Dorma mit einem anderen Familienunternehmen bereits bekannt. Am Ende des Kapitels wird dieses Vorhaben erklärt. Alle Sachverhalte und Informationen entsprechen dem Stand vom Juli 2015.

sein Wirkungsfeld; das Unternehmen stellt Aufzüge her und ist, wie Dorma, auf dem Weltmarkt zu Hause. Das passte. Zuletzt hatte Wagner für vier Jahre als Vorsitzender der Geschäftsführung die deutschen Aktivitäten von Otis geführt und war Mitglied der weltweiten Otis Konzernleitung. Unternehmerisches Denken und eine internationale Karriere konnte er also als Mitgift in seine neue Liaison mit Dorma einbringen.

Seinem Eintritt vorausgegangen war der Generationswechsel. Im Jahr 2009 war *Karl-Rudolf Mankel*, damals Alleineigentümer, 67 Jahre alt geworden – für ihn ein klares Signal, die Staffel an die nächste Generation weiterzugeben: Seine beiden Töchter *Christine Mankel* und *Stephanie Brecht-Bergen (geb. Mankel)*, damals 26 und 24 Jahre alt, erhielten zu diesem Zeitpunkt die Mehrheit der Firmenanteile und bestimmten damit maßgeblich über die Zukunft des Unternehmens. Der Vater führte seine Beteiligung auf einen einstelligen Prozentanteil zurück, gerade genug, um seine Stimme bei der Gestaltung der Zukunft noch mit einzubringen.

Beide Töchter des Unternehmers hatten ein Studium absolviert, sahen ihre Rolle im Familienunternehmen aber nicht in einer Aufgabe an der operativen Spitze. Sie verstehen sich als starke Shareholder einer Geschwister-Gesellschaft in der vierten Generation, die ihre Interessen über die Gesellschafterversammlung und den Aufsichtsrat einbringt. Andere Gesellschafter als die drei Familienmitglieder hat Dorma nicht, damit gibt es hier bei Wagners Eintritt eine übersichtliche Governance-Struktur, die durch zwei Mehrheitsgesellschafterinnen, einen Minderheitsgesellschafter und einen familienfremden Geschäftsführer sowie einen CFO und einen COO bestimmt ist.

II. Positionierung des Geschäfts: Dorma als Mitglied der Champions-Liga

Für den Wechsel an der Spitze strebten die familiären Eigentümer ein Vorgehen an, das der Größe und Bedeutung des Unternehmens angemessen ist. Dorma ist ein Weltklasse-Unternehmen aus dem deutschen Mittelstand.

Kleiner Rückblick: Am 1. Juli 1908 gründen *Rudolf Mankel* und sein Schwager *Wilhelm Dörken* in Ennepetal die Dörken & Mankel KG. Erste Produkte sind Pendeltürbänder und gefräste Schrauben. Von Beginn an stellen die Gründer hohe Ansprüche an ihre Produkte. Schon damals galt das Credo „Lieber für einen guten Preis das Beste liefern, statt die Abnehmer und den Verbraucher zu enttäuschen". Es sollte den künftigen Weg des Unternehmens stark beeinflussen.[2]

Aus den Namen der Gründer wird der Marken- und Firmenname gebildet, im Jahr 1927 lassen die beiden Unternehmer beim Patentamt in München die Wortmarke „DORMA" eintragen, die seither den Firmennamen bildet. Einen wichtigen Wechsel in der familiären Eigentümerschaft gibt es im Jahr 1936 – Mankels langjähriger Kompagnon Wilhelm Dörken scheidet aus der Dörken & Mankel KG aus, die prägenden Jahre der Doppelspitze sind damit beendet. Rudolf Mankel führt das Unternehmen in Alleinverantwortung weiter. Gut eine Generation später, im Jahr 1970, steigt mit Karl-Rudolf Mankel der Enkel des Firmengründers in das Geschäft ein. In der Folge werden die globale Ausrichtung des Unternehmens und die Erweiterung der Produktsegmente weiter vorangetrieben.

Dorma entwickelte sich unter der Führung der dritten Eigentümergeneration zu einem Hidden Champion. Das Unternehmen mit Sitz im westfälischen Ennepetal wird Weltmarktführer für Türschließtechnik, mobile Raumtrennsysteme und in der Glasbeschlagtechnik, bei automatischen Türsystemen gehört es zur Weltspitze. Im Geschäftsjahr 2012/13 erwirtschaftete Dorma einen Umsatz von 1,032 Mrd. Euro und beschäftigte 7.085 Mitarbeiter.[3]

Die Positionierung entspricht dem Idealbild eines Hidden Campions: Das Geschäft ist stark fokussiert. Es besteht eine mittelständische Struktur als traditionelles, gleichzeitig aber zukunftsorientiertes Unternehmen. Wachstum wurde über die Jahrzehnte durch starke Internationalisierung des Geschäfts erzeugt, überdies durch eine weiche Diversifizierung unter Beibehaltung der Kernkompetenz. „Nicht verzetteln", diese Empfehlung des Champions-Vordenkers *Hermann Simon* hat Dorma in nahezu idealer Weise beherzigt.[4] So konnte in der Nische die Nummer-Eins-Position am Weltmarkt erreicht werden, Ausdruck dessen ist die starke Exportorientierung: Gut vier Fünftel seines Umsatzes erzielt Dorma im Ausland.

Türschließtechnik aus Ennepetal ist in der ganzen Welt auf den Einkaufslisten der Bauprojekte vertreten. Automatiktüren und Fluchtwegesysteme sorgen etwa im Maracana-Stadion in Rio de Janeiro für Sicherheit, jenem Ort, wo die deutsche Fußballnationalmannschaft 2014 Weltmeister wurde. Türsysteme von Dorma sind am Flughafen Dubai, einem der Drehkreuze des Weltluftverkehrs, ebenso vertreten wie

---

2 Zitiert nach: Dorma-Historie, www.dorma.de, Stand Juli 2015.
3 Letztverfügbare Daten, Quelle: Building Visions, Dorma im Geschäftsjahr 2013, Ennepetal 2013, S. 76 ff.
4 *Simon*, Hidden Champions – Aufbruch nach Globalia: Die Erfolgsstrategien unbekannter Weltmarktführer, Campus Verlag Frankfurt/Main, 2012.

in Berlin im Bundeskanzleramt.[5] Prominente Projekte dieses Typs sind in der Firmenchronik in langer Reihe vertreten, wann immer irgendwo auf der Welt ein spektakulärer Neubau entsteht, ist Dorma in der Regel mit von der Partie.

III. Weiterentwicklung des Führungsmodells im Zuge des Generationswechsels

Die Nachfolge in der Führung wurde als rationaler und transparenter Prozess gestaltet. Da von Anfang an klar war, dass Christine Mankel und Stephanie Brecht-Bergen als Gesellschafterinnen der vierten Generation nicht in die Führungsnachfolge eintreten werden, konnte der Prozess auf die Auswahl eines familienfremden Spitzenmanagers gelenkt werden. Die Aufgabe lautete: Einen geeigneten CEO finden und verpflichten, dem die Familie vertraut und von dem zu erwarten ist, dass er sich der Familie gegenüber loyal verhält.[6] Die Anforderungen, denen dieser zu genügen hatte, waren nicht gering. „So sollte der künftige CEO nicht zuletzt Empathie mitbringen, um die Perspektive der Eigentümer nachvollziehen und einen gewissen Gleichklang mit dieser herstellen zu können, ohne jedoch der Sicht der Familienmitglieder gegenüber unkritisch zu sein. Er sollte zudem in der Lage sein, mit der Komplexität und Emotionalität familiärer Beziehungen umzugehen, in die seine Rolle eingebunden sein würde", schreibt die Personalberatung Egon Zehnder über das Profil in einem Nachbericht zum Projekt. Zehnder unterstützte Dorma im Prozess der Suche und Auswahl des CEO-Kandidaten.[7]

Diese Aussagen verdeutlichen: Das *Hit or Miss* bei der Besetzung der Top-Position im Familienunternehmen wird durch ganz andere Themen beeinflusst als bei der Neubesetzung eines Spitzenjobs in einem anonymen Konzern. Ein Kandidat, der nur das Verständnis für das Geschäft mitbringt, wird ziemlich sicher scheitern, wie zahlreiche Beispiele zeigen: *Thomas Middelhoff* etwa schied als CEO bei Bertelsmann nicht aus, weil er sein geschäftliches Handwerk nicht beherrschte, sondern weil es ihm nicht gelang, bei seinen ehrgeizigen Plänen die Familie Mohn hinter sich zu bringen. Seine ausgeprägte Neigung, das Licht der Öffentlichkeit zu suchen, provozierte schließlich den Bruch mit den Eigentümern. Auch in der Nachfolge bei Griesson-de Beukelaer war es nicht die Fachlichkeit, an der zwei familienexterne Geschäftsführer scheiterten, sondern Passung und Chemie mit dem scheidenden

---

5 *Müller*, Geburt eines Global Players, Handelsblatt, 27.06.2015.
6 *Egon Zehnder* (Hrsg.), Der DORMA-Weg, FOCUS, 01/2011, S. 87 f.
7 Ebenda, S. 88.

Inhaber *Heinz Gries*. Erst im dritten Anlauf gelingt es dem Unternehmer, mit *Andreas Land* einen Familienfremden für die Geschäftsführung in Stellung zu bringen, mit dem es passt.[8]

„Das Verständnis für die Familie entscheidet mehr über den Erfolg als die Fähigkeiten im Business", fasst Thomas Wagner seine Erfahrung im Rückblick zusammen. Ihm war dieser Punkt von Anfang an klar. Er machte es sich von Anfang an zur Aufgabe, das Seine dafür zu tun, um ein gutes Verhältnis zur Familie zu etablieren.

Das begann schon in der Phase vor dem Einstieg ins Geschäft. Er machte sich mit anderen Fällen von Fremdmanagement in Familienunternehmen vertraut, las viel, stieß auch, wie er berichtet, auf die eine oder andere Horrorgeschichte gescheiterter familienfremder CEOs, zog daraus seine Schlüsse. Als guter Wegweiser diente ihm das Standardwerk „Hidden Champions" von *Hermann Simon*. Bei dessen Lektüre wurde ihm klar: Die meisten Unternehmen der Champions-Liga des deutschen Mittelstands sind inhaber- und familiengeführt. „Ich lernte, wie die ticken", sagt Wagner.

Zugleich macht seine Vorgehensweise klar: Dieses Thema ist mehr Holschuld des Externen als Bringschuld der familiären Inhaber. Der Familienfremde hat eine dienende Funktion, die Inhaber geben ihr Eigentum zur Wahrung und Mehrung in seine Hände, es ist seine Aufgabe, sich mit dem vertraut zu machen, was Unternehmen mit einer Familie im Hintergrund besonders macht. Zutreffend beschreibt Wagner die Rolle des externen CEO auch als „Chief Emotional Officer" mit der Aufgabe, das Verhältnis zur Eigentümerfamilie ständig zu pflegen, deren über die Geschäftszahlen hinausgehenden Interessen zu bedienen und sich immer auch als Sachwalter der familiären Interessen zu positionieren.

Bemerkenswerter Punkt: Erfahrung mit Familienunternehmen hatte Wagner auf seinem vorherigen Berufsweg nicht, aber sein Wirken bei Dorma zeigt, wie sich ein Neuling auf diesem Gebiet schnell einarbeiten kann, wenn er nur offen und motiviert genug ist, das Gespräch mit den familiären Eigentümern sucht und die richtigen Fragen stellt.

Unterstützend auf diesem Weg wirkte, dass die Personalberatung den Dorma-Eigentümern nicht nur bei Suche und Auswahl des neuen CEO zur Seite stand, sondern auch die Einarbeitung (sog. „Onboarding") über ein Jahr ab Amtsantritt begleitete – und Wagner das Know-how aus anderen Mandaten in Familienunterneh-

---

8 *Förster*, Laudatio auf den Familienunternehmer des Jahres 2011, Heinz Gries, in der im UnternehmerBrief abgedruckten Fassung, INTES Akademie für Familienunternehmen Bonn, 04/2011.

men zugänglich machen konnte. Überdies nutzte Wagner informelle Kontakte, tauschte sich über ein Netzwerk mit anderen Geschäftsführern aus, die wie er als Externe an der Spitze eines Familienunternehmens stehen. „Hier konnte ich Fragen stellen, mir ein Echo holen zu Themen, die mich bewegten", sagt Wagner.

IV. Die Schnittstelle zwischen CEO und Unternehmerfamilie aus der Sicht des Fremdmanagers

Einer der Schlüssel für die Rolle des familienfremden Spitzenmanagers ist das Verständnis für den Zeithorizont des Familienunternehmens. Zwar haben auch anonyme Konzerne ein langfristiges Interesse, aber der Großteil des Handelns ihrer Verantwortungsträger ist bestimmt von kurz laufenden Zyklen: dem Börsenjahr, wiederkehrenden Berichterstattungspflichten, recht kurzer Verweildauer der CEOs börsennotierter Unternehmen, die hierzulande bei einem Mittelwert von sechs Jahren liegt.[9] Dass das in Familienunternehmen anders ist, sollte sich jeder externe Topmanager als erste Lektion zu eigen machen, die Weisheit „Familienunternehmen denken in Generationen, nicht in Quartalen" fasst diesen Unterschied prägnant zusammen. Wagners Erfahrung bei Dorma bestätigt das: „In Familienunternehmen wird in Jahrzehnten gedacht, das ist ein anderer Rahmen als im typischen Konzernunternehmen."

Der Blick auf das Zusammenwirken zwischen Eigentümerfamilie und CEO zeigt: es gibt zwei Kanäle, einen formellen und einen informellen. Der erste ist bestimmt durch die Elemente der formalen Governance – bei Dorma: der Gesellschafterausschuss, bei Wagners Eintreten besetzt mit den drei Eigentümern der dritten und vierten Generation. Er ist das wichtigste gestaltende Gremium bei Dorma. Außerdem besteht ein mitbestimmter, 12-köpfiger Aufsichtsrat mit sechs Gesellschafter- bzw. Arbeitgebervertretern. In beiden Gremien bestimmt die formale Kommunikation die Agenda. „Es gibt Regeltermine, Tagesordnungen und Pflichtthemen, die abgehandelt werden", erklärt Thomas Wagner.

Der zweite Kanal ist informeller Natur. Das sind Kontakte zwischen Geschäftsführung und Eigentümerfamilie außerhalb einer fest gefügten Governance-Agenda, dazu können Pausengespräche bei Gremienterminen ebenso gehören wie infor-

---

9 *Strategy&* (Hrsg.), 2014 Study of CEOs, Governance, and Success, veröffentlicht April 2015. Danach liegt der Median der Verweildauer in Deutschland bei 6 Jahren, in Westeuropa bei 6,5 Jahren und weltweit bei 5,3 Jahren.

melle Gespräche, zufällige Begegnungen oder Kontakte bei Anlässen, bei denen das Geschäftliche nicht im Mittelpunkt steht.

Schon diese Aufzählung zeigt: Das Thema „Schnittstelle" verlangt vom familienfremden CEO einiges an Aufmerksamkeit, Einsatz und Strategie – deshalb war es für Thomas Wagner ein ständiger, wichtiger Punkt auf der Agenda. Er nahm jede Chance für das Gespräch mit den familiären Eigentümern wahr. „Ich nutzte alle Möglichkeiten, die sich mir boten, den Pulsschlag der Familie zu fühlen, auch Vorboten sich anbahnender Veränderungen rechtzeitig zu erkennen." Jede Rückmeldung aus der Familie war ihm wichtig, er holte sich Feedback und Meinungen zu all jenen Themen ein, die für die Eigentümer von Interesse sein können – und nutzte umgekehrt alle Möglichkeiten, den Familienmitgliedern die Geschicke des Unternehmens und die Agenda der Geschäftsführung zu kommunizieren.

Schnell entdeckte Wagner, dass es innerhalb der Familie mehr Stakeholder am Unternehmen gibt als die qua Eigentümerschaft Beteiligten: Auch die Ehefrau des langjährigen Inhabers etwa oder auch der Schwiegersohn des Senior-Unternehmers halten emotionales Kapital am Unternehmen und sind wichtige Meinungsbildner. „Auch diese Familienmitglieder haben ein geistiges Band zum Unternehmen, sie sollten auf jeden Fall einbezogen werden." Sogar die Berater spielen bei Gestaltungsfragen eine wichtige, wenn auch auf den ersten Blick wenig sichtbare Rolle. Sie beraten die Mitglieder des Gesellschafterausschusses, sind also Stakeholder der familiären Eigentümerschaft.

„Reden, reden, reden", beschreibt Thomas Wagner das Credo seiner Rolle gegenüber der Familie. Weil das Unternehmen in einer Inhaberfamilie ein stark bestimmendes Element ist, ist ihr Informationsbedarf entsprechend groß. Seine Erfahrung hat ihm zudem gezeigt: informierte Gesellschafter sind gute Gesellschafter; fühlen sich Eigentümer aber uninformiert, kann das schon den Keim des Konfliktes bergen. „Je mehr Kontakt ein Fremdmanager zur Inhaberfamilie hat, desto besser", so die Empfehlung des Dorma-Geschäftsführers.

V. Vom hohen Wert symbolischer Handlungen, Riten und bewährter Routinen

Eines der wichtigsten Merkmale des Familienunternehmens ist seine Emotionalität – die Firma ist gelebte Familiengeschichte, Mitarbeiter sind ein Teil davon, der Inhaber-Bonus ist Differenzierungsmerkmal des Unternehmens am Markt. „Es gehört zu den Aufgaben des Fremdmanagers, diese Emotionalität zu bedienen, an

161

eine gute Geschichte anzuknüpfen, diese weiter zu pflegen", sagt Thomas Wagner. Obwohl er diesen Punkt nie in einem Anleitungsbuch gelesen hatte, spürte er seit der ersten Befassung mit seiner Aufgabe, wie wichtig dieses Thema ist.

So floss es denn auch in eine informelle, selbst gestellte Governance-Regel ein, die er in seinem Führungsalltag praktizierte. Ganz selbstverständlich lud er die Gesellschafter zu den Feiern mit Mitarbeitern und zu den Anlässen, die Dorma für Kunden veranstaltete, mit ein. Diese Praxis mehrt nicht nur die Zahl der Kontaktpunkte zwischen CEO und familiären Inhabern, sie gibt dem Unternehmen das Gesicht gegenüber Mitarbeitern und Kunden.

Auch die Vorweihnachtszeit zeigt einen viele Jahre geübten Ritus. Karl-Rudolf Mankel, der langjährige Alleininhaber, und Thomas Wagner nahmen sich jedes Jahr in den Adventswochen zwei Tage Zeit. Zu zweit machten sie eine Tour durch das Unternehmen – und überbrachten jedem der 1.300 Mitarbeiter am Stammsitz ihre Wünsche für die Festtage. Den krönenden Abschluss dieses Weges bildete das gemeinsame Singen im Betriebsrestaurant am Hauptsitz in Ennepetal. „Hier lebt die Tradition, hier kann man sie greifen", sagt der Dorma-Geschäftsführer. Er rät jedem Topmanager, der als Externer in ein Familienunternehmen eintritt, diese symbolischen Handlungen zu achten und zu pflegen. „Das ist emotionaler Mehrwert mit hoher Bindekraft. Niemand sollte das als ‚Folklore' abtun."

So personifiziert auch das Wirken von Karl-Rudolf Mankel die familiäre Inhaberschaft. Er lebte sie auf seine Art, das Wie ist Teil des Jahrzehnte dauernden Erfolgs von Dorma und Antriebskraft für den Aufstieg des Unternehmens zum Hidden Champion. Die viele Jahre gültige Ansage lautete: „Klare Teilung der Einflussbereiche." Der familienfremde Geschäftsführer war für das operative Geschäft zuständig, der Inhaber kümmert sich um die Interessen der kapitalhaltenden Familie.

Diese Absprache galt schon für das Wirken von Wagners Vorgänger, dem ebenfalls von außen kommenden Geschäftsführer *Michael Schädlich*. „Wir haben klare Arbeitsteilung. Herrn Mankel gehört die Firma – und mir die Arbeit", fasste er in einem Zeitungsinterview[10] das Governance-Format in einer etwas vereinfachten Regel zusammen, die sich offenbar bewährt hat. In den 15 Jahren seines Wirkens verdreifachte er den Umsatz des Türsysteme-Spezialisten. Daran knüpfte der im Jahr 2010 eingetretene familienfremde Firmenchef an, die Arbeitsteilung zwischen Kapital und operativer Geschäftsführung wurde so fortgesetzt.

---

10 *Hardt/Tödtmann*, Wechsel zur 4. Generation: Michael Schädlich verlässt Dorma, Handelsblatt, 25.09.2009.

Im siebten Stock der Dorma-Turms hat Karl-Rudolf Mankel sein Büro. Über dem Besprechungstisch hängt ein Portrait, Öl auf Leinwand. Es ist eine Hommage an die Herkunft des Familienunternehmens, es zeigt jedem Mitarbeiter, jedem Gast die Wurzeln: Aus dem Bild schaut mit strengem Blick Mankels Großvater, der Firmengründer Rudolf Mankel.[11]

Auf demselben Flur, das eine Büro gegenüber dem anderen gelegen, hat Thomas Wagner seinen Wirkungsort. Die beiden sind sich auf Zuruf nahe. „Hundert Prozent Management das eine Büro, hundert Prozent Kapital das andere Büro", beschreibt er die Führungssituation, wie sie Jahrzehnte Alltag war, bevor das Mehrheitseigentum an die vierte Generation überging.

Gründerenkel Mankel war bis zum Beginn des Jahres 2014 Mitglied der Geschäftsführung, aber auch nach seinem Austritt aus diesem Gremium wirkte er – allein durch seine schiere Präsenz. Drei, vier Tage die Woche kommt der langjährige Alleininhaber nach wie vor ins Büro. Seit der Übergabe der Anteilsmehrheit an seine beiden Töchter ist er zwar nur noch Minderheitsgesellschafter, aber dem emotionalen Wert seiner Präsenz tut das keinen Abbruch. „Er ist der wichtigste Vertreter der Gesellschafter. Er ist das Bindeglied zur Familie", sagt Wagner. Durch sein Hier-Sein verkörpert er das Familienunternehmen, er ist der Familienunternehmer zum Anfassen.

VI. In jeder Generation eine große Veränderung

Die Mankel-Töchter haben eine stärkere Distanz zum operativen Geschäft als ihr Vater. Sie sind dem Unternehmen zugeneigt, aber eine Rolle auch nur in der Nähe des Operativen wie die von Karl-Rudolf Mankel gehört nicht zu ihrem Plan. Seit sie im Jahr 2009 die Mehrheit der Anteile halten, verfolgen sie das Konzept des familienkontrollierten Unternehmens: Einfluss auf die große Linie ausüben ja – aber mit weniger Sichtbarkeit als der Vater und mit deutlicher räumlicher Trennung. In Ennepetal wohnt nur eine der beiden Gesellschafterinnen, ein ständig besetztes Büro in der Zentrale wie noch der Vater unterhält keine der beiden.

Sie verstehen sich eher als Architekten, die aus dem Hintergrund an der Weiterentwicklung des Unternehmens mitwirken. Das zeigt ein wichtiges Beispiel: Ein Papier „Dorma 2020" entsteht, es ist Ausdruck des Eigentümer-Willens, die Zukunftsfä-

---

11 Zitiert nach *Michler*, Karl-Rudolf Mankel. Liebling der Architekten, Die Welt, 28.09.09.

higkeit des Geschäfts langfristig zu sichern und die dafür notwendigen Veränderungen einzuleiten. CEO Wagner ist Teil und treibende Kraft dieses Prozesses.

„Wir haben gemeinsam mit allen Gesellschaftern unsere Vorstellung vom künftigen Weg des Unternehmens erarbeitet", beschreibt der CEO das Projekt, das im Jahr 2010 begann. Damit sollte an die erfolgreiche Vergangenheit angeknüpft werden: Die entscheidende Weichenstellung in der **dritten Generation** war die Internationalisierung des Geschäfts.

In der **vierten Inhabergeneration** ist es der Größensprung: Das Geschäft von morgen soll noch stärker weltmarktorientiert sein, seine Marktstellung über genügend große Anteile der Wertkette beim Kunden sichern und die nötige kritische Masse haben. Wachstum sollte intern generiert werden und auch, als zusätzliche Option, über Akquisitionen erfolgen. Als Zielmarke hatten die Autoren von „Dorma 2020" einen Umsatz von zwei Milliarden Euro im Visier – das Doppelte dessen, was im Jahr 2012/13 erwirtschaftet wurde.

Mit dem Strategieprozess kam die veränderte Denkweise: Eigentümer und CEO sahen den Markt und das Umfeld mit neuen Augen, bislang für unmöglich Gehaltenes wurde zu einer realen Option. So reiften Pläne, dass ein „Gemeinsam" für die Zukunft besser ist als ein „Allein". Die Kaba AG, ein Anbieter von Systemen für Zutrittskontrolle und Türschlössern, sollte der zukünftige Partner der Wahl sein. Das gaben Dorma und Kaba Ende April 2015 bekannt. Die Geschäfte werden zur neuen Firma mit dem Namen „dorma + kaba" fusioniert. „Das ergibt viel Potenzial", titelte die „Neue Zürcher Zeitung" am Tag nach der Ankündigung. Produkte und Märkte der beiden Unternehmen ergänzen sich – so bekommen etwa Bauherren von Flughäfen, großen Bürogebäuden oder Hotels künftig alles rund um die Tür per One-Stop-Shop, wie ein Analyst aus der Schweiz die Marktseite der Fusion kommentierte.

Das neue Unternehmen wird einen durchgerechneten Umsatz von knapp zwei Milliarden Euro haben und in seinem Geschäft zur Top drei der Weltspitze gehören. Die Dorma-Eigentümerinnen Stephanie Brecht-Bergen und Christine Mankel sowie, mit deutlich kleinerem Gewicht, Karl-Rudolf Mankel, sind an der neuen Holding-Gesellschaft mit 47,5 Prozent der Anteile direkt beteiligt, über eine Schachtel mit weiteren 4,7 Prozent. Die Familie ist damit nach den international üblichen Klassifizierungen von Familienunternehmen der dominierende Eigentümer. Der Rest der Anteile befindet sich zum größeren Teil in den Händen von Publikumsaktionären der Zürcher Börse, den kleineren Teil (durchgerechnet unter zehn Prozent) halten die Kaba-Familienaktionäre.[12] „Die Fusion ist eine einmalige Chance, geschäftlich ein perfect Fit", beschreibt Dorma CEO Thomas Wagner diesen Schritt, den er selbst mit einleitete.

Das Vorgehen zeigt, welch ungewöhnliche Schritte weit jenseits des Tagesgeschäfts zum Aufgabengebiet eines familienfremden Spitzenmanagers gehören können: Bande der Bekanntschaft zwischen dem Verwaltungsratschef von Kaba und der Familie Mankel gibt es seit 30 Jahren. Wie zwei Geschäftsinhaber, die ihren Laden seit Jahrzehnten in derselben Straße haben, kannte man sich, sprach miteinander – und war schlussendlich bereit, den Weg in die Zukunft gemeinsam zu gehen. So erhielt Wagner die Rolle eines Mitgestalters einer Fusion, die auch die Zukunft von Dorma und seine Positionierung als Familienunternehmen entscheidend verändern wird.

---

12 Berechnet nach Zahlen von *Rösch*, Dorma + Kaba vor dem Start, Finanz + Wirtschaft, 19.05.2015.

3.3 Stiftungen in der Unternehmensnachfolge

von Dieter Jeschke und Lothar Siemers

I. Warum viele Unternehmer Vorbehalte gegenüber Stiftungen haben

Wenn in Deutschland von Stiftungen gesprochen wird, stehen im Allgemeinen die gemeinnützigen Stiftungen im Mittelpunkt des Interesses. So sind zwischen 90 und 95 % aller Stiftungen gemeinnützige Stiftungen. Gemeinnützige Stiftungen werden in vielfacher Weise steuerlich privilegiert. Dies gilt für die Vermögensübertragung an die Stiftung, die laufenden Einkünfte sowie auch die Vermögensauskehrung bei einer eventuellen Auflösung der Stiftung.[1] Andererseits dürfen sie wegen dieser Privilegierungen höchstens ein Drittel ihres Einkommens dazu verwenden, in angemessener Weise den Stifter und seine nächsten Angehörigen zu unterhalten, ihre Gräber zu pflegen und ihre Andenken zu ehren.[2] Damit aber bedeutet die Errichtung einer gemeinnützigen Stiftung in vermögensrechtlicher Hinsicht die Aufgabe eines großen Teils des häufig über Generationen aufgebauten unternehmerischen Vermögens, sodass die gemeinnützige Stiftung für die meisten Unternehmer nur unter besonderen Voraussetzungen[3] eine in ihrem Interesse liegende Gestaltungsalternative darstellt, um die Herausforderungen der Unternehmensnachfolge zu lösen.

Die Gleichstellung einer Stiftungserrichtung mit der Errichtung einer gemeinnützigen Stiftung unter Hingabe des Vermögens der Unternehmerfamilie ist indessen nicht gerechtfertigt. Als Alternative zu einer gemeinnützigen Stiftung kommt die Errichtung einer Familienstiftung in Betracht. Familienstiftungen sind dann gegeben, wenn nach der Stiftungssatzung der Stifter, seine Angehörigen und deren Abkömmlinge zu mehr als der Hälfte Bezugs- oder Anfallsberechtigte sind. Darüber hinaus ist eine Familienstiftung aber auch dann gegeben, wenn die sogenannten Destinatäre (begünstigte Familienmitglieder, an die die Erträge der Stiftung ganz oder zu einem Teil ausgeschüttet werden) zu mehr als einem Viertel bezugs- oder

---

1 Zu Voraussetzungen und Umfang der Steuerbefreiung vgl. *Götz/Hanssenheimb*, Handbuch der Stiftung, NWB Verlag Herne, 2014, Rdnr. 925 ff.
2 So die gesetzliche Regelung in § 58 Nr. 5 AO.
3 Vgl. hierzu später unter III.1.

anfallsberechtigt sind und zusätzliche Merkmale eines wesentlichen Familieneinflusses vorliegen.[4] Dies ist z.b. der Fall, wenn die Familie wesentlichen Einfluss auf die Geschäftsführung der Stiftung hat. Familienstiftungen können aber auch ausschließlich und damit zu 100 % dem Interesse einer Unternehmerfamilie dienen.

Aber auch derartige Familienstiftungen werden häufig kritisch gesehen, weil manche Unternehmer sie in der Vergangenheit als Mittel zur Entmündigung ihrer Familie eingesetzt haben. Hierbei wird allerdings verkannt, dass Familienstiftungen keineswegs ein Mittel der Entmündigung der Unternehmerfamilie sein müssen, sondern – bei rechtzeitiger und angemessener Einbindung der Unternehmerfamilie – vielfach ein sinnvolles und geeignetes Instrumentarium darstellen, um die wirklichen Ziele der Unternehmerfamilie (häufig: Erhalt des Familienunternehmens als selbstständiges Unternehmen) langfristig zu verwirklichen.[5] Selbstverständlich müssen die Vor- und Nachteile einer Stiftungslösung für Unternehmen und Unternehmerfamilie sorgfältig geprüft und dann unter Berücksichtigung der gemeinsam erarbeiteten Interessen gewichtet und gründlich abgewogen werden. Eine pauschale Ablehnung einer Stiftungskonzeption wegen anzutreffender Vorurteile ist indessen für große oder mittelgroße Familienunternehmen der Verzicht auf eine interessante Gestaltungsoption, während bei kleineren Familienunternehmen eine Stiftung häufig aus ökonomischen Gesichtspunkten nicht in Betracht kommen wird.

II. Wesen und Rechtsgrundlagen der Stiftung

1. Stiften gehen – Motivation und Zeitpunkt

Warum ist in den letzten zehn Jahren fast ein „Stiftungsboom" ausgebrochen?[6] Ein paar Eckdaten erhellen vielleicht das Dunkel: Bis 2020 stehen 7,7 Mio. Erbfälle an, 2,6 Billionen Euro Vermögen gehen über.[7] 580.000 Familienunternehmen befinden sich im Generationswechsel, jedes sechste mittelständische Unternehmen ist

---

4 Vgl. *Götz/Hanssenheimb*, 2014, Rdnr. 457 f.
5 Hierzu nachfolgend IV.1.
6 Laut dem Bundesverband Deutscher Stiftungen erreichte der Stiftungsboom 2007 mit mehr als 1.000 Stiftungen pro Jahr seinen bisherigen Höhepunkt. *Bundesverband Deutscher Stiftungen*, Umfrage unter den Stiftungsaufsichtsbehörden, Stichtag 31. Dezember 2014.
7 *Braun*, Erben in Deutschland, Wirtschaftsdienst, ZBW – Leibniz-Informationszentrum Wirtschaft Hamburg, 91. Jahrgang, 2011, Heft 10, S. 724-726.

betroffen.[8] Klassische Nachfolgelösungen innerhalb der Familie schlagen häufig fehl.[9]

Einige der typischen Nachfolgeprobleme sind in diesem Zusammenhang

- die Gefährdung eines funktionsfähigen Managements bei fehlenden bzw. nicht geeigneten Nachfolgern in der Familie (Führungsvakuum),

- ein Kapitalverlust durch Abfindungen, Pflichtteils- und Zugewinnausgleichsansprüche oder durch Überentnahmen passiver Gesellschafter,

- ein erhöhtes Streit- und Konfliktpotenzial durch Interessengegensätze bei der Erbauseinandersetzung komplexerer Nachlässe,

- das Drohen einer Vermögenszersplitterung und degenerativer Tendenzen in späteren Nachfolgegenerationen,

- der Vorrang von Partikularinteressen vor dem Unternehmensinteresse durch Einflussnahme der Familie auf das Unternehmen oder

- das Fehlen von Kindern oder Enkelkindern bzw. geeigneter Verwandter.

Danach bestimmt sich in vielen Fällen die Motivation der Übergebergeneration, ihr Lebenswerk in einer Stiftung zu verewigen.

Stehen unternehmerische Motive im Vordergrund, kann die Installation einer Stiftung dem dauerhaften Erhalt des Familienunternehmens dadurch Rechnung tragen, dass Rechte von Anteilseignern oder Abfindungen an weichende Erben gänzlich ausgeschlossen sind: Gesetzliche liquide Ansprüche wie Abfindungen an weichende Erben, Zugewinnausgleichs- und Pflichtteilsansprüche können massiv beschränkt werden bzw. nach einer Karenzzeit von zehn Jahren ganz entfallen. Die Inhaberschaft durch eine Stiftung kann das Unternehmen ggf. auch vor Verkauf oder feindlicher Übernahme schützen. Die Kontinuität in der Unternehmensführung kann sichergestellt werden durch Fremdorganschaft in der Unternehmensgeschäftsführung und im Stiftungsvorstand bei einer gleichzeitig fachlich orientierten Besetzung der Aufsichtsgremien (Kuratorium/Beirat), die sich durch Ergänzungswahl (sog. Kooptation) erneuern. Hierbei ist die Satzungsgestaltung als Drahtseilakt anzusehen und zwischen Stabilität versus Flexibilität zu entscheiden. Die Stiftung dient zudem der Sicherung der Unternehmensinnenfinanzierung, da

---

8 *Schwartz/Gerstenberger*, Nachfolgeplanungen im Mittelstand auf Hochtouren: Halbe Million Übergaben bis 2017, Fokus Volkswirtschaft, KfW Economic Research, Nr. 91, 23. April 2015.
9 *Simon/Wimmer/Groth*, Mehr-Generationen-Familienunternehmen – Erfolgsgeheimnisse von Oetker, Merck, Haniel u.a., Carl-Auer Systeme Verlag Heidelberg, 2005, S. 39.

irrationale Renditeerwartungen verhindert und Ausschüttungen des Unternehmens an die Stiftung und aus der Stiftung an Familienmitglieder bedarfsorientiert gestaltet werden können.

Im Hinblick auf die Verfolgung persönlicher Motive dient die Stiftung der Verhinderung der Aufsplitterung des Vermögens und sichert in aller Regel eine angemessene Versorgung der Familie. Hierdurch werden ggf. auch degenerative Tendenzen (Alimentierung) der Nachfolger vermieden. Nicht zuletzt dient die Stiftung dem Ansehen und der Verewigung des Stifters und fängt sein Vermögen auf, wenn keine anderen Erben verfügbar sind. Bei gemeinnützigen Stiftungen steht häufig im Vordergrund, dass der Stifter selbst bestimmen kann, in welchem Bereich er etwas Gutes tun und wie er die zur Verfügung stehenden Mittel verwenden möchte. Viele Stifter wollen auch dort Pionierarbeit leisten, wo sich noch nicht andere gemeinnützige Institutionen tummeln.

Viele Menschen möchten nicht spurlos von dieser Welt gehen, sondern etwas hinterlassen, das bleibt. Doch manchmal ist es besser, den ersten Schritt zu setzen, bevor man geht. Potenzielle Stifter wollen oft, dass die Stiftung erst mit ihrem Ableben errichtet wird (sog. Stiftung von Todes wegen), mitunter weil es ihnen schwerfällt, sich bereits zu Lebzeiten vom eigenen Vermögen oder einem Teil davon endgültig zu trennen. Dabei bietet eine Errichtung zu Lebzeiten (Intervivos-Stiftung) erhebliche Vorteile: Der einkommensteuerliche Sonderausgabenabzug der Zuwendung an die Stiftung bleibt erhalten, bei Auslegungszweifeln ist eine Änderung der Stiftungssatzung im Sinne des Stifters unkomplizierter möglich. Auch der „Übungseffekt" und die Freude, selbst unmittelbar etwas Gutes tun zu können, sind nicht zu unterschätzen.

2. Stiftungsarten

Dem potenziellen Stifter steht eine Vielfalt von Gestaltungsmöglichkeiten bei der Errichtung einer Stiftung zur Verfügung:

- Die unselbstständige Stiftung ist nicht rechtsfähig, es erfolgt eine Zuordnung des Vermögens zum Stiftungsträger (z.B. eine große Stiftung des Stifterverbands oder eines Finanzinstituts), eine Stiftungsaufsicht entfällt. Bei kleineren Stiftungsbeträgen unter 500.000 Euro bietet sich eine unselbstständige Stiftung an.

- Die selbstständige Stiftung ist dagegen eine juristische Person des Privatrechts (§§ 80–88 BGB). Sie ist bei höheren Stiftungsbeträgen und unternehmensver-

bundenen Stiftungen sinnvoll. Die Ausgestaltung der Stiftung und die Stiftungsaufsicht richten sich weitgehend nach den Stiftungsgesetzen der Bundesländer.

- Eine Familienstiftung wird (wesentlich) im Interesse und Wohl bestimmter Fa-
  milie(n) errichtet, wobei die Ausprägung des Begriffs im Wesentlichen durch
  steuerliche Vorschriften (ErbStG, AStG) erfolgt.

- Unternehmensverbundene Stiftungen sind entweder als Unternehmensträger-
  stiftung – das Unternehmen, d.h. der Betrieb, wird von der Stiftung besessen
  und geführt – oder als Beteiligungsträgerstiftung – die Stiftung ist an einer Gesellschaft beteiligt, die das Unternehmen besitzt.

- Die gemeinnützige Stiftung kommt in Deutschland am häufigsten vor: Sie verfolgt dem Gemeinwohl dienende Zwecke (§§ 51–68 AO).

Zu erwähnen sind vergleichbare Rechtsinstitute ausländischen Rechts. Hervorzuheben sind hier:

- Die liechtensteinische Stiftung, die gleichsam eine hohe Flexibilität zu Lebzeiten des Stifters (wie Treuhand) wie mangelnde Stiftungsaufsicht auszeichnet,
  deren schlechter Leumund aber nur langsam aus dem Gedächtnis verschwindet.

- Die österreichische Privatstiftung, eine institutionalisierte Familienstiftung mit
  steuerlichen Privilegien in Österreich. Sie dient teilweise auch als Gestaltungsinstrument für Emigranten nach Österreich.

- Trusts nach anglo-amerikanischem Recht, die ein zur Vermeidung komplexer
  Nachlassabwicklung (z.B. Family Trust in den USA) gebräuchliches, steuerlich
  und rechtlich attraktives Nachfolgevehikel für Erblasser im „Common Law"-
  Rechtskreis darstellen, in Deutschland zivilrechtlich jedoch nicht anerkannt
  werden.

Bei unternehmensverbundenen Stiftungen findet man ausländische Stiftungen
nur sehr selten, wenn deutsche Familienunternehmen betroffen sind.

3. Rechtsgrundlagen

Stiftungsrecht ist zunächst Bundesrecht und im Bürgerlichen Gesetzbuch (BGB)
geregelt (§§ 80–88 BGB). Daneben gelten jedoch das Stiftungsgesetz des Bundeslands, in dem die Stiftung ihren Sitz hat, und das Satzungsrecht der Stiftung selbst.

Konstitutive Elemente der Stiftung sind der Stiftungszweck, der sich am Leitbild
der gemeinwohlkonformen Allzweckstiftung orientieren muss, das Stiftungsver-

mögen und die Stiftungsorganisation, die sich aus dem Vorstand (zwingend) und einem überwachendem Kuratorium (freiwillig) zusammensetzt. Beim Stiftungsvermögen ist zu differenzieren zwischen dem Grundstockvermögen und den erzielten Erträgen. Für Ersteres gilt der Grundsatz der Vermögenserhaltung, für die Erträge der Grundsatz der zweckgemäßen Ertragsverwendung.

Die Errichtung einer Stiftung kann man in drei Phasen aufteilen, nämlich in das Stiftungsgeschäft, die staatliche Anerkennung und die Vermögensübertragung. Diese sind in Abbildung 1 dargestellt:

Die drei Phasen der Errichtung einer Stiftung

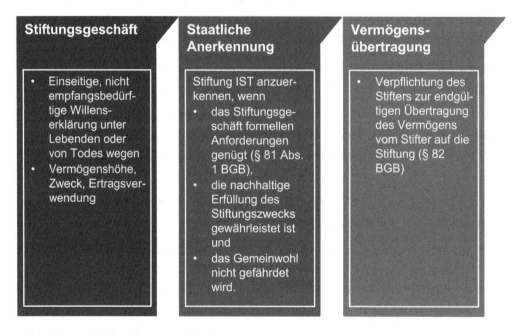

Abb. 1: Phasen der Errichtung einer Stiftung

Die Stiftungssatzung ist Aufgaben- und Organisationsplan der Stiftung. Sie enthält Regelungen zum Stiftungszweck, zu den Organen der Stiftung (Vorstand und Aufsichtsgremium), den Begünstigten (Destinatären) der Stiftung, der Verwendung der Erträge, die Eckpunkte zu möglichen Satzungsänderungen und zur Aufhebung bzw. Auflösung der Stiftung. Die Mindestanforderungen der Satzung richten sich nach den jeweiligen Landesstiftungsgesetzen und – bei gemeinnützigen Stiftungen – auch nach der Abgabenordnung (AO). Im Zuge des Anerkennungsverfahrens wird der Inhalt der Stiftung üblicherweise mit der zuständigen Stiftungsbehörde des betroffenen Bundeslands abgestimmt.

Beispiele für zweckmäßige Satzungsregelungen sind:

- die Lösung des Widerstreits zwischen dem Stabilitätsinteresse des Stifters und der notwendigen Flexibilität für den Vorstand zur Anpassung an veränderte Verhältnisse (Ermessensspielraum) über einen dezidierten Zustimmungskatalog für das Aufsichtsgremium,

- eine klare Regelung der Zuständigkeiten, Pflichten, Rechte und Verantwortlichkeiten der Stiftungsorgane,

- die satzungsrechtliche Zulassung der Umstrukturierung und ggf. auch der Veräußerung des Unternehmens in bestimmten Konstellationen,

- Regelungen über die Verwendung der Stiftungserträge und über Ausschüttungen an die Destinatäre,

- die rechtliche Abgrenzung und/oder Trennung der Verantwortlichkeiten zwischen Stiftungsvorstand und Unternehmensführung sowie

- Regelungen, die vorausschauend Eingriffe durch die Stiftungsaufsicht überflüssig machen.

Satzungsänderungen sind nur dann möglich, wenn sie vom Stifter in der Satzung ausdrücklich vorgesehen sind, eine wesentliche Veränderung der tatsächlichen Verhältnisse eintritt oder durch hoheitlichen Eingriff nach § 87 BGB, z.B. im Falle der Gemeinwohlgefährdung.

Die Rechnungslegung der Stiftung beinhaltet die Jahresabrechnung, eine Vermögensübersicht und einen jährlichen Bericht an die staatliche Stiftungsaufsicht. Zum Teil sehen Landesstiftungsgesetze zusätzlich einen Haushaltsplan und eine Prüfung durch einen Wirtschaftsprüfer vor. Die Stiftungsaufsicht dient dem Ausgleich fehlender Kontrolle durch die begünstigten Destinatäre. Sie ist jedoch beschränkt auf eine Rechtskontrolle, es gibt also keine Fachaufsicht. Bei Familienstiftungen ist die Stiftungsaufsicht zudem stark eingeschränkt.

Die Auflösung oder Aufhebung der Stiftung erfolgt entweder auf Beschluss des Vorstands – ggf. sind Genehmigung durch das Kuratorium und/oder die Stiftungsaufsicht erforderlich – oder durch die Stiftungsaufsicht selbst (§ 87 BGB). Aufhebungsgründe können sein: Zweckerreichung, Fristablauf, Eintritt einer Bedingung, Vermögensverlust bzw. -verbrauch oder auch Widerruf oder Rücknahme der staatlichen Anerkennung. Mit der Auflösung der Stiftung fällt das Stiftungsvermögen an die in der Satzung bestimmten Anfallsberechtigten, sonst an den Fiskus.

III. Gemeinnützige Stiftung

1. Wann ist sie sinnvoll, wann nicht

Die Errichtung einer gemeinnützigen Stiftung wird, wie bereits einleitend erläutert, für die meisten Unternehmer wegen der sehr strengen Mittelverwendungsregeln und der gemeinnützigen Vermögensbindung nur im Ausnahmefall sinnvoll sein. Sie kann aber eine sinnvolle Gestaltungsalternative sein, wenn

- der Unternehmer keine Erben hat,

- der Unternehmer aus seiner Sicht keine geeigneten Personen hat, denen er seine Vermögenswerte übertragen will,

- die Steuerbelastung einer Vererbung an natürliche Personen so hoch ist, dass die Unternehmensfortführung gefährdet wäre,[10] oder

- der Unternehmer aus ideellen Gründen etwas Gutes für die Allgemeinheit tun und daher sein Vermögen bzw. einen Teil seines Vermögens diesem Zweck widmen möchte.

2. Steuerliche Besonderheiten

Eine Stiftung ist gemeinnützig und damit steuerlich privilegiert, wenn sie ausschließlich und unmittelbar gemeinnützige, mildtätige oder kirchliche Zwecke im Sinne der §§ 52 ff. AO verfolgt. Die Satzungszwecke und die Art ihrer Verwirklichung müssen so genau bestimmt sein, dass die zuständige Finanzbehörde allein aufgrund der vorgelegten Satzung prüfen kann, ob die Voraussetzungen für die Steuervergünstigung gegeben sind (§ 60 AO).

Die Dotierung einer solchen gemeinnützigen Stiftung unterliegt nicht der Erbschaft- und Schenkungsteuer (§ 13 Nr.16 b ErbStG); es ist jedoch eine Zehn-Jahres-Rückwirkungsfrist bei Wegfall der Gemeinnützigkeit zu beachten. Die Steuerbefreiung erfasst auch die Einkommensteuer bei Entnahmen aus Betriebsvermögen zwecks Dotierung einer gemeinnützigen Stiftung (§ 6 Abs. 1 Nr. 4 Satz 4 EStG). Die Erträge der Stiftung selbst sind befreit von der Kapitalertragsteuer (§§ 44a und b EStG), von der Körperschaftsteuer (§ 5 Nr. 9 KStG) und von der Gewerbesteuer (§ 3 Nr. 6 GewStG), Grundsteuer fällt ebenfalls nicht an (§ 3 Abs. 1 Nr. 3 b GrStG). Nach Landesrecht existieren unterschiedliche Verwaltungsverfahren zur Bescheinigung

---

10 Dieses Motiv ist in vielen Ländern, z.B. den USA, wichtig spielte aber in Deutschland wegen der erbschaftsteuerlichen Privilegierung von Unternehmensvermögen in den letzten Jahren keine Rolle.

der Gemeinnützigkeit, in aller Regel gibt es eine vorläufige Bescheinigung der Gemeinnützigkeit bei Errichtung der Stiftung. Aus diesem Grund ist die Satzung der Stiftung auch vorab mit der zuständigen Finanzbehörde abzustimmen.

Für die Stifterfamilie hat die Errichtung einer gemeinnützigen Stiftung zu Lebzeiten nicht unerhebliche einkommensteuerliche Vorteile. Zunächst gibt es einen Sonderausgabenabzug für Einzahlungen in das Stiftungsvermögen, begrenzt auf 1.000.000 Euro alle zehn Jahre, jedoch frei aufteilbar. Dieser ist nicht beschränkt auf den Stifter, Zustiftungen Dritter sind also möglich. Bei zusammenveranlagten Ehegatten verdoppelt sich der Betrag auf 2.000.000 Euro. Zusätzlich ist ein Sonderausgabenabzug von Spenden zur Ertragsverwendung durch die Stiftung in Höhe von bis zu 20 % des Gesamtbetrags der Einkünfte des Spenders möglich. Zudem ist bei Großspenden ein zeitlich unbegrenzter Spendenvortrag möglich. Sachspenden sind zulässig, ihre Bewertung erfolgt je nach Herkunft der Sachspende. Eine Spendenbestätigung nach amtlichem Vordruck ist Abzugsvoraussetzung (Ausnahme: Spenden bis einschließlich 200 Euro).

Die Stiftung selbst ist nur dann steuerlich begünstigt, wenn sie die oben genannten, dem Gemeinwohl dienenden Zwecke verfolgt. Sie unterliegt dem Gebot der zeitnahen steuerbegünstigten Verwendung der Erträge. Nicht begünstigt sind Erträge der Stiftung, die aus dem Unterhalten eines wirtschaftlichen Geschäftsbetriebs entstehen.

Es gibt ein sogenanntes Unterhaltsprivileg, nach dem max. ein Drittel des Einkommens der Stiftung für das Gedenken an bzw. für den angemessenen Lebensunterhalt des Stifters und seine nächsten Angehörigen zur Verfügung steht.

Schließlich darf im Falle der Auflösung oder Aufhebung der Stiftung das Stiftungsvermögen nur für steuerbegünstigte Zwecke verwandt werden.

3. Worauf man bei der Ausgestaltung achten sollte

Vordringliches Ziel sollte es sein, bei Ausgestaltung einer gemeinnützigen Stiftung die Steuerbefreiung der Dotierung der Stiftung und der laufenden Einkünfte der Stiftung zu erhalten.

Dafür gilt es, einen wirtschaftlichen Geschäftsbetrieb in der Stiftung zu vermeiden. Aus diesem Grund sollte eine gemeinnützige Stiftung niemals direkt einen Gewerbebetrieb unterhalten. Unschädlich ist es aber, wenn eine unternehmensverbundene gemeinnützige Stiftung lediglich Beteiligungserträge aus dem Familienunternehmen erzielt, sofern es sich um eine Kapitalgesellschaft, also z.B. eine GmbH oder AG, handelt. Greift der Stiftungsvorstand allerdings unmittelbar in die laufenden Geschäfte der Tochtergesellschaft ein, kann dies die Gemeinnützigkeit gefährden. Es empfiehlt sich also unbedingt, Vorstand der Stiftung und Geschäftsführung des in der Stiftung befindlichen Familienunternehmens nicht personenidentisch zu besetzen und dies durch entsprechende Satzungsregelungen sicherzustellen. Besonderheiten gelten bei der Beteiligung an gewerblichen Personengesellschaften: Sind diese originär gewerblich tätig, „infiziert" deren Gewerbebetrieb die Stiftung und führt dort zu einem steuerlich nicht begünstigten wirtschaftlichen Geschäftsbetrieb. Allerdings wurde inzwischen mehrfach entschieden, dass eine nur gewerblich geprägte GmbH & Co. KG die Stiftung nicht infiziert, wenn die Personengesellschaft selbst keinen eigenen Gewerbebetrieb unterhält.[11] Es ist in solchen Fällen jedoch anzuraten, eine verbindliche Auskunft bei der zuständigen Finanzbehörde einzuholen. Wird das Familienunternehmen in der Rechtsform einer Personengesellschaft betrieben, empfiehlt es sich dringend, diese in eine Kapitalgesellschaft umzuwandeln oder einzubringen, bevor das Unternehmen auf die Stiftung übertragen wird.

Des Weiteren ist es gerade bei hohen Einkommen sinnvoll, die gemeinnützige Stiftung nicht erst von Todes wegen, sondern bereits zu Lebzeiten des Stifters zu errichten, um die Einkommensteuervorteile mitzunehmen. Der Stifter kann die Stiftung zunächst mit einem Teil seines Vermögens – z.B. einem Teil seiner Anteile am Familienunternehmen – zu Lebzeiten dotieren und von Todes wegen die bei ihm verbliebenen Anteile übertragen.

Muss aus den Erträgen des in die Stiftung überführten Familienunternehmens auch die Stifterfamilie versorgt werden, erlaubt dies zwar grundsätzlich das Unterhaltsprivileg. Dieses ist jedoch beschränkt auf Ehegatten und Geschwister sowie zwei Generationen vor oder zurück. Problematisch sind in diesem Zusammenhang die Sicherstellung fester Zuwendungen bei niedrigen Erträgen der Stiftung und die Frage der Angemessenheit des Unterhalts. Zudem besteht volle Einkommensteuerpflicht der Ausschüttungen bei den Destinatären aus der Stiftung, die günstigere Abgeltungsteuer kommt nicht zum Zuge.[12] Das Unterhaltsprivileg führt damit wegen seiner Endlichkeit, der ungünstigen Besteuerung der Ausschüttungen und der Abgrenzungsprobleme (Angemessenheit) zu erheblichen Problemen für die Stifterfamilie.

---

11 Vgl. z.B. *Finanzgericht Niedersachsen*, Urteil vom 10.10.2013 – 10 K 158/13 mwN.
12 Die Ausschüttungen unterliegen dann ggf. dem Höchststeuersatz von 45 % zzgl. Solidaritätszuschlag, während bei Anwendung der Abgeltungsteuer der Steuersatz lediglich 25 % zzgl. Solidaritätszuschlag beträgt.

Hier bieten sich zwei Lösungsmöglichkeiten an:

- Die Versorgung der Familie wird sichergestellt durch Übertragung des Unternehmens an die gemeinnützige Stiftung unter Vorbehalt eines quotalen Nießbrauchs. Der Nießbrauch endet allerdings mit dem Tode des/der Nießbrauchsberechtigten. Die in aller Regel gewünschte „Unendlichkeit" des Nießbrauchs kann jedoch durch Zwischenschaltung einer „unsterblichen" Personengesellschaft sichergestellt werden, ebenso die Einflussnahme der Familie – sofern gewünscht – durch eine Minibeteiligung dieser Gesellschaft am Familienunternehmen mit Mehrstimmrechten.

- Alternativ ist die Errichtung einer sog. Doppelstiftung zu erwägen: Es handelt sich hierbei um eine Kombination einer steuerlich nicht begünstigten Familienstiftung mit einer steuerbefreiten gemeinnützigen Stiftung. Das Familienunternehmen wird gehalten von beiden Stiftungen über eine zwischengeschaltete GmbH. Die gemeinnützige Stiftung hält die Mehrheit der Geschäftsanteile an der GmbH. Die Familienstiftung ist kapitalmäßig geringer beteiligt, aber – sofern dies gewünscht ist – mit satzungsrechtlicher Leitungsmacht über Mehrstimmrechte versehen. Die Dividendenrechte werden so geteilt, wie dies den Ertragsbedürfnissen der Beteiligten entspricht. Die gemeinnützige Stiftung ist von der Körperschaftsteuer befreit und kann die an sie ausgeschütteten Erträge in vollem Umfang für die Gemeinnützigkeit verwenden (siehe Abbildung 2). Die Dividenden aus der GmbH an die Familienstiftung können unbeschränkt für Ausschüttungen an die Stifterfamilie verwandt werden, die dann nur der Abgeltungsteuer unterliegen, was zu einem Steuervorteil gegenüber einer gemeinnützigen Misch-Stiftung führt. Im Hinblick auf die rechtlich aufwendige Konstruktion und die schwierige Administration bietet sich eine derartige Doppelstiftung aber nur bei größeren Unternehmen an.

Die Doppelstiftung

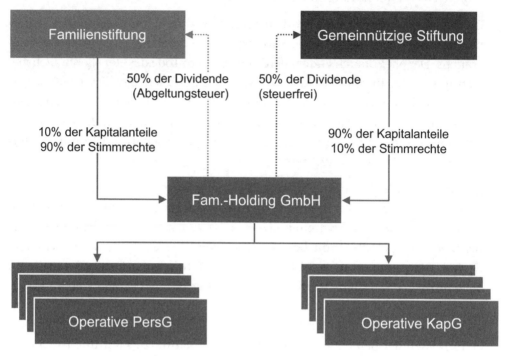

Abb. 2: Modell der Doppelstiftung

Schließlich ist bei einer gemeinnützigen Stiftung darauf zu achten, dass die Erträge, seien es Beteiligungserträge aus dem Familienunternehmen oder erhaltene Spenden, zeitnah, d.h. innerhalb von zwei Jahren nach Erhalt, für die gemeinnützigen Zwecke verwandt werden (§ 55 Abs. 1 Nr.5 AO). Die Bildung von Rücklagen ist nur beschränkt zulässig. Will man größere Projekte ausstatten, ist eine Projektrücklage möglich, durch die das Investitionsvolumen auch über eine längere Zeit angespart werden kann. Hier empfiehlt sich eine enge Abstimmung mit Stiftungs- und Finanzbehörde.

IV. Familienstiftung – ein paar kurze Hinweise zur aktuellen Renaissance der Familienstiftung

1. Wann ist sie sinnvoll, wann nicht?

Familienstiftungen finden zunehmendes Interesse. Was sind die Gründe? Nach unseren Erfahrungen in der Praxis der Beratung von Unternehmerfamilien nehmen in Familienunternehmen die Zersplitterungsprobleme bezüglich der Gesellschaftsanteile zu. Zersplitterung bedeutet, dass die Zahl der Gesellschafter insbesondere im Generationenwechsel steigt. Hierbei handelt es sich um eine Entwicklung, die vor allem auf veränderte gesellschaftspolitische Einstellungen zurückzuführen ist. In der Vergangenheit wurden Unternehmen und Gesellschaftsanteile häufig nur auf eine Person vererbt bzw. übertragen. Diese aus Unternehmenssicht durchaus sinnvolle Entscheidung – Übertragung nur an den aus Unternehmenssicht am besten qualifizierten Nachfolger – steht im diametralen Gegensatz zu der aus Familiensicht meist gewollten Gleichbehandlung aller Kinder. Diese Betrachtungsweise hat sich – ganz kleine Unternehmen, die aus ökonomischer Sicht nicht mehr als einen Gesellschafter vertragen, ausgenommen – in der Nachfolgepraxis zunehmend durchgesetzt. Die Folgen dieser Entwicklung sind jedoch eine größere Zahl von Gesellschaftern und eine steigende Zersplitterung der Gesellschaftsanteile. Da in der Regel nur eine kleine Zahl von Gesellschaftern im Unternehmen tätig sein kann und will, treten verstärkt zunehmend Interessengegensätze von tätigen und nicht tätigen Gesellschaftern auf. Nicht selten kommt es im weiteren Verlauf der Unternehmensentwicklung zum Ausscheiden von Gesellschaftern und damit verbunden zu Abfindungszahlungen und damit einer Schwächung des Eigenkapitals. Dies wiederum schwächt die unternehmerische Entwicklung und Stellung im Wettbewerb. Darüber hinaus führt die erhöhte Gesellschafterzahl zu einer komplizierteren Willensbildung im Gesellschafterkreis und erhöht das Risiko von Konflikten, die das Unternehmen und seine Führung belasten können.

Eine Stiftung ist in diesem Zusammenhang ein ideales Instrument, die Zersplitterung zu verhindern. Werden alle Gesellschaftsanteile auf eine Stiftung übertragen, ist die Stiftung alleinige Gesellschafterin. Nur die Stiftung kann ihre Beteiligung kündigen. Die Destinatäre sind keine Gesellschafter. Daher sind eine Kündigung einer Beteiligung und damit eine Schwächung der Kapitalbasis durch einzelne Personen ausgeschlossen. Die Handlungsfähigkeit im Unternehmen, dessen alleinige Gesellschafterin im Idealfall eine Stiftung ist, ist gesichert. Die Stiftung wird durch ihre Organe, insbesondere den gesetzlich notwendigen Vorstand, vertreten. Darüber hinaus können, insbesondere zur Sicherung des Familieneinflusses, weitere Organe, z.B. ein Stiftungsrat oder auch eine Destinatärsversammlung, eingerichtet werden. Etwaige Konflikte zwischen den Destinatären oder zwischen den Destinatären und der Stiftung schlagen nicht auf das Unternehmen durch. Die Stiftung ist daher ein geeignetes Mittel, ein Unternehmen dauerhaft und ohne Kündigungsmöglichkeit von Gesellschaftern in seinem Fortbestand abzusichern.

Darüber hinaus trägt eine Stiftung einem vielfach in Familienunternehmen vorhandenen generationsübergreifenden Treuhandgedanken Rechnung. Viele Gesellschafter von Familienunternehmen verstehen ihre Beteiligung am Familienunternehmen als eine Art von Treuhandvermögen, welches sie von der Vorgängergeneration in der Erwartung erhalten haben, dass dieses Vermögen gut verwaltet und später an die nächste Generation weitergeben wird. Dieser Treuhandgedanke – rechtlich liegt zwar keine Treuhand vor, sondern uneingeschränktes Vermögen der aktuellen Gesellschaftergeneration, – bedeutet, dass die jeweilige Unternehmergeneration natürlich über Ausschüttungen der Stiftung über die entnahmefähigen Erträge des Vermögens bestimmen kann und darf, dass die Substanz jedoch kein zum Konsum verfügbares Wirtschaftsgut darstellt. Der Treuhandgedanke wird durch eine Stiftungskonstruktion geradezu in idealer Weise abgebildet. Die Substanz des Unternehmens bzw. der Gesellschaftsanteile steht der Stiftung zu und wird durch Generationswechsel nicht beeinträchtigt. Die Erträge – soweit unter Berücksichtigung der Unternehmensfortentwicklung entnahmefähig – können an die aktuellen Destinatäre ausgeschüttet werden.

Verhinderung der Zersplitterung und Manifestierung des Treuhandgedankens sind allerdings nicht die einzigen sinnvollen Motive für die Errichtung einer Familienstiftung, zumal es keineswegs erforderlich ist, immer 100 % des Unternehmens bzw. der Gesellschaftsanteile in eine Stiftung einzubringen. Gelegentlich ist gewünscht, unternehmerische Führung und Kapital zu trennen. Dies kann in der Weise geschehen, dass eine Stiftung die unternehmerische Führung hat (z.B. als Alleingesellschafterin der Anteile an der Komplementär-GmbH einer GmbH & Co. KG), während das Kapital den Familiengesellschaftern zusteht. Umgekehrt ist es aber auch möglich, das Kapital oder zumindest größere Teile des Kapitals in der Stiftung zu sichern, die Führung aber auf einzelne Gesellschafter zu übertragen. Schließlich kann es durchaus sinnvoll sein, eine Stiftung nur als Minderheitsgesellschafterin zu beteiligen, um eine Pattsituation zwischen Gesellschafterstämmen zu vermeiden. In einem solchen Fall könnten z.B. jeweils 49 % der Anteile bei zwei Gesellschaftern bzw. zwei Gesellschafterstämmen liegen, aber 2 % bei einer Familienstiftung. In diesem Fall wäre im Fall der Nichteinigung der Hauptgesellschafter gesichert, dass die Stimme der Stiftung den Ausschlag gibt.

Neben diesen eher gesellschaftsrechtlich motivierten Gestaltungen ist eine Vielzahl anderer Motive denkbar, z.B.

- das Vermögen soll durch Übertragung auf einen „neutralen Rechtsträger" dauerhaft dem Zugriff von Gläubigern von Familienmitgliedern entzogen werden,

- das Andenken an eine bestimmte Person, z.B. den Firmengründer, soll dauerhaft gewahrt werden,

- Marketingüberlegungen für das Unternehmen,

- der Unternehmer möchte „dauerhafte" Spielregeln für sein Vermögen vorgeben,

- der Unternehmer möchte die derzeit noch günstige Erbschaftsteuerrechtslage ausnutzen, um für die nächsten 30 Jahre Planungssicherheit zu haben.[13]

Im Rahmen der Überlegungen zur Errichtung einer Familienstiftung sollte wegen des Aufwands einer Stiftungserrichtung und der laufenden Kosten sichergestellt sein, dass die Stiftung über ein Mindestvermögen verfügt. Auch wenn gesetzlich kein Mindestvermögen vorgeschrieben ist und in der Praxis schon ab einem Vermögen von mindestens 50.000 Euro Stiftungen genehmigt werden, empfehlen wir die Errichtung einer rechtsfähigen Stiftung nur dann, wenn mittelfristig ein Vermögen von mindestens 1 Mio. Euro erreicht wird. Ferner sollte davon ausgegangen werden können, dass die Stiftung ihre Stiftungszwecke langfristig verwirklichen kann und soll.[14]

2. Unterschiedliche Gestaltungsmöglichkeiten und worauf man bei der Ausgestaltung achten sollte

Bei der Errichtung einer Familienstiftung sind die steuerlichen Rahmenbedingungen von entscheidender Bedeutung für die Gestaltung der Überführung des Familienunternehmens in die Familienstiftung. Die Dotation der Stiftung wird als Schenkung behandelt. Die Steuerklasse richtet sich nach dem am entferntest verwandten Begünstigten. Bei Familienunternehmen mit mehreren Stämmen bedeutete dies in aller Regel, dass pro Stamm eine Familienstiftung zu errichten war, um eine Übertragung nur in der Steuerklasse I (Abkömmlinge) sicherzustellen. Bei der Dotation ausländischer Stiftungen gilt dagegen immer die Steuerklasse III.

Stiftungen können aber seit 2009 die erbschaftsteuerlichen Begünstigungen für das Betriebsvermögen in Anspruch nehmen. Das hat zur Folge, dass nach geltendem Recht[15] bei Vorliegen der Tatbestandsvoraussetzungen der §§ 13a, 13b ErbStG die

---

13 Wird aktuell privilegiertes Betriebsvermögen übertragen, wird erstmals nach 30 Jahren die sog. Erbersatzsteuer fällig.

14 Eine sog. Verbrauchsstiftung ist zwar inzwischen rechtlich zulässig, entspricht aber jedenfalls nicht dem typischen Interesse eines Familienunternehmers.

15 Nach dem Kabinettsentwurf vom 08.07.2015 wird dies voraussichtlich auch nach der Erbschaftsteuerreform so bleiben.

sog. Optionsverschonung mit einer 100%igen Freistellung von der Erbschaft- und Schenkungsteuer auch von Stiftungen in Anspruch genommen werden kann. Damit kommt es auf die Steuerklasse nicht mehr an.

Alle 30 Jahre fällt auf das Vermögen einer inländischen Familienstiftung Erbersatzsteuer an. Satzungsgemäße Ausschüttungen an die Destinatäre sind schenkungsteuerfrei. Bei Auflösung der Stiftung entsteht aber erneut Schenkungsteuer. Die Steuerklasse richtet sich auch hier nach dem Verwandtschaftsverhältnis des Stifters zu den Anfallsberechtigten, und zwar auch bei ausländischen Stiftungen.

Aus einkommensteuerlicher Sicht erfolgt die Überführung von Betrieben, Teilbetrieben oder Mitunternehmeranteilen (Anteile an gewerblichen Personengesellschaften) zu steuerlichen Buchwerten (sog. Fußstapfentheorie), bei Einzelwirtschaftsgütern des Betriebsvermögens jedoch zu Teilwerten (steuerpflichtige Entnahme aus dem Betriebsvermögen). Anteile an Kapitalgesellschaften gehen zu den historischen Anschaffungskosten auf die Stiftung über. Damit können Familienunternehmen grundsätzlich ohne Besteuerung stiller Reserven, also steuerneutral, an eine Familienstiftung übertragen werden.

Je nach Einkunftsart ist die Stiftung mit ihren Erträgen körperschaftsteuer- und ggf. auch gewerbesteuerpflichtig. Ausschüttungen an die Destinatäre mindern nicht das Einkommen der Stiftung, die Empfänger von Ausschüttungen unterliegen jedoch lediglich der Abgeltungsteuer.

In rechtlicher Hinsicht bedarf es gerade bei der Errichtung einer Familienstiftung großer Sorgfalt bei der Ausgestaltung der Satzung, da spätere Änderungen nur in Grenzen möglich sind. Hierbei ist zu berücksichtigen, dass – im Gegensatz zum bisherigen Familienunternehmen – die Stiftung keine Gesellschafter mehr hat. Ihr Schicksal wird allein bestimmt durch den Vorstand und das Kuratorium als Aufsichtsgremium. Die Destinatäre haben in aller Regel keinen Rechtsanspruch auf Ausschüttungen und keine Stimmrechte wie Gesellschafter. Im Rahmen der Vertragsfreiheit ist es allerdings in Grenzen möglich, Regelungen des bisherigen Gesellschaftsvertrags in eine Stiftungssatzung hineinzuspiegeln. In diesem Zusammenhang ist insbesondere der Kreis der Destinatäre, auch der zukünftigen, in der Satzung zu konkretisieren und zu definieren. Auch hier gibt es erheblichen vertraglichen Gestaltungsspielraum. So können beispielsweise Ehegatten als „gekorene" Destinatäre vorgesehen werden, die ihre Destinatärstellung aber nicht an ihre Erben weitergeben, während alle Abkömmlinge der Stifter immer „geborene" Destinatäre sind.

Besonderes Augenmerk zu legen ist auf die Definition der Aufgaben und Befugnisse der Stiftungsorgane und ihr Verhältnis untereinander. Gleiches gilt für den „modus operandi" ihrer Bestellung in das Amt und ihrer Abberufung. In aller Regel wird der Stiftungsvorstand durch das Aufsichtsgremium, das Kuratorium, ausgewählt und bestellt, während ausscheidende Mitglieder des Kuratoriums im Wege der Ergänzungswahl durch die verbliebenen Mitglieder des Kuratoriums ersetzt werden (sog. Kooptation). Alternativ kann es aber auch Vorschlags- oder Wahlrechte der Destinatärsversammlung geben. Die organschaftlichen Regelungen sind zudem mit den entsprechenden Regelungen im Gesellschaftsvertrag des Familienunternehmens zu synchronisieren.

Zudem sind Regelungen zu treffen bezüglich der Gewinnverwendung und -verteilung der in die Stiftung fließenden Erträge sowie – gerade in diesem Zusammenhang bedeutsam – über die Beschlussfassung des Stiftungsvorstands über Ausschüttungen aus dem Familienunternehmen in die Stiftung. Zum einen ist sicherzustellen, dass der Vorstand nicht alle Gewinne auf Ebene des Unternehmens thesauriert und dadurch Ausschüttungen unmöglich macht. Zum anderen muss im Interesse des Unternehmens eine betriebswirtschaftlich sinnvolle Ausschüttungsquote festgelegt werden. Auch hier ist zu bedenken, dass Änderungen in der Satzung nur schwer möglich sind, sodass ein gewisser Ermessensspielraum für Vorstand und Kuratorium eingeräumt werden sollte.

Letztendlich ist zu bedenken, dass es künftig Situationen geben kann, die wider Erwarten zu einem Unternehmensverkauf zwingen. Auch hierfür, wie auch für die möglichen Gründe für eine Auflösung der Stiftung, ist in der Satzung der Stiftung durch das Setzen von Rahmenbedingungen Vorsorge zu treffen.

Die sorgsame Satzungsgestaltung, die individuell je nach Unternehmen und Familie durchaus zu sehr unterschiedlichen Satzungsinhalten führen kann, dient der Streitvermeidung in künftigen Generationen und sichert so die Stabilität des Familienunternehmens.

V. Resümee

Die Stiftung eignet sich als Instrument der Unternehmensnachfolge, wenngleich auch weiterhin prozentual nur wenige Nachfolgefälle über Stiftungen einer angemessenen Lösung zugeführt werden. Durch die Installation einer Stiftung wird die Sicherung größtmöglicher Unternehmenskontinuität insbes. bei fehlenden (geeigneten) Nachfolgern erreicht. Ein langfristiger Zusammenhalt des Familienvermögens unter Vermeidung von Erbauseinandersetzungen, Pflichtteilsansprüchen und ggf. konfiskatorischer Besteuerung über mehrere Generationen hinweg ist ebenfalls gewährleistet. Die Sicherung der Versorgung bzw. Alimentierung von Familienmitgliedern ist in gewissen Grenzen möglich. Durch Fremdorganschaft und Kooptation in den Aufsichtsgremien wird eine Objektivierung der Geschäftsführung erreicht. Störend ist teilweise die zu starre Handhabung durch Stiftungsaufsicht und Steuerbehörden.

Jeder Unternehmer, der die Errichtung einer Stiftung zur Aufnahme seines Lebenswerks, des Familienunternehmens, erwägt, sollte sich jedoch die folgenden Punkte vor Augen halten:

- Das Familienvermögen ist endgültig in der Stiftung – die Kontrolle der Familie ist begrenzt.

- Die Stiftung ist auf Ewigkeit angelegt – einmal rein, nie mehr raus.

- Es gibt auch andere sinnvolle Lösungen zum generationsübergreifenden Erhalt des Familienvermögens.

- Die Stiftung ist kein Steuersparmodell – auch nicht die gemeinnützige.

- Bei allem Altruismus sollte man bei gemeinnützigen Stiftungen „Alles-Oder-Nichts"-Lösungen vermeiden und ggf. im Kleinen schon zu Lebzeiten „üben".

3.4 Die Errichtung der Wrede-Familienstiftung: Ein Bericht aus der Praxis

von Sabine Strick und Thomas Wrede[1]

I. Einleitung

Die gerechte und sinnvolle Übertragung von Firmenanteilen auf die nächste Generation ist der Brennpunkt eines jeden Nachfolgeprozesses. Mit der Einbringung aller Firmenanteile in eine Familienstiftung nimmt man diesem sensiblen Thema etwas von seiner Brisanz. Aus Gesellschaftern werden Destinatäre. Entgegen der landläufigen Meinung ist eine solche Übertragung aber keine Bevormundung, Entmachtung oder Enteignung von Familienmitgliedern. Im Gegenteil. Eine Familienstiftung kann je nach Ausgestaltung einige Vorteile für Familie und Unternehmen mit sich bringen, wie das folgende Beispiel der Familie Wrede aus Arnsberg zeigt.

II. Die Ausgangssituation

Schon im Jahr 2002 hatte sich die vierte Generation der Gesellschafter der Wrede Industrieholding im Rahmen der Erarbeitung einer Familienstrategie mit den grundsätzlichen Fragen der Rolle der Familie im Familienunternehmen auseinandergesetzt. Die vier Geschwister, von denen nur Thomas Wrede als geschäftsführender Gesellschafter der Wrede Industrieholding operativ tätig war, hielten bzw. vertraten gemeinsam 100 Prozent der Firmenanteile. Da die zwölf Mitglieder der fünften Generation zu diesem Zeitpunkt zum größten Teil noch minderjährig waren, waren sie in diesen Prozess nicht eingebunden. Bei der Erarbeitung der Familienstrategie wurden die typischen Sprengstofffragen einer Unternehmerfamilie geklärt: Wer darf wo im Unternehmen arbeiten? Wer führt das Unternehmen? Wie hoch ist die Vergütung? Wer entscheidet darüber? Wie hoch soll die jährliche Ausschüttung sein? Wie sollen Anteile weitervererbt werden?

Es war absehbar, dass sich eine Konzentration der Mehrheitsanteile auf eine oder zwei Personen, wie es sie in den ersten drei Generationen gegeben hatte, in der

---

1 Der Beitrag wurde von Sabine Strick verfasst und entstand auf Basis eines Gesprächs mit Thomas Wrede, Beiratsvorsitzender der Wrede Industrieholding GmbH & Co. KG.

185

fünften Generation nur schwer würde realisieren lassen. Es galt, die grundsätzliche Frage zu klären, ob die Familie eine solche Konzentration (Thronfolgerkonzept) anstrebte, oder ob andere Varianten Anwendung finden würden. Alternativen wie eine Zersplitterung der Anteile auf eine immer größere Gruppe von Gesellschaftern, eine Realteilung oder auch der Verkauf der Unternehmensgruppe wurden offen diskutiert. Schnell war klar, dass das Thronfolgerkonzept mit dem Gerechtigkeitsverständnis der vierten Generation nicht im Einklang stand und ein Erhalt des Unternehmens als Ganzes aus persönlich-emotionalen aber auch aus finanziellen Gründen im Interesse aller war. In der nächsten Generation würde es folglich zu einer Zersplitterung der Anteile kommen, ein „Vetternkonsortium" würde entstehen.

III. Familienstrategie 2.0

Ende 2013 stand eine Überarbeitung der Familienstrategie gemeinsam mit der fünften Generation an. Die jungen Leute waren mittlerweile teilweise am Unternehmen beteiligt. Die vierte Generation hatte schon früh begonnen, – zum Teil aus steuerlichen Gründen – Anteile zu übertragen. Die Unternehmensgruppe hatte zu dem Zeitpunkt 1.500 Mitarbeiter und machte einen Jahresumsatz von 350 Millionen Euro. Die beiden wesentlichen Tochtergesellschaften waren im Bereich Dekorative Oberflächen (INTERPRINT GmbH/Arnsberg) und Haushaltswaren (OKT Germany GmbH/Stemwede) tätig. Produziert wurde an zwei deutschen und an acht ausländischen Standorten. Die Geschäftsführung auf Holding-Ebene lag in den Händen von Thomas Wrede und einem Fremdgeschäftsführer. Eine Nachfolgeregelung stand nicht an. Unternehmen und Familie hätten in den nächsten 10–15 Jahren in der bestehenden Kontroll- und Führungsstruktur gut geführt werden können.

Erneut diskutierte die Familie unter Führung von Prof. Dr. Peter May die Sprengstofffragen. Unter dem Titel „Familienstrategie 2.0" setzten sich die vierte und die fünfte Generation in mehreren zwei- bis dreitägigen Workshops zusammen. Es wurde erörtert, wer zur Familie gehört bzw. gehören soll, welche Werte und welche Ziele für Familie und Unternehmen gelten sollen. Darüber hinaus wurden die Regeln für Familie und Unternehmen neu definiert und schließlich konkrete Aufgaben und gemeinsame Aktivitäten abgeleitet. Im Ergebnis wurden zahlreiche Aspekte der alten Familienverfassung modifiziert, sodass das neue Dokument nun erkennbar auch die Handschrift der jungen Generation trug.

Bei der Frage, wer unter welchen Umständen Anteile erben können sollte, wurden die mit einem Zersplitterungsmodell einhergehenden Probleme deutlich. Allen Familienmitgliedern war klar, dass das bestehende Familienvermögen nur durch den sorgsamen Umgang vorangegangener Generationen, deren zurückhaltende Ausschüttungspolitik und den geglückten kapitalschonenden Generationswechsel zustande gekommen war. Über vier Generationen waren keine Unternehmensteile verkauft und Gesellschafter ausbezahlt worden. Klar war aber auch, dass die Situation mit weitaus mehr Minderheitsgesellschaftern in der fünften Generation eine andere sein würde. Es waren verschiedene Szenarien denkbar, bei denen Ausschüttungs- und Erbschaftsthemen das Unternehmen und das Familienvermögen möglicherweise erheblich schwächen würden. Die vierte und fünfte Generation wollte aber genauso wie die Vorgängergenerationen das unternehmerische und sonstige Vermögen als gemeinsames Familienvermögen bewahren. Die Familienmitglieder waren von den Vorteilen eines gemeinsamen Vorgehens versus dem Verfolgen individueller Ziele überzeugt. Da brachte der Moderator die Idee einer Familienstiftung ins Spiel.

IV. Familienstiftung: die Grundidee

Eine Familienstiftung ist keine eigene Rechtsform, sondern eine von mehreren Anwendungsformen der rechtsfähigen Stiftung des Privatrechts. Als privatnützige Stiftung hat sie keine mit einer gemeinnützigen Stiftung vergleichbaren Steuervorteile. Welche möglichen Motive gibt es zur Errichtung einer solchen Familienstiftung? Einige Unternehmerfamilien wollen so verhindern, dass das Vermögen durch Erbgänge zersplittert wird. Andere wollen vermeiden, dass Gesellschafter-Erben durch Missmanagement, Streit oder Verschuldung das Unternehmen gefährden, aber gleichzeitig gewährleisten, dass die Familienmitglieder weiterhin – falls mit den Unternehmensinteressen vereinbar – wirtschaftlich profitieren.

Durch die Gründung der Familienstiftung geht die Inhaberschaft am Unternehmen auf die Stiftung über. Die Erben erhalten stattdessen die Rechtsstellung von Destinatären, die sich oft auf den Bezug von jährlichen Ausschüttungen gemäß Satzung und Vorstandsbeschluss der Familienstiftung und eingeschränkte Stimmrechte beschränkt. Wie diese Rechtsstellung weitervererbt werden kann, wird durch die Stiftungssatzung bestimmt.[2]

---

2 Siehe dazu auch den Beitrag „Stiftungen in der Unternehmensnachfolge" in diesem Kapitel.

V. Die Ausgestaltung der Familienstiftung der Wrede Industrieholding

Die Grundidee der Stiftung schien zur Ausgangslage der Familie Wrede zu passen. Die genaue Ausgestaltung und das Zusammenspiel mit Unternehmen und Beirat waren der nächste Schritt. Die zukünftige Struktur einer solchen Stiftung (Zusammensetzung und Stimmrechte der diversen Organe) musste mit den Gestaltungswünschen der Familie unter Berücksichtigung steuerlicher und finanzieller Aspekte in Einklang gebracht werden.

1. Erweiterter Aktivitätsraum der Familie

Im Prozess der Errichtung der Familienstiftung wurde schnell klar, dass es um mehr ging als eine gemeinsame Haltung der Familie mit Blick auf die Wrede Industrieholding. Die Familienaktivitäten waren inzwischen auf andere Bereiche ausgeweitet worden. Aus Gründen der Vermögens- und Risikodiversifikation hatte die Familie aus ihrem Privatvermögen heraus in neue Bereiche investiert und u.a. forstwirtschaftliche Fläche erworben. Die Familie war übereingekommen, solche Aktivitäten auch zukünftig gemeinsam umsetzen zu wollen. Daher galt es, die notwendigen Strukturen, Gremien, Entscheidungsfindungs- und Mitbestimmungsregeln – beispielsweise in Form einer Art Family Office – aufzusetzen. Auch zur Lösung dieser Aufgaben bot die Familienstiftung einige Vorteile.

2. Operative Rollen von Familienmitgliedern weiterhin möglich

Entgegen der vielfach vorherrschenden Meinung, primäres Ziel von Stiftungen sei es, die Familie vom Unternehmen fernzuhalten, unterstützt die Familie Wrede – auch in der aktuellen Konstruktion mit der Familienstiftung – die Mitarbeit von Familienmitgliedern in der Führung des Unternehmens. Die Entscheidung darüber, ob Kandidaten aus der Familie geeignet sind, übernimmt der Beirat. Das aus der alten Familienverfassung stammende Verbot der Mitarbeit von Familienmitglieder in nachgeordneten Positionen wurde aufgeweicht. Zu Ausbildungszwecken können Familienmitglieder mit Anspruch auf eine spätere Führungsposition in der Holding jetzt auch zeitlich befristete Positionen in Tochtergesellschaften einnehmen.

3. Rolle des Beirats

Schon seit seiner Gründung im Jahr 1983 hatte der Beirat der Wrede Industrieholding weitgehende Befugnisse (z.B. Bestimmung der Geschäftsführung, Zustimmung zu Investitionsentscheidungen). Die Gesellschafterversammlung hatte über die Wahl des Beirats mit einer Zwei-Drittel-Mehrheit hinaus kaum direkte Einflussmöglichkeiten auf die operative Führung der Wrede Industrieholding. Diese starke Beiratsrolle hatte sich bewährt und sollte auch unter der Familienstiftungskonstruktion beibehalten werden. Solange Thomas Wrede als Familienmitglied in der operativen Führung tätig war, bestand der Beirat aus drei familienfremden Beiräten. Mit dem Wechsel von Thomas Wrede in den Beirat veränderte sich die Zusammensetzung: Das dreiköpfige Gremium (Thomas Wrede und zwei externe Beiräte) soll in den nächsten Jahren um zwei weitere Personen ergänzt werden, davon ein Familienmitglied aus der nächsten Generation. Ziel dieser Neuregelung war, die Beiratskompetenz der Familie besonders in der nächsten Generation frühzeitig aufzubauen, um einen möglichst reibungslosen Übergang zu gestalten und auch für Notfallsituationen gewappnet zu sein.

4. Nicht unbedingt für die Ewigkeit

Auch bei Familie Wrede tauchten zu Beginn Bedenken gegen die Stiftungsgründung auf, weil man vermutete, einmal eingebrachtes Vermögen sei für immer dem Zugriff der Familie entzogen. Dem ist nicht so. Die Stiftung kann auf Beschluss – z.B. im Liquiditätsfall nach Verkauf von Unternehmensanteilen – Sonderausschütten an die Destinatäre vornehmen. Die Destinatäre haben zudem die Möglichkeit, die Stiftung unter bestimmten Voraussetzungen aufzulösen.

5. Stiftung fördert unternehmerische Aktivitäten der Familienmitglieder

Die Familienstiftung wurde bewusst so angelegt und angedacht, dass die Familie weitere Aktivitäten in sie einbringen kann, die die Familie gemeinschaftlich verfolgen möchte. Sie kann nach Meinung der Familienmitglieder perspektivisch auch dazu genutzt werden, das selbstständige unternehmerische Engagement der Destinatäre zu fördern. Die Familienmitglieder haben beschlossen, über die Stiftung einem Existenzgründungspool Kapital für Unternehmensgründungen von Familienmitgliedern zur Verfügung zu stellen.

6. Stiftung fördert den familiären Zusammenhalt unter den Destinatären

Lange vor der Gründung der Familienstiftung hatte Familie Wrede bereits Maßnahmen ins Leben gerufen, um den Zusammenhalt unter den Familienmitgliedern zu stärken sowie deren Bindung an das Unternehmen zu fördern. Rotierend organisierte jeweils ein Familienmitglied den sogenannten „Family Day". Alle Familienmitglieder – auch Ehepartner – wurden ungeachtet ihres Gesellschafterstatus ab dem 16. Lebensjahr zu den Gesellschafterversammlungen als Gäste eingeladen, um Einblicke in das Unternehmen zu bekommen. Die Stiftung soll als zusätzliches bindungsförderndes Element wirken, da sich Familienmitglieder hier über verschiedene Rollen stärker einbringen können, als das vorher in der Rolle eines Gesellschafters der Wrede Industrieholding möglich war. Außerdem soll sich die Stiftung auch der Aus- und Weiterbildung annehmen und so dazu beitragen, dass die Familienmitglieder ihre Inhaberrolle verantwortungsvoll wahrnehmen können („Gesellschafterkompetenz").

7. Nicht steuerlich motiviert

Bei Familie Wrede werden weder unternehmensstrategische noch familienstrategische Fragestellungen primär unter steuerlichen Gesichtspunkten erörtert. Nichtsdestotrotz haben steuerliche Aspekte bei der Entscheidung für eine Familienstiftung immer wieder mit hineingespielt. Da Teile der Familie ihren Lebensmittelpunkt schon vor vielen Jahren ins Ausland verlegt hatten und bei der Vererbung der Anteile an die nächste Generation eine Doppelbesteuerung drohte, bot die Familienstiftung hier gewisse Vorteile, wenn auch keine Steuerbefreiung. Denn grundsätzlich sind mit einer Familienstiftung keine besonderen steuerlichen Vorteile im Sinne der Steuergesetze verbunden.[3]

Angesichts des Ende 2014 beim Bundesverfassungsgericht anhängigen Verfahrens zur Reform der Erbschaftssteuer stand zu befürchten, dass die Begünstigung des Betriebsvermögens in der bestehenden Form keinen Bestand mehr haben würde. Familie Wrede beschloss daher, die Gründung einer Familienstiftung Anfang Dezember 2014 abzuschließen, um sicherzustellen, dass bestehendes Recht Anwendung finden würde.

Das Ziel, die Familienstiftung vor der Entscheidung des Bundesverfassungsgerichts auf den Weg zu bringen, hat dazu geführt, dass die Familie den Prozess sehr konzentriert vorangetrieben hat. Es gelang den 16 Destinatären, sich innerhalb von neun Monaten auf die 32-seitige Stiftungssatzung zu einigen. Es ist nicht ungewöhnlich, dass sich der Prozess über mehrere Jahre hinzieht.

---

3 Siehe hierzu den Beitrag „Stiftungen in der Unternehmensnachfolge", Abschnitt IV.2., in diesem Kapitel.

8. Ausschüttungen

Einige Stiftungen legen die Ausschüttungsquote des in ihrem Besitz befindlichen Unternehmens an die Stiftung in ihrer Satzung ergebnisabhängig fest. Das heißt, es wird über Formeln bestimmt, wie viel – abhängig von Eigenkapitalausstattung, Fremdverschuldung etc. – ausgeschüttet werden kann. Familie Wrede hat sich dagegen entschieden, weil eine starre Quotenregelung besondere Kapitalbedürfnisse von Familie und Unternehmen in Ausnahmesituationen unberücksichtigt lässt. In der aktuellen Konstruktion wird die Ausschüttungsquote vom Stiftungsvorstand auf Vorschlag des Beirats festgelegt. Allerdings kann die Destinatärsversammlung mit 75 Prozent der Stimmen bindende Weisung erteilen.

9. Vererbbarkeit der Destinatärsrolle

Wie ein Destinatärsrecht vererbt wird, bestimmt im Falle der Familienstiftung nicht der Gesetzgeber, sondern die Satzung der Stiftung. Während die früheren Gesellschafteranteile nur an leibliche Abkömmlinge vererbt werden konnten, hat sich die Familie bewusst die Möglichkeit eingeräumt, die Ausgestaltung der Frage, unter welchen Umständen neue Destinatäre aufgenommen werden können, flexibel anzugehen.

VI. Das Ergebnis

1. Die Stiftungskonstruktion

Nach einem intensiven Diskussionsprozess beschloss die Familie Wrede im Ergebnis Ende 2014, die sich im ausschließlichen Familienbesitz befindlichen Gesellschaftsanteile an der Wrede Industrieholding GmbH & Co. KG in eine Familienstiftung zu überführen. Die Familienmitglieder sind nun nicht mehr am Vermögen der Gesellschaft beteiligt. Sie besitzen keine Anteile, die verkauft oder gekündigt werden können. Unverändert erhalten sie aber bei positivem Geschäftsverlauf Ausschüttungen aus der Stiftung. Die Wrede Stiftung ist alleinige Kommanditistin der Wrede Industrieholding GmbH & Co.KG (siehe Abbildung 1). Sie wird vertreten durch den Stiftungsvorstand, der aus einem oder mehreren Familienmitgliedern besteht. Der Stiftungsvorstand wählt mit 75 Prozent Zustimmung der Destinatäre den Beirat, der aus familienfremden Mitgliedern und Destinatären besteht und dessen Beiratsvorsitzender im Fall einer familienfremden Geschäftsführung auf Industrieholdingebene ein Familienmitglied sein muss. Der Stiftungsvorstand wird vom Stiftungsrat gewählt. Der Stiftungsrat besteht aus drei Destinatären, die von der Destinatärsversammlung gewählt wurden. Der Stiftungsrat fungiert als eine Art Familienrat. Er vertritt die Interessen der Destinatäre gegenüber der Stiftung. Im Stiftungsrat sind sowohl Mitglieder der vierten als auch der fünften Generation vertreten. Da die Aufgaben der Stiftung über die reine Kontrolle der Wrede Industrieholding hinausgehen, hat sich die Familie entschieden, in der Destinatärsversammlung bei Familienthemen nach Köpfen und nicht nach Stimmrechten abzustimmen. Die Gewichtung der prozentualen Stimmrechte kommt lediglich bei Abstimmungen zu Angelegenheiten der Wrede Industrieholding zum Tragen.

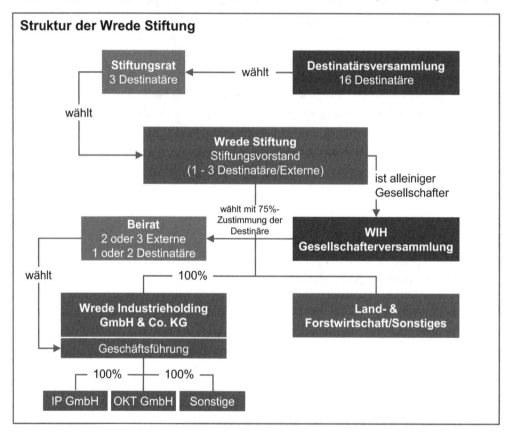

Abb. 1: Die Wrede Familienstiftung

2. Auszug aus der Präambel der Wrede Stiftung

Die Unternehmerfamilie Wrede hat sich entschieden, das wesentliche unternehmerische Familienvermögen – insbesondere die im ausschließlichen Familienbesitz der Familie Wrede befindlichen Kommanditanteile an der Wrede Industrieholding GmbH & Co.KG mit Sitz in Arnsberg (WIH) – zur langfristigen Erhaltung und Absicherung des Fortbestandes der gemeinsamen unternehmerischen Aktivitäten der Familie und zur Unterstützung der Familienmitglieder in eine Familienstiftung zu überführen. Die an der WIH beteiligten Mitglieder der Familie Wrede sehen sich als treuhänderische Verwalter des Unternehmensvermögens mit dem generations-übergreifenden Auftrag, sich dafür einzusetzen, dass die Vermögensentwicklung mit dem Wachstum der Familie Schritt hält; aus diesem Grunde soll dieses Vermögen in einer Familienstiftung gebündelt werden.

VII. Fazit

Für die spezifische Ausgangslage des Unternehmens und der Familie Wrede bot die Familienstiftung genau den Gestaltungsspielraum für den Generationswechsel, den die Inhaberfamilie gebraucht hat. Klar ist aber auch, dass eine solche Konstruktion immer individuell ausgestaltet werden muss.

Im Fall der Familie Wrede hat die Familienstiftung diverse Funktionen erfüllt: Sie ermöglichte eine nach dem Verständnis der Familie gerechte finanzielle Partizipation der nächsten Generation am Erfolg des Unternehmens bei gleichzeitiger Absicherung des Unternehmens. Sie gibt der Familie die notwendige Flexibilität bei der Frage, ob und wann Familienmitglieder eine operative Rolle einnehmen. Sie ermöglicht der Familie, das Vermögen gemeinschaftlich zu steuern und ermutigt Familienmitglieder, außerhalb des Kernunternehmens unternehmerische Projekte umzusetzen.

Wie tragfähig die Stiftung langfristig ist, wie gut sich die in die Stiftung eingebrachten Unternehmen entwickeln und wie wohl sich die Familienmitglieder mit der Lösung fühlen, wird sich erst in den kommenden Jahren und Jahrzehnten zeigen. Die Errichtung zu einem Zeitpunkt, an dem kein akuter Handlungsbedarf auf Unternehmens- oder Familienebene bestand, gibt allen Beteiligten die notwendige Zeit, in ihre neuen Rollen hineinzuwachsen.

3.5 Der Unternehmensverkauf als Nachfolgelösung

von Eckhard Späth und Uwe Rittmann

I. Wann ist der Unternehmensverkauf angezeigt?

Der Unternehmensübergang innerhalb der Familie ist für deutsche Familienunternehmen nach wie vor die häufigste und damit auch präferierte Variante der Fortführung des Unternehmens.[1] Oftmals gibt es aber Situationen, in denen die Fortführung bzw. Weitergabe innerhalb der Familie nicht möglich ist bzw. unter Berücksichtigung der Interessen aller Beteiligten nicht die beste Handlungsoption darstellt. Unterschiedliche Verkaufsoptionen und die sich daraus ergebenden Handlungsalternativen werden im Folgenden ausführlicher beleuchtet.

1. Ursachen für den Unternehmensverkauf aus dem Umfeld der Eigentümerfamilie

Viele Familien sehen in einem Unternehmensverkauf nur eine Notlösung für die Übergabe eines Familienunternehmens. Doch das muss nicht sein. Oft ist der Verkauf sogar die einzige Möglichkeit, um den Fortbestand des Unternehmens langfristig zu sichern und Arbeitsplätze und Wirtschaftskraft in der Region zu erhalten.

Ein Unternehmensverkauf bzw. die (vollständige oder teilweise) Übertragung von Firmenanteilen an externe Gesellschafter kommen immer dann in Frage, wenn eine familieninterne Lösung (operativ sowie in der Rolle als Gesellschafter) mangels Interesse oder Eignung nicht möglich oder zweckmäßig ist und wenn die Nachkommen Firmenanteile nicht übernehmen wollen oder sollen. Zudem können auch familieninterne Streitigkeiten einem geordneten Nachfolgeprozess entgegenstehen. Ein Verkauf kann auch sinnvoll sein, um die strategische Handlungs- und Entscheidungsfähigkeit des Unternehmens sicherzustellen und Interessenkonflikte zu reduzieren. Dies ist typischerweise der Fall, wenn in der Familie eine Gleichbehandlung aller Kinder angestrebt wird (Familienlogik) und das Familienvermögen zu gleichen Teilen vererbt werden soll, aus Firmensicht aber eine Konzentration der Firmenanteile erforderlich ist (Firmenlogik). Auch wenn mehrere

---

1 *Kay/Suprinovic*, Unternehmensnachfolgen in Deutschland 2014 bis 2018, Daten und Fakten Nr. 11, Institut für Mittelstandsforschung (IfM) Bonn, 2013, S. 9.

Erbberechtigte auf eine Auszahlung der ihnen zustehenden Anteile drängen, ist der Verkauf des Unternehmens oftmals eine sinnvolle Option.

2. Wirtschaftliche Gründe für den Unternehmensverkauf (als Nachfolgeregelung)

Der Unternehmensverkauf kann auch aus unternehmensstrategischer Sicht eine sinnvolle Alternative zur Weitergabe innerhalb der Familie darstellen. Neben den rein monetären Überlegungen spielt hier oft auch die Sicherung des privaten Vermögens durch Diversifizierung des – oft zu einem großen Teil im Unternehmen gebundenen – Vermögens eine Rolle. Gerade wenn die nachfolgende Generation selbst unternehmerisch in anderen Gebieten tätig werden will, kann mit einem Teil des Vermögens das nötige Startkapital bereitgestellt werden.

Aufgrund der zunehmenden Internationalisierung stehen deutsche Familienunternehmen im Wettbewerb zu teilweise deutlich größeren globalen Konzernen. Dies führt gerade in investitionsintensiven Branchen und in Bereichen, die eine intensive Marktkonsolidierung durchleben, dazu, dass die wirtschaftliche Eigenständigkeit und Wettbewerbsfähigkeit nur durch konstante Innovation und Spitzenleistung aufrechterhalten werden können. Zudem bedingt die steigende Intensität des internationalen Wettbewerbs zunehmend kürzere Innovationszyklen. Dies erhöht die Gefahr, Trends zu verpassen und damit ins Hintertreffen zu geraten. Wenn ein Unternehmen mittelfristig nicht über die notwendige Finanzkraft verfügt, um eigenständig wettbewerbsfähig zu bleiben, oder in eine strategisch ungünstige Situation gerät und dies mangels Rentabilität und/oder Innovationskraft nicht ändern kann, ist der Verkauf des Unternehmens oftmals, sowohl für die Gesellschafter als auch für die Mitarbeiter, die sinnvollste Option.

II. Worauf muss man achten?

1. Kommunikationsstrategie

Viele Familien haben keine Erfahrungen mit einem Unternehmensverkauf, schließlich ist dieser in der Regel für das Unternehmen wie auch für die Gesellschafter ein singuläres Ereignis. Aufgrund seiner vielschichtigen Implikationen sollte dieser Prozess planmäßig und strukturiert angegangen werden. Der Vertraulichkeit und gezielten Steuerung des Informationsflusses kommt dabei eine zentrale Rolle zu. Um den Prozess so reibungslos wie möglich zu gestalten, ist die frühzeitige Ausarbeitung und konsequente Umsetzung der passenden Kommunikationsstrategie entscheidend. Innerhalb von Familie und Gesellschafterkreis sollte die Verkaufsoption frühzeitig und einfühlsam kommuniziert werden, um das Verständnis und die Zustimmung aller Beteiligten zu gewinnen. Erst nachdem der vollständige Handlungsplan steht, sollte die Kommunikation im Unternehmen und im Markt erfolgen. Von einer zu frühzeitigen Kommunikation sowohl innerhalb des Unternehmens als auch gegenüber den Kunden, Lieferanten und dem Markt ist schon deshalb abzuraten, um Unsicherheiten und mögliche Imageverluste sowie eine Abwanderung von (Schlüssel-)Mitarbeitern zu vermeiden. Daher sollte im Rahmen der Entscheidungsfindung im Gesellschafterkreis/Gesellschafterausschuss starkes Augenmerk auf den vertraulichen Umgang mit Informationen und eine strikte Abgrenzung nach außen hin gelegt werden.

2. Auswahl des Käufers

Eine entscheidende Rolle nimmt die Auswahl des potenziellen Käufers ein. Grundsätzlich kann zwischen strategischen Investoren oder Finanzinvestoren unterschieden werden. Hierbei stellt sich die Frage, welche Interessen diese verfolgen und welche den größtmöglichen Nutzen für die Familie erzielen können.

„Neben der Wohlstandssicherung erhalten bei der Nachfolgeumsetzung auch ideelle Aspekte einen hohen Stellenwert".[2] Insofern kommen bei der Auswahl des Käufers nicht nur finanzielle Erwägungen in Betracht. Vielmehr spielt auch die Frage, ob die Unternehmenskultur des Erwerbers zu dem bisherigen, durch die Eigentümerfamilie nachhaltig geprägten Wertekanon passt, eine zentrale Rolle. Auch mögliche Veränderungen in der Organisationsstruktur (Weiterführung vs. Auflösung von Geschäftsbereichen), die Auswirkungen auf den Mitarbeiterstamm und auf die Region sind in die Überlegungen einzubeziehen. So kann es unter Umständen auch zu einer Lösung kommen, die nicht den höchsten Verkaufspreis einbringt. Ebenso wie ideelle Aspekte sind die Beziehungen der Familie zu Lieferanten, Kunden und weiteren möglichen Interessengruppen nicht zu vernachlässigen. Häufig finden sich die potenziellen Erwerber sogar innerhalb bereits bekannter Kreise.

3. Verkaufsarten

Um als Eigentümer die richtige Entscheidung zu treffen, muss zuerst geklärt werden, welche expliziten Möglichkeiten sich im Rahmen eines externen Unterneh-

---

2 *Weber,* Familienexterne Unternehmensnachfolge – Eine empirische Untersuchung über Akquisitionen von Familienunternehmen, Gabler Verlag Wiesbaden, 2009, S. 82.

mensverkaufs auftun. Dazu lassen sich die Arten eines Verkaufs folgendermaßen differenzieren: traditioneller Verkauf (Merger & Acquisition, M&A), unternehmensinterner Verkauf an das Management (Management Buy-out, MBO) oder an die Mitarbeiter des Unternehmens (Employee Buy-out, EBO) sowie Verkauf an eine oder mehrere unternehmerische Persönlichkeiten (Management Buy-in, MBI). In einigen Fällen wird zusätzlich von einem Leveraged Buy-out gesprochen (LBO). Dabei wird der vereinbarte Kaufpreis überwiegend fremdfinanziert. Ein LBO wird häufig nur bei ausreichend großen Unternehmen mit entsprechenden Cashflows realisiert, da üblicherweise die Tilgung aus erwirtschafteten liquiden Mitteln erfolgt. Diese fehlen nicht nur für Zukunftsinvestitionen, sondern reduzieren auch die freien liquiden Mittel.In die Kategorie des LBO fallen meist die Formen des Buy-out sowie des Buy-in.

Vor allem für größere Familienunternehmen mit hohem Grundkapital und einer stabilen Geschäftsentwicklung kommt zudem der Verkauf über die Börse in Betracht, wenngleich dieser eine Einschränkung der Unabhängigkeit und ein Mitspracherecht externer Parteien mit sich bringt. Eine von PwC gemeinsam mit der Stiftung Familienunternehmen in Auftrag gegebene Studie über die Kapitalmarktfähigkeit von Familienunternehmen verdeutlicht, dass der Verkauf über die Börse für Familienunternehmer daher oftmals abschreckend wirkt.[3] Um weiterhin u.a. einen bestimmenden Einfluss der Familie auf das Unternehmen sicherzustellen, akzeptieren Familienunternehmen daher bei einem Börsengang einen höheren Abschlag vom möglichen Emissionspreis als andere Kapitalgesellschaften, wie aus eine Studie von PwC und dem Institut für Familienunternehmen der WHU – Otto Beisheim School of Management hervorgeht. Demnach ist das sogenannte Underpricing, also die Differenz zwischen dem erzielten und dem möglichen Emissionspreis, bei Familienunternehmen im Durchschnitt um zehn Prozentpunkte höher als bei nicht-familiengeführten Kapitalgesellschaften.[4]

Alle der genannten Verkaufsarten können nicht zweifelsfrei dem strategischen Investor oder dem Finanzinvestor zugeordnet werden. In der Praxis finden alle Vorgehensweise und Mischformen durch beide Investorengruppen Anwendung.

---

[3] Siehe dazu insbesondere *Achleitner/Kaeserer/Günther/Volk*, Die Kapitalmarktfähigkeit von Familienunternehmen", hrsg. von der Stiftung Familienunternehmen Stuttgart und PwC, 2011.

[4] Siehe *Leitterstorf/Rau*, IPO Underpricing in Familienunternehmen, hrsg. von PwC, 2013.

4. Interessengruppen

Zusätzlich zu den Arten eines Verkaufs und der Kategorisierung der Investoren lassen sich verschiedene Interessengruppen bei einer Übernahme unterscheiden (siehe Abbildung 1): Zum einen Investoren aus dem direkten vertikalen oder horizontalen Umfeld des Unternehmens, darunter fallen Kunden und Zulieferer sowie direkte oder indirekte Wettbewerber, die ihr Portfolio erweitern bzw. diversifizieren möchten. Zum anderen Investoren aus einem unternehmensfremden Umfeld wie Private Equity-Investoren[5], zunehmend auch Family Offices[6] oder andere (Familien-)Unternehmer, die ihr Vermögen diversifizieren wollen, sowie Investoren aus dem Ausland, in jüngster Zeit insbes. China, die vor allem an Marken und Know-how-Transfer deutscher Familienunternehmen interessiert sind.

Die Zuordnung der einzelnen Interessengruppen zu den zuvor beschriebenen strategischen Investoren und Finanzinvestoren lässt sich auch hier nicht ohne Vorbehalte vornehmen. Ein Private Equity-Investor wird grundsätzlich ein Finanzinvestor sein, jedoch können aufgrund seines bestehenden Portfolios bei einzelnen Transaktionen auch strategische Gedanken eine übergeordnete Rolle spielen. Entsprechend, möglicherweise sogar stärker, verhält es sich bei den Family Offices. Da ihnen meist ein Privatvermögen zugrunde liegt, das aus dem eigenen Unternehmen der beteiligten Familie(n) hervorgegangen ist, können dort die geschäftlichen (möglicherweise auch persönlichen/emotionalen) und somit strategischen Belange von größerer Bedeutung sein als Rentabilitätsaspekte. Jede der einzelnen Gruppen verfolgt mit dem potenziellen Erwerb ihr eigenes, individuelles Investitionsziel, das bei der Auswahl des Erwerbers berücksichtigt werden sollte, um Konformität mit den eigenen Zielvorstellungen zu gewährleisten.

---

5 Private Equity steht für die außerbörsliche Bereitstellung von Eigenkapital für Unternehmen durch institutionelle Investoren wie Versicherungen, Banken oder Pensionsfonds, durch vermögende Privatpersonen oder Stiftungen. Im Gegenzug für die Bereitstellung des Kapitals erhalten Private Equity-Investoren Unternehmensanteile, die mit Eigentums-, Informations-, Kontroll- oder Stimmrechten verbunden sind und genutzt werden können, um die Entwicklung des Unternehmens aktiv mitzugestalten.
6 Family Offices sind bankenunabhängige Organisationen, die sämtliche finanziellen und nicht-finanziellen Aspekte des Vermögens einer oder mehrerer Familien ordnen, verwalten und strategisch ausrichten. Single-Family Offices (SFO) arbeiten ausschließlich für eine Familie, während Multi-Family Offices (MFO) das Vermögen mehrerer Familien verwalten.

Zielgruppen und Arten eines Unternehmensverkaufs

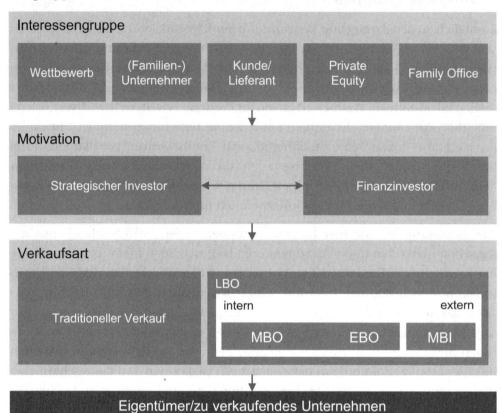

Abb. 1: Zielgruppen und Arten eines Unternehmensverkaufs

Die unternehmensinterne Übernahme durch eine oder mehrere Personen aus der Führungsetage (MBO) oder aus der Belegschaft (EBO) ist vor allem bei kleineren Unternehmen eine verbreitete Alternative zur internen Nachfolgeregelung. Ein EBO bzw. MBO wird häufig gewählt, wenn andere Alternativen fehlen. In den meisten Fällen spricht der Eigentümer die als Erwerber infrage kommenden Mitarbeiter auf eine mögliche Übernahme an, die zuvor für gewöhnlich nicht über eine Nachfolge nachgedacht haben. Häufig übernehmen diese das Unternehmen daher aus Angst vor der drohenden Arbeitslosigkeit.[7] Insofern ist diese Option häufig die weniger präferierte Vorgehensweise. Ein Vorteil der unternehmensinternen Nachfolger liegt aber auf der Hand: Einem möglichen Bruch der unternehmerischen Aktivitäten wird maßgeblich entgegengewirkt, da die Mitarbeiter die Unternehmens-

---

7 Vgl. *Kay/Wallau*, Familienexterne Nachfolge im Freistaat Sachsen: Das Zusammenfinden von Übergebern und Übernehmern, Institut für Mittelstandsforschung Bonn (IfM), 2009, S. 43.

kultur, -prozesse und -struktur und die Branche sehr gut kennen und einschätzen können.

Bei einem Management Buy-in, dem Kauf durch einen Wettbewerber oder durch ein vor- oder nachgelagertes Unternehmen ist der Nachfolger immer eine unternehmensexterne Person, die die Führung und das Eigentum (ggf. mehrheitlich) übernimmt. Dafür kann es viele Gründe geben: um die Marken(rechte) zu erwerben, steuerliche Vorteile zu realisieren, Rationalisierungspotenzial oder fremde Märkte zu erschließen oder das Personal, den Kundenstamm sowie das technologische Know-how zu erweitern, aber auch um den Markt zu bereinigen.[8]

Immer häufiger werden Familienunternehmen auch an Private Equity-Investoren verkauft. Diese gehen meist ausschließlich Mehrheitsbeteiligungen ein, um einen Weiterverkauf nach einer Haltedauer von ca. fünf bis zehn Jahren zu realisieren. Da in diesen Fällen hohe Transaktionskosten auftreten, werden häufig nur Unternehmen ab einer Umsatzgröße von zehn Mio. Euro in Betracht gezogen.[9] Ähnlich verhält es sich mit Unternehmenskäufen durch Family Offices. Diese beiden Investorengruppen zeichnen sich in der Regel durch ein hohes Maß an unternehmerischer Gestaltungstätigkeit aus, da ihr Management häufig auch eigene Finanzmittel investiert und sie durch das Einbringen von Expertise den Unternehmenswert nachhaltig steigern wollen. Tendenziell werden von Family Offices längerfristige Investitionen (aus u.a. auch oben genannten Gründen) als bei gewöhnlichen Private Equity-Investoren in Betracht gezogen.

Speziell im Niedrigzinsumfeld der letzten Jahre stellt sich für immer mehr wirtschaftlich erfolgreiche Familienunternehmern die Frage, wie sie ihre erwirtschafteten Überschüsse anlegen können, um ihr Vermögen zu diversifizieren und langfristig zu sichern. Neben der Investition in eigene Unternehmen, verbunden mit der Verschärfung des Klumpenrisikos, werden zunehmend auch andere Kapitalanlagen in Betracht gezogen. Da auch bei diesen Anlagen oft eine unternehmerische Komponente gewünscht ist, gewinnen zunehmend Beteiligungen an anderen Familienunternehmen an Bedeutung, um dort frisches Kapital, eigene Expertise und das eigene Netzwerk einzubringen und damit höhere Renditen als auf dem Kapitalmarkt zu erzielen. Daher sind auch Familienunternehmen aus anderen Branchen als potenzielle Käufer denkbar.[10]

---

8 *Mahnke*, Nachfolge durch Unternehmenskauf, Wismarer Diskussionspapiere, 2005, S. 13.
9 Ebenda, S. 13. Siehe dazu auch *Bartels*, Private Equity im Mittelstand, hrsg. von PwC, 2013.
10 Um diese Familienunternehmen mit kapitalsuchenden Familienunternehmen zusammenzubringen, hat die INTES Akademie für Familienunternehmen ein Unternehmerbeteiligungsnetzwerk ins Leben gerufen.

Für welchen Investor der Gesellschafterkreis sich letztlich entscheidet, hängt somit von diversen Faktoren ab. Zuerst sollten sich die Gesellschafter Gedanken zu den eigenen Vorstellungen zur Fortführung des Unternehmens machen:

Ist es mir egal, was nach mir mit meinem Unternehmen geschieht? Will ich weiterhin die Möglichkeit der Einflussnahme haben? Soll sich möglichst wenig im Betrieb verändern? Möchte ich meine Betriebsinterna mit jemand Externen teilen?

Nicht immer stehen dem Verkäufer sämtliche beschriebene Optionen offen, insbesondere wenn sie sich in einer finanziell (und/oder wirtschaftlich) kritischen Lage befinden. Rein renditeorientierte Investoren kommen in solchen Fällen regelmäßig nicht infrage, zumal fraglich ist, welcher Investor in der Lage sein kann, den Betrieb zu sanieren. In der Regel müssen dazu auch Abstriche beim Kaufpreis gemacht werden. Unternehmen in wirtschaftlich guter Verfassung haben dahingehend die bessere Ausgangssituation. Meist bietet sich dann die Wahl, ob eine Maximierung des Kaufpreises angestrebt und einer Übernahme des Wettbewerbers zugestimmt wird, oder ob die Wahl auf einen Verkäufer fällt, der die Mittel und den Willen hat, den Betrieb entsprechend den ursprünglichen (Wert-)Vorstellungen weiterzuführen.

Doch nicht immer ist ein Kompromiss zwischen Kaufpreismaximierung und Realisierung eigener Vorstellungen auch über den Verkauf hinaus notwendig. Vielmehr besteht auch die Möglichkeit, einen hohen Verkaufspreis zu erzielen und gleichzeitig die Verkaufsbedingungen mitzubestimmen. Die Wahl des Partners sollte in diesem Sinn auch berücksichtigen, welche persönlichen Interessen der potenzielle Käufer am Unternehmen haben könnte und wie sich diese mit den eigenen decken. Speziell Private Equity-Investoren haben oft ein hohes Interesse, die Zukunft der Unternehmen, in die sie investieren, auch unternehmerisch mitzugestalten und zu entwickeln. Da in der Regel auch ein persönliches finanzielles Investment der involvierten Personen erfolgt (s.o.), können Interessenkonflikte oftmals minimiert werden. So kann der (Teil-)Verkauf an einen Private Equity-Investor eine Alternative zu einer Übernahme durch ein anderes Unternehmen sein und die Unabhängigkeit des eigenen Unternehmens sicherstellen. Sofern der Investor sein bestehendes Portfolio ergänzen und Synergien realisieren kann, sind der Erhalt und das Wachstum des Unternehmens auch auf lange Sicht gewünscht und notwendig.

5. Verkaufsoptionen

Neben der vollständigen Veräußerung kommt auch ein sukzessiver Anteilsverkauf bzw. der Verkauf einer Mehrheit oder einer Minderheit in Frage. Welche dieser Optionen in Betracht kommen, ist im Wesentlichen davon abhängig, ob die Eigentümerfamilie für eine Übergangszeit weiterhin im Unternehmen tätig sein will oder ob sie ein vollständiges oder anteiliges Desinvestment plant. Durch einen sukzessiven Verkauf können grundsätzlich die Unsicherheiten einer Transaktion reduziert werden, da die Beziehungen zwischen der Eigentümerfamilie und dem Unternehmen sowie seinen Lieferanten und Kunden zunächst bestehen bleiben. Zudem kann die Unternehmenskultur zwischen den Unternehmen/Investoren abgestimmt werden, bevor weitere Anteile verkauft werden. Der Verkauf einer Mehrheit bietet sich an, wenn die Eigentümerfamilie als Minderheitsgesellschafter weiterhin an das Unternehmen gebunden sein möchte bzw. soll. Häufig besteht aufseiten des Erwerbers der Wunsch nach einem Übergangsmodell, bei dem der bisherige geschäftsführende Gesellschafter allmählich ausscheidet und somit für eine Übergangsphase von bis zu zwei Jahren im Unternehmen verbleibt und weiterhin seine Expertise und sein Netzwerk einbringt.

III. Wie läuft der Verkaufsprozess ab?

Der Verkaufsprozess lässt sich anhand der relevanten Aufgaben in verschiedene Phasen untergliedern. Nachfolgendes Schaubild gibt die typischen Phasen eines Unternehmensverkaufs aus Sicht des Verkäufers wieder:[11]

---

11 Vgl. hierfür und im Folgenden für den Unternehmenserwerb aus Käufersicht: *Späth*, Kauf und Verkauf von Unternehmen, in: May/Bartels (Hrsg.), Der Beirat im Familienunternehmen, Bundesanzeiger Verlag Köln, 2015, S. 77 ff.

Prozess Unternehmenserwerb

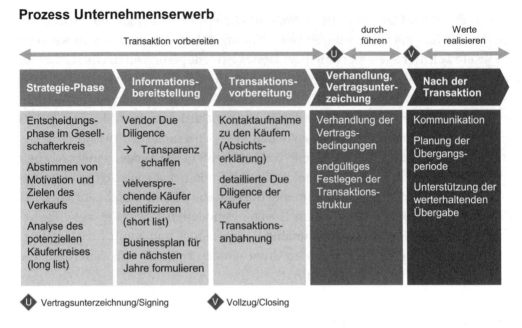

Abb. 2: Typische Phasen eines Unternehmensverkaufs

Der Verkaufsprozess weist eine hohe Komplexität auf und erfordert in der Regel die Einbindung unterschiedlicher externer und interner Parteien, sodass detaillierte Vorbereitungen im Vorfeld der Transaktion getroffen werden müssen. Diese Vorbereitungen haben zumeist einen hohen Einfluss auf den Erfolg der Transaktion und können in weitere Subphasen untergliedert werden.

1. Transaktionsanbahnung

a) Strategie-Phase

Am Anfang steht die Strategie-Phase. Hierbei wird neben der grundsätzlichen Entscheidung hinsichtlich der Veräußerungsstrategie, also der Frage nach den Veräußerungsmotiven und den Rahmenbedingungen (z.B. Beibehalten der bisherigen Organisationsstruktur), auch der im vorherigen Abschnitt dargestellte potenzielle Käuferkreis ermittelt. Diese Phase muss regelmäßig durch große Vertraulichkeit geprägt sein, da Veräußerungsabsichten sowohl im Außenverhältnis (z.B. gegenüber Kunden und Lieferanten) als auch im Innenverhältnis zwischen der Eigentümerfamilie bzw. Familienstämmen und dem Unternehmen (insbesondere gegenüber der Belegschaft) zu starken Verunsicherungen führen können.

Sobald die Entscheidung zum Verkauf und die generelle Strategie bzw. die Erwartungen an den Verkäufer im Gesellschafterkreis abgestimmt sind, empfiehlt es sich, eine Liste aller potenziellen Kandidaten zu erstellen (long list). Für diese sollte dann eine Pro- und Contra-Liste erarbeitet werden, sodass im zweiten Schritt anhand der definierten entscheidungskritischen Punkte und einer wirtschaftlichen Plausibilitätsbetrachtung die vielversprechendsten Kandidaten (short list) ausgewählt werden können. Dabei ist es wichtig, darauf zu achten, dass in diesem Prozess auch allen (nicht monetären) Interessen Rechnung getragen wird.

Auch sollten spätestens in dieser Phase Überlegungen zur steuerlichen Optimierung der Vereinnahmung der Verkaufserlöse erfolgen. Hier sind – abhängig von der Mittelverwendung – diverse Strategien denkbar.

b) Informationsbereitstellung

Ist die grundsätzliche Entscheidung für den Verkauf auf Eigentümerseite getroffen und sind potenzielle Erwerber identifiziert, besteht die vorrangige Aufgabe darin, das Unternehmen für den Verkauf vorzubereiten. Gerade bei kleineren familiengeführten Unternehmen ist die Dokumentation oftmals unvollständig bzw. liegt nicht ausreichend klar strukturiert vor. Daher ist es im Sinne eines wertoptimierenden Verkaufsprozesses wichtig, im Rahmen einer Vendor Due Diligence[12] Transparenz bezüglich der Unternehmenshistorie und der Finanzzahlen des Unternehmens zu schaffen. Diese ermöglicht dem Erwerberkreis auch, ihre eigenen Due Diligence-Arbeiten zu reduzieren.

Mit der Vendor Due Diligence erhalten die potenziellen Erwerber sämtliche relevante Informationen über die operativen, finanziellen und steuerlichen Sachverhalte des Unternehmens. Um die gebotene Neutralität, Transparenz und Vollständigkeit über die Lage des Kaufobjekts zu erreichen, empfiehlt es sich, die Vendor Due Diligence gemeinsam mit Fachleuten der jeweiligen funktionalen Bereiche des Unternehmens und externen Beratern durchzuführen. Im Rahmen dieser Prüfung werden anhand von Unterlagen sowie Interviews mit dem Management und den jeweiligen Fachbereichen transparente und nachvollziehbare Dokumentationen erstellt, die es den potenziellen Käufern ermöglichen, sich schnell ein umfassendes Bild über das Unternehmen zu machen. Eine umfängliche Due Diligence identifi-

---

12 Die Vendor Due Diligence (VDD) wird in Vorbereitung auf den Unternehmensverkauf vom Verkäufer initiiert. Dabei werden finanzielle und nicht-finanzielle kaufrelevante Informationen über das Unternehmen im Rahmen einer objektiven Analyse verdichtet. Die VDD bietet dem Verkäufer und potenziellen Käufern verlässliche Informationen über das Zielunternehmen. Eine Buy-side Due Diligence (s. III.1.c)) wird dagegen vom Käufer angestoßen.

ziert auch Verbesserungs- und Synergiepotenziale (positive und negative), die im weiteren Transaktionsprozess als Argumentationshilfe genutzt werden können, und stellt die Konsistenz aller Daten sicher. Insbesondere im Kontext der Nachfolge von Familienunternehmen empfiehlt es sich, neben den rein finanziellen und technischen Aspekten qualitative Faktoren wie die Unternehmenskultur oder die Haltung der eigenen Mitarbeiter im Rahmen einer Vendor Due Diligence offenzulegen. Diese „weichen" Faktoren sind letztlich für eine erfolgreiche Umsetzung der Transaktion von entscheidender Bedeutung. So ist frühzeitig zu analysieren, wie sich die Unternehmenskulturen bzw. Wertevorstellungen der Unternehmen unterscheiden und wie sie einander nähergebracht werden können, um die Umsetzung der vordefinierten Verkaufsstrategie sicherzustellen.

Die Ermittlung eines sachgerechten Kaufpreises erfolgt zumeist unter Hinzuziehung externer Berater, die auf Grundlage quantitativer Modelle (Discounted Cashflow, DCF, und Multiplikatorenmethode[13]) eine faire Verkaufspreisbandbreite ermitteln. Grundlage der Bewertung ist nicht der aktuelle Zustand des Unternehmens, sondern die künftige Erwartung für das Unternehmen, denn „für das Gewesene gibt der Kaufmann nichts"[14]. Daher sollte zur Vorbereitung der Bewertung eine mindestens drei Jahre umfassende Unternehmensplanung erstellt werden, die die Zukunftsvision und die damit verbundenen Investitionen berücksichtigt. Wird der Eigentümer durch externe Berater bei der Modellierung der Unternehmensplanung unterstützt, sind die Erwartungen an das Berater-Team klar zu kommunizieren, um eine Erwartungslücke zu vermeiden.

Die durch die Vendor Due Diligence erzeugte Transparenz und eine sachgerechte Businessplanung für die nächsten drei Jahre wirken sich vertrauens- und werterhöhend auf den Verkaufsprozess aus. Zudem kann die Zeit, in der das Tagesgeschäft durch den Verkaufsprozess beeinträchtigt wird, minimiert werden. In dieser Phase der Transaktionsplanung erfolgt auch die Reduktion der anfangs ausgewählten Gesamtheit der potenziellen Erwerber (long list) auf die vielversprechendsten Kandidaten (short list).

---

13 Im Rahmen der Discounted Cashflow-Methode erfolgt die Unternehmensbewertung durch Abzinsung der künftigen Zahlungsströme zur Ermittlung des Kapitalwerts. Beim Multiplikatorverfahren wird der Unternehmenswert aus dem Marktpreis vergleichbarer, börsennotierter Unternehmen abgeleitet oder auf Basis von Preisen ermittelt, die im Rahmen von Transaktionen mit vergleichbaren Unternehmen gezahlt wurden. Der Unternehmenswert des Bewertungsobjekts ergibt sich dabei als Produkt eines aus den Vergleichsunternehmen abgeleiteten Multiplikators und der Kennzahl des Bewertungsobjekts.
14 *Münstermann*, Wert und Bewertung der Unternehmung, Springer Fachmedien Wiesbaden, 1966, S. 21.

c) Transaktionsvorbereitung

Im nächsten Schritt kommt es zur ersten Kontaktaufnahme mit den potenziellen Käufern, gefolgt von Vorgesprächen und Interessensbekundungen zwischen Käufer und Verkäufer, die üblicherweise in einer Absichtserklärung festgehalten werden (sogenanntes „Memorandum of Understanding" oder kurz MoU). Hierbei wird regelmäßig Stillschweigen zwischen den Transaktionsparteien vereinbart (zur Vermeidung der Abwanderung guter Mitarbeiter oder von Problemen mit Lieferanten und Kunden wegen unklarer Zukunftsaussichten).

Mit der Unterzeichnung des MoU wird die Phase der Sorgfaltsprüfung durch die Käufer (sog. Buy-side Due Diligence) eingeleitet. Hierbei wird das Unternehmen in unterschiedlichen Feldern durch externe Berater der möglichen Erwerber (zumeist Wirtschaftsprüfungsgesellschaften) auf „Herz und Nieren" überprüft. Bei dieser Due Diligence handelt es sich letztlich um eine intensive Prüfung und Analyse des Zielunternehmens. Mit dieser Analyse versucht der potenzielle Käufer, in einem vorgegebenen Zeitrahmen ein möglichst umfassendes Bild über den Status Quo und die Zukunftsaussichten des Unternehmens zu erhalten. Je gewissenhafter die Datenaufbereitung während der Vendor Due Diligence durchgeführt wurde, desto zeiteffizienter und widerspruchsfreier gestaltet sich dieser Prozess.

2. Durchführung der Transaktion: Verhandlung und Vertragsunterzeichnung

Die inhaltliche Ausgestaltung des Transaktionsvertrags kann, je nach Betrachtungswinkel, erhebliche positive oder negative wirtschaftliche Konsequenzen nach sich ziehen. So ist der Kaufpreis unter Umständen kein konkret definierter Wert, der im Voraus geleistet wird, sondern an die zukünftige (wirtschaftliche/finanzielle) Entwicklung gebunden. In diesem Sinne ist es von immenser Bedeutung, die abgegebenen Garantien oder übernommenen Risiken der jeweiligen Vertragspartei im Vorhinein festzulegen. Sollte dies nicht geschehen, können die Folgekosten durch z.B. Steuerrisiken, Garantieverpflichtungen oder Prozessrisiken erhebliche Auswirkungen auf den Kaufpreis haben. Daher empfiehlt es sich, für die Vertragsverhandlungen Fachanwälte und -personen mit Erfahrungen im Transaktionswesen zurate zu ziehen.

Insbesondere in dieser Phase sollten die steuerlichen Auswirkungen aus dem Verkauf nochmals intensiv geprüft werden, damit nachträgliche Überraschungen weitestgehend reduziert werden.

3. Nach der Transaktion: Werte realisieren

Nach Unterzeichnung des Kaufvertrags stellt sich die Frage der „angemessenen" Kommunikation. Das heißt, wie und wann werden die Details an die Stakeholder, insbesondere die Mitarbeiter, weitergegeben. Diese Fragestellung trifft oftmals beide Vertragsparteien, denn häufig findet die Integration der Unternehmen in beide Richtungen statt. Für gewöhnlich gilt es jedoch, die Mitarbeiter des zu verkaufenden Familienunternehmens stärker einzubeziehen, die Beweggründe darzustellen und die Zukunftsvorstellungen deutlich zu machen. Die Emotionen der Mitarbeiter sollten dabei unbedingt berücksichtigt und auf sie eingegangen werden, um auch die Belegschaft emotional für den Verkauf zu gewinnen und sicherzustellen, dass Schlüsselmitarbeiter weiterhin für das Unternehmen tätig bleiben.

Unter Umständen kann in der beschriebenen Phase auch ein (beratender) Beirat als Überwachungs- und Kontrollorgan partizipieren. Je nach Zuständigkeit und Aufgabendefinition kann er den Kaufpreis auf Angemessenheit hin prüfen und die zusätzlichen Klauseln zur künftigen Entwicklungen auf ihre Vereinbarkeit mit den strategischen und wirtschaftlichen Zielen des Unternehmens hin kontrollieren.[15]

Auch kann die Einrichtung eines Beirats unter Mitwirkung der alten Inhaberfamilie eine Kontinuität suggerieren, die Markt und Mitarbeitern Vertrauen in den neuen Inhaber gibt. Entscheidend ist, diese Überlegungen frühzeitig im Prozess zu diskutieren und zu entscheiden.

IV. Was geschieht nach der Unternehmensveräußerung?

Der Ausstieg aus dem eigenen Familienunternehmen und in noch stärkerem Ausmaß der Verkauf stellen die ehemaligen Gesellschafter/Unternehmer, insbesondere wenn diese auch operativ im Unternehmen tätig waren und sich guter Gesundheit erfreuen, vor die Frage, wie „die Zeit danach" gestaltet werden kann. Aufgrund der oft sehr starken Identifikation und Verflechtung mit dem Unternehmen und der Definition der eigenen Person durch die Rolle als Familienunternehmer ist es essenziell, diese Frage zeitnah aufzugreifen und idealerweise bereits vor Einleitung des Verkaufsprozesses befriedigend zu beantworten. Eine „Alles-oder-Nichts-Lösung" ist dabei oft weder erstrebenswert noch sinnvoll. Gerade operativ tätige Gesellschafter in Familienunternehmen haben einen stark ausgeprägten Unter-

---

15 Vgl. *Späth*, 2015, S. 77 ff.

nehmergeist, dem sie auch weiterhin als Geschäftsführer im bisherigen Unternehmen für eine Übergangsphase von bis zu zwei Jahren oder als Berater nachgehen können. Denkbar ist auch, dass sie eine Beirats- oder Aufsichtsratsfunktion im veräußerten oder anderen Unternehmen wahrnehmen oder als Mentor für junge Unternehmer tätig werden und dabei ihre Erfahrungen einbringen.[16]

Unabhängig von den Wünschen der Verkäufer besteht vonseiten der Käufer gerade bei einem sukzessiven Verkauf des Unternehmens oft ein hohes Interesse daran, dass der bisherige geschäftsführende Gesellschafter noch einige Jahre im Unternehmen engagiert bleibt. Oftmals ist dies sogar eine Bedingung im Kaufvertrag. Dies liegt in der Regel an der sehr engen Verknüpfung der Eigentümer mit dem Unternehmen in der Kundenwahrnehmung sowie den meist sehr persönlichen langjährigen Beziehungen zu Kunden, Lieferanten und Mitarbeitern. Häufig kann daher nur durch Mitwirkung der bisherigen Gesellschafterfamilie(n) sichergestellt werden, dass diese wertvollen Geschäftsbeziehungen erhalten bleiben und das positive Firmenimage in der Übergangsphase auf den Erwerber übertragen wird (siehe auch Abschnitt II.5.).

Für viele Familienunternehmer sind der Fortbestand des Unternehmens und der Erhalt der Arbeitsplätze die entscheidenden Motivationsfaktoren. Fraglich ist daher, wie sich der Verkauf und die Auswahl des Erwerbers auf die Zukunftschancen des Unternehmens auswirken. Studien kommen hier zu unterschiedlichen Ergebnissen, da die verwendeten Forschungsansätze, Datengrundlagen und Performancekennzahlen sowie die untersuchten Regionen, Branchen und Übergabeformen einen entscheidenden Einfluss haben.[17] Zudem ist das Verhalten des Erwerbers von zentraler Bedeutung für die weitere Entwicklung des Unternehmens. Schließlich wird sich die Weiterentwicklung eines Unternehmens, das mit hohen Finanzspritzen in kurzer Zeit an die Börse gebracht werden soll, selbst unter vergleichbaren Ausgangsbedingungen vor dem Verkauf stark von der Entwicklung eines ähnlichen Unternehmens unterscheiden, das von einem ehemaligen Kunden übernommen wurde, um z.B. den Zugang zu Vorprodukten langfristig zu sichern. Ein weiteres Problem ist, dass finanzielle Daten oft nicht vollumfänglich zugänglich sind. Dies betrifft sowohl Familienunternehmen, die sich ausschließlich im Familienbesitz befinden, als auch Unternehmen, die nach dem Verkauf mit einem anderen Unternehmen verschmolzen werden bzw. in den Strukturen des Käufers aufgehen. In

---

16 Siehe dazu bspw. den Beitrag „Die Kunst des Loslassens" in Kapitel 2 dieses Buchs.
17 Vgl. *Institut für Mittelstandsforschung Bonn (IfM)*, Unternehmensnachfolge im Mittelstand: Investitionsverhalten, Finanzierung und Unternehmensentwicklung, Standpunkt Nr. 5, 2010, S. 7.

diesen Fällen kann die Entwicklung des verkauften Unternehmens nicht separat nachverfolgt werden.

Einige Aussagen zu generellen Trends lassen sich aber dennoch aus den vorhandenen Studien ableiten: Oftmals erfolgt nach der Unternehmensübergabe eine Neuausrichtung des Unternehmens, durch die es in der Regel gelingt, neue Wachstumsmöglichkeiten zu erschließen, was sich in höheren Umsatzwachstumsraten und Umsatz- und Renditeerwartungen der übernommenen Unternehmen im Vergleich zu Bestandsunternehmen widerspiegelt.[18] Dies ist nicht nur positiv für den Investor, sondern auch für das langfristige Fortbestehen des Unternehmens, den Arbeitsplatzerhalt und die Standortsicherung.

---

18 Ebenda, S. 3, 13.

4. Kapitel: Hilfreiche Instrumente und wichtige Einzelfragen

4.1 Testament, Pflichtteilsverzicht & Co. – Die rechtliche Gestaltung der Nachfolge

von Dr. Martin Liebernickel und Dr. Steffen Huber

I. Einleitung

Die Nachfolge kann in zeitlicher Hinsicht auf zwei Arten (und einer Kombination beider Arten) geschehen: entweder verfügt die Unternehmerin bzw. der Unternehmer (nachfolgend beide als „Unternehmer" bezeichnet) schon zu Lebzeiten im Wege der Schenkung z.B. an potenzielle Erben (sog. vorweggenommene Erbfolge) oder durch Verkauf über das Unternehmen, oder der Unternehmer möchte sein Unternehmen noch nicht (vollständig) zu Lebzeiten übertragen, dann fällt es im Erbfall bestimmten Personen zu. Dies können die gesetzlichen Erben sein, sofern der Unternehmer keine abweichende letztwillige Verfügung getroffen hat, oder diejenigen Personen, die der Unternehmer in einem Testament oder einem Erbvertrag als Nachfolger vorgesehen hat.

Die nachfolgenden Ausführungen sollen durch Erläuterung der gesetzlichen Erbfolge, des Ehegattenerbrechts sowie der Möglichkeiten, hiervon durch letztwillige Verfügung abzuweichen bzw. ergänzende Anordnungen vorzusehen, darstellen, weshalb ein Unternehmer sich nicht auf die gesetzliche Erbfolge verlassen, sondern unbedingt testamentarische bzw. erbvertragliche Regelungen aufstellen sollte.

II. Die gesetzliche Erbfolge

1. Grundlagen des Erbrechts

Dem Unternehmer (Erblasser) steht es grundsätzlich frei, die Erben seines Vermögens nach eigenem Belieben zu bestimmen. Soweit er zu Lebzeiten keine wirksamen Verfügungen von Todes wegen (Testament, Erbverträge[1]) zur Bestimmung sei-

---

1 Siehe dazu Abschnitt III. unten.

211

ner Erben getroffen hat (gewillkürte Erbfolge), richtet sich die Verteilung des Nachlasses nach der gesetzlichen Erbfolge. Hat der Erblasser dagegen nur hinsichtlich eines Teils seines Vermögens Verfügungen getroffen, können auch beide Erbfolgearten gleichzeitig zur Anwendung kommen. In diesem Fall richtet sich nur die Verteilung des von den Verfügungen nicht umfassten Vermögens nach der gesetzlichen Erbfolge. Letztere berücksichtigt als mögliche Erben sowohl die Verwandten des Erblassers als auch Ehegatten oder eingetragene Lebenspartner. Sind all diese nicht vorhanden, erbt das Land oder der Bund.

Erbe kann jedoch nur werden, wer zum Zeitpunkt des Erbfalls lebt und somit **erbfähig** ist. Erblasser und Erbe müssen also zumindest für einen Augenblick gleichzeitig gelebt haben, wobei der Erbe nicht vor oder gleichzeitig mit dem Erblasser versterben darf. Letzteres wird in der Praxis vor allem dann relevant, wenn mehrere Personen etwa bei einem Unfall ums Leben kommen und die genauen Todeszeitpunkte nicht ermittelbar sind. In diesen Fällen wird ein gleichzeitiges Versterben vermutet, was eine gegenseitige Beerbung der Betroffenen ausschließt. Bereits gezeugte, aber noch ungeborene Kinder sind dagegen aufgrund einer entsprechenden Gesetzesfiktion erbfähig.

2. Verwandtenerbrecht

a) Verwandtschaftsbeziehungen

Das Gesetz stellt hinsichtlich der Bestimmung der **Verwandtschaft** vorrangig auf die Blutsverwandtschaft ab. Dabei wird unterschieden zwischen Verwandtschaft in der geraden Linie und in der Seitenlinie: Personen in gerader Linie sind miteinander verwandt, wenn die eine von der anderen abstammt (z.B. Kinder oder Enkel zu Eltern und Großeltern). Soweit zwei Personen lediglich von einer gemeinsamen dritten Person abstammen, ohne in gerader Linie verwandt zu sein (z.B. Geschwister untereinander), sind diese in der Seitenlinie miteinander verwandt. Der Grad der Verwandtschaft bestimmt sich jeweils nach der Zahl der sie vermittelnden Geburten. In der Seitenlinie sind im zweiten Grad Geschwister verwandt, Neffe und Onkel sind Verwandte dritten Grades in der Seitenlinie. So wird das Verhältnis zwischen dem Neffen zu dessen Großeltern durch zwei Geburten, und von den Großeltern zum Onkel durch eine weitere Geburt vermittelt. Für die Bestimmung der erbfähigen Verwandten ist jedoch die rechtliche Verwandtschaft entscheidend, welche etwa aufgrund einer erfolgten Adoption von der Blutsverwandtschaft abweichen kann.

Verwandte einer Person sind zunächst grundsätzlich dessen Vater und Mutter. **Vater** einer Person ist derjenige, der zum Zeitpunkt der Geburt mit der Mutter des Kindes verheiratet ist oder die Vaterschaft anerkannt hat oder dessen Vaterschaft gerichtlich festgestellt ist. Darüber hinaus bestehen weitere gegebenenfalls zu beachtende Regelungen für den Fall, dass das Kind innerhalb eines Zeitraums von in der Regel 300 Tagen nach todesbedingter Auflösung einer Ehe geboren wird oder die Vaterschaft wirksam angefochten wurde.

Mutter ist die Frau, die das Kind geboren hat. Dies gilt unabhängig davon, ob es sich bei dieser auch um die genetische Mutter handelt. Demnach ist auch die das Kind lediglich austragende Leihmutter die mit dem Kind verwandte Mutter im Sinne des Gesetzes.

Ein Verwandtschaftsverhältnis kann auch durch **Adoption** begründet werden. An dieser Stelle soll nur auf den in der Praxis relevanteren Fall der Adoption von minderjährigen Kindern eingegangen werden. Für die Adoption Volljähriger, die jedenfalls nicht in erster Linie aus steuerlichen Gründen erfolgen darf, können sich im Einzelfall hinsichtlich der erbrechtlichen Konsequenzen Abweichungen ergeben.

Ehepaare können ein Kind nur gemeinsam annehmen. Etwas anderes gilt für den Fall, dass ein Ehepartner das nicht eheliche Kind des anderen Ehepartners auch als eigenes annimmt. In beiden Fällen erlangt das Kind gegenüber dem Ehepaar den Status eines gemeinschaftlichen Kindes. Bei Annahme des Kindes durch eine unverheiratete Person erlangt das Kind die Stellung eines Kindes des Annehmenden. Das somit begründete Verwandtschaftsverhältnis wirkt auch gegenüber den weiteren Verwandten der Adoptiveltern. Im Ergebnis werden für das Adoptivkind die einem leiblichen Kind der Adoptiveltern entsprechenden Erbrechte sowohl gegenüber den Adoptiveltern als auch gegenüber deren Verwandten begründet.

Gleichzeitig erlischt durch die Adoption grundsätzlich das Verwandtschaftsverhältnis und damit auch das Erbrecht des Kindes und seiner Abkömmlinge sowohl gegenüber seinen leiblichen Eltern als auch gegenüber deren Verwandten. Ausnahmen ergeben sich hinsichtlich des Verhältnisses zu den Verwandten der leiblichen Eltern unter bestimmten weiteren Voraussetzungen, wenn die Adoptiveltern mit dem Kind schon vor der Adoption im zweiten oder dritten Grad verwandt oder verschwägert waren oder ein Ehepartner das Halbwaisenkind seines Ehepartners adoptiert.

Die vorstehenden Ausführungen zu den entstehenden und erlöschenden Erbrechten des Adoptivkindes gegenüber den Adoptiv- und leiblichen Eltern sowie deren Verwandten gelten für deren Erbrechte gegenüber dem Adoptivkind grundsätzlich entsprechend.

b) Gesetzliches Erbrecht unter Verwandten

Die gesetzliche Erbfolge unterscheidet hinsichtlich der Verwandten des Erblassers zwischen Erben verschiedener **Ordnungen** entsprechend der nachfolgend dargestellten Einteilung. Erbe werden jeweils nur die vorhandenen Verwandten der niedrigsten Ordnung, da diese alle Verwandten der nachfolgenden Ordnungen von der Erbfolge ausschließen.

- Erben erster Ordnung: Abkömmlinge des Erblassers

- Erben zweiter Ordnung: Eltern des Erblassers und deren Abkömmlinge

- Erben dritter Ordnung: Großeltern des Erblassers und deren Abkömmlinge

- Erben vierter Ordnung: Urgroßeltern des Erblassers und deren Abkömmlinge

- Erben fernerer Ordnungen: Entferntere Voreltern des Erblassers und deren Abkömmlinge

Bei vorhandenen **Erben der ersten Ordnung** erfolgt die **Erbfolge nach Stämmen**, wobei jedes Kind des Erblassers mit seinen Abkömmlingen einen Stamm repräsentiert. Das bedeutet, dass sich die Erbquoten aus der gleichmäßigen Verteilung des Erbes auf die vorhandenen Stämme und nicht etwa auf die dort vorhandenen Personen ergeben.

Die dem Erblasser innerhalb eines Stammes dem Grad nach am nächsten stehende Person schließt dessen eigene Abkömmlinge von der Erbfolge aus. Fällt ein Abkömmling des Erblassers als Erbe weg, treten dessen Abkömmlinge innerhalb des Stammes an seine Stelle. Dies gilt auch dann, wenn eine noch lebende Person etwa aufgrund einer Erbausschlagung oder Erbunwürdigkeit kein Erbe wird.

Beispiel

 Zum Zeitpunkt des Erbfalls leben noch die Mutter des Erblassers, sein Bruder sowie sein Sohn S1. Weiterhin leben noch die beiden Kinder E1 und E2 von S1. Der zweite Sohn des Erblassers S2 ist vor einigen Jahren verstorben und hinterlässt die beiden Kinder E3 und E4. Die vorhandenen Abkömmlinge des Erblassers als Erben der ersten Ordnung schließen zunächst die Mutter des Erblassers sowie dessen Bruder als

Erben der zweiten Ordnung von der Erbfolge aus. Unter den Abkömmlingen verteilt sich das Erbe zu gleichen Teilen auf die Stämme der Söhne S1 und S2. Daher erbt S1, der wiederum seine Abkömmlinge von der Erfolge ausschließt, zur Hälfte. Der auf den Stamm von S2 entfallende Erbteil verteilt sich zu gleichen Teilen auf die an seine Stelle tretenden E3 und E4, die daher zu jeweils einem Viertel erben.

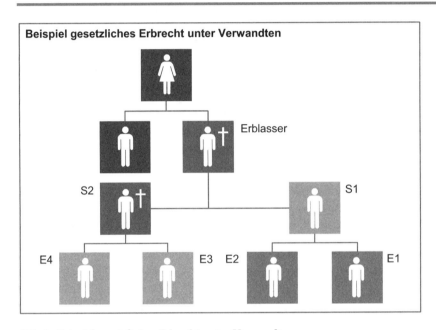

Abb. 1: Beispiel gesetzliches Erbrecht unter Verwandten

Sind keine Erben der ersten Ordnung vorhanden, erben gegebenenfalls die beiden Eltern des Erblassers als **Erben der zweiten Ordnung** allein und zu gleichen Teilen. Ist ein Elternteil vorverstorben, treten an dessen Stelle seine Abkömmlinge entsprechend den Regelungen zur Erbfolge nach Stämmen. Nur wenn keine Abkömmlinge des vorverstorbenen Elternteils vorhanden sind, erbt der überlebende Elternteil allein.

Bei fehlenden Erben zweiter Ordnung erben gegebenenfalls die vier Großeltern des Erblassers als **Erben der dritten Ordnung** allein und zu gleichen Teilen. An die Stelle eines vorverstorbenen Großelternteils treten wiederum, entsprechend der Regelungen zur Erbfolge nach Stämmen, dessen Abkömmlinge, oder, falls solche nicht vorhanden sind, der jeweils andere Großelternteil beziehungsweise dessen Abkömmlinge. Nur wenn beide Teile eines Großelternpaars nicht mehr leben und von diesen auch keine Abkömmlinge vorhanden sind, erben das andere Großelternpaar oder dessen Abkömmlinge entsprechend den vorgenannten Grundsätzen allein.

Beispiel

 Zum Zeitpunkt des Erbfalls leben aus der Familie des kinderlosen Erblassers mütterlicherseits lediglich noch zwei Tanten. Aus der väterlichen Linie des Erblassers lebt lediglich noch die Großmutter. Weitere Abkömmlinge der Großeltern aus der väterlichen Linie sind nicht vorhanden. Da es keine Erben der ersten oder zweiten Ordnung gibt, fällt das Erbe an die Großeltern des Erblassers bzw. deren Abkömmlinge als Erben der dritten Ordnung. Jedem der vier Großelternteile würde ein Viertel des Erbes zustehen. Da beide Großelternteile mütterlicherseits verstorben sind, fallen deren Anteile zu gleichen Teilen an die Tanten des Erblassers als Abkömmlinge der Großeltern. Diese erben somit jeweils ein Viertel. Der Erbteil des vorverstorbenen Großvaters aus der väterlichen Linie fällt mangels Abkömmlingen an dessen noch lebende Frau. Die Großmutter des Erblassers väterlicherseits erbt daher insgesamt zur Hälfte.

Ab den **Erben der vierten Ordnung** erbt der mit dem Erblasser dem Grade nach am nächsten Verwandte. Bei mehreren Erben mit gleichem Verwandtschaftsgrad wird das Erbe gleichmäßig auf diese verteilt, unabhängig davon, ob sie der gleichen oder verschiedenen Linien angehören. Eine gleichmäßige Verteilung nach Stämmen, also auf die gegebenenfalls vorhandenen Abkömmlinge einzelner vorverstorbener Urgroßeltern oder entfernterer Voreltern, erfolgt demnach gerade nicht.

3. Ehegattenerbrecht und Güterstände

Für den überlebenden Ehegatten existiert ein eigenes gesetzliches Erbrecht neben dem Verwandtenerbrecht. War der Erblasser im Zeitpunkt des Erbfalls verheiratet, erbt auch der überlebende Ehegatte, wobei die Höhe seines Erbteils einerseits davon abhängig ist, welche Verwandten welcher Ordnung noch vorhanden sind, und andererseits von dem ehelichen Güterstand, in welchem die Ehegatten im Zeitpunkt des Erbfalls lebten.

Neben den Verwandten der ersten Ordnung erbt der überlebende Ehegatte zu einem Viertel, neben Verwandten der zweiten Ordnung oder neben Großeltern zur Hälfte, immer vorausgesetzt, es existiert keine anderweitige letztwillige Verfügung des Erblassers. Sind weder Verwandte der ersten oder der zweiten Ordnung noch

Großeltern vorhanden, so erhält der überlebende Ehegatte von Gesetzes wegen die ganze Erbschaft.

Abhängig davon, in welchem ehelichen Güterstand die Ehegatten im Zeitpunkt des Erbfalls lebten, kann sich die Erbquote des überlebenden Ehegatten erhöhen. Lebten die Ehegatten im Zeitpunkt des Todes eines Ehegatten im **gesetzlichen** Güterstand der Zugewinngemeinschaft (siehe dazu 5.c)), erhöht sich die Erbquote des überlebenden Ehegatten bei gesetzlicher Erbfolge um den pauschalen Zugewinn um ein Viertel. Die Auswirkungen sind in der nachstehenden Darstellung aufgezeigt:

Ehegatte erbt	Gesetzliche Erbquote	Pauschaler Zugewinn gemäß §1371 Abs. 1 BGB	Erbquote gesamt
Neben Verwandten der 1. Ordnung	1/4	1/4	1/2
Neben Verwandten der 2. Ordnung und Großeltern	1/2	1/4	3/4
Keine Verwandten der 1. und 2. Ordnung und keine Großeltern vorhanden	1/1	keine Erhöhung	1/1

Abb. 2: Erbquote des überlebenden Ehegatten beim gesetzlichen Güterstand

Haben die Ehegatten als Güterstand hingegen die Gütertrennung gewählt, erben der überlebende Ehegatte und im Zeitpunkt des Erbfalls vorhandene Kinder grundsätzlich zu gleichen Teilen, wobei der Erbteil des überlebenden Ehegatten nie geringer werden kann als ein Viertel. Ist neben dem überlebenden Ehegatten noch ein Kind vorhanden, erben der überlebende Ehegatte und das Kind jeweils zur Hälfte. Existieren neben dem überlebenden Ehegatten noch zwei Kinder, erben der überlebende Ehegatte und die beiden Kinder jeweils zu einem Drittel. Sind drei oder mehr Kinder vorhanden, erhält der überlebende Ehegatte ein Viertel und die Kinder insgesamt drei Viertel. Sind keine Kinder vorhanden, bestimmt sich die Erbquote des überlebenden Ehegatten wiederum danach, ob im Zeitpunkt des Erbfalls Verwandte der ersten oder der zweiten Ordnung oder Großeltern des Erblassers existieren.

4. Gesetzliche Erbfolge und Nachfolge

Hat der Unternehmer nicht schon durch Rechtsgeschäft unter Lebenden vollständig über sein Unternehmen verfügt, fällt dieses in den Nachlass. Bei fehlendem Testament oder Erbvertrag, in welchem Anordnungen zur Unternehmensnachfolge geregelt sind, fällt das Unternehmen den gesetzlichen Erben zu. Dies kann in vielen Situationen zu unerwünschten Ergebnissen führen.

Regelmäßig stimmen die gesellschaftsvertraglich vorgesehene Nachfolgeregelung (vgl. Ausführungen unter 6.) und die gesetzliche Erbfolge nicht überein. Durch die gesetzliche Erbfolge rücken eventuell Personen in die Gesellschafterstellung des Erblassers nach, die laut Gesellschaftsvertrag nicht nachfolgeberechtigt sind. Häufig handelt es sich z.B. um die überlebenden Ehegatten, die nicht in die Gesellschaft aufgenommen werden dürfen. Dies kann zur Konsequenz haben, dass die gesetzlichen Erben aus der Gesellschaft ausscheiden und – wenn überhaupt – nur eine geringe Abfindung bekommen.

Eine große Gefahr der gesetzlichen Erbfolge liegt auch in der Zersplitterung der Gesellschaftsbeteiligung. Vielleicht nicht schon in der zweiten Generation, aber in den Folgegenerationen existieren häufig über alle Stämme hinweg mehr als zwei gesetzliche Erben. Dadurch kann es passieren, dass die Beteiligung des einzelnen Erben immer geringer wird und der einzelne Erbe/Gesellschafter immer weniger Einfluss hat. Dies soll in manchen Gesellschaften verhindert werden, weil man Beteiligungsverhältnisse wie bei Freudenberg oder Haniel vermeiden möchte.

War der Erblasser mehrmals verheiratet, was in der heutigen Zeit häufig vorkommt, sind sowohl die Kinder aus erster Ehe als auch die Kinder aus zweiter Ehe gesetzliche Erben erster Ordnung. Verstehen sich die Kinder aus erster Ehe und aus zweiter Ehe nicht oder haben sie überhaupt keine Beziehung zueinander, wäre es für das Unternehmen fatal, sollten aufgrund Eintreten der gesetzlichen Erbfolge sämtliche Kinder in das Unternehmen nachfolgen. Gesellschafterstreitigkeiten und Lähmung des Unternehmens für lange Zeit wären die wahrscheinlichen Folgen.

Auch der Fall minderjähriger oder behinderter Kinder als Erben kann über ein Testament oder einen Erbvertrag besser geregelt werden. Im Rahmen einer letztwilligen Verfügung kann für minderjährige oder behinderte Nachfolger die Dauertestamentsvollstreckung, eventuell auch nur bis zu einem bestimmten Alter, unter Benennung eines Testamentsvollstreckers angeordnet werden. So wird einerseits verhindert, dass durch das Nachlassgericht eine beliebige Person als Betreuer bestellt wird, der dann die Gesellschafterrechte des minderjährigen oder behinderten Erben ausübt. Andererseits besteht dadurch die Möglichkeit, den minderjährigen Nachfolger bis zu dem testamentarisch bestimmten Ende der Testamentsvollstreckung an das Unternehmen behutsam heranzuführen.

5. Exkurs: Güterstände

Das deutsche Recht sieht **drei Güterstände** vor, in denen Ehepaare leben können:

*   die Gütertrennung,

*   die Gütergemeinschaft,

*   die Zugewinngemeinschaft.

Der gesetzliche Güterstand ist die Zugewinngemeinschaft. In diesem Güterstand lebt ein Ehepaar, wenn es nicht durch Ehevertrag einen anderen Güterstand wählt.

a) Gütertrennung

Wählt ein Ehepaar die **Gütertrennung**, sind die Vermögen der Ehegatten getrennte Vermögensmassen. Erwirbt ein Ehegatte z.B. einen PKW, ist dieser PKW sein Eigentum. Der andere Ehegatte hat keinerlei Rechte an dem PKW des anderen Ehegatten. Insoweit unterscheidet sich die Eigentumssituation nicht von der Zugewinngemeinschaft. Wird der Güterstand der Gütertrennung beendet (durch Tod oder Scheidung), ist gesetzlich kein Ausgleich zwischen den Ehegatten vorgesehen.

b) Gütergemeinschaft

Leben die Ehegatten im Güterstand der **Gütergemeinschaft**, geht das Gesetz von dem Grundsatz aus, dass die Ehegatten gemeinschaftliches Vermögen erwerben (Gesamtgut).

c) Zugewinngemeinschaft

Der bei weitem meistgewählte Güterstand ist der gesetzliche Güterstand der **Zugewinngemeinschaft**. Auch hier bleiben die Vermögensmassen der Eheleute wie im Fall der Gütertrennung getrennte Vermögensmassen. Im Grunde ist die Zugewinngemeinschaft auch eine Gütertrennung mit Zugewinnausgleich. Dies wird oft übersehen, weshalb es bei Vermögensübertragungen zwischen den Eheleuten häufig zu ungewollten Schenkungen des einen Ehegatten an den anderen kommt. Richten die Eheleute z.B. ein Gemeinschaftskonto ein, auf das regelmäßige Gehaltszahlungen des einen Ehegatten überwiesen werden, kann dies u.U. bereits eine Schenkung von 50 % der Zahlungseingänge bedeuten, da das Gehalt grundsätzlich nur dem gehaltsempfangenden Ehegatten zusteht, aufgrund des Gemeinschaftskontos aber nach Zahlungseingang der andere Ehegatte einen Anspruch auf 50 % des Guthabens hat.

Der Unterschied zur Gütertrennung liegt darin, dass bei Beendigung der Zugewinngemeinschaft (durch Tod, Scheidung oder aufgrund Wechsels des Güterstands durch Ehevertrag) ein Zugewinnausgleich zwischen den Eheleuten stattfindet. Hierbei wird für jeden Ehegatten zunächst zum einen der Wert des Vermögens bestimmt, welches der jeweilige Ehegatte im Zeitpunkt des Beginns der Zugewinngemeinschaft besaß (Anfangsvermögen), und des Vermögens jedes Ehegatten bei Beendigung der Zugewinngemeinschaft (Endvermögen). Durch einen Vergleich des Endvermögens mit dem Anfangsvermögen des jeweiligen Ehegatten wird der Zugewinn des einzelnen Ehegatten ermittelt. Durch einen Vergleich des Zugewinns der Ehegatten ergibt sich, welcher Ehegatten einen größeren Zugewinn während der Ehe erwirtschaftet hat. Der Zugewinnausgleich erfolgt letztendlich dadurch, dass 50 % des Überschusses des „reicheren" Ehegatten dem „ärmeren" Ehegatten zustehen. In dieser Höhe hat der „ärmere" Ehegatte einen **Zugewinnausgleichsanspruch** gegen den „reicheren" Ehegatten, der **auf Geld gerichtet** ist. Sofern und soweit der „ärmere" Ehegatte damit einverstanden ist, kann der Zugewinnausgleichsanspruch auch durch Hingabe anderer Vermögensgegenstände erfüllt werden. In diesem Fall ist zu beachten, dass die Hingabe anderer Vermögensgegenstände ertragsteuerlich eine Veräußerung des „reicheren" Ehegatten an den „ärmeren" Ehegatten darstellt und daher immer die ertragsteuerlichen Folgen geprüft werden sollten.

d) Relevanz für Unternehmer

Vorstehende Ausführungen machen deutlich, weshalb es für einen Unternehmer wichtig ist, die Folgen des ehelichen Güterstandes vertraglich zu regeln. Regelmäßig ist der Zugewinn des Unternehmers vergleichbar mit dem Wertzuwachs des Unternehmens, da bei Familienunternehmen selten bzw. in der Regel nur in geringem Umfang Entnahmen bzw. Gewinnausschüttungen stattfinden, um ins Privatvermögen zu diversifizieren. Muss dieser Wertzuwachs als Zugewinn im Fall der Scheidung teilweise in bar ausgeglichen werden, kann dies eine existentielle Bedrohung des Familienunternehmens darstellen: Zum einen kann der Zugewinnausgleichsanspruch des anderen Ehegatten sehr hoch sein, zum anderen hat der Unternehmer im Zweifel nicht genug Privatvermögen, um den Anspruch zu begleichen. Infolgedessen muss der Unternehmer entweder das Unternehmen durch Entnahmen bzw. Gewinnausschüttungen finanziell belasten oder im schlimmsten Fall das Unternehmen verkaufen. Ähnliche Folgen kann der Zugewinnausgleichsanspruch im Todesfall haben. Soll das Unternehmen aufgrund letztwilliger Verfügung z.B. auf die Kinder übergehen, kann der Zugewinnausgleichsanspruch des überlebenden Ehegatten, der sich im Erbfall gegen die Erben richtet, zur Folge haben, dass den Erben nicht genug liquide Mittel zur Verfügung stehen, den Zugewinnausgleichsanspruch zu begleichen. Die Erben müssen in diesem Fall zur Erfüllung des Zugewinnausgleichsanspruchs entweder die liquiden Mittel aus dem Unternehmen entnehmen oder, sollten nicht genug liquide Mittel zur Verfügung stehen, das Unternehmen (teilweise) veräußern.

Um diese Folgen bei Beendigung der Zugewinngemeinschaft zu vermeiden, empfiehlt es sich, mittels eines Ehevertrages entweder den Güterstand der Gütertrennung zu vereinbaren oder den Zugewinnausgleich zu modifizieren. Häufig geschieht die Modifikation dergestalt, dass das unternehmerische Vermögen bei der Berechnung des Zugewinnausgleichsanspruchs nicht berücksichtigt wird. Eine solche Vereinbarung ist einer der Bausteine einer ganzheitlichen Nachfolgegestaltung.

6. Sondererbfolge in Gesellschaftsanteile

Das Erbrecht folgt dem Prinzip der **Gesamtrechtsnachfolge**, d.h. sämtliches Aktivvermögen und sämtliche Schulden mit Ausnahme eines Nießbrauchs gehen kraft Gesetzes auf den/die Erben über. Dies gilt selbst dann, wenn der Erblasser z.B. in einem Testament einer anderen Person als einem Erben einen Vermögensgegenstand vermacht hat. Der Erbe wird zunächst Eigentümer dieses Vermögensgegenstands, muss ihn aber an den Vermächtnisnehmer herausgeben. Gesamtrechtsnachfolge bedeutet weiterhin, dass der Erbe umfassend in die Rechtsstellung, auch in die steuerliche Rechtsstellung, des Erblassers eintritt.

Eine Ausnahme von dem Grundsatz der Gesamtrechtsnachfolge des Erben ist die **Sonderrechtsnachfolge in Personengesellschaftsanteile.** Die Sonderrechtsnachfolge bei Personengesellschaftsanteilen gilt für die Nachfolge in die Stellung des Erblassers als Gesellschafter einer

- Gesellschaft bürgerlichen Rechts (GbR),
- Offenen Handelsgesellschaft (OHG),
- GmbH & Co. KG,
- Partnerschaftsgesellschaft,
- Stillen Gesellschaft.

Sie bedeutet bei diesen Gesellschaften, dass für die Antwort auf die Fragen, ob ein Gesellschaftsanteil vererbt werden kann bzw. wird und an wen, zunächst das Gesellschaftsrecht maßgeblich ist. Entscheidend ist, welche Regelung im Gesellschaftsvertrag getroffen ist. Sieht der Gesellschaftsvertrag keine Regelung für den Tod eines Gesellschafters vor, hängt die Rechtsfolge von der Rechtsform der Personengesellschaft und der Stellung des Gesellschafters ab. Verstirbt z.B. der Gesellschafter einer GbR und enthält der Gesellschaftsvertrag der GbR für diesen Fall keine Regelung, wird die GbR kraft Gesetzes aufgelöst und den Erben steht ihr Anteil am Liquidationserlös zu. Bei einer OHG wie bei einer Partnerschaftsgesellschaft wird in diesem Fall die Gesellschaft mit den verbleibenden Gesellschaftern fortgesetzt, denen der Gesellschaftsanteil des Erblassers anwächst. Die Erben haben nur einen Abfindungsanspruch gegen die verbleibenden Gesellschafter gemäß §§ 738 ff. BGB. Diese Abwicklung (Anwachsung und Abfindung) kann erhebliche steuerliche Konsequenzen haben. Daher sollte eine solche Rechtsfolge durch gesellschaftsvertragliche Regelungen vermieden werden.

Verstirbt ein Gesellschafter einer Kommanditgesellschaft (KG) ohne gesellschaftsvertragliche Regelung, hängt die Rechtsfolge davon ab, ob der Erblasser die Stellung als persönlich haftender Gesellschafter (Komplementär) der Kommanditgesellschaft inne hatte oder Kommanditist war. Hatte der Erblasser die Stellung eines persönlich haftenden Gesellschafters, sind die Rechtsfolgen dieselben wie bei einer OHG. War der Erblasser hingegen Kommanditist, erben der/die Erben entsprechend ihrer Erbquote einen Teil des Kommanditanteils des Erblassers und werden neue Kommanditisten der Kommanditgesellschaft. Zu beachten ist in diesem Zusammenhang, dass der Kommanditanteil des Erblassers nicht auf eine Erbengemeinschaft übergeht, sondern jeder Erbe separat mit dem entsprechenden Kommanditanteil in die Gesellschaft eintritt.

Bei einer Stillen Gesellschaft tritt der Erbe/die Erbengemeinschaft mangels abweichender gesellschaftsvertraglicher Regelung in die Stille Gesellschaft ein.

Um die vorstehenden, eventuell unerwünschten Rechtsfolgen des Todes eines Gesellschafters zu vermeiden, sehen die Gesellschaftsverträge üblicherweise besondere Regelungen für die Rechtsnachfolge im Todesfall vor. Diese Regelungen werden Fortsetzungsklausel, erbrechtliche Nachfolgeklausel (einfache und qualifizierte) und Eintrittsklausel genannt. Die **Fortsetzungsklausel** findet bei der GbR Anwendung und bedeutet, dass die Gesellschaft mit den verbleibenden Gesellschaftern fortgesetzt wird. Diesen wächst der Gesellschaftsanteil des Erblassers an und die Erben erwerben einen Anspruch auf Abfindung gemäß den gesellschaftsvertraglichen Regelungen. Im Falle einer **einfachen Nachfolgeklausel** geht der Anteil an der Personengesellschaft auf den Alleinerben bzw. alle Miterben über. Sind diese laut Gesellschaftsvertrag nachfolgeberechtigt, werden die Miterben automatisch Gesellschafter gemäß ihrer Erbquote und dem Anteil des Erblassers. Sind die Miterben hingegen laut Gesellschaftsvertrag nicht nachfolgeberechtigt, geht der Gesellschaftsanteil getrennt von dem übrigen Nachlassvermögen ins Privatvermögen der Erben über. Die Rechtsfolgen für diesen Fall bestimmen sich nach dem Gesellschaftsvertrag. In der Regel ist vorgesehen, dass die nicht nachfolgeberechtigten Miterben aus der Gesellschaft gegen eine (geringe) Abfindung ausscheiden. Da dies regelmäßig die nachfolgenden Erben bzw. die Gesellschaft finanziell belastet, ist bei der Gestaltung der letztwilligen Verfügung besonderes Augenmerk darauf zu legen, dass die Gesellschaftsbeteiligung auf nachfolgeberechtigte Personen übergeht. Eine **qualifizierte Nachfolgeklausel** hat zur Folge, dass der Erblasseranteil in voller Höhe (nicht nur in Höhe der Erbquote) auf den gesellschaftsvertraglich qualifizierten Erben übergeht. Qualifikationsmerkmal ist in einem Familienunternehmen regelmäßig, dass nur Abkömmlinge eines Gesellschafters nachfolgen dürfen. Ist dann testamentarisch z.B. der überlebende Ehegatte als Nachfolger in die Gesellschafterstellung vorgesehen, wird er nicht Gesellschafter. Die anderen Miterben haben keinen Abfindungsanspruch gegen die Gesellschaft, aber gegebenenfalls einen erbrechtlichen Ausgleichsanspruch gegen den „qualifizierten" Erben. Die **Eintrittsklausel** bedeutet, dass die Erben berechtigt sind, in die Gesellschaft einzutreten. Sie werden nicht automatisch Gesellschafter, vielmehr steht ihnen nur ein Anspruch gegen die verbleibenden Gesellschafter auf Aufnahme in die Gesellschaft zu. Zunächst wächst der Erblasseranteil aber den verbleibenden Gesellschaftern zu.

Weder bei der **GmbH** noch bei der **Aktiengesellschaft** gibt es eine Sondererbfolge wie bei der Personengesellschaft. Sowohl der Geschäftsanteil einer GmbH als auch eine Aktie sind vererblich. Gibt es mehrere Erben, erwerben diese gemeinschaftlich, es sei denn, der Erblasser sieht in einer letztwilligen Verfügung etwas anderes vor. Bei einer Aktiengesellschaft müssen Miterben, sofern sie die Aktien gesamthänderisch erwerben, einen gemeinsamen Vertreter bestellen, da die Mitgliedschaftsrechte an einer Aktie unteilbar sind. Unabhängig von vorstehenden Ausführungen kann auch bei der GmbH und bei der Aktiengesellschaft der Kreis der nachfolgeberechtigten Personen z.B. auf Abkömmlinge eines Gesellschafters eingeschränkt werden. Geht trotz entsprechender gesellschaftsvertraglicher Regelung aufgrund letztwilliger Verfügung die Beteiligung im Erbfall auf eine Person über, die laut Gesellschaftsvertrag nicht nachfolgeberechtigt ist, scheidet diese Person nicht automatisch aus der GmbH bzw. der Aktiengesellschaft aus. Vielmehr muss in dem Gesellschaftsvertrag der Gesellschaft z.B. die Möglichkeit der Einziehung für diese Fälle vorgesehen werden.

Die vorstehenden Ausführungen machen deutlich, dass es viele Facetten einer gesellschaftsrechtlichen Nachfolge gibt und sowohl die gesellschaftsvertragliche Regelung als auch die testamentarische Verfügung gut überlegt und vor allem aufeinander abgestimmt werden müssen. Außerdem machen sie deutlich, dass die gesetzliche Erbfolge in der Regel nicht dazu geeignet ist, die gesellschaftsvertraglichen Nachfolgeregelungen zu erfüllen, und deshalb jeder Unternehmer zwingend eine letztwillige Verfügung errichten sollte.

III. Gewillkürte Erbfolge

1. Erbeinsetzung durch Testament

Die durch Artikel 14 Abs. 1 Grundgesetz geschützte Testierfreiheit (§ 2302 BGB) kennt grundsätzlich zwei Arten, die gesetzliche Erbfolge auszuschließen oder zu ergänzen: Die einseitige Verfügung von Todes wegen in Form des Testaments (§§ 1937, 2064 ff. BGB) und die zweiseitige Verfügung von Todes wegen in der Form des Erbvertrags (§§ 1941, 2274 ff. BGB). In den eben genannten Verfügungen von Todes wegen kann eine ganze Reihe möglicher Regelungen getroffen werden, die es einem Unternehmer ermöglichen, die Unternehmensnachfolge und die Versorgung derjenigen Verwandten, die nicht in das Unternehmen nachfolgen, nach seinen Vorstellungen zu gestalten, wie Erbeinsetzung (§ 1937 BGB), Enterbung (§ 1938 BGB), die Aussetzung eines Vermächtnisses (§§ 1939, 2147 ff. BGB), die Anordnung einer Vor- und Nacherbschaft (§§ 2100 ff. BGB), die Einsetzung von Ersatzerben (§§ 2096 ff. BGB), das Treffen einer Teilungsanordnung (§§ 2048 ff. BGB) oder die Einsetzung eines Testamentsvollstreckers (§§ 2197 ff. BGB).

Ein Testament kann nur persönlich errichtet werden. Voraussetzung ist die Vollendung des 16. Lebensjahres und damit das Erreichen der Testierfähigkeit. Zu beachten ist allerdings, dass vor Erreichen des 18. Lebensjahres ein Testament nur vor einem Notar errichtet werden kann, da für ein eigenhändiges Testament die Volljährigkeit Voraussetzung ist (§§ 2247 Abs. 4., 2233 BGB). Die Testamente unterscheiden dabei verschiedene Formen der Errichtung:

- Ordentliche Testamente (§ 2231 BGB), in eigenhändiger (§ 2247 BGB) oder notarieller (§ 2232 BGB) Form,

- Nottestamente (§§ 2249 ff. BGB) und

- Gemeinschaftliche Ehegatten-Testamente (§§ 2265 ff. BGB)

Das eigenhändige Testament (§ 2247 BGB) kann nur persönlich errichtet werden. Es muss vollständig eigenhändig geschrieben und unterschrieben sein. Daher erfüllt ein z.b. auf dem Computer geschriebenes und ausgedrucktes „Testament", das vom Erblasser unterschrieben wird, nicht die Formvorschriften und ist damit unwirksam. Das Testament *soll* den Ort und die Zeit seiner Erstellung enthalten, ein Verstoß gegen diese Vorschrift (§ 2247 Abs. 2 BGB) führt jedoch nicht zur Unwirksamkeit.

Ein notarielles („öffentliches") Testament wird zur Niederschrift eines Notars errichtet, in dem der Erblasser dem Notar seinen letzten Willen erklärt oder ihm eine Schrift mit der Erklärung übergibt, dass die Schrift seinen letzten Willen enthalte. Der Erblasser kann dabei die Schrift offen oder geschlossen übergeben. Sie braucht nicht vom Erblasser geschrieben zu sein. Von einer offenen Schrift wird der Notar sofort Kenntnis nehmen. Das verschlossene Testament bleibt auch dem Notar verschlossen, es wird erst nach dem Tod des Erblassers geöffnet. Das notarielle Testament ersetzt in der Regel den Erbschein, der z.B. zur Legitimation eines Erben bei Kreditinstituten oder Grundbuchämtern erforderlich ist. In der Regel dürfte das notarielle Testament auch kostengünstiger sein als ein späterer Erbschein, dessen Erteilung zudem einige Zeit in Anspruch nehmen kann. Insbesondere aus den vorgenannten Gründen ist daher zumindest in den Fällen, in denen nicht schon absehbar ist, dass das Testament nochmals geändert werden wird, die notarielle Beurkundung des Testaments vorzugswürdig. Das notarielle sowie das amtlich verwahrte eigenhändige Testament kann zudem im bundesweiten Testamentsregister der Bundesnotarkammer (vgl. www.testamentsregister.de) registriert und so bundesweit abgerufen werden.

In besonderen Situationen sind schließlich sogenannte Nottestamente vor dem Bürgermeister der Gemeinde (und zwei Zeugen), vor drei Zeugen sowie auf See möglich. Bei allen Nottestamenten ist zu beachten, dass sie drei Monate nach ihrer Errichtung enden, wenn der Erblasser zu diesem Zeitpunkt noch lebt (§ 2252 BGB).

Häufig anzutreffen ist schließlich das gemeinschaftliche Testament, das jedoch nur von Ehegatten oder eingetragenen Lebenspartnern errichtet werden kann. Es ist im Gegensatz zum Erbvertrag kein Vertrag, sondern eine einseitige Verfügung von Todes wegen, die von Ehegatten in einer Urkunde errichtet wird. Im Gegensatz zum Erbvertrag ist das gemeinschaftliche Testament zudem grundsätzlich widerruflich. Zur Errichtung eines gemeinschaftlichen eigenhändigen Testaments genügt es, wenn einer der Ehegatten eine eigenhändig geschriebene Erklärung verfasst und unterzeichnet und der andere Ehegatte diese Erklärung ebenfalls eigenhändig mitunterzeichnet. Der mitunterzeichnende Ehegatte *soll* hierbei angeben, zu welcher Zeit (Tag, Monat und Jahr) und an welchem Ort er seine Unterschrift beigefügt hat (§ 2267 BGB). Das gemeinschaftliche Testament verliert automatisch seine Gültigkeit durch Scheidung der Ehe (§ 2268 BGB). Infolge der EU-Erbrechtsverordnung[2] ist die Errichtung von Einzeltestamenten dem gemeinschaftlichen Testament vorzuziehen.

Hautpanwendungsfall des gemeinschaftlichen Testaments ist das sogenannte Berliner Testament (§ 2269 BGB). In einem Berliner Testament bestimmen die Ehegatten sich zu gegenseitigen Erben und setzen zusätzlich bei Tode des zuletzt Versterbenden als Erben ihr Kind bzw. ihre Kinder ein. Der überlebende Ehegatte ist dabei nicht den Beschränkungen wie ein Vorerbe unterworfen, sondern wird sogenannter Vollerbe. Insbesondere aus steuerlichen Gründen soll die Errichtung eines sogenannten Berliner Testamentes gut überlegt sein, da das Berliner Testament steuerlich nicht die günstigste Regelung darstellt.

Testamente sind immer nur nach dem (mutmaßlichen) Erblasserwillen auszulegen. Die Auslegung soll im Zweifel zur Wirksamkeit des Testaments führen. Zum Teil helfen dabei gesetzliche Bestimmungen des Erbrechts wie

- „Gesetzliche Erben": im Zweifel gesetzliche Erbteile (§ 2066 BGB),

- „Verwandte": im Zweifel Verwandte, die gesetzliche Erben sind (§ 2067 BGB),

- „Kinder"/„Abkömmlinge": Abkömmlinge (§§ 2068, 2069 BGB),

- „Die Armen": der örtliche Sozialhilfeträger, d.h. die Stadt bzw. der Landkreis (§ 2072 BGB).

Geändert haben sich im Laufe der Jahre auch die Voraussetzungen, unter denen ein Testament als sittenwidrig (§ 138 Abs. 1 BGB) anzusehen ist. Urteilte der Bundesgerichtshof (BGH) früher noch, dass das Testament eines verheirateten Ehemannes zugunsten seiner Geliebten sittenwidrig sei („Hergabe für Hingabe")[3], sieht dies die Rechtsprechung heute anders. Ein Testament kann ferner gegen ein gesetzliches Verbot (§ 134 BGB) verstoßen. So dürfen sich Beschäftigte von Altenheimen keine Leistungen von Heimbewohnern versprechen oder gewähren lassen, da sie sonst gegen Bestimmungen der verschiedenen Heimgesetze verstoßen. Schließlich können noch die mangelnde Testierfähigkeit, also das Testament eines noch nicht 16-

---

2 Siehe hierzu vertiefend den Beitrag „Die internationale Unternehmerfamilie – eine Herausforderung der besonderen Art" in diesem Kapitel.
3 BGH, Urt. v. 15.06.1955 – IV ZR 80/55, FamRZ 1963, 287; Urt. v. 17.03.1969 – III ZR 188/65, NJW 1969, 1343; Urt. v. 10.11.1982 – IVa ZR 83/81, FamRZ 1983, 53.

jährigen, sowie ein Verstoß gegen die o.g. Formvorschriften zur Nichtigkeit eines Testaments führen.

Testamente können ferner auch angefochten werden mit der Behauptung, der Erblasser sei über den Inhalt seiner Erklärung im Irrtum gewesen oder wollte eine solche Erklärung überhaupt nicht abgeben. Das Gleiche gilt, soweit er durch eine widerrechtliche Drohung veranlasst wurde, in bestimmter Art und Weise zu testieren. Anfechtungsberechtigt sind die sogenannten „Übergangenen", d.h. die gesetzlichen Erben sowie Pflichtteilsberechtigten. Die Anfechtung muss binnen eines Jahres nach Kenntnis des jeweiligen Anfechtungsgrundes gegenüber dem Nachlassgericht erklärt werden. Um die Gefahr einer Anfechtung zu reduzieren, können in einem Testament sogenannte „Strafklauseln" vorgesehen werden. Mittels dieser Klauseln kann der Erbteil derjenigen Personen, die die letztwillige Verfügung anfechten, im Erfolgsfall der Anfechtung auf den geringstmöglichen Teil gesetzt werden.

Ein Testament oder einzelne in ihm enthaltene Verfügungen können auch widerrufen werden. Dies empfiehlt sich aus Gründen der „Testamentshygiene" vor allem dann, wenn ein älteres Testament durch ein neueres Testament aufgehoben werden soll (§ 2254 BGB). In diesem Fall sollte der Erblasser unbedingt zu Beginn seines neuen Testaments erklären, dass er alle früheren Verfügungen von Todes wegen hiermit aufhebt. Des Weiteren wird ein früheres Testament insoweit widerrufen, als das spätere mit ihm im Widerspruch steht (§ 2258 BGB). Ein Testament kann auch durch Vernichtung widerrufen werden. Dies ist allerdings nur dem Erblasser gestattet. Vernichten Erben ein Testament des Erblassers, verstoßen sie nicht nur gegen die zivilrechtliche Ablieferungspflicht (§ 2259 Abs. 1 BGB), sondern machen sich zudem wegen Urkundenunterdrückung (§ 274 StGB) strafbar. Dies kann wiederum zur Erb- und Pflichtteilsunwürdigkeit (§ 2339 BGB) führen.

2. Erbvertrag

Im Gegensatz zum gemeinschaftlichen Testament kann ein Erbvertrag nicht nur zwischen Ehegatten bzw. eingetragenen Lebenspartnern, sondern zwischen jedermann geschlossen werden. Er wird häufig mit einem Ehevertrag verbunden und bedarf notarieller Beurkundung (§ 2276 Abs. 1 BGB). Anders als das Testament stellt der Erbvertrag ein zweiseitiges Rechtsgeschäft dar, das für den Erblasser bindend ist. In einem Erbvertrag können Erbeinsetzungen, Vermächtnisse und Auflagen geregelt werden. Abweichend vom gemeinschaftlichen Testament, das zu Lebzeiten beider Ehegatten einseitig widerrufen werden kann, ist der Erbvertrag verbindlich und kann nicht einfach widerrufen werden. Ein Rücktritt vom Erbvertrag ist u.a. nur dann möglich, wenn ein solches Rücktrittsrecht vorbehalten wurde. Die Rücktrittserklärung bedarf notarieller Beurkundung. Nach dem Tod des anderen Vertragspartners hat der Rücktritt durch Testament zu erfolgen. Ein Ehegatten-Erbvertrag kann zudem durch ein späteres gemeinschaftliches Testament aufgehoben werden. Ein Erbvertrag kann des Weiteren bei Vorliegen bestimmter Gründe innerhalb einer Frist von einem Jahr seit Kenntnis vom Anfechtungsgrund angefochten werden. Auch diese Anfechtungserklärung bedarf notarieller Beurkundung. Zudem ist zu beachten, dass ein Erbvertrag nicht verhindern kann, dass ein Vertragspartner zu Lebzeiten im Wege der Schenkung über sein Vermögen verfügt. Ausgeschlossen sind jedoch Schenkungen, die in der Absicht erfolgen, den anderen Vertragspartner zu beeinträchtigen. In diesem Fall kann der Vertragserbe nach Anfall der Erbschaft von dem Beschenkten die Herausgabe des Erhaltenen verlangen.

3. Erbengemeinschaft

Geht das Vermögen des Erblassers infolge gesetzlicher oder gewillkürter Erbfolge auf mehrere Erben über, entsteht eine Erbengemeinschaft. Auf sie geht das Vermögen als Ganzes über. Jeder Miterbe wird automatisch Mitglied der Erbengemeinschaft (§ 2032 BGB). Die Erbengemeinschaft ist eine Gesamthandsgemeinschaft, d.h. den Miterben steht kein Anteil am Erblasservermögen zu, sondern sie sind nur anteilig am vererbten Gesamtvermögen beteiligt. Die Erbengemeinschaft entsteht kraft Gesetzes. Jeder Miterbe kann grundsätzlich jederzeit die Auseinandersetzung der Erbengemeinschaft verlangen (§§ 2042 ff. BGB). In diesem Fall sind von Gesetzes wegen zuerst die vererbten Schulden zu tilgen, zu denen auch Pflichtteilsansprüche, Vermächtnisse, Auflagen und Beerdigungskosten zählen. Die Miterben haften zudem als Gesamtschuldner für die gemeinschaftlichen Nachlassverbindlichkeiten (§ 2058 BGB). Ist ein Gewerbebetrieb Gegenstand des Nachlasses, wird jeder Miterbe Mitunternehmer im Sinne des § 15 Abs. 1 S. 1 Nr. 2 EStG.

Der Nachlass wird gemeinschaftlich durch die Erbengemeinschaft verwaltet. Dabei können sogenannte Erhaltungsmaßnahmen wie die Reparatur eines Wasserrohrbruchs von jedem Miterben selbst angeordnet werden. Maßnahmen, die über die ordnungsgemäße Verwaltung hinausgehen, dürfen jedoch nur durch alle Miterben gemeinschaftlich erfolgen.

Ein Miterbe kann seinen „Anteil" veräußern, verpfänden oder den Nießbrauch daran zuwenden, über einzelne Nachlassgegenstände darf er jedoch nicht verfügen. Letzteres kann nur die Erbengemeinschaft selbst. Will ein Miterbe seinen Erbanteil veräußern, steht den übrigen Miterben dabei ein gesetzliches Vorkaufsrecht zu (§ 2034 BGB). Mittlerweile gibt es auch gewerbliche Anbieter für solche Fälle.[4] Die (Teil-)Auseinandersetzung der Erbengemeinschaft erfolgt durch einen entsprechenden Auseinandersetzungsvertrag zwischen den Miterben. Dieser kann bestimmen, dass der Nachlass an nur einen Miterben zu übertragen ist und die verbleibenden Erben entsprechende Abfindungen erhalten. Er kann auch vorsehen, dass die Gegenstände des Nachlasses auf die verschiedenen Miterben zu übertragen sind. Der Erblasser kann auf diese Verteilung durch eine sogenannte Teilungsanordnung (§§ 2048 ff. BGB) oder durch die Anordnung einer Testamentsvollstreckung (§§ 2197 ff. BGB) Einfluss nehmen. In jedem Fall muss die Auseinandersetzung wertmäßig gemäß den Erbquoten erfolgen. Geschieht dies nicht und erhält beispielsweise ein Miterbe wertmäßig mehr als ihm nach seiner Erbquote zusteht, stellt dies eine dem Grunde nach schenkungsteuerpflichtige Zuwendung der anderen Miterben an ihn dar.

Vorstehende Ausführungen zeigen deutlich, wie sinnvoll Regelungen in einem Testament oder Erbvertrag sind für den Fall, dass mehrere Personen im Erbfall in das Unternehmen nachfolgen sollen.

4. Vor- und Nacherbschaft

Der Erblasser kann anordnen, dass jemand erst Erbe wird (Nacherbe), nachdem zuvor ein anderer Erbe geworden ist (Vorerbe). So wollen Eltern in der Praxis häufig verhindern, dass ein „ungeliebter" Schwiegersohn als Ehemann ihrer Tochter Vermögen erbt, wenn die Tochter (plötzlich) verstirbt. In diesem Fall wird häufig angeordnet, dass die Tochter Vorerbin und die Kinder (Enkel) Nacherben werden sollen. Ein anderer Fall aus der Praxis ist die Konstellation, dass eine Ehefrau ihren geschiedenen Mann von der Erbfolge ausschließen will, wenn nach ihrem Tod „atypisch" das gemeinsame Kind vor dem geschiedenen Ehegatten verstirbt. Würde in diesem Fall die gesetzliche Erbfolge eintreten, würde im ersten Erbfall (Tod der Ehefrau/ Mutter) der geschiedene Ehegatte zwar kein gesetzlicher Erbe, sondern das gemeinsame Kind Alleinerbe. Im zweiten Erbfall (Tod des Kindes) würde der Vater jedoch gesetzlicher Alleinerbe werden. Daher wird in diesen Fällen häufig angeordnet, dass das gemeinsame Kind Vorerbe und beispielsweise ein anderer Verwandter Nacherbe werden soll. Beide Fälle spielen in der Unternehmensnachfolge eine große Rolle.

---

4 Frankfurter Allgemeine Sonntagszeitung (FAS) vom 21.06.2015, S. 38.

Zu beachten ist der Unterschied zur Ersatzerbschaft nach §§ 2096 ff. BGB. Ein Ersatzerbe kann vom Erblasser für den Fall eingesetzt werden, dass ein Erbe vor oder nach dem Eintritt des Erbfalls wegfällt. Auch von diesem Instrument sollte bei einer Unternehmensnachfolge Gebrauch gemacht werden. Zum Beispiel können die Abkömmlinge eines Kindes, das in das Unternehmen im Erbfall nachfolgen soll, bereits als dessen Ersatzerben vorgesehen werden.

Der Vor- und Nacherbe sind dagegen beide nacheinander (im Unterschied zur Erbengemeinschaft!) Rechtsnachfolger des Erblassers. Im Erbschaftsteuerrecht vollzieht § 6 ErbStG diese Rechtsfolgen steuerlich nach. Beim Vorerben wird die Erbmasse sogenanntes „Sondervermögen". Verstirbt der Vorerbe vor dem Erbfall, tritt der Vorerbfall nicht ein. In diesem Fall greift in der Regel die gesetzliche Auslegungsregel, nach der der Nacherbe „im Zweifel" als Ersatzerbe eingesetzt ist (§ 2102 Abs. 1 BGB).

Der Vorerbe ist zwar als Erbe anzusehen und darf auch grundsätzlich über die Nachlassgegenstände verfügen, allerdings bestehen bestimmte Ausnahmen, da der Nachlass möglichst ungeschmälert auf den Nacherben übergehen soll. Veräußert beispielsweise der Vorerbe ein Grundstück des Nachlasses, ist diese Veräußerung bei Eintritt der Nacherbfolge insoweit unwirksam, als sie das Recht des Nacherben vereiteln oder beeinträchtigen würde. Dies gilt auch, wenn infolge der Grundstücksveräußerung entsprechende Liquidität in den Nachlass fällt. Allerdings kann die Unwirksamkeit erst im Nacherbfall geltend gemacht werden. Auf Käuferseite stellt sich damit häufig die Frage, ob ein solcher Grundstückserwerb vom Vorerben wirksam ist. Dies ist dann der Fall, wenn der Käufer die Vor- und Nacherbschaft nicht kannte oder der Vorerbe schon vom Erblasser zu solchen Verfügungen ermächtigt worden war.[5] Ein Nacherbenvermerk im Grundbuch zerstört allerdings den guten Glauben eines solchen Käufers. Eine entsprechende Beschränkung gibt es nicht für Unternehmensbeteiligungen. Hierüber dürfte der Vorerbe verfügen. Um den Vorerben in seiner Verfügungsbefugnis zu beschränken, bedarf es Regelungen entweder in der letztwilligen Verfügung oder im Gesellschaftsvertrag. Verschenkt der Vorerbe Nachlassgegenstände, ist dies in jedem Fall unwirksam, hiervon kann auch der Erblasser nicht befreien. Allerdings kann die Unwirksamkeit auch hier erst im Nacherbfall geltend gemacht werden.

---

5 Sog. „befreiter" Vorerbe, vgl. §§ 2136, 2113 Abs. 1 BGB.

5. Ausschlagung

Der (gesetzliche oder gewillkürte) Erbe kann die Erbschaft binnen einer Frist von sechs Wochen oder sechs Monaten (wenn er sich bei Fristbeginn im Ausland aufhält) ausschlagen (§ 1944 BGB). Die Ausschlagungsfrist beginnt mit Kenntnis des Erben von seinem Erwerb, d.h. in der Regel mit Eröffnung des Testaments durch das Nachlassgericht. Die Ausschlagung muss durch Erklärung gegenüber dem Nachlassgericht erfolgen und bestimmte Formvorschriften beachten. Eine Ausschlagung ist dann nicht mehr möglich, wenn die Erbschaft bereits angenommen wurde (§ 1943 BGB). Letzteres kann beispielsweise der Fall sein, wenn bereits Nachlassverbindlichkeiten erfüllt wurden. Eine wirksame Ausschlagung hat zur Folge, dass die Erbschaft als nicht erfolgt gilt (§ 1953 Abs. 1 BGB). Die Erbschaft geht dann an den „Nächstberufenen" über. Schlägt also der Sohn die Erbschaft nach seinem verstorbenen Vater aus, fällt das Erbe an die Enkel des Verstorbenen. Eine Ausschlagung kann auch ein Gestaltungsmittel sein, da ein Ehegatte bei Ausschlagung der Erbschaft nach seinem verstorbenen Ehepartner in diesem Fall nicht nur den pauschal berechneten Zugewinnausgleich, sondern den tatsächlichen entstandenen Zugewinnausgleichanspruch erhält (§ 1371 Abs. 2 und 3 BGB). Zudem erhält er in diesem Fall auch noch den Pflichtteil. Andererseits geht z.B. das unternehmerische Vermögen, welches im Nachlass befindlich ist, auf die weiteren kraft Testament berufenen Erben oder die gesetzlichen Erben über. Hierdurch kann unter Umständen erreicht werden, dass das unternehmerische Vermögen selbst ohne letztwillige Verfügung auf die Personen übergeht, die tatsächlich in das Unternehmen nachfolgen sollen und dürfen.

6. Vermächtnis

Das Testament des Erblassers kann bestimmen, dass einem Begünstigtem aus dem Nachlass ein Vermögensvorteil zugewendet wird (Vermächtnis, vgl. § 1939 BGB). Der begünstigte Vermächtnisnehmer erhält damit nur einen schuldrechtlichen Anspruch gegen den Erben (§§ 2147, 2174 BGB). Das Vermächtnis entsteht mit dem Erbfall und kann von den Erben als Nachlassverbindlichkeit geltend gemacht werden. Gegenstand eines Vermächtnisses kann ein Geldanspruch sein, aber auch z.B. darin bestehen, dass ein Betrieb zugewendet werden soll. Ein Vermächtnis kann jederzeit (im Unterschied zur Erbschaft, s.o.) ausgeschlagen werden, es sei denn, es wurde bereits angenommen (§ 2180 BGB). Vermächtnisnehmer kann jede natürliche oder juristische Person, ja sogar eine Person sein, die noch nicht gezeugt wurde (der sog. „nasciturus"). Wird einem Erben ein Vermächtnis zugewandt, spricht man vom sogenannten Vorausvermächtnis (vgl. § 2150 BGB), das dieser vor seinem eigentlichen Erbteil erhält. Mit dem Vermächtnis beschwert ist in der Regel der Erbe.

Das Vermächtnis dient im Rahmen der Unternehmensnachfolge häufig dazu, zwischen der Verfügung über das sonstige Privatvermögen und der Verfügung über das unternehmerische Vermögen zu trennen. Zum Beispiel wird das unternehmerische Vermögen den nachfolgeberechtigten Personen per Vermächtnis übertragen, wohingegen z.B. der überlebende Ehegatte das sonstige Privatvermögen als Erbe erhält. Dadurch kann insbesondere die Versorgung des überlebenden Ehegatten sichergestellt werden. Entsprechende Gestaltungen sind heranzuziehen, wenn nicht sämtliche Kinder in das unternehmerische Vermögen nachfolgen sollen.

7. Pflichtteil

Wird ein Abkömmling oder der Ehegatte des Erblassers von diesem durch Verfügung von Todes wegen von der Erbfolge ausgeschlossen, kann er von dem bzw. den Erben den Pflichtteil verlangen. Dieser besteht in der Hälfte des Werts des gesetzlichen Erbteils (§ 2303 Abs. 1 BGB). In der Regel führt die Ausschlagung einer Erbschaft nicht dazu, dass dann der Pflichtteil geltend gemacht werden kann. Eine Ausnahme besteht, wenn der überlebende Ehegatte, der im gesetzlichen Güterstand mit dem Erblasser verheiratet gewesen ist, die Erbschaft ausschlägt. In diesem Fall kann neben dem tatsächlichen Zugewinnausgleich auch noch der Pflichtteil verlangt werden (§§ 2303 Abs. 2, 1371 Abs. 3 BGB). Bei der Ermittlung der Pflichtteilsquote werden alle potenziellen Pflichtteilsberechtigten mitgezählt, auch wenn sie durch Verfügung von Todes wegen oder infolge Ausschlagung bzw. Erbverzicht von der Nachfolge ausgeschlossen sind. Ihr Wegfall soll die Pflichtteilsquote nicht erhöhen. Bemessungsgrundlage für den Pflichtteil ist grundsätzlich der Nachlasswert. Hier muss sich der Pflichtteilsberechtigte ggf. das anrechnen lassen, was ihm vom Erblasser bereits in einem früheren Zeitpunkt mit der Bestimmung zugewendet wurde, dass es auf dem Pflichtteil angerechnet werden soll. In der Praxis findet häufig auch eine sogenannte Pflichtteilsergänzung (§ 2325 BGB) statt. Dies betrifft Fälle, in denen der Erblasser in den letzten zehn Jahren vor dem Erbfall Vermögen verschenkt hat. Dabei gilt seit der Erbrechtsreform 2010 eine gestufte Regelung. Schenkungen des Erblassers innerhalb eines Jahres vor dem Erbfall werden für Zwecke der Pflichtteilsberechnung in jedem Fall vollständig der Erbmasse hinzugerechnet. Länger zurückliegende Schenkungen werden pro rata temporis der Erbmasse zugeschlagen, d.h. sie werden innerhalb jedes weiteren Jahres vor dem Erbfall um jeweils ein Zehntel weniger berücksichtigt (sog. Abschmelzlösung). Zu beachten ist allerdings, dass die Frist für die Pflichtteilsergänzung bei Schenkungen an den Ehegatten erst mit Auflösung der Ehe beginnt (§ 2325 Abs. 3 S.3 BGB). Ebenso ist bei Schenkungen unter Vorbehalt des Nießbrauchs zu beachten, dass nach der Rechtsprechung des BGH die Frist grundsätzlich nicht zu laufen beginnt, da der Schenker bzw. Erblasser sich der Nutzung des Gegenstandes nie begeben habe.[6]

Im Rahmen einer Unternehmensnachfolge ist es unerlässlich, dass sowohl der nicht unternehmerisch tätige Ehegatte als auch die Abkömmlinge auf ihren Pflichtteil verzichten. Dies erfolgt im Wege einer Pflichtteilsverzichtsvereinbarung, die regelmäßig im Ehevertrag bzw. in Schenkungsverträgen, die im Rahmen einer vorweggenommenen Erbfolge mit den Kindern abgeschlossen werden, zu finden ist. Durch den Pflichtteilsverzicht erhält der Unternehmer vollständige Testierfreiheit, d.h. er kann bei der Errichtung seines Testaments oder des Erbvertrags frei verfügen, ohne darauf achten zu müssen, ob infolge seiner Verfügungen (Wer wird Erbe? Wer bekommt ein Vermächtnis?) im Erbfall mit Pflichtteilsansprüchen zu rechnen ist. Sofern z.B. nur ein Kind in das Unternehmen nachfolgen soll und dies im Testament so vorgesehen wird, stünden mit hoher Wahrscheinlichkeit anderen Kindern bzw. dem überlebenden Ehegatten Pflichtteilsansprüche zu. Sollten diese geltend gemacht werden, würde dies voraussichtlich das Unternehmen belasten, da die Pflichtteilsansprüche irgendwie beglichen werden müssen und hierfür die Liquidität des Unternehmens in vielen Fällen herhalten müsste. Um dies auszuschließen, ist es sinnvoll, wenn der andere Ehegatte und sämtliche Kinder auf ihren Pflichtteil verzichten.

8. Auflage und Testamentsvollstreckung

Belastet der Erblasser den Nachlass mit einer Auflage, schafft dies für den durch die Auflage Begünstigten keinen Anspruch auf die Leistung (§ 1940 BGB). In der Praxis finden sich häufig Auflagen wie die Grabpflege, die Versorgung des Haustieres oder das Familienheim nicht zu veräußern. Da der Begünstigte der Auflage keinen Anspruch auf deren Durchsetzung hat, wird die Auflage häufig mit einer Testamentsvollstreckung verbunden. Testamentsvollstrecker kann dabei jede natürliche oder juristische Person sein. Das Amt des Testamentsvollstreckers beginnt mit seiner Annahme, frühestens aber mit dem Erbfall. Es endet durch

---

6 BGH, Urt. v. 27.04.1994 – IV ZR 132/93, NJW 1994, 1791.

- Tod des Testamentsvollstreckers (§ 2225 BGB),

- Kündigung durch den Testamentsvollstrecker (§ 2226 BGB) oder

- Entlassung des Testamentsvollstreckers aus dem Amt durch das Nachlassgericht (§ 2227 BGB).

Insbesondere die Anordnung einer Testamentsvollstreckung ist im Zusammenhang mit der Unternehmensnachfolge sinnvoll. Durch eine professionelle Testamentsvollstreckung kann die Abwicklung des Erbfalls, das heißt. z.B. die Erfüllung der Vermächtnisse, zügig umgesetzt werden. Im Fall von Minderjährigen als Erben bzw. Vermächtnisnehmern ist eine Dauertestamentsvollstreckung angezeigt bis zu einem Alter, ab welchem ein verantwortungsvoller Umgang mit der Gesellschaftsbeteiligung und den Gesellschafterrechten erwartet werden kann. Dem Testamentsvollstrecker stehen dann bis zum Erreichen dieses Alters die Verwaltungs- und Verfügungsbefugnis hinsichtlich der Gesellschaftsbeteiligung zu. Im Gesellschaftsvertrag ist derjenige Personenkreis zu definieren, der als Testamentsvollstrecker in Betracht kommt.

IV. Fazit

Das Gesetz sieht zahlreiche Möglichkeiten vor, die Unternehmensnachfolge abweichend von der gesetzlichen Erbfolge in einer letztwilligen Verfügung mittels Testament oder Erbvertrag zu gestalten. Hiervon sollte der Unternehmer Gebrauch machen, da die gesetzliche Erbfolge in den wenigsten Fällen den Vorstellungen des Unternehmers zu seiner Unternehmensnachfolge entsprechen bzw. mit den gesellschaftsvertraglichen Bedingungen übereinstimmen wird. Auch in steuerlicher Hinsicht wird die gesetzliche Erbfolge selten die optimale Lösung für die Unternehmensnachfolge darstellen. Aber auch in den Fällen, in denen der Unternehmer schon im Rahmen einer vorweggenommenen Erbfolge ganz oder teilweise über sein Unternehmen verfügt hat, sollte bereits mit Blick auf den Erbfall z.B. das Gestaltungsinstrument des Pflichtteilsverzichts genutzt werden, um vollständige Freiheit mit Blick auf die testamentarischen Anordnungen zu gewinnen.

4.2 Die steuerliche Gestaltung der Nachfolge – eine hohe Kunst

von Dr. Claudia Klümpen-Neusel

I. Einleitung

Die Unternehmensnachfolge hat immer auch eine steuerliche Dimension, die den Fortbestand des Unternehmens bedrohen und die Unternehmerfamilie einem „Stresstest" aussetzen kann. Auch wenn die Planung einer gelungenen Unternehmensnachfolge zunächst zutreffenderweise auf wirtschaftlichen und familiären Erwägungen aufbaut, sollten steuerliche Aspekte immer mit berücksichtigt werden. Hierbei gilt es, bestimmte Grundregeln zu beachten. Zusätzlich zielt eine ganzheitliche Nachfolgeplanung darauf ab, die steuerliche Belastung sowohl für das Unternehmen als auch für den Erben – oder bei lebzeitiger Nachfolge für den Beschenkten – möglichst gering zu halten: die Nachfolge soll also steueroptimal gestaltet werden.

II. Grundregeln

Ansatzpunkte für mögliche Gestaltungen werden deutlich, wenn man sich die Systematikdes deutschen Erbschaft- und Schenkungsteuergesetzes vor Augen führt: Jeder unentgeltlich übertragene Gegenstand bzw. jedes unentgeltlich übertragene Wirtschaftsgut ist zunächst separat zu bewerten und um eventuelle Bewertungsabschläge zu kürzen. Anschließend werden die Werte der übertragenen Vermögensgegenstände – soweit sie auf den einzelnen Erwerber entfallen – addiert und ergeben den Wert des gesamten Vermögensanfalls. Von dieser Ausgangsbasis werden nun sachliche Steuerbefreiungen (z.B. Vergünstigungen bei der Übertragung des Familienheims, denkmalgeschützte Immobilien oder Zuwendungen an gemeinnützige Organisationen) sowie Verbindlichkeiten oder Belastungen (sofern diese noch nicht bei der Bewertung berücksichtigt wurden) und der persönliche Freibetrag abgezogen. Der verbleibende Wert ergibt die erbschaftsteuerliche Bemessungsgrundlage, die schließlich dem Steuertarif unterworfen wird.

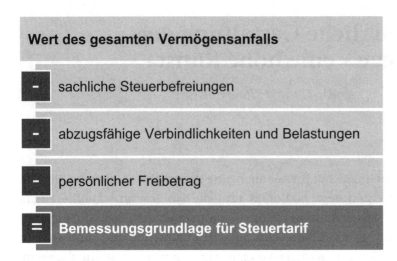

Wert des gesamten Vermögensanfalls

- sachliche Steuerbefreiungen

- abzugsfähige Verbindlichkeiten und Belastungen

- persönlicher Freibetrag

= **Bemessungsgrundlage für Steuertarif**

Abb. 1: Systematik des deutschen Erbschaftsteuergesetzes

Steuertarif und persönlicher Freibetrag hängen dabei vom Verwandtschaftsverhältnis zwischen dem Zuwendenden und dem Erwerber ab. Dies spiegelt sich in der Einteilung der sogenannten Steuerklassen I bis III wider, wobei die nächsten Verwandten der günstigsten Steuerklasse I zugeordnet sind und Erwerber ohne Verwandtschaftsverhältnis zum Erblasser oder Schenker der ungünstigen Steuerklasse III (siehe Abbildung 2).

Belastung abhängig von Einteilung des Erwerbers in …

Steuerklasse I	Steuerklasse II	Steuerklasse III
• Ehegatte • Kinder und Stiefkinder • Abkömmlinge der Kinder und Stiefkinder • Eltern/Großeltern bei Erwerb von Todes wegen	• Eltern/Großeltern bei Schenkungen • Geschwister und Abkömmlinge ersten Grades von Geschwistern • Stiefeltern • Schwiegerkinder, Schwiegereltern • der geschiedene Ehegatte	• alle übrigen Erwerber, z.B. Lebensgefährte

Abb. 2: Einteilung der Steuerklassen

Steuerklasse bestimmt persönliche Freibeträge

Ehegatten	**€500.000**
(Stief-)Kinder i.S.d. Steuerklasse I Nr. 2 und Kinder verstorbener Kinder	**€400.000**
Enkel, Steuerklasse I Nr. 2	**€200.000**
(Groß-)Eltern, übrige Personen der Steuerklasse I	**€100.000**
Eltern bei Schenkung, Personen der Steuerklasse II	**€20.000**
Eingetragener Lebenspartner i.S.d. LPartG	**€500.000**
Übrige Personen der Steuerklasse III	**€20.000**

Abb. 3: Freibeträge

Steuerklasse und Wert bestimmen den Steuertarif (ab 2010)

Wert des steuerpflichtigen Erwerbs bis einschließlich €		**Steuerklasse**	
	I	**II**	**III**
75.000	7%	15%	30%
300.000	11%	20%	30%
600.000	15%	25%	30%
6.000.000	19%	30%	30%
13.000.000	23%	35%	50%
26.000.000	27%	40%	50%
>26.000.000	30%	43%	50%

Abb. 4: Steuertarife ab 2010

Hieraus ergibt sich, dass die erbschaftsteuerliche Belastung im Wesentlichen von der Höhe der Bemessungsgrundlage und der anzuwendenden Steuerklasse beeinflusst wird. Ansatzpunkte für eine Reduktion der steuerlichen Bemessungsgrundlage bieten

• der Wertansatz des übertragenen Gegenstandes,

• die Wertminderung durch abziehbare Belastungen und

• die Anzahl der Erwerber.

Bei der Frage nach der Anzahl der Erwerber steht die Überlegung im Vordergrund, die auf den Einzelnen entfallende Bemessungsgrundlage dadurch zu schmälern, dass der Wert des Zuwendungsgegenstandes auf mehrere Köpfe verteilt wird (bei dem Einzelnen also „weniger" ankommt) und zusätzlich noch mehrere persönliche Freibeträge ausgenutzt werden können. Die Überlegungen zum Wertansatz und zu möglichen abziehbaren Belastungen beziehen sich demgegenüber auf die Frage, was genau Zuwendungsgegenstand sein und in welchem Umfang dieser übertragen werden soll.

1. Umfang der Übertragung – Wertminderung durch abziehbare Belastungen

Wenig überraschend ist ein Gegenstand, der mit einem Recht zugunsten eines Dritten belastet ist, weniger wert als der unbelastete Gegenstand. Demzufolge sollte die unentgeltliche Übertragung des belasteten Gegenstands zu einer geringeren Erbschaft- oder Schenkungsteuer führen. So banal dieser Hinweis scheinen mag, in so vielfältiger Weise lässt er sich für eine vorweggenommene Erbfolge in Unternehmensanteile nutzen. Denn der Unternehmensinhaber muss keinesfalls sämtliche oder – im Falle einer nur teilweisen Übertragung – einzelne Gesellschaftsanteile frei von Rechten übertragen. Oftmals befindet sich der Unternehmensinhaber in einer Situation, in der er noch nicht auf die Erträge aus dem Unternehmen verzichten oder in der er seinen Ehegatten finanziell versorgt wissen möchte. Hierfür bietet sich die Übertragung unter Nießbrauchsvorbehalt an.

Beispiel

 Unternehmer U ist Alleingesellschafter der U GmbH. U möchte seine Tochter aus pädagogischen Gründen am Unternehmen beteiligen, benötigt aber die Erträge aus dem Unternehmen noch zur Sicherung seines Lebensstandards. Er überträgt daher einen 10 %-Geschäftsanteil auf T, behält sich aber das Nießbrauchsrecht an diesem Geschäftsanteil vor. Infolgedessen geht zwar die Substanz (Geschäftsanteil) auf T über, nicht jedoch auch das damit verbundene Gewinnbezugsrecht (je nach Ausgestaltung des Nießbrauchsrechts behält sich der Nießbrauchsberechtigte auch Informations-und Weisungsrechte vor). T erhält also nur den mit dem Nießbrauchsrecht zugunsten des U belasteten Gesellschaftsanteil.

Aus erbschaft- und schenkungsteuerlicher Sicht reduziert das Nießbrauchsrecht den Wert der Zuwendung. Mit anderen Worten: der Wert des Nießbrauchsrechts reduziert die erbschaft- und schenkungsteuerliche Bemessungsgrundlage. Zu diesem Zweck ist das Nießbrauchsrecht zu bewerten und vom Wert des übertragenen Gegenstandes (hier: Gesellschaftsanteil) abzuziehen. Der Wert des Nießbrauchsrechts hängt dabei von der vorgesehenen Dauer (sofern das Nießbrauchsrecht zeitlich begrenzt ist) bzw. der durchschnittlichen Lebenserwartung ab, die sich aus der jeweils aktuellen Sterbetafel des Statistischen Bundesamtes ergibt (sofern ein lebenslängliches Nießbrauchsrecht vereinbart wurde). Darüber hinaus wäre es auch möglich, das Nießbrauchsrecht quotal zu beschränken. Es muss also nicht auf das gesamte Gewinnbezugsrecht des übertragenen Geschäftsanteils bezogen werden (im Beispielsfall 10 %), sondern kann sich auf einen Teil hiervon beschränken (z.B. 50 % des Gewinnbezugsrechts des auf T schenkweise übertragenen Geschäftsanteils). Auch dies wirkt sich auf die Bewertung des Nießbrauchsrechts aus.

Fällt später das Nießbrauchsrecht durch Zeitablauf oder Tod des Nießbrauchsberechtigten weg, entsteht dadurch – von wenigen Ausnahmen abgesehen – keine weitere Erbschaft- oder Schenkungsteuer auf den ursprünglich belastet übertragenen Schenkungsgegenstand. Die Schenkung unter Nießbrauchsvorbehalt stellt daher ein geeignetes Instrument dar, die finanzielle Versorgung des Schenkers zu gewährleisten, seinen Einfluss im Unternehmen zu sichern und zugleich den Wert der Bereicherung aufseiten des Empfängers zu reduzieren.

Vorsicht ist allerdings bei Beteiligungen an gewerblichen Personengesellschaften geboten. Hier darf der Vorbehalt des Nießbrauchsrechts nicht dazu führen, dass kein Mitunternehmeranteil auf den Beschenkten oder Erben übertragen wird. Diese Gefahr droht, wenn dem Nießbrauchsberechtigten so weitreichende Mitwirkungsrechte in Bezug auf den übertragenen Gesellschaftsanteil vorbehalten sind, dass der Beschenkte oder Erbe keinerlei Mitunternehmerinitiative mehr entfalten kann und nur noch als Marionette des Nießbrauchsberechtigten fungiert.[1]

2. Wertansatz – Gegenstand der Übertragung

Die erbschaft- und schenkungsteuerliche Bemessungsgrundlage kann aber nicht nur durch abziehbare Belastungen gemindert werden, sondern auch dadurch, dass ein Vermögensgegenstand übertragen wird, dessen wirtschaftlicher Wert nicht in vollem Umfang in die Bemessungsgrundlage mit einbezogen wird. Zwar ist das seit dem 01.01.2009 geltende Erbschaft- und Schenkungsteuergesetz darauf ausgerichtet, zunächst alle Vermögensgegenstände einheitlich mit dem gemeinen Wert (Verkehrswert) zu erfassen. Bewertungsvorteile, wie sie noch bis einschließlich

---

1 BFH v. 23.02.2010 – II R 42/08, BFHE 228,184; BHF v. 16.05.2013 – II R 5/12, BFHE 241, 49.

31.12.2008 für bestimmte Vermögenswerte gesetzlich normiert waren – z.B. Ansatz von Steuerbilanzwerten für Betriebsvermögen oder von Grundbesitzwerten für Immobilien, während Barvermögen stets mit dem Nennwert anzusetzen war – existieren damit grundsätzlich nicht mehr. Dafür sieht das derzeitige Erbschaft- und Schenkungsteuerrecht jedoch im Anschluss an die einheitliche Bewertung mit dem gemeinen Wert insbesondere bei Betriebsvermögen Bewertungsabschläge von bis zu 100 % vor. Nach wie vor kann damit über die genaue Definition bzw. über eine Auswahl des Zuwendungsgegenstandes Einfluss auf die Höhe der steuerlichen Bemessungsgrundlage genommen werden.

Beispiel

 Unternehmer U ist Alleingesellschafter der U GmbH, deren Verkehrswert 10 Mio. Euro beträgt. Daneben verfügt er über ein Barguthaben in gleicher Höhe. Schenkt U das gesamte Barguthaben an seine Tochter T, beläuft sich der Wert der Zuwendung auf 10 Mio. Euro. Überträgt er hingegen seinen 100 %-GmbH-Anteil auf seine Tochter, gelangen eventuell nur 15 % des Werts (1,5 Mio. Euro) oder sogar 0 % in die schenkungsteuerliche Bemessungsgrundlage. Um diese steuerlichen Vergünstigungen für Betriebsvermögen in Anspruch nehmen zu können, müssen jedoch bestimmte Voraussetzungen vorliegen.

III. Die Übertragung unternehmerischen Vermögens

1. Bewertung

Gehen wir zunächst nochmal einen Schritt zurück und schauen uns etwas genauer an, wie unternehmerisches Vermögen seit dem 01.01.2009 bewertet wird.

Grundsätzlich gilt, dass betriebliche Einheiten unabhängig von ihrer Rechtsform für erbschaft- und schenkungsteuerliche Zwecke mit dem gemeinen Wert anzusetzen sind. Rechtsformunabhängig bedeutet dabei, dass sowohl für Einzelunternehmen als auch für gewerbliche Personengesellschaften und Kapitalgesellschaften die gleichen Bewertungsvorschriften zur Anwendung gelangen. Gemäß § 11 BewG soll zunächst vorrangig für Anteile an börsennotierten Kapitalgesellschaften auf den zum Stichtag niedrigsten notierten Börsenwert zurückgegriffen werden. Existiert ein solcher Wert nicht oder handelt es sich um Betriebsvermögen einer nicht an der Börse gehandelten Gesellschaft bzw. ein Einzelunternehmen, soll der gemeine Wert aus Verkäufen unter fremden Dritten innerhalb des letzten Jahres vor dem Besteuerungszeitpunkt abgeleitet werden. Liegen auch solche Verkäufe nicht vor, ist der gemeine Wert unter Berücksichtigung der Ertragsaussichten des Unternehmens oder einer anderen anerkannten, auch im gewöhnlichen Geschäftsverkehr für nicht steuerliche Zwecke üblichen Methode zu ermitteln. Über einen Verweis auf § 199 BewG führt das Gesetz sodann das **vereinfachte Ertragswertverfahren** als mögliches Bewertungsverfahren ein, sofern dies nicht zu offensichtlich unzutreffenden Ergebnissen führt.

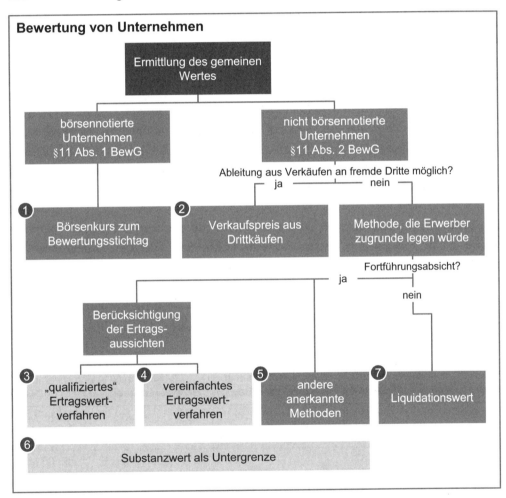

Abb. 5: Bewertung von Unternehmen

Der gemeine Wert nach dem vereinfachten Ertragswertverfahren ermittelt sich auf der Basis des zukünftig nachhaltig erzielbaren Jahresertrags, wobei sich die Prognose auf den Durchschnittsertrag der letzten drei Jahre vor dem Bewertungsstichtag stützt. Um Sondereffekte der letzten drei Jahre auszublenden und um Rechts-formneutralität der Bewertungsmethode zu gewährleisten, sieht das Gesetz zahlreiche Hinzurechnungen und Abzüge vom Durchschnittsertrag vor. Anschließend ist der zukünftig nachhaltig erzielbare Jahresertrag mit einem Kapitalisierungsfaktor zu multiplizieren, der sich aus einem Basiszinssatzund einem Risikozuschlag von 4,5 % ergibt. Der Basiszinssatz wird aus der langfristig erzielbaren Rendite öffentlicher Anleihen abgeleitet und von der Deutschen Bundesbank jeweils auf den ersten Börsentag eines Jahres errechnet.

Beispiel

 Bei einem Basiszinssatz von 4 % ergibt sich beispielsweise ein Kapitalisierungszins-satz von 8,5 % (Basiszinssatz 4 % + Zuschlag 4,5 %). Der Kehrwert dieses Kapitalisierungszinssatzes stellt den Kapitalisierungsfaktor dar, mithin 1/0,085 = 11,76. Vereinfachend bedeutet dies, dass der durchschnittliche Jahresertrag der letzten drei Jahre nach Steuern multipliziert mit 11,76 den gemeinen Wert des Unternehmens darstellt, der für erbschaft- und schenkungsteuerliche Zwecke nach dem vereinfachten Ertragswertverfahren anzusetzen ist.

Der für alle Übertragungen in 2015 anzuwendende Basiszinssatz beläuft sich aufgrund des derzeitigen Niedrigzinsumfeldes auf 0,99 %. Dies hat verheerende Folgen für die Unternehmensbewertung: während bei sonst gleichbleibenden Umständen ein Unternehmen mit einem nachhaltig erzielbaren Jahresertrag von beispielsweise 10 Mio. Euro im Jahr 2009 für erbschaft- und schenkungsteuerliche Zwecke mit 61,65 Mio. Euro bewertet worden wäre, wäre dasselbe Unternehmen im Jahr 2015 mit 91,05 Mio. Euro anzusetzen.

Jahr	Basiszinssatz (§203 Abs. 2 BewG)	Kapitalisierungsfaktor (§203 Abs. 4 BewG)	Nachhaltig erzielbarer Ertrag	Unternehmens-wert
2009	3,61%	12,33	€5 Mio.	€61,65 Mio.
2010	3,98%	11,79	€5 Mio.	€58,95 Mio.
2011	3,43%	12,61	€5 Mio.	€63,05 Mio.
2012	2,44%	14,41	€5 Mio.	€72,05 Mio.
2013	2,04%	15,29	€5 Mio.	€76,45 Mio.
2014	2,59%	14,10	€5 Mio.	€70,50 Mio.
2015	0,99%	18,21	€5 Mio.	€91,05 Mio.

Abb. 6: Entwicklung der Basiszinssätze und Kapitalisierungsfaktoren (ab 2009)

2. Besondere Verschonungsregelungen für betriebliches Vermögen

Betriebliches Vermögen kann nach den Vorschriften des Erbschaft- und Schenkungsteuergesetzes steuerlich begünstigt übertragen werden, wenn bestimmte Voraussetzungen eingehalten werden. Hierbei stehen dem Steuerpflichtigen zwei verschiedene Wege offen: er kann sich für die sogenannte Regelverschonungoder das sogenannte Optionsmodell entscheiden.

Werden Betriebsvermögen einschließlich Beteiligungen an gewerblichen Personengesellschaften oder GmbH-Anteile, an denen der Zuwendende zu mehr als 25 % unmittelbar beteiligt war, unentgeltlich übertragen, erhielte der Steuerpflichtige nach den bisher geltenden Regelungen des Erbschaft- und Schenkungsteuergesetzes im Rahmen der Regelverschonung hierauf einen Bewertungsabschlag von 85 % – ggf. ergänzt um einen Abzugsbetrag von bis zu 150.000 Euro. Es fielen also nur maximal 15 % des Unternehmenswerts in die steuerliche Bemessungsgrundlage. Dies setzte allerdings voraus, dass das nicht produktive Verwaltungsvermögen (wie Finanzmittel in bestimmter Höhe, Wertpapiere, Kunstgegenstände und Anteile an Kapitalgesellschaften von 25 % oder weniger) maximal die Hälfte des Unternehmenswerts ausmacht. Weitere Voraussetzung war, dass das Unternehmen in seinem Bestand vom Erben oder Beschenkten dann mindestens fünf Jahre lang fortgeführt und die sogenannte Lohnsummenklausel eingehalten wurde.

Die Lohnsummenvoraussetzung war erfüllt, wenn die Summe der Löhne und Gehälter am Ende der fünf Jahre – summiert betrachtet – mindestens 400 % der ursprünglichen Ausgangslohnsumme betrug. Die Ausgangslohnsumme ist der durchschnittliche Lohn- und Gehaltsaufwand der letzten fünf abgeschlossenen Wirtschaftsjahre vor dem Besteuerungsstichtag. Am Ende der fünfjährigen Behaltenszeit durfte die Lohnsumme damit insgesamt nur um 20 % hinter dem Ausgangswert zurückbleiben. Sonderregelung für Kleinbetriebe: Die Lohnsummenklausel fand keine Anwendung, wenn die Ausgangslohnsumme null Euro betrug oder das Unternehmen weniger als 21 Beschäftigte hatte.

Der Erbe und Beschenkte konnte aber auch die vollständige Steuerfreistellung des übertragenen Betriebsvermögens wählen (Optionsmodell). Voraussetzung hierfür war, dass das Verwaltungsvermögen bei dieser Option nur maximal zehn Prozent des Unternehmenswerts betrug und das Unternehmen mindestens sieben Jahre nach der Übertragung fortgeführt wurde. Die maßgebende Lohnsumme stieg auf 700 %, das heißt am Ende der Behaltenszeit musste die Lohnsumme im Ergebnis konstant geblieben sein.

Hinweis

Bei Anteilen an Kapitalgesellschaften, vorzugsweise GmbHs, ist zu berücksichtigen, dass diese nur dann erbschaft- oder schenkungsteuerlich begünstigt werden, wenn der Erblasser oder Schenker am Nennkapital der Gesellschaft zu mehr als 25 % beteiligt ist. Im Gegensatz zu Beteiligungen an Personengesellschaften muss bei Kapitalgesellschaften somit eine Mindestbeteiligungsquote erreicht werden. Erleichternd gilt jedoch, dass bei der Berechnung der Beteiligungsquote auch Anteile anderer Gesellschafter hinzugerechnet werden können, wenn der Zuwendende und die anderen Gesellschafter einen sogenannten Poolvertrag abgeschlossen haben, wenn sie also unwiderruflich untereinander verpflichtet sind,

- über die Anteile nur einheitlich zu verfügen oder

- ausschließlich auf andere, derselben Verpflichtung unterliegende Anteilseigner zu übertragen und

- das Stimmrecht gegenüber nichtgebundenen Gesellschaftern einheitlich auszuüben.

Diese Sonderregelungen sollen dem Bedürfnis von Familienunternehmen gerecht werden, bei denen oftmals Satzungsregelungen bestehen, nach denen Gesellschaftsanteile nicht beliebig veräußert werden dürfen.

IV. Die Verfassungswidrigkeit des aktuellen Erbschaftsteuergesetzes

Die steuerliche Gestaltung der Nachfolge ist nicht nur deshalb eine hohe Kunst, weil sie tiefgehende Kenntnisse des Erbschaft- und Schenkungsteuerrechts voraussetzt, sondern vor allem auch deshalb, weil sich die gesetzliche Grundlage, auf der die Planung aufbaut, seit Jahren in einem Schwebezustand befindet. Zweifel an der Verfassungsmäßigkeitdes jeweils geltenden Erbschaftsteuergesetzes (ErbStG) gehören zu den standardmäßigen Unwägbarkeiten, die Berater und Steuerpflichtige bei ihren Überlegungen berücksichtigen müssen. Die jüngste Entscheidung des Bundesverfassungsgerichts (BVerfG) zur Verfassungswidrigkeit des Erbschaft- und Schenkungsteuergesetzes datiert vom 17.12.2014[2] und betrifft das seit dem 01.01.2009 geltende Recht. Das Erbschaft- und Schenkungsteuergesetz 2009 wiederum war als Reaktion des Gesetzgebers auf den Beschluss des BVerfG vom

---

2 BVerfG v. 17.12.2014 – 1 BvL 21/12, BStBl II 2015, 50.

07.11.2006[3] erlassen worden, mit dem bereits das seit dem 01.01.1995 geltende Vorgängergesetz als verfassungswidrig erkannt wurde. Die Ausgestaltung eines verfassungskonformen Erbschaft- und Schenkungsteuergesetzes kann damit ohne Übertreibung als „gesetzgeberische Herausforderung" bezeichnet werden.

Die Anfälligkeit des Gesetzes ist dabei insbesondere auf zwei Aspekte zurückzuführen: Angriffspunkte bieten zum einen die Bewertungsregeln (mit welchem Wert muss ein Gegenstand für erbschaftsteuerliche Zwecke angesetzt werden) und zum anderen die staatlichen Lenkungsnormen in Form von steuerlichen Vergünstigungen.

1. Bewertung

Hinsichtlich der Bewertung der zu übertragenden Wirtschaftsgüter legt das ErbStG seit 2009 – wie bereits oben unter II.2. erwähnt – den gemeinen Wert (Verkehrswert) als Maßstab fest. Sämtliche Vermögenswerte sind also für erbschaft- und schenkungsteuerliche Zwecke ausschließlich mit ihrem tatsächlichen Wert anzusetzen. Steuerbilanzwerte, Einheitswerte oder ähnliche Wertansätze kommen seit 2009 nicht mehr zum Tragen. Damit entsprach der Gesetzgeber den Vorgaben des BVerfG, die dieses in seinem Beschluss vom 07.11.2006 niedergelegt hatte. Konsequenterweise wurden Fragen der Bewertung in der jüngsten verfassungsgerichtlichen Entscheidung vom 17.12.2014 nicht aufgegriffen. Im Vergleich zu den bis einschließlich 2008 anwendbaren Bewertungsmethoden führte die seit 2009 geltende Orientierung am gemeinen Wert jedoch zu einer deutlichen Anhebung der steuerlichen Bemessungsgrundlage. Während bis 2008 beispielsweise Immobilien im Durchschnitt lediglich mit schätzungsweise 60 % ihres Verkehrswerts für erbschaft- und schenkungsteuerliche Zwecke berücksichtigt wurden, mussten sie ab 2009 – so zumindest das Ziel – mit 100 % ihres Werts in die Bemessungsrundlage einbezogen werden. Ähnlich verhielt es sich mit unternehmerischem Vermögen, das noch bis 2008 mit äußerst günstigen Steuerbilanzwerten oder Werten nach dem Stuttgarter Verfahren angesetzt wurde.

Nur am Rande sei erwähnt, dass sich die für Familienunternehmen typischen Verfügungsbeschränkungen wie Thesaurierungsvorgaben, eingeschränkte Fungibilität der Gesellschaftsanteileoder Abfindungsklauseln bisher nicht bei der erbschaft- und schenkungsteuerlichen Bewertung des Unternehmens auswirken. Denn der gemeine Wert eines Gegenstandes ist gesetzlich definiert als der Wert, „der im ge-

---

3 BVerfG v. 07.11.2006 – 1 BvL 10/02, BStBl II 2007, 192.

wöhnlichen Geschäftsverkehr nach der Beschaffenheit des Wirtschaftsgutes bei einer Veräußerung zu erzielen wäre"[4]. Persönliche Verhältnisse, wozu ausdrücklich auch Verfügungsbeschränkungen zählen, die in der Person des Steuerpflichtigen oder eines Rechtsvorgängers begründet sind, sind dabei nicht zu berücksichtigen.[5] Darüber hinaus besteht auch die Befürchtung, durch eine Berücksichtigung derartiger individueller Verhältnisse den Vorgaben des BVerfG aus dem Jahre 2006 nicht gerecht zu werden, wenn diese individuellen Verhältnisse bereits im Rahmen der Bewertung und nicht – wie es systematisch wohl zutreffender wäre – erst im Rahmen der Begünstigungsregelungen berücksichtigt würden. Trotz der zahlreichen Diskussionen, die hierzu geführt werden, ist daher nicht zu erwarten, dass insoweit die Bewertungsregelungen für erbschaft- und schenkungsteuerliche Zwecke geändert werden.

2. Verschonungsregeln

Ein Anheben der steuerlichen Bemessungsgrundlage führt bei gleichbleibenden Steuertarifen unweigerlich zu einer höheren Erbschaft- oder Schenkungsteuer. Eine Steuererhöhung war vom Gesetzgeber jedoch nicht beabsichtigt: die verfassungsrechtlich notwendige Änderung des ErbStG sollte ausdrücklich nicht zu einem erhöhten Erbschaft- und Schenkungsteueraufkommen führen. Ziel war es vielmehr, das Steueraufkommen lediglich konstant zu halten.[6] Der Gesetzgeber sah sich somit gezwungen, die deutlich höhere Bemessungsgrundlage über eine Ausdehnung steuerlicher Vergünstigungen bzw. ein Anheben persönlicher Freibeträge auszugleichen.

Infolgedessen führte der Gesetzgeber die unter III.2. dargestellten Verschonungsregelungen für Betriebsvermögen ein und verdoppelte nahezu die bisher geltenden persönlichen Freibeträge.

---

4 § 9 Abs. 2 Satz 1 BewG.
5 § 9 Abs. 2 Satz 3 und Abs. 3 BewG.
6 Auch dies darf als eine besondere Herausforderung bezeichnet werden, die sich der Gesetzgeber selber stellt: eine Steuer dahingehend zu konzipieren, dass ein bestimmtes Steueraufkommen möglichst nicht unter- oder überschritten wird. Der sonst übliche Ansatz „Besteuerung nach der wirtschaftlichen Leistungsfähigkeit" wird folglich mit Blick auf das Ergebnis (das Steueraufkommen in gewissen Grenzen zu halten) relativiert.

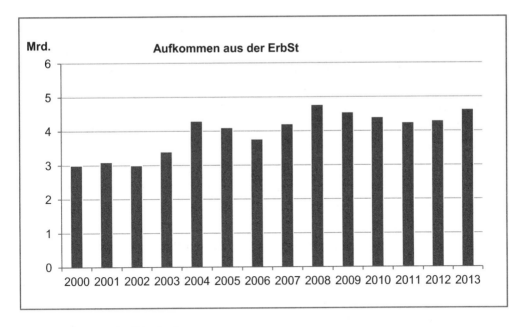

Abb. 7: Bedeutung der Erbschaftsteuer

Während das Anheben der persönlichen Freibeträge ebenso wenig wie die neuen Bewertungsvorschriften vom BVerfG beanstandet wurde, akzeptierte das höchste deutsche Gericht die Verschonungsregelungen für Betriebsvermögen hingegen nicht vollständig. Dabei bemängelte es insbesondere folgende Punkte:

a) Fehlende Lohnsummenanforderung auch für kleine Betriebe

Der Gesetzgeber begründet die weitgehende Vergünstigung unternehmerischen Vermögens im Wesentlichen damit, dass der Fortbestand mittelständischer Familienunternehmen in besonderem Maße durch die Erbschaft- und Schenkungsteuer bedroht sei. Denn üblicherweise stelle unternehmerisches Vermögen illiquides Vermögen dar, aus dem heraus eine Erbschaftsteuer nicht beglichen werden könne. Gerade im Mittelstand sei das Vermögen des Unternehmensinhabers im Unternehmen gebunden; daneben bestehe oftmals kein weiteres nennenswertes liquides Vermögen. Dies zwinge den Unternehmensinhaber und seine Nachfolger, das Unternehmen oder Teile hiervon zu veräußern, um dadurch die Erbschaft- oder Schenkungsteuer zahlen zu können. Dadurch werde der Fortbestand des Unternehmens gefährdet. Gerade der Mittelstand stelle aber das Rückgrat der deutschen Wirtschaft dar und sei ein Garant von Arbeitsplätzen. Aufgrund dieser Gemeinwohlbezogenheitmittelständischer Familienunternehmen sei es angezeigt, diese vor einer ggf. existenzvernichtenden Steuerbelastung zu schützen.

Eine solche Einschätzung kann der Gesetzgeber zwar vornehmen und er darf auch seine Lenkungsnormen (steuerliche Vergünstigungen) daran ausrichten. Allerdings muss er in seinem Handeln konsistent bleiben. Eine weitgehende Freistellung von der Erbschaft- und Schenkungsteuer muss daher – entsprechend der gesetzgeberischen Begründung – an den tatsächlichen Erhalt von Arbeitsplätzen gekoppelt werden. Dies versucht der Gesetzgeber über die sogenannte Lohnsummenklausel zu erreichen: das Niveau der nach der Unternehmensübertragung fortgezahlten Löhne und Gehälter soll zulässigerweise als Gradmesser für den Fortbestand von Arbeitsplätzen dienen. Allerdings ist ein solcher Nachweis des Erhalts von Arbeitsplätzen nach dem bisherigen ErbStG nicht erforderlich, wenn der Betrieb maximal 20 Mitarbeiter beschäftigt. Nach Erkenntnissen des BVerfG beschäftigen jedoch über 90 % der deutschen Unternehmen weniger als 21 Mitarbeiter. Der Nachweis des Erhalts von Arbeitsplätzen ist demnach nur bei einer äußerst geringen Anzahl der Betriebsübergänge erforderlich. Die erdrückende Mehrheit der Unternehmen kann stattdessen unter Ausnutzung umfangreicher Steuervergünstigungen übertragen werden, ohne dass dies in irgendeinem Zusammenhang mit der gesetzgeberischen Zielsetzung steht. Die Rechtfertigung für die Begünstigung unternehmerischen Vermögens läuft damit ins Leere und ist folglich nicht mehr verfassungsgemäß.

b) Zu hohe Freigrenze beim Verwaltungsvermögen

Nach den bisherigen Regelungen des ErbStG greift die Regelverschonung (85 % Bewertungsabschlag), sofern das unternehmerische Vermögen zu maximal 50 % aus sogenanntem Verwaltungsvermögen besteht. Wird die Verwaltungsvermögensgrenze eingehalten, partizipiert das gesamte Unternehmen an der steuerlichen Vergünstigung; wird die Grenze überschritten, bleibt die Vergünstigung für das gesamte Unternehmen versagt (Alles-oder-Nichts-Prinzip). Dabei enthält das Gesetz eine Definition derjenigen Vermögenswerte, die als Verwaltungsvermögen qualifizieren. Hierunter fallen beispielsweise Wertpapiere, über eine bestimmte Grenze hinausgehendes Barvermögen, Kunstgegenstände, nicht für unternehmerische Zwecke genutzte Immobilien oder Anteile an anderen Gesellschaften, die ihrerseits zu mehr als 50 % aus Verwaltungsvermögen bestehen. Umgekehrt bedeutet dies aber auch, dass in einem Unternehmen bis zu 50 % nicht produktives oder privates Vermögen „gelagert" werden darf, ohne dass dadurch die Anwendung der Regelverschonung zumindest insoweit versagt bleibt, als Verwaltungsvermögen übertragen wird. Auch wenn unbestritten ist, dass jedes Unternehmen über einen gewissen Umfang an Verwaltungsvermögen verfügt und sogar verfügen muss – zu denken sei nur an Liquiditätsreserven –, so sieht es das BVerfG jedenfalls als nicht gerechtfertigt an, ein Unternehmen auch dann noch ohne Beschränkung auf den unternehmerischen Teil zu begünstigen, wenn lediglich 50 % des Unternehmensvermögens dem eigentlichen betrieblichen Charakter dienen.

c) Keine Bedürfnisprüfung für große Unternehmen

Des Weiteren greifen die steuerlichen Vergünstigungen für Betriebsvermögen bisher unabhängig von der Größe des Unternehmens. Jedes Unternehmen – ob mit einem Wert von 1 Mio. Euro, 10 Mio. Euro oder 100 Mio. Euro – kann den Bewertungsabschlag von 85 % (Regelverschonung) oder 100 % (Optionsmodell) in Anspruch nehmen und die steuerliche Bemessungsgrundlage für erbschaft- und schenkungsteuerliche Zwecke dementsprechend reduzieren. Gerade bei großen Unternehmen zieht das BVerfG jedoch das Erfordernis einer so umfangreichen steuerlichen Vergünstigung in Frage. Es bezweifelt, dass ab einer bestimmten Größenordnung tatsächlich kein Vermögen bzw. keine Liquidität vorhanden sein solle, um eine Erbschaft- oder Schenkungsteuer bezahlen zu können. Zumindest erreiche die steuerliche Vergünstigung und damit die Ungleichbehandlung gegenüber nichtunternehmerischem Vermögen ein solches Ausmaß, dass in besonderer Weise die Verhältnismäßigkeit der gesetzgeberischen Maßnahme geprüft werden müsse. Dies erfordere eine individuelle Bedürfnisprüfung oder eine Obergrenze der Verschonung. Sowohl die Beantwortung der Frage, welche Größenmerkmale ein großes Unternehmen kennzeichnen (Anzahl der Mitarbeiter, Umsatz oder Bilanzsumme?), als auch die Ausgestaltung einer Bedürfnisprüfung (wann sind das Unternehmen oder der Erwerber auf eine Verschonung angewiesen?) überlässt das BVerfG dabei dem Gesetzgeber.

V. Zu erwartende/diskutierte Änderungen

Als Reaktion auf die Entscheidung des BVerfG vom 17.12.2014 bekundete das Bundesfinanzministerium, die Vorgaben des Gerichts im Wege einer „minimalinvasiven" Umsetzung befolgen und nicht das ErbStG in Gänze überarbeiten zu wollen. Ziel sei es auch weiterhin, die Unternehmensnachfolge nicht durch die Erbschaftsteuer zu gefährden.[7] Auf diesen Plänen aufbauend veröffentlichte das Bundesfinanzministerium am 02.06.2015 einen „Gesetzesentwurf zur Anpassung des Erbschaftsteuer- und Schenkungsteuergesetzes an die Rechtsprechung des Bundesver-

---

7 http://www.tagesschau.de/inland/erbschaftsteuer-101.html.

fassungsgerichts"[8]. Die dort vorgegebene Linie wurde anschließend im gleichnamigen Regierungsentwurf vom 08.07.2015[9] mit kleineren Anpassungen fortgeführt. Sie sieht künftig folgende Regeln für die unentgeltliche Übertragung betrieblichen Vermögens vor:

1. Bisherige Verschonungsregelungen bleiben weitestgehend erhalten

Sowohl die Regelverschonung (85 % Bewertungsabschlag) als auch das Optionsmodell (vollständige Steuerbefreiung) bleiben einschließlich Lohnsummenregelung und Behaltensfrist dem Grunde nach erhalten. Damit können auch in Zukunft weitgehende steuerliche Vergünstigungen für betriebliches Vermögen greifen.

2. Lohnsummenregelung für Kleinbetriebe

Von der Lohnsummenregelung soll künftig nur noch abgesehen werden, wenn der Betrieb nicht mehr als drei Mitarbeiter beschäftigt. Werden zwischen vier und zehn Mitarbeiter beschäftigt, soll die zu erzielende Lohnsumme von 400 % auf 250 % (Regelverschonung) bzw. von 700 % auf 500 % (Optionsmodell) reduziert werden; bei elf bis fünfzehn Beschäftigten ist eine Reduzierung der Lohnsumme auf 300 % bzw. 565 % vorgesehen. Mit dieser Lohnsummenerleichterung soll dem Umstand Rechnung getragen werden, dass sich bei derartig kleinen Unternehmen der Weggang auch nur eines Mitarbeiters massiv auf die Lohnsumme auswirken kann.

3. Streichung des Verwaltungsvermögens/Ausnahme nicht betriebsnotwendigen Vermögens von der Vergünstigung

Der Begriff sowie die Definition des Verwaltungsvermögens werden gestrichen. Auch wenn das BVerfG weder die bisherige Definition des Verwaltungsvermögens noch seine Funktion als Abgrenzungskriterium für eine grundsätzliche Begünstigungsfähigkeit der übertragenen betrieblichen Einheit in Zweifel gezogen hat, will der Gesetzgeber hieran künftig nicht mehr festhalten. Stattdessen soll künftig die Unterscheidung zwischen begünstigtem und nicht begünstigtem Vermögen anhand der Bedeutung eines einzelnen Vermögensgegenstandes für die betriebliche

---

8 Referentenentwurf des Bundesministeriums der Finanzen. Veröffentlicht unter: http://www.bundesfinanzministerium.de/Content/DE/Gesetzestexte/Referentenentwuerfe/2015-06-02-G-z-Anpassung-d-ErbStR-u-SchenkSt-a-d-Rspr-d-BVerfG.html.
9 Gesetzentwurf der Bundesregierung. Veröffentlicht unter: http://www.bundesfinanzministerium.de/Content/DE/Downloads/Gesetze/2015-07-08-G-z-Anpassung-d-ErbStR-u-SchenkSt-a-d-Rspr-d-BVerfG.pdf?__blob=publicationFile&v=2.

Einheit getroffen werden. Nach dem Referentenentwurf soll nämlich nur noch dasjenige Vermögen steuerlich begünstigt werden, das seinem Hauptzweck nach überwiegend einer originär betrieblichen Tätigkeit dient. Entscheidend soll sein, ob die Wirtschaftsgüter von ihrer Funktion her unmittelbar zur Ausübung der Tätigkeiten des Betriebs genutzt werden. Nicht betriebsnotwendiges Vermögen – also solches Vermögen, das aus dem Unternehmen herausgezogen werden könnte, ohne dass dadurch die eigentliche Unternehmenstätigkeit beeinträchtigt würde – soll hingegen grundsätzlich nicht mehr an der steuerlichen Vergünstigung für Betriebsvermögen partizipieren. Lediglich ein geringer Teil dieses nicht betriebsnotwendigen Vermögens darf künftig bis zu einer Höhe von maximal 10 % des begünstigten Nettovermögens wie begünstigtes Vermögen behandelt werden.

Darüber hinaus bleibt die seit dem 30.06.2013 geltende Sonderregelung für Finanzmittel bestehen. Danach darf der nach Abzug aller Verbindlichkeiten positive Saldo der Finanzmittel insoweit nur begünstigt werden, als er 20 % des Unternehmenswerts nicht übersteigt.

Im Unterschied zur bisherigen Rechtslage wird im Ergebnis Verwaltungsvermögen (künftig: nicht notwendiges Betriebsvermögen) nicht mehr automatisch von der Erbschaft- und Schenkungsteuer befreit, sofern die Verwaltungsvermögensgrenze eingehalten wird. Vielmehr unterliegt dieses Vermögen künftig wie Privatvermögen der Erbschaft- und Schenkungsteuer. Mit anderen Worten: Ob Privatvermögen im Rechtskleid einer betrieblichen Einheit oder offen als Privatvermögen übertragen wird, wird sich künftig nicht mehr auf die Höhe der Erbschaft- und Schenkungsteuer auswirken. Auch bei betrieblichen Einheiten ist zukünftig immer zu prüfen, welchen Wert das nicht begünstigte Vermögen hat.

4. Bedarfsprüfung bei der Übertragung von großen Unternehmen

a) Kriterien zur Einordnung als Großunternehmen

Große Unternehmen dürfen – den Vorgaben des BVerfG folgend – künftig nicht mehr ohne Weiteres bei der Erbschaft- und Schenkungsteuer begünstigt werden. Dementsprechend sollen die steuerlichen Vergünstigungen künftig nicht mehr automatisch greifen, wenn der Wert des übertragenen begünstigten Vermögens die Schwelle von 26 Mio. Euro überschreitet. Wie bereits von der Anwendung der persönlichen Freibeträge her bekannt, werden bei der Prüfung, ob die Schwelle überschritten wurde oder nicht, alle Vorerwerbe innerhalb von zehn Jahren von der gleichen Person zusammengerechnet. Wird die Prüfschwelle überschritten, ist eine Verschonungsbedarfsprüfung durchzuführen. Wird die Prüfschwelle nicht überschritten, kommen die bisherigen Verschonungsregelungen zum Zuge.

Die Prüfschwelle für die Einordnung als Großunternehmen und das Erfordernis einer Verschonungsbedarfsprüfung erhöht sich von 26 Mio. Euro auf 52 Mio. Euro, wenn Gesellschaftsvertrag oder Satzung des übertragenen Unternehmens Bestimmungen enthalten, die

- die Entnahme oder Ausschüttung des Gewinns nahezu vollständig beschränken und

- die Verfügung über die Beteiligung an der Personengesellschaft oder den Anteil an der Kapitalgesellschaft auf Angehörige beschränken und

- für den Fall des Ausscheidens aus der Gesellschaft eine Abfindung vorsehen, die erheblich unter dem gemeinen Wert der Beteiligung an der Personengesellschaft oder des Anteils an der Kapitalgesellschaft liegt.

Um als Beschränkungen im Sinne der Vorschrift anerkannt zu werden, müssen die Beschränkungen schon seit zehn Jahren vor dem Übertragungszeitpunkt vorliegen und noch 30 Jahre nach dem Übertragungszeitpunkt bestehen bleiben. Damit entsteht eine über 40 Jahre (!) laufende Überwachungsfrist.

Positiv anzumerken ist jedoch, dass damit erstmals die für Familienunternehmen typischen Verfügungsbeschränkungen im Rahmen der Erbschaft- und Schenkungsteuer Berücksichtigung finden. Zutreffenderweise erfolgt dies nicht auf der vorgeschalteten Ebene der Bewertung der übertragenen Einheit, sondern erst in der nachgelagerten Frage der steuerlichen Vergünstigung. Dies dürfte den Vorgaben des BVerfG entsprechen, eine klare Trennung zwischen Wertfindung einerseits und politischer Lenkungsnorm andererseits vorzunehmen.

b) Verschonungsbedarfsprüfung

Wird die Prüfschwelle von 26 bzw. 52 Mio. Euro überschritten, soll eine Vergünstigung für Betriebsvermögen nur insoweit gewährt werden, als der Erwerber die Erbschaft- oder Schenkungsteuer nicht in zumutbarer Weise aus sonstigem Vermögen begleichen kann. Zumutbar soll es in diesem Zusammenhang sein, dass der Erwerber 50 % seines sonstigen Nettovermögens (z.B. bereits vorhandenes Privatvermögen oder gleichzeitig mit dem Betriebsvermögen übertragenes Privatvermögen) für Steuerzahlungen einsetzt. Reichen diese Mittel zur Begleichung der Erbschaft- oder Schenkungsteuerschuld, scheidet eine Verschonung aus; soweit 50 % des Nettovermögens nicht ausreichen, soll die Steuer in entsprechendem Umfang unter der Bedingung erlassen werden, dass der Erwerber die Lohnsummen- und die Behaltensregelungen einhält. Der Erlass der Steuer steht jedoch unter verschiedenen auflösenden Bedingungen. Erwirbt der Steuerpflichtige zum Beispiel im Wege einer Schenkung oder eines Erwerbs von Todes wegen innerhalb von zehn Jahren nach dem Zeitpunkt der Steuerentstehung weiteres verfügbares Vermögen, soll er dieses ebenfalls zur Begleichung der Steuerschuld einsetzen. Der frühere Steuererlass soll insoweit widerrufen werden.

c) Abschmelzender Verschonungsabschlag anstelle Verschonungsbedarfsprüfung

Anstelle der Verschonungsbedarfsprüfung soll der Erwerber – wiederum auf Antrag – auch einen abschmelzenden Verschonungsabschlag beantragen können. Die Höhe des Verschonungsabschlags hängt dann davon ab, wie weit der Wert des übertragenen begünstigten Vermögens den Wert von 26 Mio. Euro übersteigt, und liegt bei der Regelverschonung zwischen 85 % und 20 % und bei der Optionsverschonung zwischen 100 % und 35 %.[10] Damit soll es künftig selbst im Falle der Einordnung als Großunternehmen auch ohne Bedürfnisprüfung immer noch zu einer zumindest teilweisen Steuervergünstigung kommen (im Fall der Regelverschonung mindestens 20 % und im Fall der Optionsverschonung mindestens 35 %), wenn die Lohnsummen- und Behaltensregelungen eingehalten werden. In Zukunft wird also abzuwägen sein, welche Variante für den Erwerber die günstigere ist.

5. Inkrafttreten der Neuregelung

Die Neuregelung soll erstmals für Erwerbe Anwendung finden, für die die Steuer nach dem Tag der Verkündung des Änderungsgesetzes entsteht. Eine befürchtete und vom BVerfG für bestimmte Fallgruppen für möglich erklärte Rückwirkung des Gesetzes wird es nach dem Regierungsentwurf damit nicht geben. Es bleibt also die Möglichkeit bestehen, unternehmerisches Vermögen bis zur Verkündung des neuen Gesetzes nach der bisherigen Rechtslage zu übertragen. Allerdings handelt es sich hierbei zunächst einmal nur um einen Gesetzesentwurf. Die nachfolgenden Diskussionen in den parlamentarischen Gremien werden zeigen, ob und wieweit sich dieser Entwurf durchsetzen kann und letztendlich Gesetz wird. Das letzte Wort ist also noch nicht gesprochen.

---

10 Wobei die untere Grenze als Mindestverschonung jeweils ab einem Wert des erworbenen begünstigten Vermögens von 110 Mio. Euro (und darüber) greift.

4.3 Die internationale Unternehmerfamilie – eine Herausforderung der besonderen Art

von Dr. Maren Gräfe und Dieter Jeschke

I. Einleitung

Parallel zur Internationalisierung des unternehmerischen Engagements von Familienunternehmen erfolgt häufig die „Internationalisierung" der Unternehmerfamilie selbst: Die Familie bzw. einzelne ihrer Mitglieder wohnen, arbeiten oder studieren vorübergehend im Ausland, begründen dort einen dauerhaften Erst- oder Zweitwohnsitz oder heiraten einen Angehörigen eines anderen Staates; vielfach tritt die Internationalität allein dadurch ein, dass Vermögenswerte im Ausland aufgebaut oder dahin transferiert werden.

Diese Entwicklungen können selbst dann eintreten, wenn der Umfang des Familienunternehmens national beschränkt bleibt. Aus diesem Grund richtet sich dieser Beitrag an alle Unternehmerfamilien mit einem internationalen Bezug. In diesen Fällen kommt in zivilrechtlicher, steuerlicherund inhaberstrategischer Sicht eine Fülle von Fragen auf, deren Bedeutung und Komplexität – anders als bei der Planung der Internationalität auf Unternehmensebene selbst – häufig unterschätzt werden.

Sowohl aus erbrechtlicher als auch familienrechtlicher Sicht stellt sich in erster Linie die Frage nach der jeweils anwendbaren Rechtsordnung. Hieraus ergeben sich maßgebliche Konsequenzen für Unterhaltsrecht, eheliches Güterrecht, die Existenz und Reichweite von Pflichtteilsansprüchen oder die Anerkennung von Testamenten oder Erbverträgen.

Darüber hinaus erhöht sich die Komplexität der Besteuerung von Einkommen und Vermögen. So drohen Zusatz- und Mehrfachbelastungen durch eine Wegzugsbesteuerung sowie Doppelbesteuerungen, vor allem im Bereich der Erbschaft- und Schenkungsteuer wegen meist fehlender Doppelbesteuerungsabkommen. Zudem kann es zu einer Vermögensbesteuerung im Ausland kommen.

Inhaberstrategisch stellen sich schon aufgrund der Entfernung hinsichtlich der Governance-Strukturen, sprich der Führung und Kontrolle des Unternehmens, der Family Governance (Zusammenhalt der Unternehmerfamilie, Kommunikation,

Umgangsregeln, Sprache etc.) sowie nicht zuletzt im Hinblick auf Werte und Ziele der Unternehmerfamilie völlig neue Herausforderungen.

Die Auswirkungen auf Recht, Steuern und Inhaberstrategie bedürfen daher einer sorgfältigen und ganzheitlichen Planung. Dieser Beitrag möchte Sie für die sich aus der Internationalisierung der Unternehmerfamilie ergebenden Fragestellungen sensibilisieren und eine Übersicht über Lösungsmöglichkeiten geben. Angesichts der Komplexität, der Vielschichtigkeit der realen Fallgestaltungen sowie der betroffenen Länder und Rechtsordnungen ist es jedoch nicht möglich, alle relevanten Punkte abzuhandeln.

II. Die Internationalisierung des Vermögens der Unternehmerfamilie

Die Unternehmerfamilie bzw. einzelne ihrer Familienmitglieder können bereits dadurch international werden, dass sie im Ausland Vermögenswerte aufbauen oder Vermögenswerte aus dem Inland ins Ausland bringen. Dabei kann es sich um Unternehmensbeteiligungen im Ausland handeln, um Immobilien (z.B. Ferienimmobilie) oder die Assetklasse „Land- und Fortwirtschaft". Klassisch sind auch Bankguthaben und Depots im Ausland zum Zwecke der Vermögensdiversifizierung. Ein Investment im Ausland kann rein ökonomische oder persönliche Gründe (Yacht in Marbella) haben, aber auch der rechtlichen Gestaltung dienen. Letzteres z.B. zur Vermeidung bzw. Verringerung des Zugriffs von Pflichtteilsberechtigten oder Gläubigern oder zur Nutzung kürzerer Anfechtungsfristen als unter deutschem Recht.[1]

Das Investment im Ausland kann dabei direkt erfolgen oder über zwischengeschaltete Investment- und Gesellschaftsstrukturen. Auch hier können beide Gestaltungsalternativen rein praktische bzw. persönliche Gründe haben oder aus rechtlichen Gründen gewählt werden. Abhängig von der Vermögensart (Immobilien, land- und forstwirtschaftliches Vermögen, Unternehmensbeteiligungen oder Kapitalvermögen) ist auf die rechtlichen und steuerlichen Konsequenzen zu achten.

1. Rechtliche Herausforderungen

In rechtlicher Hinsicht ist zu beachten, ob der Erwerb der angestrebten Assetklasse im Ausland ohne Weiteres möglich ist. So ist die Eröffnung eines Depots im Aus-

---

1 Vgl. Abschnitt III.1.c). Ausführungen zur EU-Erbrechtsverordnung. Dieser Beitrag kann leider aus Platzgründen keine weiteren Ausführungen zum Thema Asset Protection enthalten.

land durch die in Gang gesetzten Bestrebungen zur Weißgeldstrategie häufig an strenge Compliance-Vorschriften geknüpft, die aber noch verhältnismäßig leicht zu erfüllen sind. Aufwendiger ist der Nachweis der Erbenstellung, sollte der Konto- und Depotinhaber versterben. Noch schwieriger wird es häufig bei Immobilien. Hier sind sowohl der Erwerb (vgl. Abschnitt III.1.a.) als auch der Nachweis der Erbenstellung (z.B. in den USA) erschwert und bedürfen eines rechtlichen Beraters im Ausland.

Erfolgt ein Investment über ausländische Gesellschafts- oder Investitionsstrukturen (z.B. Luxemburger Investmentgesellschaft, *société d'investissement à capital*, SI-CAV), sind die Gründungsvoraussetzungen des ausländischen Rechts und ggfs. die aufsichtsrechtlichen Voraussetzungen (z.B. im Falle eines regulierten SICAV die Luxemburger Finanzaufsicht, die *Commission de Surveillance du Secteur Financier*, CSSF) für das „Aufsetzen" solcher Strukturen zu beachten. Die rechtlichen Themen sind hierbei so vielfältig und von der konkreten Investmentstruktur abhängig, dass hierauf nicht im Einzelnen eingegangen werden kann. Sie bedürfen einer fundierten Beratung im Einzelfall.

2. Steuerliche Herausforderungen

Steuerlich sind die Folgen davon abhängig, in welches Vermögen und in welcher Form (direktes Investment oder Gesellschafts- bzw. Investitionsstruktur) investiert wurde.

Zudem ist zwischen der Besteuerung von Erträgen aus diesem Vermögen sowie der Besteuerung des Vermögens selbst und dessen Übertragung im Erbschaft- oder Schenkungsfall zu differenzieren. Im Rahmen unseres Beitrags wird zunächst davon ausgegangen, dass die Personen, die im Ausland investieren, in Deutschland ihren Lebensmittelpunkt haben.

Bei der Besteuerung außerhalb Deutschlands stellt sich die Frage, ob das Ausland die Einkünfte aus den ausländischen Vermögensgegenständen besteuert bzw. auf diese eine Vermögensteuer erhebt und/oder der Erwerb dieser Gegenstände auch im Ausland eine beschränkte Erbschaft- und Schenkungsteuer verursacht.[2] Gerade Immobilien und Bankguthaben im Ausland können dort eine Vermögensteuer (z.B. in Frankreich oder Spanien) nach sich ziehen. Diese Belastung ist schon bei

---

2 Zu den Problemen einer Doppelansässigkeit, die insbesondere im Fall von Immobilien im Ausland, die auch tatsächlich genutzt werden, entstehen kann, vgl. Abschnitt III.2.

der Investitionsentscheidung in die Wirtschaftlichkeitsberechnung einzubeziehen.

In der Vergangenheit wurden zur Vermeidung ausländischer Vermögensteuern häufig ausländische Kapitalgesellschaftsstrukturen gewählt, etwa in Spanien. Hier diente sie zudem der Vermeidung der sog. *Plusvalia*, einer gemeindlichen Wertzuwachssteuer. Die Änderung der nationalen Vorschriften in Spanien sowie der Regelungen des Doppelbesteuerungsabkommens (Besteuerungsrecht liegt bei Anteile an Immobilien haltenden Gesellschaften im Belegenheitsstaat der Immobilie und nicht im Ansässigkeitsstaat des Gesellschafters) haben diese Strukturen jedoch entbehrlich gemacht. Aus deutscher Sicht kommt erschwerend hinzu, dass der deutsche Fiskus und die deutsche Rechtsprechung in der unentgeltlichen Nutzung der Immobilie durch den Mehrheitsgesellschafter eine verdeckte Gewinnausschüttung sehen. Steuerpflichtige mit einer solchen Struktur müssen den jährlichen Nutzwert entsprechend gegenüber der deutschen Finanzverwaltung erklären und versteuern, obwohl sie eigentlich nur eine eigene Ferienimmobilie nutzen.

Zudem kommt es bei ausländischen Immobilien und Bankguthaben sehr häufig dazu, dass nicht nur Deutschland, sondern auch der ausländische Staat Erbschaft- und Schenkungsteuer erheben, wenn die dort belegenen Immobilien im Erbfall übergeben oder verschenkt werden. Die Möglichkeiten, diese Doppelbesteuerung zu vermeiden, sind beschränkt, da es nur sehr wenige Doppelbesteuerungsabkommen für Erbschaft- und Schenkungsteuern gibt. Auch kann die im deutschen Recht grundsätzlich vorhandene Möglichkeit, eine ausländische Steuer anrechnen zu lassen, insbesondere bei ausländischen Bankguthaben fehlschlagen.[3]

Bei Kapitalvermögen besteuert das Ausland die Erträge grundsätzlich im Wege von einbehaltenen Quellensteuern. Hier ist die Erstattung der Quellensteuer häufig in formeller Hinsicht aufwendig. Zudem ist bei ausländischen Depots darauf zu achten, dass nicht in sog. intransparente Fonds investiert wird, die ihre Erträge nicht den deutsch-steuerlichen Vorgaben entsprechend veröffentlichen. Hier steht eine fiktive 6%ige Strafbesteuerung nach § 6 InvStG im Raum.

Bei der Investition über ausländische Gesellschaftsstrukturen kommt es darauf an, wie diese sowohl aus deutscher als auch ausländischer Sicht steuerlich behandelt werden. Die Strukturen können aus Sicht des Steuerrechts als transparent oder intransparent bzw. abschirmend angesehen werden. Handelt es sich aus Sicht der

---

3 Bei ausländischen Immobilien erfolgt in Deutschland grundsätzlich eine Anrechnung, aber die ausländische Steuerbelastung kann höher als in Deutschland sein.

beteiligten Länder um transparente, nicht rein vermögensverwaltende Personengesellschaften, deren Gegenstand Vermietungsobjekte oder Unternehmensbeteiligungen sind, stellt Deutschland die daraus erzielten Einkünfte nach den bestehenden Doppelbesteuerungsabkommen zumeist frei, wie bei einer Direktinvestition.

III. Unternehmer, Gesellschafter und/oder Kinder werden international

Im Rahmen der Internationalisierung des Unternehmens oder auch nur zum Zwecke der Ausbildung halten sich einzelne Familienmitglieder häufig nachhaltig im Ausland auf und üben dort ggfs. eine berufliche Tätigkeit aus. Auch durch die zeitweise Nutzung einer ausländischen Immobilie kann es zu einem Wohnsitz im Ausland kommen (Ferienimmobilie). Diese Fälle können mit einem sog. Wegzug aus Deutschland unter Aufgabe des deutschen Wohnsitzes und gewöhnlichen Aufenthaltes einhergehen, müssen es aber nicht – wie im Fall der Ferienimmobilie.

1. Rechtliche Herausforderungen

a) Aufenthaltsrechtliche Vorfragen, Erwerbsbeschränkungen etc. im Ausland

Zieht ein Familienmitglied ins Ausland oder hält es sich zumindest längerfristig dort auf, ist es ratsam, sich zunächst mit den aufenthaltsrechtlichen Voraussetzungen und den Einreisebestimmungen (Umfang von Visa, Voraussetzung für befristete oder unbefristete Aufenthalts- oder Arbeitsgenehmigungen, die Folgen der Beantragung einer Green Card) zu befassen. Dies gilt insbesondere außerhalb des EU-Gebiets.

Sofern die Absicht besteht, außerhalb Deutschlands Immobilien zu erwerben, müssen im Ausland häufig anzutreffende Erwerbsbeschränkungen überwunden werden. Hierfür ist ein Berater vor Ort ratsam. So bestehen z.B. behördliche Genehmigungsvorbehalte in Österreich oder der Schweiz sowie gesonderte Formvorschriften in Portugal. Zudem stellen sich Fragen des Sozialversicherungsrechts. Auf alle diese Aspekte soll hier nicht vertiefend eingegangen werden. Sie dienen vielmehr als Erinnerungsposten bei der Planung des Gangs ins Ausland.

b) Anwendbares Recht bei Auslandsbezug

Zudem beurteilen sich die zivilrechtlichen Rechtsverhältnisse (zu) einer im Ausland lebenden Person nicht mehr zwingend nach deutschem Recht. Gewählte rechtliche Strukturen (Verträge, Testamente etc.), die dem deutschen Recht entsprachen, können durch einen Wegzug unwirksam werden. Bei internationalen Sachverhalten muss nämlich zunächst im Rahmen des sog. Internationalen Privatrechts geklärt werden, welche Rechtsordnung für die Beurteilung eines Sachverhalts überhaupt Anwendung findet. International kann ein Sachverhalt sein, weil er Personen betrifft, die unterschiedliche Staatsangehörigkeiten (z.B. Eheschließung zweier Menschen mit verschiedenen Staatsangehörigkeiten) oder ihren Wohnsitz im Ausland haben, oder auch nur weil er Vermögenswerte betrifft, die im Ausland belegen sind (deutscher Vater lebt in Deutschland, stirbt dort und vererbt u.a. eine in Florida belegene Immobilie an seinen in Deutschland lebenden Sohn).

Die nachfolgende Abbildung veranschaulicht die Vorgehensweise bei der Ermittlung des jeweils anwendbaren nationalen Rechts.

Die Unternehmerkinder werden international
Internationales Erbrecht – Nachlassspaltung

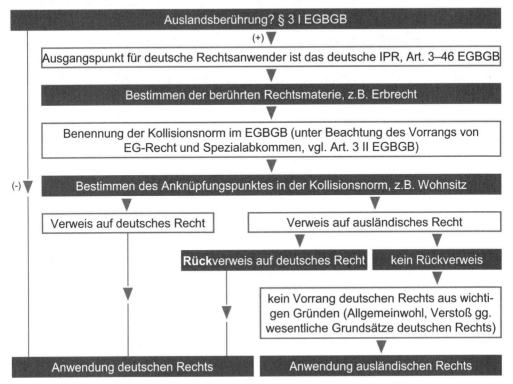

Abb. 1: Prüfung des anwendbaren Rechts bei Auslandsbezug

c) Anwendbares Erbrecht bei internationalen Familien

Auch bei internationalen Erbfällen (andere Staatsangehörigkeit des Erblassers, Wohnsitz im Ausland, ausländische Vermögenswerte werden vererbt) ist zunächst zu klären, ob deutsches oder ausländisches Erbrecht Anwendung findet. Erst dann kann festgestellt werden, wer in welcher Höhe erbberechtigt ist. Denn die wirksame Erbeinsetzung durch letztwillige Verfügungen (Testamente, Erbverträge), die wirksame Beschränkung von Pflichtteilsrechten sowie ggfs. die Anwendung der gesetzlichen Erbfolge beurteilen sich nach der anwendbaren Erbrechtsordnung (Erbrechtsstatut). Erst im nächsten Schritt stellen sich die weiteren Fragen, wer wo Steuern auf diese Erbschaft zu zahlen hat und wie eine mögliche Doppelbesteuerung vermieden werden kann.[4]

---

4 Vgl. hierzu sogleich unter III.2.a).

In der Vergangenheit wurde aus deutscher Sicht bei Erbfällen „über die Grenze" das anwendbare Erbrecht stets durch die Staatsangehörigkeit des Erblassers bestimmt.[5] Dies galt unabhängig davon, wo sich dieser zum Zeitpunkt seines Todes aufhielt und seinen gewöhnlichen Aufenthalt hatte. Verstarb z.B. ein deutscher Staatsangehöriger, der zum Zeitpunkt des Todes in Zürich lebte und dort seine Wohnung hatte, richtete sich der Erbfall aus deutscher Sicht nach deutschem Recht. Die Schweiz knüpft(e) in diesen Fällen allerdings zur Bestimmung der anwendbaren Erbrechtsordnung an den letzten gewöhnlichen Aufenthalt an. Damit galt aus Schweizer Sicht Schweizer Recht. Hierdurch kam es immer wieder zu sog. Rechtsspaltungen, je nachdem, wo die Erben den Gang zum Nachlassgericht anstrebten. Diese widersprüchliche Situation soll die EU-Erbrechtsverordnung[6] beseitigen. Sie soll verhindern, dass bei einem Erbfall die Erbrechtsordnungen mehrerer Länder anwendbar sind und dass verschiedene Teile des Nachlasses (übergehenden Vermögens) nach unterschiedlichen Rechtsordnungen vererbt werden (Nachlassspaltung).[7] Die Verordnung, die unmittelbar in den Mitgliedstaaten[8] anwendbar ist, ist zwar bereits seit dem 16.08.2012 in Kraft. Ihre Regelungen finden allerdings erst zwingende Anwendung auf Erbfälle seit dem 17.08.2015.

Zentrales Element der EU-Erbrechtsverordnung ist die Festlegung des sog. Domizilprinzips für die Bestimmung der anwendbaren Erbrechtsordnung bei internationalen Erbfällen. Dies bedeutet, dass das anwendbare Recht sich grundsätzlich nach dem letzten gewöhnlichen Aufenthalt des Erblassers zum Zeitpunkt seines Todes bestimmt und nicht – wie bisher aus deutscher Sicht – nach der Staatsangehörigkeit. Diese Neuregelung ist in Deutschland für Erbfälle/Todesfälle seit dem 17.08.2015 unmittelbar geltendes Recht, das zwingend Anwendung findet auf Todesfälle von Erblassern, die keine anderslautende – vom Domizilprinzip abweichende – Rechtswahl zugunsten ihres Heimatrechts getroffen haben. Danach käme

---

5 Vgl. Art. 25 EGBGB.

6 Fundstelle: Amtsblatt der Europäischen Union vom 27.07.2012, L 201/107 (samt einer Berichtigung vom 12.02.2013, L 41/16 betreffend Art. 83 Abs. EU-ErbVO).

7 Solche Sachverhalte entstehen in internationalen Erbfällen derzeit immer dann, wenn z.B. ein deutscher Erblasser eine Immobilie in einem anderen Land besitzt, welches für den erbrechtlichen Übergang der Immobilie eine Regel vorsieht, nach der bei Fragen des Übergangs nur das Recht der Immobilie zur Anwendung kommt. Deutschland wendet bisher zwar grundsätzlich deutsches Erbrecht auf den gesamten Erbanfall an, akzeptiert indes durch Art. 3a Abs. 2 EGBGB ausländische Sonderverweise zugunsten der Immobilie. Danach findet auf den Erwerb von Todes wegen deutsches Erbrecht, soweit nicht die Immobilie betroffen ist, Anwendung. Bezogen auf die Immobilie und der Fragen des Übergangs, des Nachweises der Erbenstellung etc. findet aber das ausländische Recht Anwendung. Diese Nachlassspaltung konnte auch zur Reduzierung von Pflichtteilsrechten eingesetzt werden.

8 Die EU-Erbrechtsverordnung wurde nicht von Dänemark, Großbritannien und Irland unterzeichnet und gilt damit im Verhältnis zu diesen Ländern nicht. Insofern verbleibt es bei den alten Regelungen zur Bestimmung des anwendbaren Rechts; aus deutscher Sicht damit bei der Regelung in Art. 25 EGBGB (Anknüpfung an die Staatsangehörigkeit).

es im oben beschriebenen Beispielfall zur ausschließlichen Anwendung Schweizer Rechts sowohl aus deutscher als auch Schweizer Sicht.

Damit besteht für im Ausland lebende Familienmitglieder die Möglichkeit, dass sich ein Erbfall nach einer ausländischen Rechtsordnung regelt. Dies kann u.U. positiv und gewollt sein, wenn z.B. das ausländische Recht Pflichtteilsrechte wie im deutschen Recht nicht kennt (z.B. Italien). Hier ist – sollen die Regelung zur Gestaltung (Vermeidung von Pflichtteilsrechten) genutzt werden – aber darauf zu achten, dass die Frage nach dem gewöhnlichen Aufenthalt zweifelsfrei zugunsten der präferierten Rechtsordnung beantwortet werden kann. Dabei scheint die Festlegung auf einen gewöhnlichen Aufenthalt nicht immer einfach. Nach der Verordnung soll dieser sich nach dem Gesamtbild der Verhältnisse ergeben.[9] Kriterien sollen die Dauer und Regelmäßigkeit des Aufenthalts, soziale Bindungen oder wirtschaftliche Interessen sein.

Beispiel

 A hält sich jeweils etwa sechs Monate pro Jahr in seinen Häusern in Hamburg und Mallorca auf. A's Familie lebt auf Mallorca. In Hamburg gehört ihm ein Unternehmen, das für 90 Prozent der Einkünfte der Familie sorgt (evtl. besitzt er auch nur noch ein entsprechendes Nießbrauchsrecht an den unternehmerischen Anteilen). In diesem Beispiel lassen sich gute Gründe für einen gewöhnlichen Aufenthalt an jedem der beiden Orte finden, sodass es auf die weiteren Details der Lebenssituation des A ankommt.

Soll ausländisches Recht geplant zur Anwendung kommen, ist also darauf zu achten, die Aufenthalte im Heimatland und die Beziehungen hierzu zu minimieren, was häufig praktische Schwierigkeiten erzeugt. Zudem sollten in letztwilligen Verfügungen die Lebens- und Vermögensumstände des Erblassers möglichst detailliert festgehalten werden.

Die Anwendung ausländischen Rechts kann jedoch auch unerwünschte Folgen haben: So kann es passieren, dass bereits getroffene letztwillige Verfügungen (Testamente, gemeinsame Testamente und Erbverträge) keine Geltung mehr beanspruchen, weil sie die Formvorschriften oder sonstigen Gültigkeitsvoraussetzungen des nunmehr anwendbaren ausländischen Rechts nicht mehr erfüllen. Die Erbfolge richtet sich dann nach der gesetzlichen Erbfolge in dem anwendbaren ausländischen Recht, die erheblich vom deutschen Recht abweichen kann. Vereinbarte

---

9 Erwägungsgrund Nr. 23 der EU-ErbVO.

Pflichtteilsverzichte können ebenso unwirksam werden. Damit kann eine bereits getroffene integrierte und stimmige Nachfolgeregelung ins Wanken geraten, was gerade bei unternehmerischen Werten sehr problematisch sein kann. Zudem erfordert die Anwendung ausländischen Rechts für den planenden Erblasser sowie im Erbfall für die Erben die Einschaltung eines ausländischen Beraters.

Ein ungewolltes Abrutschen in eine unbekannte Rechtsordnung mit den beschriebenen Wirksamkeitsproblemen kann aber durch Rechtswahl des Erblassers verhindert werden. Die Verordnung lässt zu, dass der Erblasser in seiner letztwilligen Verfügung (Testament, Erbvertrag) eine Rechtswahl zugunsten seines Heimatrechts (Rechtsordnung der Staatsangehörigkeit) trifft.[10]

Die EU-Erbrechtsverordnung findet aus Sicht der EU auch dann Anwendung, wenn der Erbfall Bezug zu einem Drittstaathat. Allerdings ist es Sache der Drittstaaten, diese Verweisung zu akzeptierten. Sie sind an die Verordnung nicht gebunden, sondern wenden ihre eigenen Regeln des Internationalen Privatrechts an.

Beispiel

 Der amerikanische Erblasser mit Wohnsitz in Deutschland hat eine Immobilie in Florida. Diese geht im Erbfall auf seine in Deutschland wohnenden Erben über. Nach der EU-Erbrechtsverordnung würde aufgrund des letzten gewöhnlichen Aufenthalts in Deutschland zum Todeszeitpunkt deutsches Erbrecht auf den gesamten Vermögensanfall Anwendung finden. Allerdings schließen sich die USA dieser Rechtsansicht nicht an, sodass zumindest für den Übergang der in Florida belegenen Immobilie US-Erbrecht und damit auch die dortigen Form- und Nachweisvorschriften (sog. probate Verfahren) Anwendung finden. Ein deutscher Erbschein oder auch ein Europäisches Nachlasszeugnis werden hier wenig ausrichten können.

Empfehlungen

 Bei jeder Nachfolge sind die (möglichen) Auslandsbeziehungen in persönlicher und wirtschaftlicher Hinsicht umfassend zu ermitteln. Die Möglichkeit einer Rechtswahl zu nutzen ist in vielen Fällen sinnvoll. Dies empfiehlt sich aus Sicherheitsgründen, auch wenn ein Wegzug oder ein zeitweiser Auslandsaufenthalt noch gar nicht konkret sind, um nicht später durch geänderte Fakten unfreiwillig und ungeplant in eine ausländische Rechtsordnung zu rutschen.

---

10 Art. 22 der EU-ErbVO.

Formulierungsvorschlag

„Ich erkläre, dass ich die deutsche Staatsangehörigkeit besitze. Für meine Rechtsnachfolge von Todes wegen wähle ich hiermit nach Art. 22 EU-ErbVO die ausschließliche Geltung deutschen Erbrechts."

Problematisch werden können dabei aber gemeinsame Testamente von Eheleuten mitunterschiedlicher Staatsangehörigkeit. In diesen Fällen sind einzelne Testamente zu empfehlen. Bei der Errichtung von letztwilligen Verfügungen sollten zudem vorsorglich die Formvorschriften aller betroffenen Länder eingehalten werden. Dies gilt insbesondere in Fällen, in denen Drittstaaten berührt sind, da es hier auch weiterhin zu Nachlassspaltungen und Anwendbarkeit mehrerer Rechtsordnungen kommen kann.

Zur Vermeidung der Zersplitterung von Anteilen an einem Familienunternehmen durch die Anwendbarkeit ausländischer Rechtsordnungen sollten die Gesellschaftsverträge von Familienunternehmen die Empfehlung an die Gesellschafter enthalten, eine solche Rechtswahl in ihre letztwilligen Verfügungen aufzunehmen. Diese darf indes wegen der Testierfreiheit eines Erblassers nicht als Verpflichtung in den Gesellschaftsvertrag formuliert werden.

Abschließend soll nochmal darauf hingewiesen werden, dass die Anwendbarkeit ausländischen Rechts auch vorteilhaft sein kann, beispielsweise weil das ausländische Recht keine Pflichtteilsrechte kennt. Hier eröffnet die EU-ErbVO einen neuen Gestaltungsspielraum.

d) Auswirkungen eines Wegzugs auf das Eherecht, Ehegüterrecht und Unterhaltsrecht

Die Nachfolge wird in Deutschland nicht allein durch die erbrechtlichen Regelungen (gesetzliche Erbfolge, testamentarische Regelungen etc.) sondern auch – im Hinblick auf die Höhe der Nachfolgeberechtigung des Ehegatten – durch das Ehegüterrecht bestimmt.

Deshalb scheint die Frage, welches Eherecht, Ehegüterrecht etc. Anwendung findet, von Bedeutung.

Heiraten Familienmitglieder im Ausland, liegt die Frage, nach welchem Recht eine Ehe geschlossen wurde und wie das Ehegüterrecht und Familienrecht (Unterhalts- und Sorgerechtsfragen) zu bestimmen sind, auf der Hand. Ausländisches Recht kann aber auch dann Anwendung finden, wenn ein Ehepaar, das in Deutschland geheiratet hat, später ins Ausland zieht. Hier richtet sich z.B. eine Scheidung im Ausland zumeist nach ausländischem Scheidungsrecht, sofern keine Rechtswahl getroffen wurde.[11] Der Wegzug hat aber ggfs. auch Auswirkungen auf die Frage des Güterrechts zur Bestimmung des – auch für den Erbteil wichtigen – Güterstandes.

Auswirkungen können sich auf die Fragen des Unterhaltsrechts ergeben. Dies beeinflusst zwar nicht unmittelbar die Nachfolgefrage, kann indes zum Abfluss erheblicher Vermögenswerte führen, die damit einer Nachfolgeplanung entzogen werden.

Klagt z.B. ein im Ausland lebendes Kind oder eine deutsche Ehefrau, die mit ihrem (Ex-)Mann im Ausland lebte, auf (nacheheliche) Unterhalt, können sich diese Fragen nach ausländischem Recht richten. Hierbei sind insbesondere unterschiedliche national geprägte Vorstellungen zur Angemessenheit eines nachehelichen Unterhalts zu beachten, die im Ausland deutlich höher oder niedriger ausfallen können. Dies kann jedoch durch Rechtswahl und Gerichtsstandsklauseln ausgeschlossen werden (Ausnahme sind Unterhaltsansprüche von minderjährigen Kindern).[12]

Noch komplizierter wird es, wenn die Ehegatten unterschiedliche Staatsangehörigkeiten besitzen und ihre Ehe in einem dritten Staat schließen bzw. dorthin ziehen. Dann ist zur Frage der anwendbaren Rechtsordnung auf Ehewirkungen, Scheidung und Unterhalt in drei Rechtskreisen zu schauen.

2. Steuerliche Herausforderungen

a) Doppelbesteuerung (Einkommen- sowie Erbschaft- und Schenkungsteuer)

In allen oben genannten Fällen des zeitweisen oder endgültigen Aufenthalts im Ausland kann es dazu kommen, dass im Ausland eine unbeschränkte Einkommensteuerpflicht begründet wird. Der ausländische Staat wird dann in aller Regel die weltweiten Einkünfte des Familienmitglieds versteuern wollen. So knüpfen manche Länder die unbeschränkte Einkommensteuerpflicht lediglich an die Aufnahme eines Wohnsitzes (allein durch Besitz einer Wohnung – gemietet oder zu Eigentum)

---

11 Vgl. Verordnung (EU) Nr. 1259/2010 des Rates vom 20. Dezember 2010, sog. Rom III-Verordnung, dort Art. 8.
12 Vgl. zu den Fragen des internationalen Unterhaltsrechts innerhalb der EU die Verordnung (EG) Nr. 4/2009 (sog. EU-UnterhaltsVO) und das ins deutsche Recht umsetzende Auslandsunterhaltsgesetz (AUG) in Verbindung mit dem Haager Protokoll vom 23.11.2007 über das auf Unterhaltspflichten anzuwendende Recht. Hiernach entscheidet grds. der gewöhnliche Aufenthalt des Anspruchsberechtigten.

unabhängig von der Dauer des Aufenthalts (z.B. Österreich). Dies kann also schon im Fall einer Ferienimmobilie relevant werden, auch wenn diese von dem jeweiligen Familienmitglied nur jeweils einmal im Jahr genutzt wird. Teilweise kommt es demgegenüber darauf an, dass eine bestimmte Anzahl von Tagen in dem jeweiligen Land verbracht wird (z.B. Zypern oder Spanien).

Empfehlung

 Empfehlenswert ist, sich mit den steuerrechtlichen Regimen im jeweiligen „Zuzugs"-Land auseinanderzusetzen. Vor Erwerb oder Anmietung einer Wohnung im Ausland sollte stets geprüft werden, ob dies bereits zur Begründung einer unbeschränkten Steuerpflicht im Ausland führt.

Kompliziert und manchmal teuer wird es, wenn das Familienmitglied seine Zelte in Deutschland nicht komplett abbricht, sondern es zu einer sog. Doppelansässigkeit kommt. Dann beanspruchen im Zweifel sowohl Deutschland als auch das Land, in dem sich das Familienmitglied zeitweise aufhält, das Recht, die weltweiten Einkünfte zu besteuern.

Diese Doppelbesteuerung wird aber in der Regel im Ertragsteuerrecht durch sog. Doppelbesteuerungsabkommenvermieden. Hierbei ist zunächst zu klären, in welchem Land die Person nach dem Abkommen „ansässig" ist. Kann der dabei entscheidende „Mittelpunkt der Lebensinteressen" nicht zweifelsfrei ermittelt werden, entscheidet zumeist die Staatsangehörigkeit. Sodann ist im Abkommen zu prüfen, welche Einkunftsart von der Doppelbesteuerung betroffen ist, welches Land das vorrangige Besteuerungsrecht hat und ob das andere Land die doppelte Besteuerung durch Freistellung dieser Einkünfte von der nationalen Besteuerung oder durch Anrechnung in dem anderen Land gezahlten Steuer beseitigen muss.

Zwar kann so letztlich häufig eine doppelte Besteuerung vermieden werden. Zumeist besteht aber eine doppelte Erklärungspflicht in beiden Ländern. Die Verletzung von ausländischen Deklarationspflichten kann eine Steuerstraftatdarstellen und/oder ein Bußgeld nach sich ziehen (letzteres z.B. in Frankreich).

Einschneidender können die schenkung- und erbschaftsteuerlichen Folgen aus einem zeitweisen oder dauernden Aufenthalt im Ausland sein. In Deutschland reicht es aus schenkung- und erbschaftsteuerlicher Sicht aus, wenn entweder der Schenker/Erblasser **oder** der Beschenkte/Erbe seinen Wohnsitz im Inland hat, um die Schenkung oder den gesamten Erbanfall in Deutschland umfassend zu besteuern. Dies bedeutet, dass selbst wenn eine an der Schenkung/Erbschaft beteiligte Person im Ausland lebt, diese in Deutschland steuerliche Pflichten erfüllen muss. Die ausländischen Steuerrechtsordnungen knüpfen zum Teil ebenso an wie Deutschland oder es entscheidet allein der Wohnsitz des Schenkers/Erblassers (Schweiz, Großbritannien, USA und Irland). Problematisch ist, dass es für diese Fälle – anders als für einkommensteuerliche Zwecke – kein dichtes Netz an Doppelbesteuerungsabkommen (DBA) gibt. Deutschland hat vielmehr nur mit den USA, der Schweiz, Frankreich, Griechenland und Dänemark entsprechende Vereinbarungen.

Zudem wird auch bei allen DBAs die Doppelbesteuerung ausschließlich durch Anrechnung der ausländischen Erbschaft- und Schenkungsteuer, und nicht etwa durch Freistellung des ganzen Erwerbs, vermieden. Ist die ausländische Erbschaftsteuer höher, kommt es zu einer definitiven Belastung mit einer höheren ausländischen Erbschaft- und Schenkungsteuer. Diese „Hochschleusung" auf ein ausländisches Steuerniveau ist insbesondere im Verhältnis zu Frankreich oder den USA zu beachten.

Besteht kein Doppelbesteuerungsabkommen, bleibt nur die Anrechnung der ausländischen Steuer nach den nationalen steuerrechtlichen Regelungen, in Deutschland nach § 21 Erbschaftsteuergesetz (ErbStG). Diese nationalen Anrechnungsregelungen kranken jedoch häufig daran, dass sie nicht die ausländische Erbschaft- und Schenkungsteuer auf dem gesamten Erwerb anrechnen, sondern nur denjenigen Teil der ausländischen Erbschaftsteuer, der auf das von Deutschland als Auslandsvermögen qualifizierte Vermögen entfällt. Erbt z.B. ein in Deutschland wohnendes Familienmitglied das weltweite Vermögen eines Angehörigen in Spanien und besteht dieses aus Immobilien in Spanien sowie Wertpapiervermögen und Immobilien in Deutschland, rechnet Deutschland nur den Teil der spanischen Erbschaftsteuer an, der anteilig auf die in Spanien belegenen Immobilien, und nicht den Teil, der auf die deutschen Immobilien und das Wertpapiervermögen entfällt. Damit wird die Doppelbesteuerung häufig nur partiell vermieden.

Empfehlung

> Daher ist stets zu prüfen, ob der betreffende ausländische Staat Erbschaft- und Schenkungsteuer auf den gesamten Erwerb erhebt. Im letzteren Falle sollten vor Begründung des Wohnsitzes im Ausland ggfs. Maßnahmen ergriffen werden, die das Vermögen vor dem doppelten steuerlichen Zugriff schützen. Hier ist etwa an die Übertragung von Vermögenswerten auf Stiftungen oder Trusts zu denken.

b) Wegzug und Besteuerungsfolgen in Deutschland

Zieht ein Familienmitglied, das eine Beteiligung an einer in- oder ausländischen Kapitalgesellschaft von mindestens einem Prozent hält, unter Aufgabe seines deutschen Wohnsitzes ins Ausland, kann es in Deutschland zu einer sog. Wegzugsbesteuerung nach § 6 Außensteuergesetz (AStG) kommen. Ausnahmen gelten nur, sofern das Familienmitglied binnen fünf Jahren wieder nach Deutschland zurückkommt. Hintergrund dieser Besteuerung ist, dass Deutschland im Falle eines solchen Wegzugs das Besteuerungsrecht hinsichtlich der Anteile verliert.

An solche Folgen ist übrigens nicht nur bei einem geplanten Wegzug zu denken, z.B. wenn ein älterer Gesellschafter eines Familienunternehmens während eines Auslandsaufenthalts – etwa ein Besuch der im Ausland lebenden Kinder – einen Schlaganfall erleidet und dort – nicht reisefähig – mehr als fünf Jahre in einem Pflegeheim verbringt. Gleiches gilt, wenn solche Anteile durch Schenkung oder im Erbfall auf Personen übergehen, die nicht in Deutschland unbeschränkt steuerpflichtig sind (d.h. weder einen Wohnsitz noch einen gewöhnlichen Aufenthalt in Deutschland haben).

Sollte ein Formwechsel einer GmbH & Co. KG in eine GmbH angestrebt werden, ist ebenfalls an die möglichen Wegzugsbesteuerungsfolgen für im Ausland lebende Gesellschafter des Familienunternehmens zu denken. Die Besteuerung hat zur Folge, dass die Anteile an der Kapitalgesellschaft im Zeitpunkt des Wegzugs als zum gemeinen Wert veräußert gelten und der Einkommensteuer zu unterwerfen sind (Fiktion der Veräußerung). Die in diesen Anteilen entstandenen stillen Reserven sind damit zu versteuern. Die Steuer wird zinslos gestundet, wenn der Wegzug im EU- oder EWR-Gebiet erfolgt, jedoch nur, wenn der Betroffene jährlich an das deutsche Finanzamt seinen Wohnsitz meldet.

Früher konnte eine solche Besteuerung dadurch vermieden werden, dass die Anteile an der Kapitalgesellschaft vor Wegzug oder Schenkung an eine nicht in Deutschland unbeschränkt steuerpflichtige Person in eine gewerblich geprägte GmbH & Co. KG[13] eingebracht wurden. Mit der Änderung der höchstrichterlichen Rechtsprechung[14] reichen diese Gestaltungen indes nicht mehr aus.

---

13 Eine gewerblich geprägte GmbH & Co. KG ist nicht als solche originär gewerblich tätig, sondern wird aus steuerlicher Sicht nur deshalb als gewerblich angesehen, weil haftender Gesellschafter eine oder mehrere Kapitalgesellschaften und keine natürliche Person ist und nur diese Personen oder Nichtgesellschafter zur Geschäftsführung befugt sind, vgl. § 15 Abs. 3 Nr. 2 S. 1 EStG. Nach dem bisherigen Verständnis der Finanzverwaltung (BMF v. 16.04.10, BStBl I 10, 354. Tz. 2.2) waren auf die Einkünfte einer gewerblich geprägten Personengesellschaft die DBA-Artikel für Unternehmensgewinne anzuwenden, was zu einem deutschen Besteuerungsrecht trotz Wegzug führte.
14 Vgl. BFH vom 28.04.2010 – I R 81/09, BFHE 229, 252.

Empfehlung

Sofern Familienmitglieder bereits weggezogen und solche Gestaltungen gewählt worden sind, sollten diese kritisch überprüft werden.

Es verbleiben jedoch andere Möglichkeiten, etwa die Einbringung in eine ausländische Kapitalgesellschaft nach dem Wegzug unter Ausnutzung der EU-Verschmelzungsrichtlinie sowie die Übertragung in eine inländische Familien- oder Doppelstiftung, die jeweils mit einem steuerlichen und rechtlich versierten Berater abzuklären sind.

Grundsätzlich enden mit Wegzug mangels Wohnsitz und Aufenthalt die Anknüpfung des deutschen Steuerrechts und damit die Besteuerung des Welteinkommens durch den deutschen Fiskus. Daher hat Deutschland nach einem Wegzug nur noch das Recht, diejenigen Einkünfte zu besteuern, die aus inländischen Quellen stammen, wie aus inländischen Betriebsstätten oder Immobilien (sog. beschränkte Einkommensteuerpflicht). Hier gilt ein enger Katalog für die Bestimmung der deutschen Quelleneinkünfte. Zudem sind die jeweiligen Doppelbesteuerungsabkommen zu beachten, die dieses beschränkte Besteuerungsrecht weiter zurückdrängen.[15] Allerdings gibt es vielfältige Sondersituationen, in denen wegziehende Familienmitglieder nicht in jedem Fall sofort aus der (unbeschränkten) Besteuerung in Deutschland entlassen werden. So kann der Umfang der beschränkten Steuerpflicht für zehn Jahre nach dem Wegzug über die reinen Inlandsquellen hinaus erweitert sein. Dies gilt etwa, wenn ein Familienmitglied in ein sog. Niedrigsteuerland[16] zieht, aber weiterhin wesentliche wirtschaftliche Interessen in Deutschland besitzt. Letzteres kann insbesondere dann der Fall sein, wenn es Gesellschafter eines inländischen Familienunternehmens ist. Hier reicht auch bereits eine mindestens 1%ige Beteiligung an einer inländischen Kapitalgesellschaft aus. In diesen Fällen ist Deutschland nicht nur auf die Besteuerung der inländischen Quelleneinkünfte beschränkt, die in § 49 EStG genannt sind (erweiterte beschränkte Einkommensteuerpflicht).

---

15 Im Verhältnis zur Schweiz ist die sog. überdachende Besteuerung zu beachten, die Deutschland auch nach einem Wegzug in die Schweiz das Recht zugesteht, die aus deutschen Quellen stammenden Einkünfte für das Jahr des Wegzugs und fünf Jahre danach zu besteuern (sog. überdachende Besteuerung).

16 Die Einordnung als Niedrigsteuerland kann sich aus einem konkreten Steuerbelastungsvergleich oder einer Vorzugsbesteuerung ergeben. Danach ist z.B. die Pauschalbesteuerung in der Schweiz oder die *„remittance base taxation"* in Großbritannien als Niedrigbesteuerung zu werten und ein Wegzug dorthin unter Inanspruchnahme dieser Vorzugsbesteuerung geeignet, die erweiterte beschränkte Steuerpflicht auszulösen, vgl. *Lüdicke/Fürwentsches*, in: Lüdicke/Sistermann, Unternehmenssteuerrecht, C.H.Beck München, 2008, § 15 Rn. 8.

Aus erbschaft- und schenkungsteuerlicher Sicht wird ein deutscher Staatsangehöriger auch nach Wegzug für weitere fünf Jahre so behandelt, als sei er in Deutschland ansässig. Dies bedeutet, dass eine Schenkung von ihm oder an ihn sowie ein Erwerb von Todes wegen durch ihn oder nach ihm – trotz der Tatsache, dass die andere an dem Erbfall oder der Schenkung beteiligte Person im Ausland sitzt – weiterhin der unbeschränkten Erbschaft- und Schenkungsteuerpflicht in Deutschland mit den oben beschriebenen Problemen der Doppelbesteuerung (erweiterte unbeschränkte Erbschaftsteuerpflicht) unterliegt.

Bei Wegzug in ein Niedrigsteuerland darf Deutschland den Übergang aller Vermögensgegenstände besteuern, die nicht Auslandsvermögen sind, selbst wenn weder Schenker/Erblasser noch Beschenkter/Erbe in Deutschland ansässig sind.

Empfehlung

> Bei einem Wegzug ist daher stets zu prüfen, ob den Wegziehenden nachlaufende Steuerpflichten in Deutschland treffen, die einerseits eine Doppelbesteuerung oder zumindest Deklarationspflichten in Deutschland für fünf bis zehn Jahre nach dem Wegzug auslösen können.

Es zeigt sich also, dass ein Wegzug ohne Gestaltung und sorgfältige Überlegungen einschneidende steuerliche Folgen in Deutschland, eine empfindliche Doppelbesteuerung wie auch vielfältige rechtliche Probleme auslösen kann. Lösungen müssen hierbei aus einer Hand vernetzt mit lokalen Beratern im Ausland erfolgen.

IV. Inhaberstrategische Herausforderungen

Im Gegensatz zu den zivilrechtlichen und steuerrechtlichen Problemen sind die Auswirkungen einer Wohnsitzverlagerung von Gesellschaftern auf die Inhaberstrategie zunächst kaum spürbar. Worauf ist dies zurückzuführen? Die Inhaberstrategie eines Familienunternehmens beinhaltet insbesondere die grundlegenden Antworten der Inhaberfamilie auf die zentralen Beziehungen der Inhaberfamilie zum Familienunternehmen und untereinander, also Fragen des Inhabergeschäftsmodells, des Wertesystems in Familie und Unternehmen, der Übertragung von Mitgliedschaftsrechten, der Führung und Kontrolle des Familienunternehmens (sog. Corporate Governance), der Family Governance sowie der konkret ausgeübten bzw. angestrebten Rollen im Familienunternehmen. Die Antworten auf diese Fragen verändern sich in der Regel nicht unmittelbar durch einen Wegzug, auch wenn einzelne Rollen, z.B. eine aktive Geschäftsführung, meist entfernungsbedingt nicht mehr ausgeübt werden können.

Abgesehen von vorgenanntem Punkt ist auf den ersten Blick gar nicht offenkundig, dass die Wohnsitzverlagerung eines Gesellschafters weitergehende Einflüsse auf die vorgenannten Themenbereiche bzw. die Inhaberstrategie insgesamt haben kann. Hierbei wird jedoch übersehen, dass die Internationalisierung der Familie – abhängig von der Zahl und Anteilsquote der betroffenen Gesellschafter und der Zeitdauer ihres Auslandsaufenthalts – praktisch in allen Bereichen der Inhaberstrategie erhebliche Auswirkungen auf die Zusammenarbeit zwischen Gesellschaftern und Unternehmen als auch zwischen den Gesellschaftern haben und mit zunehmender Entfremdung sogar den Fortbestand als Familienunternehmen in Frage stellen kann.

Angesichts der Vielfältigkeit der Lebensverhältnisse und der Unterschiedlichkeit von Familienunternehmen und Gesellschafterkreisen ist zwar keine generalisierende Betrachtung über die Folgen einer Internationalisierung des Gesellschafterkreises und der konkreten zeitlichen Entwicklung möglich. Dennoch soll nachfolgend der Versuch unternommen werden, die nicht selten anzutreffenden typischen Entwicklungen und ihre Folgen zu beschreiben.

1. Entfremdungs- und Kommunikationsprobleme

Hinzuweisen ist zunächst auf den Umstand, dass die Einhaltung der Formalien zur Einladung zur Gesellschafterversammlung und der Nachweis form- und fristgerechter Einladungen komplizierter werden. Der Reiseaufwand und die Vorlaufzeiten für die Planung von Gesellschafterversammlungen steigen. Wegen Reisezeit und Kosten nimmt die persönliche Kommunikation ab. Der für eine vertrauensvolle Zusammenarbeit notwendige Informationsaustausch wird deutlich erschwert und zunehmend durch eine Schriftlichkeit und Formalisierung von Informationen ersetzt.

Entscheidet sich der im Ausland wohnende Gesellschafter wegen der zunehmenden Entfernung, seine Gesellschafterrechte durch einen im Inland ansässigen Berater wahrnehmen zu lassen, tritt eine weitere Distanzierung zu Unternehmen und Mitgesellschaftern ein. In der nächsten Generation ist dann nicht einmal mehr sichergestellt, dass alle Abkömmlinge des im Ausland wohnenden Gesellschafters überhaupt die deutsche Sprache beherrschen. Wertesysteme entwickeln sich wegen des Einflusses anderer Kulturen und der Stellung und Wertschätzung von Familienunternehmen mit deutlich höherer Wahrscheinlichkeit auseinander. Die zunehmende Entfremdung führt tendenziell zu höheren Ausschüttungsinteressen und damit zu Interessengegensätzen mit Geschäftsführung und Mitgesellschaftern. Verstärkt wird dieser Effekt, wenn der ausländische Wohnsitz zu höheren Steuern führt oder sogar zu Steuerbelastungen, die im Inland unbekannt sind.[17]

Selbst wenn die Steuern insgesamt nicht höher als im Inland sind, steigt der Deklarationsaufwand und damit verbunden die Beraterkosten. Je nach Rechtsform des Unternehmens können notwendige Umstrukturierungen wegen steuerlicher Restriktionen für einen nicht unbeschränkt steuerpflichtigen Gesellschafter nicht mehr oder allenfalls unter Inkaufnahme hoher Steuerbelastungen stattfinden. Damit können wichtige unternehmerische Entscheidungen blockiert und Interessenkonflikte zwischen den Gesellschaftern ausgelöst werden. Die Entfernung vom Unternehmen lässt keine persönliche dauerhafte Mitarbeit in Führungspositionen zu. Selbst die persönliche Mitwirkung in Kontrollorganen kann aufgrund der Entfernung problematisch werden.

Alle vorgenannten Effekte werden tendenziell dazu führen, dass die Ausscheidens- oder Veräußerungswilligkeit zumindest im Zeitablauf ansteigen wird, während der Zusammenhalt der Gesellschafter abnimmt und eine einvernehmliche Willensbildung erschwert wird. Je nach der Höhe der Beteiligung „ausländischer" Gesellschafter, der Kapitalkraft des Unternehmens und seiner Gesellschafter sowie konkreten Veräußerungsabsichten kann im Zeitablauf die Fortführung des Unternehmens als Familienunternehmen infrage gestellt werden. Wichtig ist daher die rechtzeitige Gegensteuerung zur Abschwächung der Entfremdungseffekte und Sicherung der Kapitalbasis.

2. Gestaltungsmaßnahmen

Von Bedeutung ist zunächst die Sicherstellung einer einvernehmlich festgelegten Kommunikation. Auch der im Ausland wohnende Gesellschafter muss und sollte in den Informationsfluss des Unternehmens mit seinen Gesellschaftern adäquat einbezogen werden. Im Rahmen der Family Governance sollte gemeinsam festgelegt werden, welche Aktivitäten zur Sicherung des Familienzusammenhalts, des Aufrechterhaltens der gemeinsamen Beteiligung am Familienunternehmen und zur Heranführung der nächsten Generation durchgeführt werden. In Betracht kommen z.B. Praktika im Unternehmen, aber auch gemeinsame Fortbildungen

---

17 So erhebt z.B. Kanada im Erbfall eine sog. *Capital Gain Tax*, weil der Erbfall als Veräußerung des Gesellschaftsanteils behandelt wird. Daneben unterwirft Deutschland bei Personengesellschaften die Vererbung der Gesellschaftsanteile der Erbschaftsteuer, und zwar ohne die kanadische Steuer anzurechnen.

und Qualifikationen zum Verständnis der besonderen Kultur eines Familienunternehmens sowie zum Verständnis der Wertesysteme. Wichtig ist insbesondere das Verständnis auf eine gemeinsame Sprache und damit auch die Sprache der im Unternehmen für die Gesellschafter erstellten Unterlagen.

Die durch die Internationalisierung auftretenden potenziellen Interessengegensätze sollten möglichst früh herausgearbeitet werden und für alle Beteiligten transparent sein. Niemandem kann ein Vorwurf gemacht werden, wenn ein Wohnsitz in das Ausland verlagert wird. Entstehen hierdurch aber Folgekosten und Zusatzbelastungen, sollte ein klares Verständnis herbeigeführt werden, wer diese trägt (Reisekosten, Übersetzungskosten usw.). Es muss Verständnis dafür geweckt werden, dass es eine eindeutig richtige Zuordnung dieser Kosten nicht gibt. Die Einbeziehung des Gesellschafters in Form einer Versorgung mit regelmäßigen Informationen und Teilnahme an Gesellschafterversammlungen liegt einerseits in dem persönlichen Interesse eines ausgewanderten Gesellschafters, ist andererseits aber auch für Gesellschaft und Mitgesellschafter für eine qualifizierte Willensbildung und Mitwirkung an unternehmerischen Entscheidungen und der Aufrechterhaltung seiner Beteiligung wichtig.

Zu denken ist aber auch an die rechtzeitige Initiierung von Konzepten, die die potenziellen Auslandsnachteile vermeiden. So kann z.B. die Errichtung einer Familienstiftung den Zusammenhalt des Gesellschafterkreises organisatorisch und ohne Abfindungsrisiken sicherstellen und gleichzeitig helfen, etwaige Probleme einer Wegzugsbesteuerung zu verhindern.

In jedem Fall sollten die rechtlichen, steuerlichen und inhaberstrategischen Folgen eines Wegzugs vor dessen Realisierung analysiert und im Wege eines angemessenen Interessenausgleichs – idealerweise durch Erarbeitung einer gemeinsamen Inhaberstrategie/Familienverfassung – austariert werden.

V. Zehn Regeln für die internationale Nachfolgeplanung

1. Bei der Nachfolgeplanung sind persönliche und wirtschaftliche **Auslandsbeziehungen** umfassend zu ermitteln und zu prüfen.

2. In vielen Fällen dürfte es sinnvoll sein, im Rahmen einer Verfügung von Todes wegen eine **Rechtswahl zugunsten des Rechts der eigenen Staatsangehörigkeit** vorzunehmen.

3. Erbverträge und gemeinschaftliche Ehegattentestamente werden auch in Zukunft streitanfällig bleiben; **Einzeltestamente** sind in der Regel vorzuziehen.

4. In Testamenten sollten vorsorglich die **Formvorschriften** aller betroffenen Länder eingehalten werden.

5. **Inhaltlich** sollte jede Nachfolgeregelung möglichst klar, einfach und (auch in einer fremden Sprache) verständlich sein. Es sollte möglichst nur **ein Testament** für den gesamten weltweiten Nachlass errichtet werden.

6. Um Konflikte zu vermeiden, müssen bei der Nachfolgeplanung weitere berührte **Rechtsgebiete** (etwa Vertrags-, Güter-, Sachen- oder Gesellschaftsrecht) berücksichtigt werden.

7. Testamente sind **regelmäßig** an veränderte rechtliche, steuerliche, familiäre und wirtschaftliche Rahmenbedingungen **anzupassen**.

8. Die **vorweggenommene Erbfolge** ist auch im Hinblick auf ausländisches Vermögen möglich und sinnvoll, da die Schwierigkeiten einer erbrechtlichen Nachfolgeregelung vermieden werden.

9. Spezielle **Nachlassvollmachten** können die Abwicklung erheblich vereinfachen.

10. Es empfiehlt sich, sämtliche Gestaltungen der internationalen Vermögensnachfolge mit **unabhängigen Rechts- und Steuerberatern** im In- und Ausland abzustimmen.

4.4 Der Notfallplan – ein unverzichtbares Element der Nachfolgeplanung

von Prof. Dr. Peter May und Dr. Karin Ebel

I. Einleitung

„Wie soll das bloß ohne mich gehen?" Diese Frage hat sich schon mancher Unternehmer gestellt, in der Regel aber schnell wieder verworfen. Ein Fehler mit nicht selten verhängnisvollen Folgen. Jedem Unternehmer sollte bewusst sein, dass es im Notfall ohne ihn gehen muss, und für diesen Fall ausreichend Vorsorge treffen: mit einem Notfallplan für Unternehmen und Familie.

Notfälle können im Unternehmen entstehen, aber auch im persönlichen Bereich des Unternehmers auftreten und auf das Unternehmen durchschlagen. Notfälle auf Unternehmensebene sind z.B. Schäden, die die Produktion beeinträchtigen (Feuer, Wasser, Erdbeben), oder die Insolvenz. Zu Notfällen, die aus der Sphäre des Unternehmers resultieren, zählen plötzlicher Tod und Handlungsunfähigkeit. Auf diese beiden Fälle (Tod und Handlungsunfähigkeit) konzentrieren wir uns nachfolgend. Dabei zeigen wir Ihnen, wo und wie Sie die entsprechenden Dokumente in der Praxis vollständig zusammenstellen und aufbewahren, damit der Notfallplan im Fall der Fälle unverzüglich und nach Ihren Vorstellungen entsprechend umgesetzt werden kann.

II. Inhalt des Notfallplans

Der Unternehmer sollte Vorkehrungen treffen für alle Aufgaben und Rollen, die er innehat. Insgesamt sind damit drei Rollen des Unternehmers im Notfall auszufüllen: die des Geschäftsführers, des Gesellschafters und des Familienmitglieds (Ehegatte, Elternteil). Vor diesem Hintergrund sind Regelungen zu treffen im Hinblick auf die Führung, auf das Vermögen und im Hinblick auf die (Gesellschafter-)Familie.

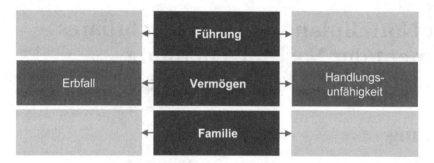

Abb. 1: Bereiche des Notfallplans

1. Geschäftsführung bei Ausfall des Unternehmers

Die Fortführung des operativen Geschäfts sollte in einem „Vertretungsplan" niedergelegt werden. Anders als bei einer Urlaubsvertretung ist jedoch keine Rücksprache mit dem geschäftsführenden Gesellschafter möglich. Aus diesem Grund legen viele Unternehmer ein „Notfall-Team" fest, in dem die Aufgaben und Zuständigkeiten verteilt sind und ein enger Austausch untereinander vorgesehen ist. Dadurch kann die Zeit direkt nach Ausfall des Unternehmers überbrückt werden. In diesem Zeitraum kann ein Notfall-Beirat äußerst hilfreich sein. Dieser wird durch den Unternehmer – für den Notfall – selbst initiiert und hat vorerst eine beratende Funktion („normaler" beratender Beirat); im Notfall erhält er plangemäß weitere Kompetenzen und wird dadurch zum Beirat mit Entscheidungskompetenzen (z.B. Suche und Auswahl eines neuen Geschäftsführers, Begleitung und Kontrolle des Notfall-Teams). Ein solcher Notfallbeirat, d.h. ein Beirat, der vorsorglich für den Notfall konzipiert wird, bietet sich an, wenn die Familie des Unternehmers nicht eng in Unternehmensfragen eingebunden ist oder die Kinder des Unternehmers noch sehr jung sind.

Ist ein neuer Geschäftsführer zu berufen, muss klar sein, nach welchen Kriterien er ausgewählt wird. Deshalb sollte der Notfallplan die Kriterien aufzeigen, die aus Sicht des Unternehmers bei der Nachfolgerbestellung wichtig sind. Dies ist vor allem in den Fällen wichtig, in denen der neue Geschäftsführer von außen kommt und das Unternehmen nicht kennt. Muss er vor Ort wohnen? Welche Eigenschaften sollte er mitbringen, damit er gut in die Kultur des Unternehmens passt (z.B. „Stallgeruch")?

Für die reibungslose Fortsetzung des operativen Geschäfts ist sicherzustellen, dass alle Vollmachten, Zugangsberechtigungen (z.B. PIN, Passwort) und sonstige Daten zugänglich sind, ebenso die wesentlichen Lieferanten- und Kundendaten. Außerdem sollte im Notfallplan die Kommunikation intern und extern geregelt sein. Wann werden die Mitarbeiter informiert? Durch wen? Mit welchem Inhalt? Wie gehen wir mit Fragen von Kunden und Lieferanten um? Die Kommunikation gegenüber Mitarbeitern und Kunden bzw. Lieferanten und Banken sollte unverzüglich und einheitlich erfolgen. Ansonsten entstehen Gerüchte, die zu einer weiteren Unsicherheit führen und die Notfallsituation noch weiter belasten.

2. Vorsorgevollmachten bei Handlungsunfähigkeit

Die Handlungsunfähigkeit des Unternehmers darf nicht zur Handlungsunfähigkeit des Unternehmens führen. Wenn der Unternehmer keine eigenen Vorkehrungen getroffen hat, wird durch das Amtsgericht ein Betreuer für ihn bestellt, der auch die Stimmrechte aus seiner Unternehmensbeteiligung wahrnimmt. Vor diesem Hintergrund ist die Erteilung einer notariellen Vorsorgevollmacht dringend zu empfehlen. Dabei bevollmächtigt der Unternehmer eine Person, ihn im Fall der eigenen Handlungsunfähigkeit (u.a. bei der Ausübung der Stimmrechte) zu vertreten. Damit besteht auch die Möglichkeit, umgehend einen neuen Geschäftsführer zu bestellen, sofern dies erforderlich sein sollte. Die Vollmacht sollte über den Tod hinaus gelten, sodass auch die Zeit bis zur Erteilung des Erbscheins (als offizieller Nachweis für die Berechtigung der Erben) oder des Testamentsvollstreckerzeugnisses überbrückt werden kann. Bevollmächtigt werden sollte eine Person, die sowohl das Unternehmen kennt als auch den Unternehmer, der vertreten werden soll. Findet sich kein Vertrauter mit diesem Anforderungsprofil, kann auch ein Zweierteam bevollmächtigt werden, das gemeinsam die fachlichen und persönlichen Anforderungen abdeckt. Auch eine Ersatzbevollmächtigung sollte vorgesehen werden für den Fall, dass der Bevollmächtigte oder ein Mitglied des Teams ausfällt. Die Vorsorgevollmacht sollte klar regeln, welche Befugnisse auf den bzw. die Bevollmächtigten übertragen werden. Sind hiervon auch Satzungsänderungen umfasst? Ist eventuell sogar der Verkauf der Firma oder Beteiligung von der Vollmacht gedeckt? Für den privaten Vermögensbereich kann eine andere Person bevollmächtigt werden, wenn dies erwünscht ist.

3. Aktuelles Testament des Unternehmers

Ein wichtiger Teil des Notfallplans ist das Testament, das in regelmäßigen Abständen auf den Prüfstand gestellt und aktualisiert werden sollte. Gerade das Testament ist ein Teil des Notfallplans, bei dem sich viele Unternehmer schwer tun. Einige fürchten eine hohe Komplexität bei diesen Fragen, die sie nicht beantworten können oder wollen. Am Schluss wird dann gar kein Testament gemacht oder es gilt eine veraltete Regelung. Dabei ist es ein Trugschluss zu glauben, dass alte – inhaltlich überholte – Testamente nicht mehr gültig sind. Sie bleiben gültig, bis sie widerrufen worden sind.[1] Dabei ist eine geregelte Erbfolge für das Unternehmen überlebensnotwendig. Für den Notfall sind zumindest folgende Fragen zu regeln:

- Wer erhält was?

- Ist der Ehegatte ausreichend finanziell abgesichert?

- Was ist bei minderjährigen Erben zu beachten?

Außerdem muss das Testament im Einklang mit den Vorgaben des Gesellschaftsvertrags stehen. Wer darf Gesellschafter werden und ist damit ein „berechtigter" Erbe? Diese Vorgabe des Gesellschaftsvertrags muss aktiv umgesetzt werden durch ein entsprechendes Testament. Ansonsten droht ein Ausschluss des/der Erben aus dem Gesellschafterkreis gegen eine meist niedrige Abfindung.

Um die Übersicht zu behalten, machen Sie am besten eine Tabelle: In der linken Spalte listen Sie alle Vermögenswerte (z.B. Unternehmensbeteiligung, Immobilien getrennt nach selbstgenutzten und vermieteten Immobilien etc.) und in der oberen Zeile schreiben Sie alle Personen auf, die Sie bedenken möchten.

Was?	Wer?		
	Ehegatte	Sohn	Tochter
Unternehmensbeteiligung	-	1/2	1/2
Immobilien • Familienwohnsitz • Ferienhaus • MFH Köln • MFH Halle	X X	X	X
Depots • Deutsche Bank • UBS	1/3 X	1/3 -	1/3 -
Sonstiges • Kunst • Oldtimer • (…)	X	X	

Abb. 2: Beispiel einer Vermögensverteilung im Erbfall

---

1 Siehe hierzu den Beitrag „Testament, Pflichtanteilsverzicht & Co. – Die rechtliche Gestaltung der Nachfolge" in diesem Kapitel.

Da in den meisten Fällen die Unternehmensbeteiligung nur in direkter Linie an die Kinder vererbt werden soll, ist ein besonderes Augenmerk auf die finanzielle Absicherung des Ehegatten zu legen. Um hier ein Gefühl für die „richtige" Größe zu geben, hilft ein Überblick über die Situation, die nach der o.g. Vermögensverteilung eintreten würde.

Ausgaben		Einnahmen	
Wohnen (Haus)	€...	Rente	
Versicherungen (KV etc.)	€...	• Hinterbliebenenrente	€...
PKW	€...	• eigene Rente	€...
Haushaltshilfe/ sonstige Unterstützung	€...	Mieteinkünfte	€...
Lebenshaltung	€...	Einkünfte aus Wertpapier-Depots und sonst. Guthaben	€...
Sonstiges			
• Reisen	€...	(...)	€...
• Sammlungen	€...	Summe Einnahmen (vor Steuern)	€...
• „Puffer"	€...		
(...)	€...	**Summe Einnahmen (nach Steuern)**	**€...**
Summe Ausgaben	**€...**		

Abb. 3: Finanzielle Situation des überlebenden Ehegatten

Kommt es zu einer Unterdeckung, kann ggf. über einen Nießbrauch an der Unternehmensbeteiligung oder an eine dauernde Last gedacht werden.

4. Streit in der Familie vermeiden durch Leitlinien

Schließlich sollte der Notfallplan die Kultur sowie die Besonderheiten und Leitlinien des Unternehmens für die Familie festhalten. Sie gelten im Notfall als Gerüst, an dem sich die Familie bei anstehenden Entscheidungen orientieren kann, insbesondere wenn sie über das Unternehmen nicht in ausreichendem Maße informiert ist. Diese Situation findet sich häufig in Familien mit einer starken Unternehmerpersönlichkeit. Deshalb ist es wichtig, dass der Unternehmer die Werte und Ziele des Unternehmens und der Gesellschafterfamilie schriftlich festhält. Was macht uns aus? Wofür stehen wir? Ist es uns wichtig, dass sämtliche Anteile in Familienhand bleiben? Diese Grundfragen sollten erklärt und ggf. zu einem späteren Zeitpunkt angepasst werden. Außerdem sollte auch die Rollen- und Aufgabenverteilung innerhalb der Familie geregelt sein. Wer ist Ansprechpartner für die Geschäftsführung und damit Repräsentant der Eigentümer? Wer rückt in den Beirat nach bzw. nach welchen Kriterien sollte darüber entschieden werden? Gleichzeitig sollte es Leitlinien geben für die Informationen an die Gesellschafter und ein grundsätzliches Gewinnverteilungsschema. Mit diesen Regelungen werden im Notfall langwierige und konfliktanfällige Diskussionen vermieden.

Schließlich sollte eine Regelung getroffen werden, wie die Kinder an das Unternehmen herangeführt werden sollen. Dies ist insbesondere für Unternehmer wichtig, dessen Kinder noch sehr jung sind. Sollte es wirklich zum Fall der Fälle kommen, sollte ein „Unternehmens-Pate" oder „Junioren-Mentor" im Hintergrund bereit stehen, der die Kinder auf ihre Rolle als Gesellschafter, Beirat und/oder Geschäftsführer vorbereitet.

III. Dokumentation des Notfallplans

Damit der Notfallplan in der Praxis umgesetzt werden kann, ist eine vollständige Dokumentation erforderlich. Nach unserer Erfahrung wird dieser Punkt in der Praxis oft nicht beachtet. So werden mitunter Notfallpläne erstellt, die im Ernstfall nicht umgesetzt werden können, weil sie unbekannt oder unvollständig sind. Hierzu gehören Testamente, deren Original nicht auffindbar ist oder die nicht vollständig sind, oder Vollmachten, die im Bankschließfach liegen, an das keiner herankommt. Zu jedem Notfallplan gehört deshalb auch eine systematische und vollständige Dokumentation, die als Handlungsanweisung und Ablaufplan dient. Hier hat sich ein Konzept bewährt, das dem Unternehmer auch vor dem Eintritt eines Notfalls selber hilft, da seine wesentlichen Gedanken und Unterlagen zusammengefasst und griffbereit hinterlegt sind. Es besteht aus drei Notfallordnern:

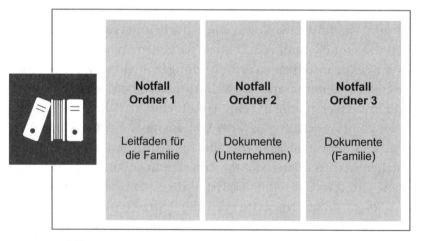

Abb. 4: Notfallordner

1. Aufbau der Notfallordner

Ausgangspunkt unseres Konzepts waren folgende Fragen und Anforderungen durch Unternehmer, die einen „sicheren" Notfallplan haben wollten:

- *„Meine Kinder sind noch sehr jung und ich möchte ihnen meine Gedanken und Überzeugungen als Unternehmer hinterlassen."*

- *„Sollen die erforderlichen Dokumente zu Hause oder im Unternehmen verwahrt werden?"*

- *„Ich möchte nicht, dass im Unternehmen bekannt wird, welche Regelungen ich im Testament getroffen habe."*

Hieraus ergeben sich insgesamt drei Ordner: der erste Ordner enthält einen Leitfaden für die Familie, in dem alle möglichen Notfälle (Handlungsunfähigkeit/Erbfall des Unternehmers, seines Ehegatten oder beider zusammen, „Super-Notfall") und deren Folgen beschrieben sind. Der zweite Ordner enthält alle Dokumente, die im Notfall im Unternehmen gebraucht werden, während der dritte Ordner alle Dokumente beinhaltet, die sich auf den privaten Bereich (z.B. private Immobilien, Aktiendepots etc.) beziehen.

2. Leitfaden für die Familie (Ordner 1)

Im Leitfaden für die Familie werden umfassende Informationen und Handlungsempfehlungen durch den Unternehmer an seine Familie gegeben (inkl. Hintergrundwissen). Dieser Ordner ist insbesondere für die Unternehmer wichtig, deren Kinder noch sehr jung sind oder deren Familie „weiter weg" vom Unternehmen ist. In der Regel fängt dieser Ordner mit einer persönlichen Einleitung des Unternehmers an (Beispiel aus der Praxis; alle Namen wurden geändert):

> *„Liebe Sabine, liebe Kinder,*
>
> *für den Fall, dass mir etwas zustößt, habe ich einen umfassenden Notfallplan erstellt, um die dadurch auftretenden Risiken für meine Familie, mein Unternehmen und mein Privatvermögen zu managen bzw. zu minimieren. Mit diesem Leitfaden möchte ich Euch die von mir getroffenen Regelungen erläutern. Außerdem möchte ich Euch auf diesem Weg auch an die nun von Euch zu treffenden Entscheidungen heranführen und dafür sorgen, dass Ihr den erforderlichen Überblick bekommt. Diesen Leitfaden habe ich auch niedergeschrieben, damit es Dir, liebe Sabine, leichter fällt, meine Überlegungen nachzuvollziehen und meine Rolle als Unternehmer (zumindest partiell) mit zu übernehmen. Euch, liebe Kinder, möchte ich hierdurch auch behutsam an Eure zukünftige Rolle als Gesellschafter heranführen. Außerdem möchte ich die Grundlagen und die Bedeutung meines Unternehmens für mich und meine Tätigkeit darlegen, um mein Handeln für Euch nachvollziehbar zu machen."*

Damit das Verständnis für das Unternehmen nachvollzogen werden kann, enthält die Einleitung meistens eine Historie des Unternehmens und der Gesellschafterfamilie. Grundsätze der vorigen Generationen werden – sofern sie auch in Zukunft Bedeutung haben sollen – übernommen, damit nichts verlorengeht (z.B. „Zusammen seid Ihr stark." oder „Einer muss das Sagen haben."). Es folgen Erläuterungen zum Aufbau und Nutzen der Notfallordner sowie zu den Aufgaben dieses Unternehmers. Dann werden die einzelnen Notfälle sowie die Folgen dargestellt und zwar für alle Konstellationen:

- Erbfall des Unternehmers

- Handlungsunfähigkeit des Unternehmers

- Gleichzeitiges Versterben des Unternehmers und seines Ehegatten

- Vorversterben des Ehegatten

- Handlungsunfähigkeit des Ehegatten

Im Notfall ist dann nur der betroffene Teil zu lesen. Es gibt keine Querverweise; jedes Kapitel ist in sich vollständig. Denn wir gehen davon aus, dass die Handhabung im Notfall einfach und die Inhalte verständlich sein sollten. Deshalb ist der Leitfaden für die Familie auch nicht juristisch formuliert (Beispiel aus der Praxis zur Frage „Was geschieht in meinem Todesfall?"):

> *„Für den Fall, dass ich versterben sollte, habe ich in meinem Testament ausführliche Regelungen getroffen, denen meine folgenden Gedanken zugrunde liegen: Meine Familie soll finanziell abgesichert sein und meine Kinder sollen langsam an die Verantwortung über die umfassenden Vermögenswerte herangeführt werden. Insbesondere im Hinblick auf Unternehmensentscheidungen möchte ich Euch vor einer Überforderung und umgekehrt auch das Unternehmen vor noch jungen und unerfahrenen Gesellschaftern schützen. Vor diesem Hintergrund habe ich Testamentsvollstreckung angeordnet." (Es folgen Beschreibungen, wie das unternehmerische und das private Vermögen verteilt werden.)*

Nach diesem Schema werden alle Kapitel bearbeitet. Sie können auch einzeln aktualisiert werden, sofern dies erforderlich sein sollte. Dieser Ordner ist der Familie vorbehalten.

3. Dokumente Unternehmen (Ordner 2)

Die für das Unternehmen relevanten Dokumente sind hier zusammengestellt und werden dann im Unternehmen (vertraulich) aufbewahrt. Die Gliederung dieses Ordners kann z.B. wie folgt aussehen:

- Organigramm

- Testament (Auszug die Unternehmensbeteiligung betreffend)

- Vollmachten des Unternehmers

- Gesellschaftsvertrag (aktuelle Fassung)

- Handelsregisterauszug

- Sonstige wesentliche Dokumente

  - Geschäftsordnung

  - Anstellungsvertrag des Unternehmers

  - Zugangscodes

- Wichtigste Ansprechpartner im Unternehmen mit Kontaktdaten

- Externe Ansprechpartner mit Kontaktdaten (z.B. Wirtschaftsprüfer, Steuerberater, Notar)

Sollten die Originale nicht in dem Ordner abgelegt werden, sondern nur Kopien, ist auf den Kopien zu vermerken, wo sich das jeweilige Original befindet. Achten Sie bitte auf eine ausgewogene Balance. Die Dokumente müssen sicher aufbewahrt werden, ohne dass Nichtbeteiligte dazu Zugang haben. Andererseits müssen die Bevollmächtigten im Notfall zügig auf die Originalvollmachten zugreifen können. Hier können Sie z.B. den Personen, denen Sie die Dokumente anvertraut haben bzw. die Zugang zu den Originalen haben, eine „Anweisung" geben, wann sie die Dokumente herausgeben dürfen (z.B. auf Wunsch des Ehegatten, Attest des behandelnden Arztes, Sterbeurkunde).

4. Dokumente Familie (Ordner 3)

Im letzten Ordner werden die für das Privatvermögen und für die Familie relevanten Dokumente vollständig und übersichtlich zusammengestellt, damit das Privatvermögen ohne wesentliche Verzögerungen weiterverwaltet und entwickelt werden kann. Die Anlage dieses Ordners hilft, auch das Privatvermögen zu ordnen, ein Gebiet, das oft sträflich vernachlässigt wird. Wir können Ihnen aus Erfahrung sagen, dass durch diesen Ordner mancher Ehestreit vermieden worden ist, weil der Ehegatte nun weiß, dass im Notfall alles für ihn geordnet und greifbar ist. Der Inhalt des Ordners kann wie folgt aussehen (Beispiel aus der Praxis):

- Testament Unternehmer

- Vollmachten Unternehmer

- Betreuungsverfügung

- Patientenverfügung

- Ehevertrag

- Testament des Ehegatten

- Vollmachten des Ehegatten

- Vormundschaftsregelung (für minderjährige Kinder)

- Vermögensbilanz der Eheleute (mit Dokumenten)

- Zuständiges Finanzamt und Steuernummer

- Ansprechpartner mit Kontaktdaten (intern und extern)

Gestatten Sie uns noch eine kurze Bemerkung zur Vermögensbilanz der Eheleute: Hier werden u.a. die privat gehaltenen Immobilien und Wertpapierdepots aufgelistet. Bei den Immobilien werden z.B. Eigentumsverhältnisse (Grundbuchauszug), Kaufvertrag, Finanzierung sowie Miet- und Verwalterverträge erfasst. Aber auch Handwerkerbürgschaften finden nun endlich einen festen Platz. Dasselbe gilt für Wertpapierdepots: „Was liegt bei welchen Banken?", „Welche Bankvollmachten gibt es?" und „Wer ist der Ansprechpartner?" sind nur einige Aspekte, die geregelt und abgelegt werden. Durch diesen Notfallordner schaffen Sie im Ergebnis Ihr eigenes Family Office. Damit macht die Arbeit zur Erstellung des Notfallplans für den betreffenden Unternehmer selber Sinn. Denn er profitiert zu Lebzeiten bereits von seinen „geordneten" privaten Vermögensverhältnissen.

IV. Einbeziehung der Beteiligten

Schließlich sollten Sie die Beteiligten über den Notfallplan informieren, zumindest sollten die Hauptbeteiligten wissen, dass es einen Notfallplan gibt und wo sie ihn finden. Ob Sie Details Ihres Notfallplans bereits jetzt erläutern, hängt von der Situation des Einzelfalls ab. Je wahrscheinlicher es ist, dass sich die Inhalte in den nächsten Jahren noch ändern (z.B. weil Sie ein „junger" Unternehmer sind), desto vorsichtiger sollten Sie mit Details sein. Denn die Informationen, die Sie weitergeben, sind Ankerpunkte im Gedächtnis der Beteiligten und können gedanklich schwer revidiert werden.

V. Fazit: Notfallpläne sind unverzichtbar

Jeder Unternehmer sollte – unabhängig von seinem Alter – einen Notfallplan haben und ihn regelmäßig aktualisieren. Damit tun Sie Ihrer Familie und Ihrem Unternehmen einen großen Gefallen. Und denken Sie daran: Wenn Sie einen Regenschirm dabei haben, regnet es nicht. So verhält es sich (hoffentlich) auch mit Notfallplänen.

4.5 Die Familienverfassung in der Nachfolge

von Dr. Dominik von Au

I. Einleitung

1. Die Nachfolge als Auslöser inhaberstrategischer Fragestellungen

Der Punkt, an dem Unternehmereltern ihren Kindern erklären müssen, ob sie diese für die Nachfolge für geeignet halten (oder auch nicht), ist in jeder Unternehmerfamilie unausweichlich. Genauso unausweichlich ist der Punkt, an dem Unternehmerkinder ihren Eltern mitteilen müssen, ob sie eine aktive Rolle im Unternehmen antreten wollen oder nicht. Beide Momente sind immer emotional, schließlich werden langjährige Erwartungen erfüllt – oder aber enttäuscht. Die jeweilige Entscheidung der Eltern und Kinder hat weitreichende Konsequenzen für das Unternehmen und für einzelne Familienmitglieder und setzt eine Dynamik innerhalb der Familie frei, die möglicherweise nicht gewünscht oder nicht kontrollierbar ist. So groß das Sprengstoffpotenzial für jede Familie auch ist, so unausweichlich ist die Beantwortung dieser Fragen aus Unternehmenssicht.

Die Erarbeitung einer Familienverfassung hat sich in Familienunternehmen als wirkungsvolles Instrument zur gemeinsamen Willensbildung der Inhaber erwiesen. Sie hilft bei der Entwicklung eines individuellen Regelwerks zur Zukunftssicherung des Familienunternehmens und trägt zur Stärkung des langfristigen Zusammenhalts der Unternehmerfamilie bei. Im Rahmen eines Nachfolgeprozesses sorgt die Familienverfassung für eine Versachlichung der Diskussion und hat sich als effektive Präventivmaßnahme zur Vermeidung von Konflikten etabliert. Unternehmerfamilien können mit einer Familienverfassung Enttäuschungen vermeiden, Streit vorbeugen und Sprengstoff entschärfen, bevor er entsteht.

Eine gemeinsame Studie von PwC, der INTES Akademie für Familienunternehmen und der WHU – Otto Beisheim School of Management aus dem Jahr 2015 zeigt, dass bereits 35 % der Unternehmen in Familienhand die positive Wirkung einer Familienverfassung erkannt haben und typische Fragestellungen rund um die Nachfolge im Rahmen einer Familienverfassung bearbeiten. 17 % der Befragten planen, ihre Family Governance über die Erstellung einer Familienverfassung zu professionalisieren.[1]

2. Auswirkungen der Nachfolge

Bei der Regelung der Nachfolge denken viele Unternehmer oft zunächst nur an die operative Nachfolge in die Führung. Denn die Gewährleistung einer kompetenten, verantwortungsvollen und zukunftsfähigen Geschäftsleitung hat Priorität. Die Nachfolgeregelung wirkt aber auch in viele andere Bereiche hinein. Auf der Unternehmensebene ist zu klären, wer, wann, wie die Unternehmensführung übernimmt und wie sich derjenige vorbereiten kann und sollte. Auf der Vermögensebene sollte geregelt werden, wer, wann, mit welchen Rechten verknüpfte Anteile übertragen bekommt und ob das sonstige Vermögen gemeinschaftlich verwaltet werden soll (Family Office). Steuer- und rechtliche Fragen müssen ebenso frühzeitig angegangen werden, wie sich auf der persönlichen Ebene Familienmitglieder auf ihre (neuen) Rollen vorbereiten müssen. Deshalb sollte der Nachfolgeprozess von der Familie gemeinsam strategisch angegangen werden. Den dahin führenden Prozess hat Peter May in Kapitel 1.2 dieses Buchs umfassend beschrieben.

Verträge oder Testamente bilden immer nur Teile ab, bieten jedoch selten eine Gesamtlösung. Ein Gesellschaftervertrag regelt hauptsächlich das Verhältnis der Gesellschafter untereinander. Das sehr viel konfliktanfälligere Verhältnis von Familie und Unternehmen kann er dagegen nur unzureichend abbilden.[2]

Eine Familienverfassung hingegen geht weiter. Sie adressiert den dynastischen Willen einer jeden Inhaberfamilie, den Erhalt des Unternehmens über Generationen hinweg. Sie schafft Regeln für das familiäre Miteinander und spricht sowohl essenzielle Themen wie Nachfolge, Finanzierung oder Governance an als auch „weichere" Fragen zu Ausbildungs- oder Familienprogrammen. Eine Familienverfassung ist mehr als ein „Vertrag" unter vielen. Sie unterstützt Inhaberfamilien, ihren individuellen Herausforderungen und Chancen familiär zu begegnen und gemeinsam einen strategischen und emotionalen Anker zu schaffen, der die Familien untereinander und in Bezug auf ihr Unternehmen langfristig verbindet.

Eine strategische Bedeutung hat die Familienverfassung schon im Vorfeld einer Nachfolgeplanung. Sie hilft dabei, die „Nachfolge als dauerhaften Prozess innerfa-

---

1 Vgl. *May/Bartels/Müller/Rieg/von Au,* Family Governance in Familienunternehmen, hrsg. von PwC, 2015.
2 *Baus,* Die Familienstrategie, Springer Gabler Wiesbaden, 3. Aufl. 2013, S. 6.

miliärer Reflexion"[3] zu verstehen, und macht diese zu deutlich mehr als der berühmten juristischen Sekunde, in der Eigentum und Geschäftsführung auf die nächste Generation übergehen. Denn bei der Familienverfassung ist weniger das Dokument und sein Inhalt entscheidend, sondern vielmehr der Prozess der Erstellung selbst (siehe dazu Abschnitt III.).

Die Idee einer Familienverfassung stößt nicht immer auf Gegenliebe. Ein detailliertes Regelwerk mag, so ihre Kritiker, die Freiheitsgrade einzelner Gesellschafter einschränken. Allerdings geht mit den Eigentumsrechten der Gesellschafter auch die besondere Verantwortung für die Inhaberfamilie einher, sich auf eine Weise zu organisieren, die eine zeitgemäße und nachhaltig erfolgreiche Unternehmensführung sicherstellt.[4]

II. Inhaltliche Ausgestaltung der Familienverfassung

Eine Familienverfassung – in der Praxis auch Familienkodex, Familiencharta oder Familienleitbild genannt – umfasst zunächst einmal jene Regeln, an denen sich das Handeln der Inhaber eines Familienunternehmens in Zukunft orientieren soll. Sie ist moralisch bindend und allgemein verständlich verfasst. Sie wird von der Gesamtheit der Gesellschafter erarbeitet und zahlreiche ihrer Regelungen münden auch im Gesellschaftsvertrag.[5]

---

3 *Groth/v. Schlippe/Rüsen*, Der lange Weg zur Nachfolge, private wealth, private wealth Verlags- & Medien GmbH München, 3/2012, S. 100.
4 Vgl. *Governance Kodex für Familienunternehmen – Leitlinien für die verantwortungsvolle Führung von Familienunternehmen* in der Fassung vom 29. Mai 2015.
5 *Bartels/Hack/Schween*, Die Familienverfassung, hrsg. von der INTES Akademie für Familienunternehmen Bonn, 2011, S. 10.

Steckbrief Familienverfassung

- **Auftraggeber:** Familiengesellschafter
- **Teilnehmer:** Familiengesellschafter, bei großen Familien: Repräsentanten
- **Unterstützung:** externe Moderatoren und Spezialisten
- **Arbeitsmodus:** moderierte Workshops
- **Struktur:** Mitgliedschaft, Selbstverständnis, Inhaber-Geschäftsmodell, Business Governance, Family Governance, Rollen und Menschen
- **zeitlicher Horizont:** zwischen 6 und 12 Monaten
- **Dokument:** Schreiben der Familienverfassung durch Familie selbst
- **Überarbeitung, Aktualisierung:** spätestens alle 5 Jahre

Abb. 1: Steckbrief Familienverfassung (Quelle: Bartels/Hack/Schween, S. 10)

Während der Gesellschaftsvertrag sich im Wesentlichen mit juristisch rechtlichen Aspekten befasst, geht es in der Familienverfassung auch um ethische Werte und gemeinsame Ziele der Familienmitglieder und um das Verhältnis der Familie zum Unternehmen.

Auch wenn Inhalt und Struktur gewissen Gesetzmäßigkeiten folgen, ist die Familienverfassung dennoch formfrei und so individuell wie Familie und Unternehmen selbst. Sie ist das Ergebnis eines längeren Prozesses, an dem alle Mitglieder der Unternehmerfamilie beteiligt werden, und damit das Ergebnis einer gemeinsamen Diskussion.[6] Die Auseinandersetzung mit anderen Gesellschaftern, die bei der Erarbeitung unumgänglich ist, hat einen positiven Effekt: Man lernt, andere Gesellschafter mit ihren Kompetenzen und Charaktereigenschaften zu schätzen, und kann damit eine fundierte Zusammenarbeit begründen.

In dieser Diskussion sind auch Streitthemen, bestehende und potenzielle Konflikte offen anzusprechen. Nichts ist gefährlicher, als beispielsweise die Selbstüberschätzung unterschiedlicher Generationen oder unausgesprochene konträre Vorstellungen über die Zukunft des Familienbetriebs.[7] Es liegt an der Familie selbst, den Prozess für sich zu nutzen, um mögliche Unstimmigkeiten über Regelungen konstruktiv zu diskutieren und präventiv aufzulösen. Eben für jene Uneinigkeiten über Formulierungen und Inhalte, die in die Familienverfassung eingehen, bietet der

---

6 Ebenda, S. 12.
7 Vgl. *PwC* (Hrsg.), Bridging the gap – Handing over the family business to the next generation, 2014, S. 20 ff.

sog. inhaberstrategische Prozess einen geschützten Raum, in dem sich jedes Familienmitglied mit seinen Vorstellungen, Stärken und Schwächen einbringen kann und darf.

Eine Familienverfassung adressiert in der Regel folgende Themengebiete[8] (siehe Abbildung 2). Diese beschreiben die zentralen Handlungsfelder einer wirksamen Inhaber-Strategie:

Abb. 2: Das Inhaber-Strategie-Haus (nach Peter May)

1. Mitgliedschaft

Die Definition der (Inhaber-)Familie hat grundlegende Bedeutung. Wie viele Inhaber verträgt das Unternehmen? Wer darf Inhaber werden? Wer gehört zur Familie und wer nicht? Eine klare Definition der Inhaberfamilie stellt auch die Weichen für andere Fragen wie: Wer darf an den Familientagen teilnehmen? In Zeiten von Mehrfachehen und Patchwork-Familien steckt bereits in der Beantwortung dieser

---

8 Vgl. *May*, Erfolgsmodell Familienunternehmen – Das Strategie-Buch, Murmann Verlag Hamburg, 2012, S. 209 ff.

Frage viel Brisanz. Die Inhaberfamilie muss festlegen, ob nur eheliche und leibliche Abkömmlinge Inhaber sein dürfen, oder ob auch adoptierte Kinder oder Kinder aus zweiter Ehe Anteile am Unternehmen erben können. Und wie geht sie mit einer zunehmenden Fragmentierung von Anteilen um? Organisiert sich die Familie in Stämmen? Wählt sie eine Thronfolger- oder eine Gleichbehandlungslösung? Eine mögliche Nachfolgeregelung kann an dieser Stelle bereits wegweisend manifestiert werden und der Übergabesituation frühzeitig Konfliktpotenzial nehmen.

2. Selbstverständnis

Das Fundament für den Zusammenhalt im Familienunternehmen bildet eine starke Identität und gemeinsame Werte und Ziele (Selbstverständnis) in Bezug auf Familie, Unternehmen und familiäre Inhaberschaft. Nur damit kann es gelingen, Streit zu vermeiden und langfristigen Erfolg zu sichern. Auch für die Nachfolge sind diese Faktoren elementar. Ein gemeinsamer Wertekanon und ein von allen Familienmitgliedern getragenes Zielverständnis ermöglichen eine geordnete Rückbesinnung, wenn ein Konflikt in der Nachfolge droht, und schaffen eine gemeinsame Basis, diesen auszuräumen. Sie bieten Halt, Orientierung und einen etablierten Rahmen, auch schwierigere Themen und Situationen erfolgreich zu bewerkstelligen.

3. Inhaber-Geschäftsmodell

Ungeachtet dessen, ob das Unternehmen durch ein Familienmitglied geführt wird, sollte die Familie im Rahmen einer Familienverfassung eine gemeinsame Haltung zu Grundfragen der Ausrichtung des Unternehmens entwickeln. Dazu zählen etwa Vorgaben zu Wachstum, Eigenkapitalquote oder Diversifikation. Wie lautet die Grundhaltung zu Chancen und Risiken? Diese Vorgaben helfen, beispielsweise das Dilemma zwischen der wachsenden Zahl der Gesellschafter, dem Unternehmenswachstum und der Höhe der Ausschüttung einvernehmlich zu regeln, oder aber auch aktives Risikomanagement seitens der Inhaber zu betreiben. Erfolgreiche Unternehmerfamilien beantworten für sich oftmals die Frage, welchen ökonomischen und emotionalen Mehrwert die Inhaber erwarten. Ebenso unterstützen die Regeln eine erfolgreiche Nachfolge, in dem sie einen klaren Rahmen vorgeben, wie das Geschäft „im Sinne der Familie" weiterzuführen ist, unabhängig davon, wie und in welcher Form die Nachfolge geregelt wird.

4. Corporate Governance

Zu guter Governance im Familienunternehmen gehört nicht nur eine gute Führung, sondern auch die passende Steuerung und Kontrolle. Die Inhaberfamilie legt fest, über welche Aufsichtsgremien sie diese Kontrollfunktion wahrnehmen will. Dabei geht es in Unternehmen mit großem Gesellschafterkreis auch um die Frage, wie eine Gremienfähigkeit erreicht werden kann. Außerdem werden hier wichtige finanzielle Themen wie Vergütung, Ergebnisverwendung und Ausschüttung im Konsens aller Inhaber erarbeitet. Dabei empfiehlt es sich, dass diese auch im Gesellschaftsvertrag eindeutig umgesetzt werden. Die Rechtssicherheit, die hieraus entsteht, ist ein maßgeblicher Faktor für die „harten" Fakten der Nachfolge – Beteiligungen, Stimmrechte und installierte Gremien.

5. Family Governance

Regeln zum Management des Unternehmens (Corporate Governance) sind im Familienunternehmen durch Maßnahmen zur Organisation der Unternehmerfamilie (Family Governance) zu ergänzen. Welche Maßnahmen notwendig und sinnvoll sind, unterscheidet sich von Familienunternehmen zu Familienunternehmen: Während die Organisation der Familie beim Alleininhaber im Privaten zu Hause stattfindet, sind im Zuge der Nachfolge auf Geschwistergesellschaften, Vetternkonsortium oder in der Form von Unternehmerdynastien formale Organisationsformen erforderlich.[9] Erfolgreiche Unternehmerfamilien finden die richtigen Antworten auf die Frage, wie sie das Verhältnis der Familieninhaber zueinander regeln und wie sie den wichtigen Faktor Familie stärken.

Der Governance Kodex für Familienunternehmen betont in seiner Neuauflage im Jahr 2015 die Bedeutung einer Family Governance. Eine gute Unternehmensführung beinhaltet eben auch die Verpflichtung der Inhaberfamilie, sich professionell zu organisieren. Für eine solche Family Governance stehen zahlreiche Instrumente, angefangen von Familientreffen oder Family-Education-Programme über ein Family-Intranet bis hin zu einem Familienrat, zur Verfügung.[10] Bestandteile sollten in jedem Fall auch Konfliktlösungsmechanismen sein. Ein weiterer Baustein können die gemeinsame Vermögensverwaltung und Service-Leistungen für Gesellschafter, organisiert in einem Family Office, sein. So werden den Gesellschaf-

---

9 Welche Fragestellungen dabei für das jeweilige Familienunternehmen auftreten, ist abhängig von seiner Struktur. Hilfestellung bei der Identifikation der richtigen Maßnahmen bietet das 3-Dimensionen-Modell. Siehe dazu *May*, 2012, S. 177-205.

10 Vgl. *May/Bartels/Müller/Rieg/von Au*, 2015.

tern oft rechtliche und steuerliche Unterstützung im Zusammenhang mit ihrer Beteiligung angeboten. Zahlreiche Unternehmerfamilien verfolgen zusätzlich das Ziel, einen Teil ihres Vermögens einem gemeinnützigen Zweck zuzuführen, sodass hier Stiftungsgründungen oder andere gemeinnützige Vereinbarungen festgehalten werden können (sog. Family Philantrophy).

6. Rollen und Menschen

Um die Zukunftsfähigkeit des Familienunternehmens sicherzustellen, sind die geschaffenen Strukturen mit Personen zu besetzen, die hierzu willens und in der Lage sind. Doch die Diskussion über die Frage der Mitarbeit von Familienmitgliedern im Familienunternehmen ist eine der schwierigsten, da es zwangsläufig schnell persönlich wird. Es geht um Fähigkeiten, Kompetenzen und Persönlichkeiten und in vielen Fällen auch um Lebensstandards oder um unterschiedlich verstandene Fürsorgepflichten für Familienmitglieder.

Um diese Diskussion sachlich führen zu können, empfiehlt es sich, die Frage der Mitarbeit von Familienmitgliedern im Unternehmen vorab und ganz grundsätzlich zu klären, losgelöst von einzelnen Personalien. Idealerweise wird die Diskussion deutlich vor einer anstehenden Nachfolgeregelung geführt. Eine Familienverfassung bietet hier eine große Chance. Der ihr zugrunde liegende inhaberstrategische Prozess umfasst die Frage, welche Rollen es im Unternehmen und in der Familie gibt, welche Personen nach welchen Kriterien die richtigen sind und wie die nächste Generation langfristig an diese Rollen herangeführt werden kann.

Geklärt werden sollte auch, welche Rechte und Pflichten mit den einzelnen Rollen verbunden sind. Für Nachfolgerprogramme, die bspw. eine Ausbildung im eigenen Betrieb oder ein duales Studium beinhalten, sind ebenfalls Vorkehrungen zu treffen, die Konflikten vorbeugen und den Karriereweg transparent vorbereiten. Gleiches gilt für die Rolle des Beirats. Hier ist eine ausgewogene Mischung aus Externen und Familienmitgliedern empfehlenswert – was für die Familienverfassung insbesondere eine klare Regelung für die Auswahl der Beiratsmitglieder aus dem Familienkreis bedeutet.[11]

III. Der Weg zur Familienverfassung

„Familien, die eine Familienverfassung erarbeiten, fördern oft explosives Material zutage. Die ganze Wucht der Themen Geld, Macht und Liebe kommt offen zum

---

11 *Bartels/May/Rau*, Der Beirat in Familienunternehmen, hrsg. von PwC, 2013, S. 19.

Ausbruch, wenn über verbindliche Regeln und Prozesse diskutiert werden soll"[12], wo vorher noch das „Augenmaß" regierte. Schließlich geht es um viel: Familie, Eigentum und Unternehmen, wobei die vermeintlich weiche Komponente Familie wohl das höchste Konfliktpotenzial birgt. Verletztes Gerechtigkeitsempfinden, Selbstüberschätzung und andere sehr persönliche Themen können ein Startpunkt für jahrelange familiäre aber auch juristische Fehden sein. Beide stellen enorme Bürden für ein Unternehmen dar.

Wie wird eine Familienverfassung in der Praxis entwickelt? Die einfachste Variante ist der Start eines gemeinsamen Familienprojekts. Bei regelmäßigen Treffen werden bestimmte Themen nacheinander bearbeitet, diskutiert und im Laufe der Zeit verschriftlicht und beschlossen. Bei größeren Familien lohnt es sich darüber hinaus auch, Arbeitsgruppen zu bilden, deren Ergebnisse dann erst zu einem späteren Zeitpunkt in einer gemeinsamen Verfassung münden. Auch werden häufig ausgewählte Repräsentanten bestimmt, die als Stellvertreter (bspw. eines Stammes) die verschiedenen Fragestellungen diskutieren und regelmäßig in dem vertretenen Kreis abstimmen. Viele Inhaberfamilien vertrauen sich bei der Erarbeitung einem externen Moderator und Experten an. Dieser kann in zahlreichen Workshops der Diskussion eine konstruktive Richtung geben. Er kann, weil er nicht Partei innerhalb der Familie ist, Emotionen bändigen und den Blick auf das gemeinsame Ziel sicherstellen.

Der Aufbau und Ablauf der Themen und Fragestellungen kann von der Familie frei gewählt werden. Als Leitfaden können bewährte Modelle, wie der Governance Kodex für Familienunternehmen[13], ebenso dienlich sein wie familieninterne „Projektpläne" oder auch individuelle Pläne eines hinzugezogenen Experten. Ein fast noch wichtigerer Bestandteil des Prozesses ist der Faktor Zeit. Diese sollte ausreichend vorhanden sein und genügend Raum für alle offenen Themen und auch deren individuelle Nachbereitung ermöglichen. Auftretende Konflikte sollten sorgsam bearbeitet und nicht übergangen werden. So liegt es auf der Hand, dass am Ende dieses Prozesses nicht jedes Familienmitglied in gleichem Maße „begünstigt" werden kann und es sicher einiger Zeit bedarf, einen Konsens zu finden. Wie lange eine Erarbeitung schließlich dauert, hängt dann vor allem von der Vielfalt der Themen und der Einigungswilligkeit der Diskutanten ab. In der Praxis geht man häufig von sechs bis zwölf Monaten aus. In Einzelfällen kann der Prozess erheblich mehr Zeit erfordern.

---

12 *Bartels/Hack/Schween*, 2011, S. 36.
13 Vgl. *Governance Kodex für Familienunternehmen – Leitlinien für die verantwortungsvolle Führung von Familienunternehmen* in der Fassung vom 29. Mai 2015.

Ist ein Konsens schließlich gefunden, wurden Selbstverständnis, Ziele, Rollen und alle anderen für die Familie wichtigen Fragen geklärt, bildet die gemeinsame Unterzeichnung der Familienverfassung den „krönenden Abschluss". Es empfiehlt sich, dass die Verfassung von der Unternehmerfamilie selbst verschriftlicht und abgestimmt wird. Das eigenständige Verfassen erhöht nicht nur die Verständlichkeit, sondern schweißt auch zusammen und macht aus einem Stück Papier ein gemeinsames Dokument. Eine feierliche Zeremonie oder eine kleine Familienfeier können den Prozess abrunden.

Einmal verabschiedet, ist die Familienverfassung jedoch nicht für alle Ewigkeit gültig. Auch wenn die Familienverfassung den Anspruch hat, eine langfristige Willenserklärung zu manifestieren, sollte diese in regelmäßigen Abständen an die Gegebenheiten des Unternehmens und der Familie angepasst werden. Nur selten ist es sinnvoll, mehr als fünf Jahre in die Zukunft zu blicken.[14] Ebenso sollten Grundsatzentscheidungen auch in den entsprechenden juristischen Verträgen wie Gesellschaftervertrag, Ehevertrag oder Testament angemessen berücksichtigt werden.

IV. Fazit: Klare Inhaberstrategie erleichtert Nachfolge

Eine Familienverfassung, die idealerweise ohne zeitlichen Druck in Zeiten erstellt wird, in denen keine drängenden weitreichenden Entscheidungen in Familie oder Unternehmen getroffen werden müssen, bietet Familien die Chance, sich über ihre gemeinsame Grundhaltung in Bezug auf das Unternehmen und über ihr Selbstverständnis als Familie klar zu werden. Sie hilft der Familie auf dem Weg zu einer professionellen Inhaberstrategie (siehe Abbildung 2). So wie eine Unternehmensstrategie dem Unternehmen ein Ziel und den Weg zur Erreichung dieses Ziels vorgibt, tut es die Inhaberstrategie für die Familie. Denn ein Familienunternehmen kann nur so lange Familienunternehmen bleiben, wie die Familie funktioniert und zum Unternehmen steht.[15]

Bei der Erstellung der Familienverfassung ist „der Weg das Ziel". Das Ergebnis wird nicht allen Ansprüchen und Wünschen Einzelner gerecht werden. Umso mehr muss der Erstellungsprozess dazu beitragen, dass ein gemeinsames Gefühl dafür entsteht, was für die Familie und das Unternehmen objektiv das Beste ist (*professional ownership*). Ergebnis und Erstellungsprozess schaffen gemeinsam einen strategi-

---

14 Vgl. ebenda.
15 Vgl. *May*, 2012, S. 206 ff.

schen und emotionalen Anker für die Familie und das Unternehmen. Denn wirklich jeder gewinnt an Erfahrung hinzu: Über sich selbst und über die anderen Inhaber, über persönliche Werte und Ziele, über Rechte, Pflichten und einen professionellen Umgang mit zukünftigen Herausforderungen und Chancen.

Im Rahmen einer Nachfolgeregelung schafft eine Familienverfassung die notwendige Transparenz und Berechenbarkeit für alle Beteiligten.[16] Wer Nachfolger werden kann, ist keine „Black Box", keine willkürliche Entscheidung einzelner Familienmitglieder, sondern eine Gemeinschaftsentscheidung, die anhand vorher festgelegter sachlicher Kriterien getroffen wird. Das schafft Planbarkeit gerade für die junge Generation. Aktives Erwartungsmanagement vermeidet spätere Enttäuschungen.

Die Erarbeitung einer Familienverfassung erfordert Einsatz, Geduld und den unbedingten Willen, auch kritische Themen und Konflikte anzugehen, um die familiären und unternehmerischen Grundsätze der Familie über Generationen hinweg zu sichern und sich „mit allen Kräften und unter Zurückstellung persönlicher Interessen für das Familienvermögen einzusetzen"[17].

---

16 Vgl. *Bartels/Müller/Schwettmann/von Au,* Zukunft der Familienunternehmen – Anker für Wirtschaft und Gesellschaft, hrsg. von PwC, 2014, S. 30 ff.
17 *Hennerkes/Berlin/Berlin,* Die Familie und Ihre Unternehmen in Österreich: Strategie, Kontrolle, Nachfolge und Vermögenssicherung, Finanzbuch-Verlag München, 2007, S. 69.

4.6 Die Rolle des Beirats in der Nachfolge

von Dr. Karin Ebel und Gerold Rieder

I. Der Beirat als wichtiges Element einer Good Governance im Familienunternehmen

Eine gut organisierte Governance im Familienunternehmen gewährleistet zukunftsweisende strategische Weichenstellungen, verantwortungsvolle Entscheidungen, gute Unternehmensführung sowie den Zusammenhalt der Inhaberfamilie und deren Commitment für das gemeinsame Unternehmen.

Ein Beirat oder Aufsichtsrat gilt als wichtige Säule einer so verstandenen Good Governance. Die meisten Familienunternehmen sind zwar nicht verpflichtet, ein Aufsichtsgremium einzurichten. Gleichwohl empfiehlt der Governance Kodex für Familienunternehmen: „Mit wachsender Unternehmensgröße und zunehmender Komplexität auf Inhaberseite wird auch denjenigen Familienunternehmen empfohlen, die dazu nicht von Gesetzes wegen verpflichtet sind, ein eigenständiges, freiwilliges Aufsichtsgremium einzurichten."[1]

Die meisten deutschen Familienunternehmen folgen dieser Empfehlung: So zeigt eine Studie der INTES Akademie für Familienunternehmen und PwC aus dem Jahr 2013 auf Basis einer empirischen Auswertung, dass zwischenzeitlich drei Viertel der Familienunternehmen über einen Beirat oder Aufsichtsrat verfügen.[2] Einer ähnlichen INTES-Studie aus dem Jahr 2002 zufolge hatten noch nicht einmal die Hälfte der Familienunternehmen einen Beirat.[3] Vor allem bei größeren Unternehmen mit komplexen Strukturen überwiegt die Zahl derer, die über ein solches Gremium verfügen. Gleichzeitig wird im Vergleich der beiden Studien ein deutlicher Trend zur Professionalisierung von Beiräten sichtbar.

Soweit es sich nicht ob der Größe des Familienunternehmens um einen gesetzlich vorgeschriebenen Aufsichtsrat handelt, ist ein Beirat in seinen Aufgaben, Rechten und Pflichten frei gestaltbar. Dies ist Herausforderung und Chance für die Inhaber zugleich. Je nach Zielsetzung können sie ihn individuell ausgestalten – sei es zur Begleitung eines angestrebten Wachstumskurses, zur Bewältigung einer wirtschaft-

---

1 *Governance Kodex für Familienunternehmen – Leitlinien für die verantwortungsvolle Führung von Familienunternehmen* in der Fassung vom 29. Mai 2015, Ziffer 3.
2 *Bartels/May/Rau*, Der Beirat in Familienunternehmen, hrsg. von PwC, 2013.
3 *May/Rieder/Brose*, Beiräte in deutschen Familienunternehmen, hrsg. von der INTES Akademie für Familienunternehmen Bonn, 2002.

lich schwierigen Zeit oder zur Bewältigung eines Generationswechsels, oftmals die schwierigste Aufgabe des Unternehmers und seiner Familie in ihrer Wirkungszeit.

Vor allem für den anstehenden Generationswechsel gilt: Etablieren Sie Ihren Beirat frühzeitig, bevor die ersten Weichenstellungen für die Nachfolge erfolgen müssen! Jeder Beirat braucht seine Zeit, das Familienunternehmen in seiner Tradition und in seinen ureigenen Wirkungsweisen zu verstehen, die Werte und Ziele der derzeit agierenden Generation kennenzulernen und sich selbst zu einer wirkungsvollen Zusammenarbeit zusammenzufinden.

II. Wann macht ein Beirat in der Nachfolge Sinn?

Der Beirat kann bei der Nachfolge vor allem dann sinnvoll eingesetzt werden, wenn neue Konstellationen entstehen. Hierunter sind insbesondere folgende Fälle zu verstehen:

- Es handelt sich um die erste Nachfolge, d.h. der Übergang von der ersten auf die zweite Generation.

- Es gibt erstmals

  - mehrere Nachfolgekandidaten aus der Familie,

  - keinen Nachfolgekandidaten aus der Familie,

  - eine reine familienfremde Geschäftsführung,

  - mehrere Gesellschafter statt einen Alleingesellschafter,

  - nicht im eigenen Unternehmen tätige Gesellschafter.

In den vorgenannten Fällen bringt die Nachfolge eine doppelte Schwierigkeit: neue Personen und eine neue Konstellation. Hier sollte auf jeden Fall darüber nachgedacht werden, einen Beirat einzubeziehen, denn das Unternehmen muss sich nun an neue Köpfe gewöhnen sowie an neue Entscheidungsstrukturen bzw. -abläufe.

Außerdem ist ein Beirat hilfreich, wenn es „knirscht", sobald es um das Thema Nachfolge geht. Dies ist oftmals der Fall, wenn es (übermäßige) Rivalitäten zwischen den Generationen gibt oder wenn sich Geschwister streiten über ihre zukünftige Position im Unternehmen.

III. Welchen Nutzen kann der Beirat stiften?

Der Beirat kann in allen Phasen der Nachfolge unterstützen, bei der Auswahl des Nachfolgers (Phase 1), beim Übergabeprozess (Phase 2) oder der Zeit „danach" (Phase 3).[4] Wichtig ist, dass die Familie klar festlegt, was sie vom Beirat im Nachfolgeprozess erwartet. An welchen Stellen möchte sie den Beirat einbinden? Wo erwartet sie einen aktiven Beitrag? Wo soll der Beirat nur auf ausdrücklichen Wunsch eingreifen? Dabei kann der Beirat die Familie bei der Nachfolge beraten, Entscheidungen für sie treffen oder eine Schlichtungsfunktion haben. Schließlich kann der Beirat – als Instrument – sicherstellen, dass das Wissen des Seniors dem Unternehmen erhalten bleibt und seine zukünftige Rolle von Anfang an klar definiert ist: und zwar als Beiratsmitglied.

IV. Welche Aufgaben kann der Beirat bei der Nachfolge übernehmen?

Die Aufgaben des Beirats ergeben sich aus der konkreten Fragestellung der Familie und den verschiedenen Phasen der Nachfolge. Die Vielfalt möchten wir anhand zweier Beispiele verdeutlichen.

Fall 1: Nachfolge von der ersten auf die zweite Generation

Unternehmer U hat vor 35 Jahren ein Maschinenbauunternehmen gegründet. Er hat vier Kinder, wovon sich drei für die Nachfolge interessieren. Da das Unternehmen erfolgreich ist und weiter wächst, möchte er die drei an der Nachfolge interessierten Kinder zu seinen Nachfolgern machen. „Zusammen seid Ihr stark!", ist das Motto des U. Er möchte seine Kinder direkt nach der Ausbildung ins Unternehmen holen. Dabei sollen sie ihn einige Zeit begleiten, bevor sie in die Geschäftsführung kommen. U hat keinen Beirat („brauche ich nicht").

Ein Beirat könnte U hier in allen Phasen der Nachfolge unterstützen, bei

- der Auswahl bei mehreren Kandidaten,

- dem Heranführen des oder der Nachfolger,

- der Übergabe (begleiten und „überwachen"),

- der Zeit danach.

---

4 Siehe dazu auch die 9 Phasen der Nachfolge in „In neun Stufen zur erfolgreichen Übergabe – Das Wittener Modell zum familieninternen Nachfolgeprozess" in Kapitel 2 dieses Buchs.

a) Auswahl des bzw. der Nachfolger/s

Das fängt an mit der Frage, wie viele Nachfolger U überhaupt braucht. Selbst wenn das Unternehmen weiter wächst, ist es mehr als fraglich, ob wirklich drei Nachfolger sinnvoll sind. Dann kann der Beirat U bei dem Auswahlprozess begleiten: Welcher Kandidat bzw. welches Kind bringt die erforderliche fachliche und persönliche Qualifikation für die anstehenden Aufgaben mit? Der Beirat kann U und den potenziellen Nachfolgern helfen, einen fairen und transparenten Auswahlprozess zu sichern. Insbesondere kann er eine wichtige Rolle spielen, wenn ein Kind die Anforderungen nicht erfüllt und die Absage nun sachlich, aber auch familienverträglich erfolgen muss. An dieser Stelle sind nach unseren Erfahrungen externe Beiratsmitglieder sehr wichtig. Wir haben schon häufiger gesehen, dass Familien lieber ein ungeeignetes Kind als Nachfolger wählen als ihm abzusagen („Mein Kind lernt das noch!"). Hier ist eine objektive Sicht und ein neutrales Votum mehr als gefragt – im Interesse des Unternehmens und der Familie!

b) Begleitung des Nachfolgers und des Seniors

Der Beirat kann in der nächsten Phase den Nachfolger begleiten, einzelne Beiratsmitglieder können sogar als Mentor fungieren. Der Nachfolger hat dann Ansprechpartner, die das Unternehmen und die Familie kennen und deshalb ideal als Sparringpartner fungieren können. Dasselbe gilt für den Senior: Er kann seine Sorgen und Befürchtungen mit dem Beirat besprechen, der wiederum „herausfiltert", welche Punkte berechtigt sind – und damit weiterverfolgt werden – und welche nicht. Schließlich kann der Beirat darauf achten, dass die zwischen Senior und Junior vereinbarten Spielregeln für den Übergang eingehalten werden. Im Zweifel kann er auch zwischen Senior und Junior vermitteln oder schlichten. In dieser Phase der Nachfolge sind neben der Objektivität die (eigene) Erfahrung der Beiratsmitglieder mit Nachfolgeprozessen sowie Kenntnisse der Personalentwicklung hilfreich.

c) Vermeidung von Pattsituationen

Der Beirat sollte auch die Gesellschafter im Rahmen der Nachfolge unterstützen. Dies wird in unserem Beispiel deutlich, wenn zwei Kinder die Nachfolge antreten, die anderen beiden Kinder Anteile in derselben Höhe erhalten, jedoch nicht im operativen Geschäft tätig sind. In der nächsten Generation gibt es somit vier Gesellschafter mit je 25%iger Beteiligung, zwei davon im Unternehmen tätig, zwei nicht. Hier kann der Beirat Pattsituationen zwischen den tätigen und den im Unternehmen nichttätigen Gesellschaftern vermeiden. Dies kann dadurch geschehen, dass er z.B. die Kontrolle der Geschäftsführung übernimmt. Der Beirat würde dann – statt der Gesellschafterversammlung – zuständig sein für die Verabschiedung der Jahresplanung und Zustimmung bei Maßnahmen des Katalogs zustimmungspflichtiger Geschäfte. Dies ist nicht nur neutraler – Geschwister kontrollieren sich dann nicht untereinander –, sondern kann auch zu einer „besseren" Entscheidung führen, da zusätzliches externes Know-how in die Entscheidung einfließen kann. Außerdem kann der Beirat insbesondere die nicht im Unternehmen tätigen Gesellschafter dabei unterstützen, mehr Wissen und Erfahrung über die Strategie des Unternehmens, die zukünftigen Herausforderungen sowie die Entscheidungsabläufe zwischen Geschäftsführung und Kontrollorgan zu erlangen. Auf diese Weise können junge Gesellschafter verantwortungsvoll an ihre neue Aufgabe als Anteilseigner herangeführt werden – und zwar am konkreten Fall ihres eigenen Unternehmens.

Fall 2: Kein Nachfolger aus der Familie

Das Traditionsunternehmen T wurde vor 100 Jahren gegründet und hat vier Stämme. Bisher wurde das Unternehmen in der dritten Generation von einem Gesellschafter geführt, der das Vertrauen aller Gesellschafter hat – obwohl sie sich manchmal über ihn ärgern. Beim anstehenden Übergang von der dritten auf die vierte Generation ist kein Nachfolger aus der Familie vorhanden. In seiner langen Geschichte wird das Unternehmen zukünftig von einem familienfremden Geschäftsführer geführt. Die Gesellschafter sind besorgt, ob sie nun noch ein Familienunternehmen sind und die Familie das Unternehmen prägen kann. Andererseits ist kein Gesellschafter der vierten Generation aus fachlichen, zeitlichen oder räumlichen Gründen in der Lage, das Geschehen im Unternehmen eng zu begleiten.

In diesem Beispiel liegt der Schwerpunkt des Beirats bei

- der Begleitung der Auswahl des Nachfolgers,

- der Übergabe an einen familienfremden Geschäftsführer und bei

- dem zukünftigen Zusammenspiel zwischen Geschäftsführung und Gesellschaftern.

a) Auswahl des Nachfolgers

In diesem Beispiel ist wichtig, dass die (externen) Kandidaten auch die Anforderungen und das Wertesystem der Familie verstehen. Erfahrungsgemäß scheitert die erstmalige Besetzung mit einem familienfremden Geschäftsführer, da beim Auswahlprozess die unsichtbaren Werte der Familie nicht beachtet wurden. Das „Ticken" der Eigentümerfamilie wird außer Acht gelassen und hauptsächlich auf die fachlichen Anforderungen des Kandidaten geachtet. Hier kommt dem Beirat die wichtige Aufgabe zu, die Eigentümerfamilie dafür zu sensibilisieren und von ihr ein Anforderungsprofil einzufordern, das die wichtigsten Werte enthält, die der oder die Geschäftsführer kennen und beachten sollten. Viele Nachfolgen waren nicht erfolgreich, weil der Geschäftsführer gegen ihm unbekannte Grundprinzipien der Eigentümerfamilie verstoßen hat. Das können bestimmte Haltungen sein, die nicht beachtet (z.B. Bescheidenheit im Außenauftritt, Umgang mit der Presse) oder Informationswege, die nicht eingehalten werden. Hier ist der Beirat gefragt, um einen qualifizierten und zur Familie passenden Geschäftsführer zu finden.

b) Übergabe an den familienfremden Geschäftsführer

In dieser Phase sollte der „Neue" eine faire Chance bekommen, die Nachfolge erfolgreich anzutreten. Dafür hat der Beirat darauf zu achten, dass der Nachfolger geschützt wird vor übervorsichtigen Gesellschaftern. Der Beirat sollte kritisch begleiten, was der Geschäftsführer macht, und den Gesellschaftern das Gefühl geben, dass alles seine Richtigkeit hat. Den Gesellschaftern muss klar sein, dass es weiterhin ihr Unternehmen ist und lediglich eine Umbesetzung im Führungsgremium stattgefunden hat – wie bei einer familieninternen Nachfolge.

c) Zusammenspiel zwischen Geschäftsführung und Gesellschaftern

In Fall 2 wird die Nachfolge nur dann erfolgreich sein, wenn die Gesellschafter davon überzeugt sind, dass

* ihre Interessen weiterhin beachtet werden,

* sie ausreichend sowie regelmäßig eingebunden und informiert werden und

* die Geschäftsführung in ausreichendem Maße kontrolliert wird.

In allen Fragen hat der Beirat wichtige Aufgaben: So kann ihm die Überwachung der Geschäftsführung übertragen werden, um die Erfahrung der externen Beiräte zu nutzen. Außerdem kann er die Gesellschafter regelmäßig informieren, damit sie – auf eine professionelle Art – eng eingebunden bleiben. In diesem Zusammenhang können die Gesellschafter dem Beirat ihre Vorschläge und etwaige Bedenken mit auf den Weg geben.

V. Zusammensetzung des Beirats in der Nachfolge

Unsere beiden Fälle haben gezeigt, dass dem Beirat höchst unterschiedliche Aufgaben zugewiesen werden können – und dies sind nur zwei Beispiele aus der Praxis! Beiden Fällen ist jedoch gemein, dass die Eigentümerfamilie Unterstützung bei ihren Entscheidungen braucht. Deshalb besteht der Beirat in der Nachfolge in der Regel aus Gesellschaftern und externen Mitgliedern. Ist die Familie nicht mehr in der Geschäftsführung vertreten, werden im Beirat häufig mehr Gesellschafter sein als in Unternehmen, bei denen eine familieninterne Nachfolge stattfindet. Wir beobachten, dass die Zahl der Beiratsmitglieder tendenziell höher ist, wenn der Beirat im Rahmen einer Nachfolge installiert wird. Denn in diesen Fällen wechselt der Senior oft in den Beirat; die übrigen Gesellschafter wollen dort aber auch vertreten sein. Möchten die Gesellschafter dann auch noch zusätzliche Erfahrung und Know-how von Externen im Beirat haben, steigt die Zahl der Beiratsmitglieder schnell auf fünf oder mehr. Um den Beiratskreis nicht zu groß werden zu lassen, besteht die Möglichkeit, den Familienbeiräten eine doppelte Stimme zu geben. So behält die Familie die Mehrheit im Beirat, wenn z.B. zwei Familienbeiräte und drei externe Mitglieder im Beirat sind. Erst wenn sich die Familie nicht einig ist, erhalten die externen Beiräte die ausschlaggebende Stimme; die Externen können aber die Familie nicht überstimmen.

Legen Sie ebenso fest, ob ein Familienbeirat oder ein Externer den Vorsitz im Beirat übernimmt. Hier gilt als Faustregel: solange die Familie in der Führung ist, sollte der Vorsitz bei einem externen Beiratsmitglied liegen und umgekehrt.

Die Beiräte sollten von der Gesellschafterversammlung mit einer hohen Mehrheit gewählt werden. Damit gelten die Beiräte – insbesondere die externen – nicht als Interessenvertreter einzelner Gesellschafter(stämme) und werden als neutral wahrgenommen. Dies ist im Rahmen einer Nachfolge ungeheuer wichtig.

VI. Die einzelnen Persönlichkeiten im Beirat und wie man sie findet

1. Häufige Fehler bei der Besetzung

Wenn Unternehmer mit der Arbeit und den Ergebnissen ihrer Beiräte unzufrieden sind, liegt dies häufig an einer suboptimalen Besetzung der Gremien. Allzu oft findet man immer noch die engen Vertrauten und Freunde des Unternehmers im Beirat vor. So versammeln sich dort der Haussteuerberater, der Repräsentant der Hausbank und vielleicht ein alter Weggefährte des Unternehmers, um über die Zahlen des Vorjahres oder des letzten Quartals zu diskutieren. Heute wissen Experten und Unternehmer gleichermaßen, dass sie für die Zukunftsgestaltung ihres Familienunternehmens (auch) andere Persönlichkeiten im Beirat brauchen, die in internationalen Märkten und Produktwelten zu Hause sind, idealerweise selbst unternehmerische Erfahrung mitbringen und mit der Geschäftsführung auf Augenhöhe über Zukunftsstrategien beraten können. Wie aber findet man sie, wie geht man als Unternehmer idealerweise vor, worauf ist in Vorbereitung auf die Nachfolge dabei zu achten, und was dürfen Beiratsmitglieder kosten?

Oftmals beobachten wir, dass der Unternehmer vor Einrichtung seines Beirats bereits einige Personen im Kopf hat, die er in seinem Beirat sehen würde – bevor er sich klargemacht hat, welche Art Beirat er wofür braucht. Im Ergebnis wird der Beirat um bestimmte Personen herum konstruiert und auf sie zugeschnitten. Empfehlenswert ist der umgekehrte Weg: Erst wenn – wie oben bereits beschrieben – die Nutzenerwartung klar herausgearbeitet ist, die Rechte und Pflichten des Gremiums definiert sind und seine Zusammensetzung festgelegt ist, sollte man über Personen nachdenken. Im Fall des anstehenden Generationswechsels werden die Rechte und Pflichten des Gremiums sowie seine Zusammensetzung entscheidend davon abhängen, in welcher Entwicklungsphase sich das Familienunternehmen befindet und welches Nachfolgemodell angestrebt wird.

Wenn diese grundlegenden Hausaufgaben gemacht sind, empfiehlt sich in der nächsten Stufe die Erarbeitung möglichst scharfer Profile für den Beiratsvorsitzenden und seine künftigen Kollegen. Hier gilt es, persönliche Grundvoraussetzungen im Rahmen des Wertesystems der Inhaberfamilie zu definieren und die fachlichen Anforderungen aufzulisten.

2. Qualifikation der Beiratsmitglieder

Im Idealfall bringt man im Beirat durchaus unterschiedliche Charaktere mit sich ergänzenden fachlichen Qualifikationen zusammen. Branchenkenntnis, Markt- und Vertriebs-Know-how, Finanzen und Controlling sowie die Eignung zum Vorsitz in mindestens einem Fall sind einige typische Anforderungskriterien. Zudem sollten sich die Mitglieder im Alter unterscheiden. Gerade im Hinblick auf die Nachfolgesituation und die damit verbundene besondere Rolle des Beirats braucht nicht nur der Senior seine Alterskollegen im Beirat: Auch und insbesondere der oder die Nachfolger sollten dort Personen vorfinden, die ihre Altersklasse und die dazugehörigen Themen gut verstehen. Und es braucht Personen, die die Neuausrichtung des Unternehmens im Zuge der Nachfolge begleiten können. Persönliche Grundvoraussetzungen sind in der Regel Eigenschaften wie Integrität, Verlässlichkeit und Unabhängigkeit. Auch sollten sich Beiräte die Zeit nehmen können, sich der zusätzlichen Aufgabe gewissenhaft zu widmen.[5]

Im Fall des anstehenden Generationswechsels ist eine Beiratsposition oftmals bereits durch den Senior besetzt, der von der Geschäftsführung in den Beirat wechselt – sei es als Vorsitzender oder bewusst als einfaches Mitglied. Je nach gewähltem Governance-Modell im Rahmen des Nachfolgekonzepts können und müssen weitere Mitglieder dann aus dem Kreis der Gesellschafterfamilie(n) und von außen gewonnen werden.

3. Rekrutierung der Beiratsmitglieder

Bei der Rekrutierung von Familienmitgliedern als Beiräte empfiehlt sich ein besonderes Augenmerk auf die fachlichen Anforderungskriterien: Nicht im Unternehmen aktive Gesellschafter haben oft ganz andere Dinge gelernt (und studiert) als Betriebswirtschaftslehre oder Jura. Entsprechend gilt es oftmals, ihnen die für eine Beiratsaufgabe noch fehlende Qualifizierung zu ermöglichen.[6]

Für die Rekrutierung von Persönlichkeiten außerhalb des Gesellschafterkreises gelten aus unserer Erfahrung folgende Grundregeln:

- Nutzen Sie Netzwerke außerhalb Ihres Freundes- und Geschäftspartnerkreises. Vor allem für die anstehende Nachfolge brauchen Sie Persönlichkeiten im Beirat, die mit Ihrer Familie und Ihrem Unternehmen nicht schon seit Jahrzehnten als Freunde verbunden sind und die Junioren noch aus dem Kindergartenalter kennen. Vielmehr brauchen Sie Beiräte, die Ihren Junioren als erwachsenen Managern begegnen.

- Lassen Sie sich helfen durch professionelle Unterstützung – sei es durch die Zusammenarbeit mit Personalberatern, die bei der Beratung von Familienunternehmen und der Nachfolge Erfahrung haben und Sie mit Menschen zusammenbringen, welche die Wirkungszusammenhänge in einem Familienunternehmen und die Themen im Generationswechsel kennen. Oder durch Institutionen wie

---

5 Vertiefend dazu *May/Bartels* (Hrsg.), Der Beirat im Familienunternehmen, Bundesanzeiger Verlag Köln, 2015.
6 Siehe dazu auch *Vöpel/Rüsen/Calabrò/Müller*, Eigentum verpflichtet – über Generationen, hrsg. von PwC und dem Wittener Institut für Familienunternehmen (WIFU) der Universität Witten-Herdecke, 2013.

die INTES Akademie für Familienunternehmen, die darüber hinaus über gesonderte Netzwerke potenzieller Beiratsmitglieder verfügen.

- Erstellen Sie im Vorfeld der Suche ein kleines Exposé oder lassen Sie ein solches erstellen, das Sie einer Persönlichkeit, die Sie gewinnen möchten, als erste Orientierung an die Hand geben können. Das Exposé enthält einige wichtige Angaben zur Inhaberstruktur, zur Governance-Konstellation, zur Geschäftsführung, zum Beirat insgesamt und zu den Anforderungskriterien an die zu gewinnende Person.

- Laden Sie zu gewinnende Persönlichkeiten nicht zum Vorstellungsgespräch nach Art eines Bewerbungsverfahrens ein. Empfangen Sie diese vielmehr zum gegenseitigen Kennenlernen auf Augenhöhe.

- Beziehen Sie in all den Gesprächen die nachfolgende Generation mit ein, bzw. konfrontieren Sie Ihren Nachfolger oder Ihre Nachfolgerin nicht mit einer fertig nach Ihrer rein persönlichen Auswahl konzipierten Lösung. Damit verhindern Sie bereits vorgezeichnete Reibungspunkte zwischen Beirat und zukünftiger Geschäftsführung und legen im Gegenteil die Basis für eine wechselseitige Wertschätzung zwischen Nachfolger und Beirat.

4. Vergütung der Beiratsmitglieder

Eine wichtige Frage bei der Gewinnung von Beiräten ist die Vergütung. Richtig gute und wertvolle Beiräte, wie Unternehmer sie suchen (sollten), übernehmen eine solche Aufgabe erfahrungsgemäß nicht aus pekuniären Gründen. Sie tun es, weil sie gerne ihre Erfahrungen weitergeben möchten, weil sie es spannend finden, Einblick in ein anderes Unternehmen einer ähnlichen oder anderen Branche zu nehmen, und weil sie selbst dabei dazulernen können. Dennoch empfiehlt es sich, Beiräte anständig zu entlohnen – ganz nach dem Motto „was nichts kostet, ist auch nichts wert".

Beiratsvergütungen liegen üblicherweise weit unter den Vergütungen der Aufsichtsräte von Publikumskonzernen. Die meisten Beiräte erhalten bei drei bis vier Sitzungstagen pro Jahr zwischen 10.000 und 20.000 Euro, Vorbereitung und Nachbereitung der Sitzungen mit eingeschlossen. Die Durchschnittsvergütung liegt bei 15.000 Euro.[7] Davon gibt es allerdings deutliche Abweichungen nach oben oder unten, je nach Unternehmensgröße, nach Ausgestaltung des Beirats bezüglich sei-

---

7 *Bartels/May/Rau*, 2013, S. 23.

ner Rechte und Pflichten und nach Sitzungsfrequenz. Der Vorsitzende erhält in der Regel das Eineinhalb- bis Zweifache normaler Mitglieder.

Als Grundregel gilt: Wer sich bei der Vergütung seiner Beiräte als Unternehmer großzügig zeigt, kann von seinem Beirat in der Regel mehr erwarten und gelegentlich auch einmal zum Hörer greifen, wenn zwischen den regulären Sitzungen ein wichtiges Thema ansteht. Regelmäßige zusätzliche Leistungen, die vom Beirat eingefordert werden, sollten allerdings separat entlohnt werden. Dies könnte beispielsweise ein Mentoring des Nachfolgers sein in Form regelmäßiger Jour Fixes oder eine permanente Informationsfunktion des Beirats als Brücke zu den Gesellschaftern. Reine Beratertätigkeiten aber, etwa bei der Entwicklung eines Nachfolgekonzepts oder der Neuausrichtung der Unternehmensstrategie, sollten professionellen Moderatoren und Beratern überlassen werden, ganz nach dem Motto: „Berater sollen beraten, Beiräte sollen beiraten!". Auf diese Weise ist dann auch die Vermeidung einer Interessenkollision gewährleistet.

Insgesamt zeigt sich am Ende vielfach, dass ein wirklich guter und wirkungsvoller Beirat weit mehr Wert bringt, als er kostet. Wenn er das spätestens nach ein bis zwei Jahren nicht tut, müssen die Rahmenbedingungen und seine Zusammensetzung neu überdacht werden.

VII. Fazit

Der Erfolg eines Beirats hängt entscheidend davon ab, wie die Inhaber den Beirat ausgestalten, mit welchen Rechten und Pflichten sie ihn betrauen und welche Persönlichkeiten sie für die Aufgabe gewinnen können. All dies richtet sich danach, welches Ziel die Inhaber mit ihm verbinden und welche Kernaufgabe er begleiten soll: So wird ein Beirat in guten Zeiten anders aufgestellt sein müssen als ein Gremium in Krisenzeiten, der Beirat eines Alleininhabers anders als der einer Vetterngesellschaft – sowohl bezüglich seiner Rechte und Pflichten als auch in seiner Zusammensetzung. Entsprechend braucht ein Beirat auch für die Aufgabe der Vorbereitung und Begleitung eines Generationswechsels einen besonderen Zuschnitt, damit er seiner Aufgabe vollumfänglich gerecht werden kann.

Für alle Zielsetzungen und Anlässe gleichermaßen gelten aus unserer Erfahrung folgende Grundregeln:

• Definieren Sie den Nutzen, den Ihr Beirat bringen soll.

• Konkretisieren Sie die Rechte und Pflichten des Gremiums.

- Legen Sie die Zusammensetzung fest.

- Entwickeln Sie Anforderungsprofile für die zu gewinnenden Persönlichkeiten hinsichtlich ihrer fachlichen Qualifikationen und persönlichen Eigenschaften.

- Sorgen Sie für ein professionelles, strukturiertes Arbeiten Ihres Beirats.

- Bewerten Sie regelmäßig den Wertbeitrag Ihres Beirats.

- Entwickeln Sie Ihr Gremium weiter, wenn sich Ziele und Aufgabenstellungen verändern.

4.7 Unternehmensstrategische Fragestellungen in der Nachfolge – Die richtige Balance zwischen Bewahren und Verändern finden

von Prof. Dr. Arnold Weissman

I. Einleitung: Innovative Unternehmen gestalten ihre Zukunft

Familienunternehmen sind das Herzstück unserer Wirtschaft. Die ganze Welt beneidet uns Deutsche um unseren „German Mittelstand", die Hidden Champions, die die Welt verändern. In keinem Land der Welt gibt es so viele Weltmarktführer wie bei uns! Doch in Zeiten, in denen sich Märkte und Rahmenbedingungen in rasantem Tempo verändern, in denen Trends wie Globalisierung, ‚Das Internet der Dinge', Demographie, allgemeiner Wertewandel und zunehmende Individualisierung von Produkten und Leistungen unaufhaltsam für Veränderung sorgen, müssen Unternehmen in der Lage sein, sich ständig neu zu erfinden. Dies gilt vor allem auch für die erfolgsverwöhnten Familienunternehmen. Traditionelle Geschäftsmodelle, die bis dato optimal funktionierten, können in einem derart volatilen Umfeld von heute auf morgen veralten. Aber wie schaffen es gerade Familienunternehmen, deren Tradition oftmals über Generationen beibehalten und gepflegt wurde, in vielen Fällen sogar Kern des Erfolgs war, sich den Anforderungen von morgen zu stellen, ohne ihr ureigenes Geschäftsmodell zu verleugnen? Wie können Familienunternehmen in einem zunehmend unberechenbaren Marktumfeld ihre eigene Überlebensfähigkeit sichern und dabei profitabel mit vertretbarem Risiko wachsen? Und wie schaffen es Familienunternehmen, unter diesen Bedingungen ihre Nachfolge so zu regeln, dass nicht nur ihr Fortbestand gesichert, sondern auch ihre Visionen und Werte für kommende Generationen noch Bestand haben?

Fakt ist: Familienunternehmen, die in der nächsten Generation noch erfolgreich sein wollen, müssen sich auf Veränderungen in nahezu allen Bereichen einstellen. Wer hätte sich noch vor zwanzig Jahren vorstellen können, dass sich der Einzelhandel, die Verlagswelt oder die Musikbranche derart wandeln würden? Dass deren Geschäftsmodelle durch die Digitalisierung geradezu hinweggefegt werden würden? „Wen Gott vernichten will, dem schenkt er 30 Jahre Erfolg", heißt es. Damit

Unternehmen nicht in der Zufriedenheitsfalle landen, brauchen sie einen ständigen Strategieentwicklungsprozess, der die Strategie auf verschiedenen Ebenen der Zeitachse fortschreibt. Und sie brauchen Innovationsgeist, denn ohne Innovation kein Wachstum und somit kein langfristiger Erfolg.

II. Strategie zur Zukunftssicherung von Familienunternehmen

1. Tradition anders verstehen

Viele Familienunternehmen stellen zwar Veränderungen im Umfeld fest, tun sich aber oft schwer, daraus die (manchmal schmerzvollen) Konsequenzen zu ziehen. Hilfe bietet hier eine neue Betrachtung der eigenen Tradition: nicht als Verehrung der Asche, sondern als Bewahrung des Feuers. So verstanden, kann Tradition als Entwicklungsturbo in Sachen Innovation und Differenzierung dienen, kann helfen, das Unternehmen auch für künftige Generationen fit zu halten. Nur wenn Business Innovation, die Transformation des bestehenden Geschäftsmodells in ein neues und zukunftsfähiges, gelingt, hat ja ein dynastischer Fortführungswille überhaupt Sinn.

Innovation sollte daher als Prozess fest in der Strategie und auch in der Organisation institutionell verankert sein. Ein Unternehmen, das Innovation als Teil seiner Unternehmenskultur begreift, das seine Werte und Visionen lebt und lebendig hält, wird sich auch bei der Nachfolgefrage leichter tun als Unternehmen, die sich ausschließlich auf ihre tradierten Erfolgsrezepte verlassen. Eine Studie aus dem Jahr 2007,[1] die sich mit der Frage beschäftigte „Welchen Grundüberzeugungen und Werten messen Unternehmensleiter die höchste Priorität bei", kam zu dem Ergebnis, dass in innovationsstarken Unternehmen vor allem Humor, Ansehen des Innovativen, Freude am geistigen Experiment, partizipative Entscheidungsprozesse, niedriges Konfliktniveau, beweglicher Umgang mit Regeln und gegenseitiges Vertrauen im Mittelpunkt stehen. Alles Werte, die sich auch bei der Bereitschaft zur Stabsübergabe an die Nachfolgegeneration positiv auswirken.

---

[1] *Strecker*, Innovation Strategy and Firm Performance – An empirical study of publicly listed firms, Gabler Verlag Wiesbaden, 2009.

2. Survival of the fittest – wer überlebt, ist angepasst

Bei der Richtungsfindung hilft ein Blick auf die Erkenntnisse der Naturwissenschaften. Die Natur zeigt uns, dass der Weg, sich von anderen zu unterscheiden, der richtige ist. Nur diejenigen Arten überleben langfristig, die einzigartig sind und fähig, sich an veränderte Rahmenbedingungen optimal anzupassen. In der Natur setzt sich durch, wer seine ökologische Nische gefunden hat, dort intelligent kooperiert und sein Feld zu verteidigen weiß. Dennoch verharrt die Mehrzahl der Unternehmen in der Austauschbarkeit und reibt sich über einen ständigen Verdrängungskampf über den Preis auf. Erfolgreiche Familienunternehmen haben längst erkannt, dass dieser Kampf für sie nicht zu gewinnen ist. Sie sind in der Regel hochspezialisiert, sind fast immer Nischenplayer und sehr nah am Kunden. Erfolgreiche Familienunternehmen kennen die Probleme ihrer Kunden und lösen diese besser als der Wettbewerb. Heute – wie aber sieht die Zukunft aus? Um auch für künftige Generationen gerüstet zu sein, müssen Familienunternehmen den Wandel des Marktumfelds nicht nur erkennen und verstehen, sondern sich aktiv am Wandel beteiligen. Heutige Probleme zu lösen allein reicht nicht mehr. Vielmehr gilt es, die Kundenprobleme als Chancen der Zukunft zu erkennen und bereits heute innovative, andersartige Lösungen, zu denen die meisten Wettbewerber nicht fähig sind, dafür zu entwickeln. Nur so ist die Überlebensfähigkeit langfristig zu sichern. Das Motto lautet: Celebrating the past – pioneering the future!

3. Probleme sind Chancen in Arbeitskleidung!

„Banking is essential – banks are not!" Deutlicher kann man die Herausforderung kaum beschreiben, vor der wir als Unternehmer stehen. Natürlich werden wir auch morgen noch die Funktion benötigen, die eine Bank erfüllt. Ob ich dafür als Kunde allerdings noch eine Bank brauche, steht auf einem ganz anderen Blatt. Vielleicht ersetzt ja morgen eine Uhr, eine Brille, ein Smartphone die Bankfiliale? Und dieses Thema wird sich für jeden Teilnehmer in der Wertkette, für jeden Einzelhändler, Großhändler, Hersteller stellen. Retailing is essential – retailers are not.

Die Funktion eines Einzelhändlers, Raum und Zeit zu überbrücken, Sortimente zu bilden, Beratung zu leisten, Marken zu entwickeln, Preise zu bilden und zu kommunizieren – dies alles wird natürlich auch künftig bleiben. Wie aber die Institutionen aussehen, die diese Funktionen besser erfüllen, wer also morgen das erfolgreichste Geschäftsmodell haben wird, dies entscheidet über Erfolg und Misserfolg. Je mehr Unternehmen sich als Lösungsanbieter verstehen, deren Unternehmens-Zweck die Schaffung zufriedener Kunden ist, umso größer ist ihre Zukunftschance!

Das Kaufverhalten hat sich in der jüngsten Vergangenheit massiv verändert. Informationen werden zunehmend aus dem Internet bezogen, Waren sucht, findet und bestellt man online, für alles und jedes gibt es Hilfen und Tipps. Es ist davon auszugehen, dass die Mehrheit der nächsten Generation erwarten wird, dass es immer jemanden gibt, der die Dinge für sie erledigt. Viele junge Menschen lernen z.B. heute nicht mehr, handwerkliche Aufgaben selbst zu erfüllen. Stattdessen informieren sie sich im Internet (z.B. Myhammer.de) über die günstigsten Handwerkerpreise. Ein Baumarktbesitzer tut also gut daran, sich bereits heute zu überlegen, wie er seine Waren künftig „an den Mann" bringen will, wenn plötzlich seine bisherige Zielgruppe nicht mal mehr seinen Laden betritt.

Hier kann sogar eine Komplettveränderung des tradierten Geschäftsmodells erforderlich sein. Warum nicht aus einer Brauerei ein Getränke-, Handels-, Tourismus- und Immobilienunternehmen machen. Oder aus einem Franchise-Champion wie Fressnapf einen Omni-Channel-Player? Eine Welt schaffen, in der der Kunde 24/7 – on demand – alles bekommen kann? Wichtig bei aller Erneuerungs-Phantasie ist vor allem, dass sich Unternehmen ihrer Kernkompetenzen bewusst sind. Und dass sie diese bei der Entwicklung ihrer strategischen Perspektive nicht aus den Augen verlieren. Dabei spielt auch die normative Ebene eine wichtige Rolle. Das Unternehmensleitbild und die gesamte Family Governance sind das Fundament des Familienunternehmens. Auf dieses starke, wertebasierte Fundament wird eine tragfähige, konsequent umzusetzende Strategie aufgesetzt, denn ohne Strategie ist nicht nur der gesamte Innovationsprozess in Gefahr, sondern schlimmstenfalls das Überleben des Unternehmens. In Zeiten starker Veränderungen ist eine wertebasierte, starke Führung wahrscheinlich die wichtigste Kompetenz!

4. Strategie ohne Verfallsdatum

Eine erfolgreiche und wirksame strategische Planung erfordert die grundsätzliche Entscheidung der Stoßrichtung und sollte immer auf Basis fundierter Informationen, die durch ein permanentes Trend-/Umfeldscanning entstehen, erfolgen. Ein strategisches Grundsatzpapier stellt sicher, dass die Strategie auch umgesetzt und fortgeschrieben wird. Am besten gelingt dies mit dem Prinzip 21-7-3-1. Die 21 steht für 21 Jahre. Dies ist der Zeitraum für die normative Ebene, der Zeitraum für die nächste Generation. Wo will das Unternehmen langfristig hin, was sind die angestrebten Ziele und Visionen? Was ist sein Leitbild? Welche Position haben die Gesellschafter zu ihrem Unternehmen? Wie stark ist der Fortführungswille?

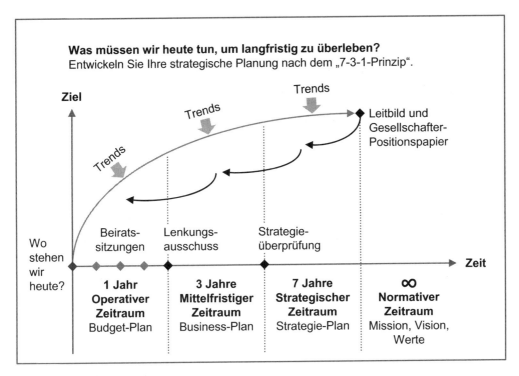

Abb. 1 Strategische Planung nach dem 7-3-1-Prinzip

7 Jahre ist der Zeitraum bzw. der Rahmen für das strategische Dachpapier, das die Ziele für die nächste strategische Periode formuliert. Es ist der langfristige Rahmen, in dem sich die strategische Entwicklung bewegt. Das strategische Dachpapier gibt Antwort auf die Frage: Welche Kundenprobleme wollen wir morgen lösen? Oder einfach formuliert, womit wollen wir morgen unser Geld verdienen? Hier sollte geklärt werden, was das Unternehmen in einer sich immer schneller verändernden Welt zukünftig können muss. 3 Jahre umfasst der mittelfristige Rahmen, die Innovationen und Entwicklungen der kommenden zwölf Quartale. Welche Projekte können bzw. müssen wir in diesem Zeitraum realisieren? Die 1 steht für operative, konsequente Umsetzung der Strategie (Strategieumsetzung). Eingebunden in das strategische Dachpapier sind die Werte des Unternehmens und der Familie, die das Vertrauen von Mitarbeitern, Kunden und anderen Partnern in das Unternehmen begründen.

Während die Langfristperiode (21) ausreichend alle drei Jahre überprüft und neu bewertet werden sollte, stehen die Perioden 7-3-1 auf der jährlichen Agenda. 7-3-1 bedeutet nichts anderes als Strategieentwicklung in einem evolutionären Prozess. Die drei Perioden werden jährlich in einem Rolling Forecast um jeweils ein Jahr fortgeschrieben. So kommt es zu einem regelmäßigen Update auf allen drei Zeitebenen, einer jährlichen Anpassung der strategischen, mittelfristigen und operativen Planung – zu einer strategisch-evolutionären Entwicklung des Unternehmens. 7-3-1 ist ein Verfahren ohne Verfallsdatum.

In unserem Verständnis ist Strategie oder auch Change Management kein Projekt, es ist ein Prozess! Ein Projekt hat einen definierten Anfangs- und Endzeitpunkt, es ist endlich. Verstanden als Prozess, ist Strategieentwicklung fließend, evolutionär, kontinuierlich. In nachhaltig erfolgreichen Unternehmen macht man sich regelmäßig Gedanken über die Strategie und kann so schneller, weicher auf die Veränderungen von Markt- und Rahmenbedingungen reagieren. Etwaige Abweichungen von der Planung werden frühzeitig erkannt, und entsprechende Maßnahmen können eingeleitet werden. Eine einmal beschlossene Strategie wird tatsächlich umgesetzt, gelebt und der Unternehmenserfolg regelmäßig gemessen. Durch die Zuordnung von Verantwortlichkeiten wird die Strategie für die Mitarbeiter erlebbar und vertraut. Sie haben es leichter, die Notwendigkeit für Veränderung zu erkennen und mitzutragen. Und die Strategieentwicklung findet Eingang in die Unternehmensroutine. Dies führt in der Konsequenz zu einer dauerhaft vorausschauenden Unternehmensführung. Einer Unternehmensführung, die darauf ausgerichtet ist, das Unternehmen zukunfts-, wettbewerbs- und letztlich überlebensfähig zu erhalten.

5. Mit Innovationen Zukunft gestalten

Klar ist, wenn Anpassung nicht mehr reicht, müssen Veränderungen vorausgesehen werden. Besser noch man eilt ihnen aktiv voraus. Es gilt, frühzeitig Nischen zu erkennen, in denen das Unternehmen überleben kann. Nach Erkenntnissen der Evolutionstheorie verändert das flexibelste Glied in der Kette das ganze System. Langfristige und vor allem verteidigungsfähige Wettbewerbsvorteile erzielt ein Unternehmen nur, wenn es selbst die Schlüsselfaktoren des Marktes verändert und relevante Veränderungen, die für die Kunden echten Nutzen bieten, in die Wertschöpfungskette des Marktes einbringt. Nicht Benchmarking ist der Schlüssel zum Erfolg, sondern Benchbreaking. Regeln brechen und Neues wagen – Benchbreaker betreten neues Terrain und setzen neue Standards, an denen sich künftig die anderen Marktteilnehmer orientieren müssen. Diese Art der Koevolution operiert mit dem Bedarf von morgen, nimmt Erwartungen und Herausforderungen im Sinne einer selektiven Wahrnehmung geistig vorweg, um dadurch verteidigungsfähige Wettbewerbsvorteile aufzubauen. Gelingen kann dies jedoch nur mit einem systematischen Innovationsmanagement und entsprechenden Investitionen. Instrumente wie Innovations-Scouting und/oder Marktforschung sind unerlässlich. Die Nichtvorhersehbarkeit der Zukunft unbestritten, lässt sich mittels Trendforschung zumindest erkennen, in welche Richtung sich die Dinge entwickeln. Bestes Beispiel ist der demografische Wandel – er zeichnet sich seit gut 40 Jahren ab und trotzdem haben wir erst in den letzten Jahren begonnen, uns intensiver damit auseinanderzusetzen.

6. Ideenfindung mit Rücksicht auf die DNA des Unternehmens

Bevor Unternehmen in die Ideenfindungsphase einsteigen, sollte zunächst der gesamte Innovationsprozess vom Umfeldscanning über das Innovationsportfolio bis hin zum sogenannten Roadmapping klar strukturiert und ein offener Innovationsprozess im Unternehmen etabliert sein. Die zugrunde liegende Vision – wo will das Unternehmen hin – beinhaltet neben der branchen- und produktorientierten Ausrichtung immer das Ziel der Ertragssteigerung. Die strategische Planung zur Erreichung dieses Ziels erfordert die grundsätzliche Entscheidung der Stoßrichtung, d.h. neue Kunden, neue Produkte und/oder Wachstum im Kernmarkt, unter Ausnutzung des bestehenden Potenzials mit entsprechendem Einfluss auf die Unternehmensstruktur bzw. Unternehmensorganisation, auf die Mitarbeiter und Kompetenzen und nicht zuletzt auf die Qualität des Outputs. Und sie sollte immer auf Basis fundierter Informationen, die durch ein permanentes Trend-/Umfeldscanning entstehen, erfolgen. Sämtliche Überlegungen finden dabei auf Basis der bestehenden Ressourcen als sogenannte „operative Befähiger" statt.

Am Anfang steht also die Vision, das gemeinsame Zielfoto. Um ein „attraktives Bild einer möglichen Zukunft" zu finden, muss man wissen, wonach man sucht, bevor man die Suche beginnt. Unternehmen sind gut beraten, wenn sie sich bei der Ideenfindung ihrer Kernkompetenzen bewusst sind und diesen treu bleiben. Sie sind der genetische Code, die DNA eines Unternehmens. Eine strategische Vorgehensweise ist auch hier unabdingbar. Die Basis der Suche bildet die Frage nach den Wettbewerbsvorteilen von morgen. Wie muss sich das Unternehmen aufstellen, um auch künftig die Probleme seiner Kunden besser zu lösen als andere? Aufbauend auf den eigenen Kernkompetenzen kann das Unternehmen neue, verteidigungsfähige, attraktive Wettbewerbsvorteile, d.h. Ideen, entwickeln. Und gewinnen wird derjenige, der dem Kunden ein überlegenes Nutzen-Preis-Verhältnis (NPV) bieten kann!

7. Mögliche Innovationen erkennen

Eine Idee ist nichts anderes als das Erkennen eines Problems als Chance und das Anbieten der optimalen Lösung. Der Weg von der Idee zur Erfindung führt über deren konsequente Umsetzung. Voraussetzung für die Umsetzung ist die Prüfung auf Wirtschaftlichkeit, auf Erfindungshöhe und Neuheit. Die Erfindung bzw. Invention selbst kann entweder das fertige Produkt oder die patentfähige Beschreibung sein. Stellt sich die Frage, wann ist eine Erfindung eine Innovation? Wenn sie im Markt erfolgreich umgesetzt wurde, d.h. Invention + erfolgreiche Umsetzung = Innovation. Ein kundenorientiertes Geschäftsverständnis öffnet den Innovationsspielraum. So können Innovationen inkrementell, signifikant oder radikal sein. Als Beispiel sei hier das Unternehmen Falk angeführt. Falk hat sich vom Produzenten von Stadtplänen zum Anbieter von „Services für mobile Menschen" entwickelt. Auf der Strecke standen Entwicklungen wie Falk Notebook Navigation, Falk Routenplaner, Falk Handy Navigation und aktuell Falk Mobile Navigation Organizers.

8. Mut zu Innovationen heißt Mut zur Veränderung

Unternehmen, die Innovation als Teil ihrer DNA verstehen, die ihr Geschäftsmodell regelmäßig auf den Prüfstand stellen und auch langfristige Trends im Auge haben, sind eher bereit, auch die Frage nach der künftigen Unternehmensführung zu stellen. Innovationswille zeigt sich auf allen Ebenen des Unternehmens, erfordert aber vor allem eine Unternehmensführung, die sich selbst nicht als in alle Ewigkeit unersetzlich sieht. Eine Unternehmensführung, die Innovation auch im empfindlichen Bereich der Führungsspitze andenkt und möglich macht. Unternehmen treffen laufend Entscheidungen über lange Zeiträume. Sie bauen Gebäude, entwickeln Marken und kaufen oder verkaufen Firmen. Die Frage, wie und durch wen das Unternehmen in zehn oder 20 Jahren geführt wird, sollte hier ganz selbstverständlich mit auf der Agenda stehen. Tatsächlich aber machen sich die wenigsten Familienunternehmer wirklich frühzeitig Gedanken über eine geeignete Nachfolge. Damit nehmen sie sich selbst die Chance, alle Übergabemodelle in Ruhe durchzuspielen. Unternehmer, die sich regelmäßig mit ihren Visionen und Werten auseinandersetzen, die über eine etablierte Innovationskultur verfügen, haben ihren Blick dagegen immer auch auf der Nachfolgefrage.

9. Alle drei Jahre über die Unternehmensfolge nachdenken

Folgt die Unternehmensstrategie dem Unternehmensleitbild, unterliegen alle strategischen Überlegungen dem Ziel, die Überlebensfähigkeit des Unternehmens zu stärken. Die Organisation muss dieser Strategie folgen. Struktur und Organisation des Unternehmens müssen ständig angepasst und entwickelt werden. Die Besetzung der Führungspositionen mit den richtigen Menschen ist die wichtigste strategische Entscheidung in Unternehmen. Wenn die richtigen Menschen an der Spitze stehen, wird das Unternehmen auch in schwierigen Märkten gute Ergebnisse erzielen. Diese Kriterien sollten auch bei Überlegungen nach der Unternehmensnachfolge als Basis dienen. Da kann es schon hilfreich sein, zuallererst den negativ besetzten Begriff ‚Nachfolger‘ zu streichen und von Unternehmensfolge zu sprechen. Und sich folgende Fragen zu stellen: Ob? Wann? Wer? Die Frage nach dem Ob ist in den meisten Fällen schnell beantwortet. Familienunternehmer haben zu 95 % den Wunsch, ihr Lebenswerk für künftige Generationen zu erhalten. Allerdings ist dies selbst dann nicht immer möglich, wenn es eigene Kinder gibt. Sei es, weil diese zu jung sind, sich beruflich anders orientieren oder nicht willens oder fähig sind.

Die Frage nach dem Wann sollte alle drei Jahre im Rahmen der Strategieplanung gestellt werden. Bedenkt man, dass die Entwicklung zu einer kompetenten Führungskraft Jahre dauert, die Übergabe der Führungsaufgaben letztlich bis zu zehn Jahre erfordern kann, sollte auch im Hinblick auf die eventuell innerfamiliäre Lösung an eine Übergangsoption gedacht werden. Schließlich die Frage nach dem Wer. Hier sollte gleich die Folgefrage gestellt werden: Welche Qualitäten braucht die künftige Unternehmensspitze? Damit ist auch bei mehreren vorhandenen Kindern bereits meist klar, wer in Frage kommt und wer nicht. In diesem Zusammenhang ist es wichtig, sich klarzumachen: Eine gerechte Lösung gibt es nicht. Wer sein Unternehmen gerecht auf seine vier Kinder verteilen will, macht seine Firma kaputt.

10. Unternehmercredo und Familienverfassung

Die Familie des Unternehmers ist gleichzeitig die größte Stärke und die größte Schwäche eines Familienunternehmens. Denn „eine Familie im Frieden ist das Beste, was es für eine Firma geben kann, eine Familie in Unfrieden das Schlimmste" (Reinhard Zinkann). Familiäre Spannungen sind oft der Grund, warum so manch gutlaufendes Familienunternehmen zugrunde ging. Der Unternehmer selbst muss die Familie und damit auch das ganze Unternehmen in seiner Substanz zusammenhalten. Rückt der Generationenwechsel näher, beginnt nicht selten ein langwieriger Konfliktprozess. Hier ist die übergebende Partei besonders gefordert. Sie sollte das Thema aktiv angehen und mit Weitblick Regelungen herbeiführen, solange noch kein absoluter Handlungsbedarf besteht. Oder anders ausgedrückt, sollte die

Nachfolge „mit warmen, nicht mit kalten Händen" geregelt werden. Denn hervorzuheben ist, dass in Familienunternehmen der größte Vermögensstand der Familie meist das Unternehmen selbst ist. Hier eine gerechte Lösung bei mehreren Kindern herbeizuführen, ohne die Firma zu gefährden, ist nahezu unmöglich. Mit der Implementierung einer Familiencharta/-verfassung[2] lassen sich eine Regelung mit warmen Händen frühzeitig und Konflikt mindernd realisieren und veränderte Familienrollen festlegen.

11. Kein Zwang zur Nachfolge

Auch wenn die erste Wahl gerne auf das eigene Kind fällt, Familienangehörige sind per se zunächst einmal nicht besser oder schlechter geeignet als andere Manager. Daher sollte eine Grundregel immer gelten: equal right. Bei gleicher Qualifikation geht die Familie vor, bei unterschiedlicher Qualifikation gewinnt der Bessere. Und das kann dann auch ein externer Manager/Nachfolger sein. Wenn man akzeptiert, dass die Schlüsselfrage für den Erfolg eines Unternehmens die Besetzung der Führungsposition ist, kann man sich die zweite Wahl nicht leisten, auch nicht, wenn sie dann nicht aus der eigenen Familie kommt. Umgekehrt muss aber auch gelten: Kein Zwang zur Nachfolge. Wenn das auserkorene Kind nicht will, hat es keinen Sinn, es zur Gefolgschaft zu zwingen. In diesem Fall sollten im Sinne des Unternehmensfortbestands alternative Möglichkeiten geprüft werden. Nicht selten hat es aber auch geholfen, das eigene Kind seinen individuellen Weg gehen zu lassen, um es dann doch noch an der Unternehmensspitze wiederzufinden. Seine Kinder Unternehmer sein zu lassen – weit weg vom eigenen Business –, kann manchmal Wunder wirken.

III. Fazit

Ein „weiter wie bisher" gibt es nicht. Bereits heute ist klar, die digitale Transformation erfasst über kurz oder lang jedes Unternehmen und jede Branche. Innovation ist daher **die** Voraussetzung für profitables Wachstum. Innovation bietet die Möglichkeit, auch in stagnierenden oder rückläufigen Märkten nachhaltig und profitabel zu wachsen. Dies gelingt praktisch immer dort, wo man es fertigbringt, anspruchsvolle Kundenprobleme sichtbar besser zu lösen als andere. Ist die Stoßrichtung einmal festgelegt, gilt es, mittels geeigneter Strategie die Umsetzung der definierten Ziele zu gewährleisten. Nur mit dem Willen und der Befähigung zu ech-

---

2 Siehe dazu auch den Beitrag „Die Familienverfassung in der Nachfolge" in diesem Kapitel.

ter Innovation in Verbindung mit der richtigen Strategie gelingt es Familienunternehmen, die besonderen Herausforderungen der Zukunft zu bewältigen und den Fortbestand für künftige Generationen zu sichern.

Ein Familienunternehmen zu führen, ist der Auftrag, das Unternehmen für die nächste Generation zu erhalten. Da ist es ein kluges Ziel, seine Überlebensfähigkeit zu steigern. Diesem Ziel müssen alle Entscheidungen im Unternehmen unterworfen werden. Wenn wir uns die Frage stellen, was gesteigerte Überlebensfähigkeit bedeutet, lautet die Antwort, den Unternehmenswert zu erhalten oder zu steigern. Nur so lassen sich die Unabhängigkeit und damit der Erhalt des Unternehmens sichern und seine Visionen und Werte in die Zukunft tragen.

4.8 Finanzierungsfragen im Zusammenhang mit der Nachfolge

von Bernd Papenstein und Christian Lüke

I. Einleitung

Die Nachfolge von Gesellschaftern führt regelmäßig zu einem Finanzierungsbedarf, der über die Kapitalerfordernisse für Ersatzinvestition oder Working Capital hinausgeht. Die Gründe dafür sind vielfältig: Erbschaftsteuer muss bezahlt, Gesellschafter müssen herausgekauft oder Miterben abgefunden werden, ausscheidende geschäftsführende Gesellschafter im Zuge der vorweggenommenen Erbfolge müssen ausbezahlt oder das operative Geschäft refinanziert werden.

Insofern bildet die passende Finanzierung eine der wesentlichen Herausforderungen für eine erfolgreiche Nachfolge. Diese ist auch erfolgskritisch, da es tendenziell mit der Finanzierung einer Nachfolge zu einer (quotalen) Reduzierung des Eigenkapitals und Erhöhung des Fremdkapitals kommen kann. Die Bonität des Unternehmens, ausgedrückt im Rating, wird häufig negativ tangiert und die Liquidität durch zusätzliche Zins- und Tilgungszahlungen belastet.

II. Finanzierungsbedarfe

1. Ausgleichszahlung an ausscheidende Gesellschafter (Kaufpreis)

Die meisten Familienunternehmer haben den mit Abstand größten Teil ihres Vermögens im eigenen Unternehmen investiert. Scheidet der abgebende Gesellschafter im Zuge der Nachfolge aus dem Unternehmen aus, ist er häufig darauf angewiesen, einen Ausgleich für seine Firmenanteile zu erhalten, um damit seinen Ruhestand zu finanzieren. Regelmäßig wird dafür ein Kaufpreis für das Unternehmen bezahlt, der von den Übernehmern bzw. Erwerbern finanziert werden muss. Dieser Kaufpreis fällt immer an, wenn die Anteile nicht im Rahmen einer Erbschaft oder Schenkung ohne Ausgleichszahlung übertragen werden.

Die Finanzierung muss der Erwerber aufbringen, sie fällt also außerhalb des Zielunternehmens an. Jedoch ist es gegebenenfalls notwendig, einen Teil des Kapitaldienstes für diese Mittel durch die Ertragskraft des Zielunternehmens zu erbringen.

325

Um das notwendige Kapital zu beschaffen, ist es zudem denkbar, dass Teile oder sogar der vollständige Kaufpreis durch das Unternehmen getragen werden.

2. Zahlungen an Mitgesellschafter oder Miterben

Ein externer Finanzierungsbedarf besteht auch, wenn Mitgesellschafter oder Miterben im Rahmen der Nachfolge herausgekauft bzw. abgefunden werden müssen (weichende Erben), um etwa eine Zersplitterung von Firmenanteilen – und damit eine Entfremdung vom Familienunternehmen bzw. eine für das Unternehmen schädliche Entnahmepolitik – zu verhindern, oder wenn vom Nachfolger eine vollumfängliche Kontrolle angestrebt wird. Der Übergang von Unternehmensanteilen geht dabei mit einer über die Nachfolge hinausgehenden Neustrukturierung des Gesellschafterkreises einher.

3. Auszahlung von Rücklagen sowie Gesellschafterkonten/ -darlehen

Während eine Rückzahlung sowohl des harten Eigenkapitals (Grund-, Stamm- oder Festkapital) z.B. im Wege einer Kapitalherabsetzung oder der festen Rücklagen einen Ausnahmefall darstellen sollte, müssen häufig im Rahmen der Unternehmensnachfolge auch die entsprechenden Anteile an freien Rücklagen, variable Gesellschafterkonten oder Gesellschafterdarlehen abgelöst, d.h. an den bzw. die ausscheidenden Gesellschafter ausgezahlt werden.

Gesellschafterkonten bzw. Gesellschafterdarlehen sind zwar kein Eigenkapital im Sinne des HGB, allerdings werden diese von Kreditinstituten im Rahmen der Bonitätsanalyse i.d.R. als sogenanntes wirtschaftliches Eigenkapital betrachtet, da sie bei einer Insolvenz als nachrangige Verbindlichkeiten gelten.[1] Teilweise erwarten Kreditinstitute für eine entsprechende Anerkennung beim Rating eine Darlehensbelassungserklärung der ausscheidenden Altgesellschafter, nach der diese ihr Darlehen bis zur vollständigen Rückzahlung der Kredite im Unternehmen belassen müssen. Eine Ablösung dieser Darlehen bedarf daher der Zustimmung der Gläubiger, denen gegenüber die Belassungserklärung abgegeben wurde.

Grundsätzlich haben die abgebenden Gesellschafter aufgrund ihres Ausscheidens ein erhebliches Interesse an einer Rückzahlung der Mittel, insbesondere da sie die Kontrolle über das Unternehmen abgeben, und damit die zukünftige Fähigkeit des

---

1 *Ihlau/Duscha/Gödecke*, Besonderheit in der Bewertung von KMU-Planungsplausibilisierung, Steuer, Kapitalisierung, Gabler Verlag Wiesbaden, 2013.

Unternehmens zur Bedienung des Kapitaldienstes erheblich weniger einschätzen können. Aus Sicht des Unternehmens stellt die Refinanzierung von Gesellschafterkonten bzw. -darlehen eine anspruchsvolle Aufgabe dar, da wirtschaftliches Eigenkapital zu substituieren ist.

4. Refinanzierung der operativen Gesellschaft

Neben den originär durch die Nachfolge entstehenden Kapitalbedarfen gibt es häufig auch externen Refinanzierungsbedarf des Unternehmens. Dieser besteht z.B., wenn mit der Nachfolge einzelne Komponenten der bisherigen Unternehmensfinanzierung wegfallen, weil diese auf die Bonität der in der ursprünglichen Gesellschafter- bzw. Leistungsstruktur oder auch vom ausscheidenden Gesellschafter gestellte, mit der Nachfolge wegfallende Sicherheiten abgestellt waren. Er kann auch daraus resultieren, dass die Finanzierung des operativen Geschäfts im Hinblick auf die Finanzierung der Nachfolge an sich neuzustrukturieren ist. Aufgrund der zusätzlichen Kapitaldienstbelastung könnten z.B. Tilgungen reduziert, Laufzeiten verlängert oder Kreditlinien angepasst werden.

III. Finanzierungsstruktur

Häufiger wird bei der Nachfolgefinanzierung der Fehler gemacht, für die Nachfolge an sich zwar die erforderlichen Mittel einzuwerben, dabei aber die Rückwirkungen auf die Unternehmensfinanzierung insgesamt nicht hinreichend zu berücksichtigen. Die Deckung der verschiedenen Finanzierungsbedarfe im Rahmen einer Nachfolge sollte aber in keinem Fall autark und losgelöst von der Finanzierung des Unternehmens erfolgen.

Im Kern geht es um die Verteilung der zukünftigen Cashflows des Unternehmens auf die verschiedenen Kapitalgeber. Hier ist die Nachfolgefinanzierung direkt oder auch indirekt über den Umweg von Gewinnausschüttungen bzw. Entnahmen in die Gesamtstruktur einzubetten. Bei der Strukturierung geht es vor allem darum, einen Abgleich der Gesamtverpflichtungen aus Zins und Tilgung mit der planerischen Fähigkeit des Unternehmens zur Erzielung von Cashflows vorzunehmen und dabei auch negative Entwicklungen zu berücksichtigen. Zudem ist für den Fall, dass (wider Erwarten) kein für sämtliche Verpflichtungen hinreichender Cashflow erzielt wird, zu definieren, welche Finanzierungskomponenten dann zurückstehen.

Für die Strukturierung im engeren Sinne müssen daher drei zentrale Fragenkomplexe beantwortet werden:

1. Durch wen bzw. auf welcher Ebene werden die erforderlichen Mittel aufgenommen?

2. In welchem Umfang kann die Nachfolge durch Kreditmittel finanziert werden? Wie hoch ist der Eigenkapitalbedarf?

3. Wie kann der Kapitaldienst einer Nachfolgefinanzierung gedeckt werden?

1. Ebene der Mittelaufnahme

Mit der Beantwortung der Frage, durch wen bzw. auf welcher Ebene das erforderliche Kapital gewonnen wird, muss auch geklärt werden, wie der bzw. die Nachfolger persönlich haftungsmäßig eingebunden werden und wie die Mittelgeber auf die im operativen Geschäft zu generierenden Mittel zugreifen können. Während bei einer Kapitalaufnahme durch die operative Gesellschaft ein direkter Zugriff auf die Mittel aus dem laufenden Geschäft besteht, müssen bei Finanzierungen über eine Erwerbsgesellschaft oder die Nachfolger persönlich die Mitteltransfers auch von diesen erbracht werden, wofür diese in der Regel Gewinnausschüttungen benötigen. Dabei binden einmal getroffene Strukturierungsentscheidungen jedoch häufig nicht für die Ewigkeit. Es besteht oftmals die Möglichkeit, später auf verschiedene Arten die Struktur insofern zu modifizieren.

2. Maximaler Umfang der Fremdkapitalfinanzierung

Inwiefern die Nachfolge durch Kreditmittel finanziert werden kann und wie hoch der Eigenkapitalbedarf ist, ist abhängig von der Ertragskraft des operativen Unternehmens. Schon aufgrund seiner niedrigeren Finanzierungskosten erhält dabei Fremdkapital regelmäßig den Vorzug. Dieses kann eingesetzt werden, wenn die unter Einbeziehung der durch die Nachfolge induzierten Finanzierung insgesamt banküblichen Kennzahlen eingehalten werden: Als aktuelle Approximation kann aufgrund des günstigen Kreditmarktumfelds ein Maximalfaktor von 4-fach Net Debt/EBITDA (Nettofinanzverschuldung im Verhältnis zum Betriebsergebnis vor Abschreibungen) sowie eine Eigenkapitalquote von mindestens 20 % für die Aufnahme von Fremdkapital angenommen werden. Darüber hinaus ist zwingend eine Finanzierung aus eigenkapitalwirksamen Mitteln erforderlich. Die dargestellten Werte sind jedoch in Anbetracht der Schwankungsbreite der Ergebnisse des jeweiligen Unternehmens zu reflektieren, wobei einer höheren Schwankungsanfälligkeit eine geringere Verschuldung gegenüber stehen sollte.

In der Praxis unterschätzen viele Familienunternehmen bei der Finanzierung den Bedarf für Working Capital, der mit den Wachstumsambitionen des Nachfolgers und damit steigendem Umsatz i.d.R. ebenfalls ansteigt. Der operative Finanzierungsbedarf sollte daher bei der Ermittlung des Gesamtbedarfs ebenfalls in ausreichendem Maße, d.h. unter Beachtung von Reserven, berücksichtigt werden.

3. Bedienung des Kapitaldienstes

Unabhängig vom Finanzierungsinstrument bedarf es einer Rückführung der Nachfolgefinanzierung. Diese kann sukzessiv am freien Cashflow des Unternehmens orientiert erfolgen oder aber auch auf einmalige Zahlungen, bspw. aus angestrebten Kapitalerhöhungen, Anteilsverkäufen o.ä., abgestellt sein. Um spätere Schwierigkeiten zu vermeiden, sollten bei der Bemessung des Rückführungspotenzials auch sogenannte Stress-Szenarien in Form von Abschlägen auf die vorliegende Planung berücksichtigt werden.

Ergänzt mit Überlegungen zu Zinsbindungsfristen bzw. -änderungsrisiken sowie Laufzeiten bzw. Anschlussfinanzierungsrisiken sollte auf Basis der oben genannten Überlegungen eine umfassende Finanzierungsstruktur erarbeitet werden.

IV. Externe Finanzierungsinstrumente

Für die externe Finanzierung einer Nachfolge steht eine Vielzahl von Finanzierungsinstrumenten zur Verfügung, die folgend im Kontext der Unternehmensnachfolge betrachtet werden.

1. Externe Eigenkapitalgeber

Eigenmittel sind erste und natürliche Finanzierungsquelle für einen Unternehmenserwerb, jedoch in der Regel nur begrenzt vorhanden. Insofern ist die Kombination mit externen Eigenkapitalquellen, wie Private Equity-Gesellschaften oder Family Offices, denkbar. Viele familiengeführte Firmen stehen Private Equity-Gesellschaften mit Skepsis gegenüber, da sie die Kontrolle über das Familienunternehmen behalten und seine Unabhängigkeit bewahren wollen. Sie verfolgen eine langfristig angelegte Geschäftspolitik, während Private Equity ein kurzfristiger Anlagehorizont nachgesagt wird. Zudem scheuen viele Unternehmen die erhöhten

Anforderungen an die Transparenz, die von Finanzinvestoren eingefordert wird.[2] Die Beteiligung eines Family Offices einer anderen Unternehmerfamilie kann da eine echte Alternative sein.

Alternativ können Familienunternehmen frisches Kapital auch über einen Börsengang einwerben, wobei dieses Instrument in Deutschland nur für sehr große Unternehmen üblich und im Bereich der Nachfolgefinanzierung aufgrund der Größenanforderung eher selten ist.[3]

2. Finanzierungsinstrumente von Kreditinstituten

Traditionell erste Finanzierungsquelle für Familienunternehmen sind in Deutschland die Kreditprodukte der Kreditinstitute. Dies gilt nicht nur für die Nachfolgefinanzierung, sondern quasi für jeden Finanzierungsanlass. Hier unterscheidet sich der kontinentaleuropäische Finanzierungsmarkt signifikant vom angelsächsischen, der wesentlich stärker über den Kapitalmarkt abgewickelt wird.

a) Bankkredit

Bankkredite sind auch für die Nachfolge i.d.R. erstes und wesentlichstes Finanzierungsinstrument. Bei der Höhe ist jedoch die Verschuldungskapazität des Unternehmens zu beachten. Im Vorfeld der Kreditaufnahme empfiehlt es sich, die Kapitaldienstfähigkeit auch in Stress-Szenarien zu berücksichtigen: Auch im konjunkturellen Abschwung sollten daher stets bestimmte Grenzwerte der wichtigsten Finanzkennzahlen wie der Eigenkapitalquote oder Net Debt/EBITDA (Nettofinanzverschuldung/Betriebsergebnis vor Abschreibungen (wie in Abschnitt III.2. dargestellt)) eingehalten werden. Die Höhe der Grenzwerte ist unter anderem auch (wie dargestellt) von der Schwankungsanfälligkeit des Geschäftsmodells des zu finanzierenden Unternehmens abhängig. Hierzu ist eine integrierte Planung, die sinnvolle Stress-Tests beinhaltet, unabdingbar.

b) Mezzaninkapital

Gerade für höhere Kapitalbedarfe bieten viele Kreditinstitute neben klassischen Krediten auch Mezzaninkapital, Fremdkapital mit einer Nachrangvereinbarung, an. Dieses wird von den meisten Kreditinstituten als wirtschaftliches Eigenkapital anerkannt und erhöht daher aus Ratingsicht die Eigenkapitalquote. Oftmals wird

---

2 Siehe dazu auch *Bartels*, Private Equity im Mittelstand, hrsg. von PwC, 2013.
3 Siehe dazu insbesondere *Achleitner/Kaeserer/Günther/Volk*, Die Kapitalmarktfähigkeit von Familienunternehmen", hrsg. von der Stiftung Familienunternehmen Stuttgart und PwC, 2011.

ein Teil der Zinsen erfolgsabhängig und nachgelagert zum Ende der Laufzeit gezahlt. Dies hat den Vorteil, dass der Cashflow des operativen Unternehmens geschont wird und zur Bedienung anderer Kapitalbedarfe zur Verfügung steht.

Wichtig ist es gerade bei Mezzaninkapital, auf die richtige Strukturierung und die Anforderungen der Kreditinstitute für die Anerkennung als wirtschaftliches Eigenkapital zu achten, um zu vermeiden, dass aus wirtschaftlichem Eigenkapital ein „teurer Kredit" wird.

c) Schuldscheindarlehen

Zusätzlich können Familienunternehmen auch auf sog. Schuldscheindarlehen, Darlehen, die durch Schuldscheine verbrieft werden, zurückgreifen. Eigentlich handelt es sich bei Schuldscheindarlehen um klassische Bankkredite, bei denen regionale Sparkassen (hoher Einlagenüberhang) mit Landesbanken (hoher Kreditüberhang) zusammenarbeiten und die Verbriefungen durch Landesbanken an Unternehmen ausgereicht und bei regionalen Sparkassen platziert werden. Teilweise werden die Verbriefungen auch bei Versicherungen platziert. Da bei solchen Darlehen die Bonität der Unternehmen und weniger die Sicherheiten im Vordergrund stehen, sind diese üblicherweise Unternehmen mit höherer Bonität vorbehalten. Schuldscheindarlehen können daher für bonitätsstarke Familienunternehmen eine interessante Alternative bzw. Ergänzung zu anderen Finanzierungsinstrumenten sein.

3. Debt Fonds

Neben den klassischen Banken drängen seit geraumer Zeit angelsächsisch geprägte sog. „Debt Fonds" in den Markt für Mittelstandsfinanzierung. Bislang treten diese als Nischenanbieter im Bereich der Finanzierung von Private Equity-Transaktionen in Erscheinung, da gerade der deutsche Bankenmarkt als sehr kompetitiv gilt und Banken i.d.R. deutlich günstiger als Debt Fonds finanzieren (ca. 5–7 % p.a. günstiger). Der Vorteil der Debt Fonds ist der mögliche vollständige Verzicht auf Tilgungen in den ersten Jahren. Die Finanzierung über Debt Fonds wird daher auch als „Unitranche"-Finanzierung bezeichnet. Sie ist quasi ein Ersatz für eine Kombination aus klassischer Bankfinanzierung und Mezzaninkapital. Der höhere Zins ist daher auch zum Teil als Mischzins zwischen Bankkredit und Mezzaninkapital zu sehen. Ob eine solche Finanzierung für eine mittelständische Unternehmensnachfolge sinnvoll ist, muss im Einzelfall geprüft und mit den Alternativangeboten von Kreditinstituten verglichen werden.

4. Versicherungen

Seit einiger Zeit sind ebenfalls einige Lebens- und Krankenversicherungen am Finanzierungsmarkt für Unternehmen aktiv. Dies ist nicht zuletzt dem Anlagedruck der Versicherungen auch aufgrund der anhaltenden Niedrigzinsphase geschuldet. Schwierig an der Unternehmensfinanzierung sind die strengen Voraussetzungen für Versicherungen zur Zuführung von Kapitalien zum sogenannten gebundenen Vermögen. Dafür gelten besonders strenge Voraussetzungen, die teilweise über die Anforderungen von Ratingagenturen für sog. „Investment Grade"-Anlagen hinausgehen. Die folgende Tabelle zeigt die einzuhaltenden Kennzahlen, die Unternehmen aufweisen müssen, damit ihre Kredite von Versicherungen dem gebundenen Vermögen zugeführt werden können. Von jedem der drei Kennzahlenpaare muss jeweils eine Kennzahl eingehalten werden.

Cashflow-Kennzahlen zur Kapitaldeckung	
EBIT Interest Coverage[4]	> 3,0
EBITDA Interest Coverage[5]	> 4,5
Kennzahlen zur Verschuldung	
Total Debt/EBITDA[6]	<3,0
Total Net Debt/EBITDA[7]	< 2,5
Kennzahlen zur Kapitalstruktur	
Risk Bearing Capital[8]	> 27 %
Total Debt/Capital[9]	< 50 %

Tab. 1: Cashflow-Kennzahlen zur Kapitaldeckung bei Versicherungen

---

4 EBIT-Zinsdeckung: Betriebsergebnis geteilt durch Nettozinsergebnis.
5 EBITDA-Zinsdeckung: Betriebsergebnis vor Abschreibungen geteilt durch Nettozinsergebnis.
6 Bruttofinanzverschuldung (ohne Abzug liquider Mittel) geteilt durch Betriebsergebnis vor Abschreibungen.
7 Nettofinanzverschuldung (nach Abzug liquider Mittel) geteilt durch Betriebsergebnis vor Abschreibungen.
8 Haftmittel geteilt durch Bilanzsumme. Haftmittel sind zu vergleichen mit wirtschaftlichem Eigenkapital, d.h. inkl. Mezzaninkapital und Gesellschafterdarlehen. Sowohl bei den Haftmitteln als auch bei der Bilanzsumme werden Abzüge z.B. für ausstehende Einlagen und Steuerabgrenzung vorgenommen.
9 Bruttofinanzverschuldung geteilt durch Bruttofinanzverschuldung zzgl. Haftmittel (analog zur Risk Bearing Capital).

5. Öffentliche Einrichtungen

Auch öffentliche Einrichtungen bieten mittelständisch geprägten Familienunternehmen Finanzierungshilfen an, die insbesondere zur Zinsverbilligung genutzt werden sollten. Als Finanzierungshilfen werden Kredite von Förderbanken, aber auch alternative Mittel wie Mezzaninkapital und Eigenkapital sowie Landesbürgschaften zur Verbürgung von Kreditmitteln angeboten. Zum Teil sind diese Programme mit einer teilweisen oder vollständigen Rückhaftung des Gesellschafters bzw. Erwerbers verbunden, dies gilt jedoch nicht für alle Instrumente. Insbesondere Instrumente zur Zinsverbilligung (z.B. KfW-Darlehen) sehen dies oftmals nicht vor.

Welche Möglichkeiten bestehen, sollten Familienunternehmen unabhängig prüfen bzw. prüfen lassen, zumal die Angebote für die Nachfolgefinanzierung in den letzten Jahren deutlich zugenommen haben. So können gegebenenfalls durch einen landesverbürgten Kredit der Bedarf an Mezzaninkapital vermieden und dadurch erhebliche Zinsersparnisse generiert werden. Bei der Prüfung müssen allerdings die unterschiedlichen Interessenlagen zwischen Banken (Verkauf von „teurem" Mezzaninkapital) und Unternehmer (Nutzung einer preiswerten, aber abwicklungsintensiveren Landesbürgschaft) berücksichtigt werden. Daher empfiehlt sich eine Beratung von einem unabhängigen Dritten.

6. Alternative Kapitalquellen

Darüber hinaus stehen Familienunternehmen zahlreiche alternative Kapitalquellen, insbesondere aus dem Bereich Asset Based-Finance, zur Verfügung, um ihren Finanzierungsbedarf auch im Hinblick auf die operative Tätigkeit des Unternehmens zu decken. Denkbar ist beispielsweise, anstehende Investitionen durch Leasing zu finanzieren, um eine hohe Eigenkapitalquote zu erreichen und die Finanzierungsmöglichkeiten der Hausbanken zur originären Nachfolgefinanzierung zu nutzen.

Weiterhin können Umlaufvermögensfinanzierungen wie Factoring- und Borrowing Base-Instrumente genutzt werden, um die Kreditlinien bei Banken zu entlasten und diese ebenfalls für die Nachfolgefinanzierung einzusetzen. Beim echten Factoring werden Forderungen regresslos an ein spezialisiertes Factoringinstitut verkauft. Alternativ können diese als Sicherheit im Rahmen einer Globalzession an Banken gegeben werden. Die Bevorschussung durch ein Factoringinstitut liegt üblicherweise bei 90 %, während Banken oftmals maximal die Hälfte der Forderungen als werthaltige Sicherheit anerkennen. Bei höheren Finanzierungen verbleiben daher hohe Blankoanteile, d.h. Kreditanteile ohne werthaltige Sicherheiten, bei den Banken. Analoge Vorteile gibt es bei sog. Borrowing Base-Finanzierungen, also Darlehen, die speziell über den Warenbestand besichert werden und dadurch ebenfalls höhere Beleihungsquoten ermöglichen.

Blankoanteile, die oft bei niedrigen Wertansätzen durch Kreditfinanzierungen des Working Capitals vorkommen, werden von Kreditinstituten kritisch gesehen, insbesondere wenn diese durch eine Erhöhung des Working Capital und damit der notwendigen Working Capital-Finanzierung steigen. Auch bei einer Verschlechterung des Ratings werden Banken bei hohen Blankoanteilen kritischer, als wenn die Kredite (ceteris paribus) vollständig durch werthaltige Sicherheiten abgedeckt wären.

Gerade alternative Asset Based-Instrumente, bei denen Spezialfinanzierer Teile der Aktiva eines Unternehmens als Sicherheit sehr hoch bewerten und entsprechend finanzieren, sorgen für eine Entlastung der gesamten Sicherheitenbasis eines Unternehmens gegenüber Kreditinstituten und daher insgesamt für eine höhere Kreditaufnahmemöglichkeit. Hier ist für Unternehmen wichtig zu beachten, dass die Berater der Bank solche Produkte oftmals nicht selbst anbieten und daher kein Interesse an einer Integration solcher Optionen in eine Finanzierungsstruktur im Rahmen einer Nachfolgefinanzierung haben. Aus diesem Grund ist eine unabhängige Prüfung der Finanzierungsalternativen sinnvoll.

V. Strukturierung des Finanzierungsprozesses

Ein strukturierter Prozess ist Basis für die erfolgreiche Einwerbung von Nachfolgefinanzierungen. Ein solcher Prozess ist in der folgenden Grafik abgebildet:

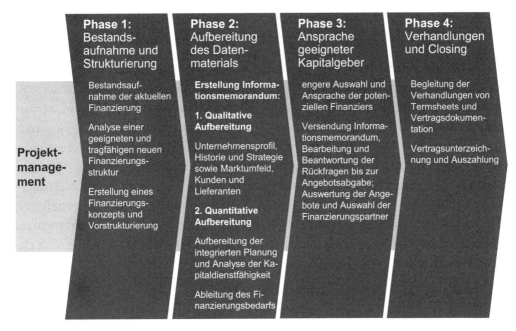

Phase 1: Bestands- aufnahme und Strukturierung	Phase 2: Aufbereitung des Daten- materials	Phase 3: Ansprache geeigneter Kapitalgeber	Phase 4: Verhandlungen und Closing
Bestandsauf- nahme der aktuellen Finanzierung Analyse einer geeigneten und tragfähigen neuen Finanzierungs- struktur Erstellung eines Finanzierungs- konzepts und Vorstrukturierung	**Erstellung Informa- tionsmemorandum:** **1. Qualitative Aufbereitung** Unternehmensprofil, Historie und Strategie sowie Marktumfeld, Kunden und Lieferanten **2. Quantitative Aufbereitung** Aufbereitung der integrierten Planung und Analyse der Ka- pitaldienstfähigkeit Ableitung des Fi- nanzierungsbedarfs	engere Auswahl und Ansprache der poten- ziellen Finanziers Versendung Informa- tionsmemorandum, Bearbeitung und Beantwortung der Rückfragen bis zur Angebotsabgabe; Auswertung der Ange- bote und Auswahl der Finanzierungspartner	Begleitung der Verhandlungen von Termsheets und Vertragsdokumen- tation Vertragsunterzeich- nung und Auszahlung

Projekt-
manage-
ment

Abb. 1: Phasen zur Strukturierung des Finanzierungsprozesses

Wichtig ist es, die einzelnen Phasen der Finanzierung strukturiert und in Ruhe nacheinander abzuarbeiten. Eine gut vorbereitete Ansprache, die ein schlüssiges und auf den Anforderungen des Unternehmens basierendes Finanzierungskonzept beinhaltet, schafft für die Banken ein Wettbewerbsumfeld. Hierdurch reduziert sich der Zeitbedarf für die Phasen 3 und 4, d.h. für die Ansprache von Kapitalgebern und die Verhandlungen. Außerdem werden durch den Wettbewerbsdruck wesentlich bessere Konditionen erzielt. Der Begriff Konditionen beinhaltet hierbei nicht nur den Zins und die Abschlusskosten, sondern auch nicht unmittelbar finanzielle Komponenten wie einzuhaltende Financial Covenants und unternehmerische Freiräume wie Ausschüttungs- und Investitionsbegrenzungen.

Aus diesen Gründen sollte ein Zeitkorridor von möglichst mindestens sechs Monaten verfügbar sein. So können Alternativen ausgelotet, das Verhandlungsergebnis mit den Finanzierungspartnern optimiert und der Kreditvertrag – die sogenannten Dokumentationen – ohne unnötigen Zeitdruck abgeschlossen werden. Häufig wird dabei die sich an die Unterzeichnung anschließende Schaffung der Auszahlungsvoraussetzungen zeitlich unterschätzt. Hier gilt es, Verträge zu unterzeichnen, Vertretungsbefugnisse zu dokumentieren, Legal Opinions zu verschiedenen Themen beizubringen oder auch komplementäre Finanzierungsmittel nachzuweisen.

VI. Fazit

Die Nachfolge führt regelmäßig zu einem außerordentlich hohen Finanzierungs-bedarf. Dabei ist es wichtig, auf eine optimale Strukturierung der Mittel zu achten. Nach der Bestimmung der Ebene der Finanzierung, dem Umfang des Fremdkapitals und der Zins- und Tilgungsstruktur ist die Auswahl der dazu passenden Finanzierungsinstrumente vorzunehmen. Dafür stehen zahlreiche unterschiedliche Finanzierungsinstrumente zur Verfügung, wobei jedes Instrument spezifische Vor- und Nachteile aufweist. Aus diesem Grund empfiehlt sich im Vorfeld der Nachfolge eine unabhängige Prüfung, um auch in dieser Hinsicht das Familienunternehmen zukunftssicher aufzustellen. Wichtig ist dabei, frühzeitig den Finanzierungsprozess anzugehen, da eine Knappheit der Zeit in der Regel zu hohen Kosten und schlechteren Finanzierungsbedingungen führt.

Eine optimale Finanzierung schafft die Basis für eine erfolgreiche Nachfolge.

4.9 Nachfolge im Privatvermögen – Praxistipps für die Unternehmerfamilie

von Dr. Claudia Klümpen-Neusel und Dr. Peter Raskin

I. Einleitung

Viele Familienunternehmer verfügen oft nicht nur über ein größeres unternehmerisch gebundenes Vermögen. Ausschüttungen, Gehälter, Erbschaften etc. führen im Laufe der Zeit auch zum Aufbau beachtlicher liquider Vermögen in Form von Bankkonten und Portfolien. Weiter ist es nicht überraschend, dass der oder die Unternehmer(in) häufig ihr ganzes Tun und Schaffen dem unternehmerischen Vermögen widmen. Das Unternehmen, dessen Entwicklung, der Fortschritt der Produkte und Dienstleistungen, die Mitarbeiter, Expansion, alles haben Unternehmer ständig im Visier. Hier kennen sie sich aus, das bekommen sie von Kindesbeinen an zu Hause mit. Es ist tief in ihrer DNA verankert. Daher verwundert es nicht, dass einige sich weniger um das nicht unternehmerisch gebundene Vermögen kümmern. Oft sieht man es nur als „Kriegskasse" an, sollte es dem Unternehmen einmal schlechter gehen, um es dann oder für Expansionszwecke wieder ins Unternehmen investieren zu können. Die Bedeutung des Auf- und Ausbaus eines vom Unternehmen unabhängigen Vermögens wird selten erkannt. Man unterwirft sich selbst und alles andere dem Unternehmen und denkt dabei weniger an das liquide Privatvermögen. Hier vertraut man oft einem Banker oder dem CFO, der alles so nebenher mitbetreut, es aber meist auch wieder als notwendige „Kriegskasse" sieht. Nach dem Verkauf des Unternehmens spürt der Unternehmer häufig erst, dass er das stattliche liquide Vermögen, das nun das von ihm und/oder seiner Familie über Jahre Aufgebaute repräsentiert, bislang sträflich vernachlässigt hat. Nicht selten ist er mit den hier aufkommenden Fragestellungen überfordert. Seine unternehmerischen Geschicke und Kenntnisse, die ihm das große unternehmerische Wachstum ermöglicht haben, benötigt er nun weniger. Das, was er nun braucht, hat er nicht gelernt oder es hat ihn, vielleicht mangels Zeit, nicht interessiert. Er muss weiter seinem vielleicht dann ebenfalls überforderten Banker vertrauen oder seinem ehemaligen CFO. Vielleicht bittet er diesen, für ihn ein Family Office aufzubauen, ohne manchmal genau zu wissen, was damit gemeint ist. Eine Leidenschaft für die neuen Herausforderungen, für das Anlegen, das Sichern und vielleicht auch zum

Mehren des nun beträchtlichen Privatvermögens hat er nicht. Woher soll sie auch kommen?

Hinzu kommt ein Weiteres. Fällt es manchen Unternehmern bereits schwer, bei ihrem Unternehmen „loszulassen" und sich rechtzeitig um Nachfolgefragen zu kümmern oder diese gar vorzubereiten, fällt es ihnen mindestens ebenso schwer, sich neben der Nachfolge im Unternehmen auch Gedanken über die Nachfolge des teils beträchtlichen liquiden Vermögens zu machen. Dabei stellen sich hier vergleichbare steuerliche und vor allem die so oft unterschätzten tatsächlichen Herausforderungen des Lebens. Sie sind so vielfältig, kaum voraussehbar und vor allem so wenig planbar wie das Leben selbst.

Einen Vorteil im Vergleich zum unternehmerisch gebundenen Vermögen gibt es gleichwohl. Das liquide Vermögen scheint für seinen Eigner oft weniger emotional besetzt als das Unternehmen. Die Lösung der Probleme um die Nachfolge in jenes Vermögen kann somit rational den Herausforderungen aller sehr vermögenden Kunden folgen. Aber auch diesen fällt es mitunter schwer, frühzeitig Vermögensteile auf die nachfolgende(n) Generation(en) zu übertragen. In der Praxis erlebt man hier nahezu alles. Da gibt es den sehr betagten Vermögensinhaber, der seinen über 50-jährigen Kindern noch immer nicht zutraut, das Vermögen zu verwalten, und täglich seine Lebensqualität und das Lebenswerk über die Größe des „Topfes" definiert, den er erwirtschaftet hat. Übertragung von Verantwortung und Vermögensteilen kommt für ihn nicht in Betracht, da er fürchtet, so seinen „Topf" zu schmälern und sein Lebenswerk dadurch zu mindern. Klingt seltsam und unvernünftig, kommt aber regelmäßig vor. Da gibt es aber auch denjenigen, der alles unternimmt, Beraterheere beauftragt, um möglichst jede auch nur denkbare steuergünstige Übertragung auf die nächsten Generationen auszuloten und auszunutzen. Man folgt jedem Rat bis hin zum Umzug in andere Länder einzelner oder aller Familienmitglieder oder der umfassenden Umstrukturierung der Vermögen. Nicht selten verliert der Vermögensinhaber den Überblick und in vielen Fällen auch etwas an Lebensqualität. Denn oft sind mit allein steuerlich motivierten Handlungen Einschnitte gerade dort verbunden. Nicht selten fühlt man sich obendrein abhängig vom Berater. Und häufig passiert etwas nicht Eingeplantes und die so komplexe Struktur bricht in sich zusammen.

Im Folgenden werden die Herausforderungen und Probleme bei der Übertragung von liquiden bzw. nicht im Unternehmen gebundenen Vermögenswerten auf die nächste(n) Generation(en) dargestellt und denkbare Lösungsansätze und rechtliche und steuerrechtliche Implikationen skizziert. Unsere Ausführungen basieren vor allem auf unseren Erfahrungen bei der Betreuung sehr wohlhabender Kunden und sollen das Beratungsgespräch nicht ersetzen. Wie so oft gilt auch hier, dass jeder Einzelfall als solcher individuell zu behandeln ist. Der Beitrag soll sensibilisieren und schließt mit in diesem Sinne zu überdenkenden „zehn goldenen Regeln".

II. Vermögensaspekte

Es wirkt auf dem ersten Blick recht einfach: Liquides Vermögen in Form von Bankkonten und Portfolien lässt sich ohne Probleme übertragen. Die rechtlichen Herausforderungen sind überschaubar. Mit ihnen sind zudem selten unternehmerische Gestaltungsrechte verknüpft, die es zu managen gilt. Auch sind sie meist weniger emotional mit der Geschichte der Familie und der des Unternehmens verbunden. Und schließlich ist es auch technisch recht einfach, solches Vermögen zu übertragen. Dennoch sind die Probleme der Praxis so vielfältig wie das Leben.

1. Die Kinder

a) Problemfelder

Oft aus steuerlicher Motivation heraus erhalten Kinder mit ihrer Geburt oder etwas später bereits substanzielle Vermögenswerte übertragen. Auch wenn dies aus steuerlichen Gründen sinnvoll ist, muss man die hiermit verbundenen Folgen ebenso angemessen berücksichtigen und stets im Auge haben. Nicht selten müssen Kinder vor ihrem eigenen Vermögen geschützt werden. Folgende Problemfelder gilt es dabei zu beachten:

Sicherheitsrisiko

Naheliegend, aber oft unbeachtet, ist das Risiko um die persönliche Sicherheit des Kindes. Nicht selten kommt es vor, dass Kinder beim Heranwachsen die Kenntnis um das eigene Vermögen ausnutzen, etwa um Freunde zu beeindrucken, ohne dass es die Eltern mitbekommen (wollen). Solche Informationen sprechen sich schnell herum – und können an Personen gelangen, die diese besser nicht haben sollten.

Motivationsproblem

Viele Eltern sorgen sich um die Motivation ihrer Kinder, etwas Eigenes aufzubauen und zu erlernen. Es ist ihnen bekannt, dass sie eigentlich nicht arbeiten müssten. Zwar ist dies ein generelles Problem, das weniger mit der Frage des Vermögensübergangs bzw. des Vermögenshintergrunds, sondern mit Erziehung und dem Vorleben eines guten Beispiels zu tun hat. Ein Zurückhalten bzw. ein späterer, sukzessiver Übergang können aber durchaus positiv prägend wirken.

Einfluss von Dritten

Weiterhin machen sich viele Eltern zu Recht Sorgen, wie das Kind z.B. aus der Pubertät herauskommt und vielleicht sogar, mit wem an seiner oder ihrer Seite. Vielfältig sind die Fälle, bei denen diese neue und den Eltern zunächst unbekannte Person und deren Familie zum Teil erheblichen Einfluss auf den Heranwachsenden ausüben können. Sollte das Kind kurz vor Vollendung der Volljährigkeit stehen und somit bald ungehinderten Zugriff auf ein eventuell schon übertragenes Vermögen haben, bestehen mitunter große Gefahren für diesen Vermögensbesitz, etwa wenn der oder die Geliebte beispielsweise einer Sekte oder einer sektennahen Organisation angehört und das Kind kurz vor dem 18. Geburtstag steht.

Das kranke Kind

Auch gibt es Fälle, bei denen Heranwachsende oder zum Teil auch schon Volljährige unter einer psychischen Krankheit leiden, die vielleicht spät erkannt und je nach Ausprägung ebenfalls erhebliche Gefahren für den Lebensweg und das Vermögen des Betroffenen begründen kann. Stellt sich das Problem schon während der Kindheit, kann man als gesetzlicher Vertreter noch reagieren. Was aber, wenn man es erst nicht wahrhaben möchte, zu spät erkennt oder sich die Schwierigkeiten im Umgang mit Geld aus anderen Gründen erst nach Vollendung der Volljährigkeit zeigen?

b) Der Informationsfluss

Oben genannte Probleme, ihre Lösung (oder besser ihre Vermeidung), sind eng mit der Frage verknüpft, zu welchem Zeitpunkt das Kind über den Stand seines Vermögens informiert werden sollte. Diese Frage wird in der Praxis mit viel Leidenschaft und sehr kontrovers diskutiert. Die Spannbreite reicht hier von so früh wie möglich über sukzessive bis hin zu so spät wie möglich, am besten sogar erst mit Erreichen eines bestimmten Alters, das deutlich auch mal nach Vollendung der Volljährigkeit liegen soll. Über diese Frage sollten sich Eltern sehr früh Klarheit verschaffen bzw. eine Informations- und Heranführungsstrategie erarbeiten. Dabei sollte offensichtlich sein: je früher und je mehr Kenntnis das Kind über die eigene Vermögenssituation hat, desto geringer sind die Eingriffsmöglichkeiten, sollte sich das Kind in eine andere, vielleicht von den Eltern ungewünschte Richtung entwickeln.

Wählt man den Weg der frühen Information, ist strukturell weniger zu beachten. Hierbei sollte man einen Schwerpunkt auf die inhaltliche Heranführung und den verantwortungsbewussten Umgang mit dem Vermögen einerseits legen, andererseits beim Kind auch das Problembewusstsein fördern. Dabei sollten die Kinder nicht überschätzt werden: Wunschvorstellung der Eltern und Realität des Kindes können auseinanderfallen.

Bei einer sukzessiven Heranführung sollte das Vermögen rechtzeitig entsprechend portioniert und voneinander getrennt werden, um es dem Kind auch separat präsentieren zu können. Dabei empfiehlt sich eine rechtzeitige Einbindung der Banker. Ferner könnte es je nach individueller Situation sinnvoll sein, für jede Portion unterschiedliche Anlagestrategien zu verfolgen.

Soll das Kind erst so spät wie möglich informiert werden, sollte unbedingt sichergestellt werden, dass das Kind auch nicht zufällig Informationen über das zu vererbende Vermögen erhält. Hier empfiehlt es sich, die Art und Weise des Postversands zu diskutieren – vielleicht kann es sinnvoll sein, die Vermögenswerte in einen anderen Staat mit stärkerem Diskretionsschutz zu verlagern. Letzteres kann z.B. Sinn machen, wenn vermieden werden soll, dass beispielsweise das direkte Umfeld des Kindes (Freunde, Nachbarn etc.) mehr wissen als der eigene Nachwuchs. Gerade in Regionen, in denen jeder jeden kennt, sollte dies beachtet werden. Auch wird die Frage, ob die Bank oder die Eltern die Kinder bei Erreichen der Volljährigkeit, unter welchen Umständen und wie zu informieren haben, von Staat zu Staat anders beurteilt.

Zu beachten und sicherzustellen ist bei den Anhängern dieser Meinung immer auch, dass das Kind seiner Steuerpflicht ordnungsgemäß nachkommt. Dies kann es nur, wenn es auch Kenntnis hat, oder das Vermögen rechtzeitig so strukturiert ist, dass keine Steuerpflicht besteht oder eine solche erst später entsteht.

c) Weitere Schutzmechanismen

Um eine möglichst lange Kontrolle über das Vermögen des Kindes ausüben zu können, kann auch über Strukturen nachgedacht werden. Dies gelingt allerdings nur, solange entweder das Vermögen noch nicht übertragen wurde oder der Vermögensinhaber weiterhin die gesetzliche Vertretungsmacht besitzt.

Versicherungsrechtliche Lösungen

So könnte erwogen werden, das Vermögen des Kindes in eine Kapitallebensversicherung einzubringen und den Zufluss auf einen bestimmten Zeitpunkt, z.B. den

25. Geburtstag des Versicherungsnehmers, festzulegen (sog. Term-Fix Kapitallebensversicherungen). Der Einsatz dieser Struktur kann auch aus steuerlichen Gründen sehr attraktiv sein (Steuerstundungseffekt durch die bis zum Laufzeitende aufgeschobene Besteuerung, „Absetzbarkeit" der Bankentgelte wegen Differenzbesteuerung). Dieses schnell umsetzbare Modell bietet sich als eine Art Notbremse an, wenn das Kind zunächst heranwachsen und weiter beobachtet werden soll.

Gesellschaftsrechtliche Lösungen

Im Rahmen einer gesellschaftsrechtlichen Lösung kann das Vermögen in eine Gesellschaft mit von den Anteilen abweichenden Geschäftsführungs- und Vertretungsbefugnissen (sog. „Familienholding") eingebracht werden. Ein Elternteil wird mit einem kleinen Anteil Mitgesellschafter. Im Gesellschaftsvertrag wird aber bestimmt, dass diesem Elternteil die Geschäftsführungs- und Vertretungsbefugnisse übertragen werden.

Beide angesprochenen Lösungen haben den Vorteil, dass das Kind bis zum Erreichen der Volljährigkeit oder gar für lange Zeit darüber hinaus zum einen nur beschränkten oder keinen Zugriff auf das Vermögen hat und zum anderem auch die ordnungsgemäße Besteuerung sichergestellt werden kann.

Letztlich ist die Frage, wann das Kind informiert werden soll, Ausfluss der den Eltern obliegenden Fürsorgepflicht und oft eine Geschmacksfrage. Wie immer man sich als Eltern und aus welchen Gründen entscheiden mag, sollten immer die mit der Entscheidung einhergehenden Folgen sorgfältig gegeneinander abgewogen und nicht unterschätzt werden. Erstens kann viel Unerwartetes passieren, überschätzen Sie Ihr Kind nicht. Zweitens sollte man in jedem Fall rechtzeitig damit beginnen, das Kind zu einem verantwortungsbewussten Umgang mit seinem Vermögen zu erziehen, und gehen Sie in eigener Person mit gutem Beispiel voran. Drittens empfiehlt es sich, rechtzeitig den vertrauensvollen Banker oder andere erfahrene Berater mit ins Boot zu holen. Zum einen haben diese vielleicht einen umfassenderen Überblick über alle Eventualitäten. Zum anderen haben sie manchmal einen objektiveren Blick auf die Familie. Und vielleicht können sie daher Fehlentwicklungen bei den Kindern sogar früher erkennen als die oft vieles nicht wahrhabenwollenden betroffenen Eltern.

2. Der Lebens- oder Ehepartner der Kinder

Die größte Angst vieler Unternehmer ist die vor dem meist noch nicht bekannten Ehe- oder Lebenspartner ihrer Kinder. Welchen Einfluss wird er/sie auf das Kind nehmen? Welche Einstellung hat er/sie zum Vermögen des Kindes? Ist er/sie dem Kind gar nur aufgrund seines großen Vermögens zugeneigt? Dies sind nur einige wenige Fragen, die sich sehr vermögende Eltern immer wieder stellen und diskutieren wollen. Zudem sorgen sie sich oft um den Verbleib des Vermögens, sollte die Ehe des Kindes frühzeitig durch dessen Tod oder eine Scheidung beendet werden. Wie leicht können große Vermögensteile durch Tod oder Scheidung in einen Bereich gelangen, der mit der Familie an sich eigentlich nichts mehr zu tun hat oder (mehr) haben will. Besonders beunruhigend wird diese Situation auch, sofern und sobald sich auf der Ebene des Kindes eine „Patchwork-Familie" bildet, der Partner resp. Partnerin also Kinder aus einer früheren Verbindung „mitbringt".

Zur Lösung dieser Problematik denken viele sofort an den Ehevertrag, der so manche Probleme zu lösen vermag. Was viele aber nicht beachten, ist, dass sich manchmal die Rechtsprechung zu diesen Verträgen ändern kann und der einst als sicher gedachte Weg nicht so eintritt wie erhofft. Hier empfiehlt es sich ebenso wie bei Testamenten, diese in regelmäßigen Abständen rechtlich und steuerrechtlich überprüfen zu lassen. Denn es gilt letztlich der noch viel schwerer zu beantwortenden Frage sehr frühzeitig und entgegen jeder Romantik vorzubeugen: Was kann man tun, sollte der Ehevertrag nichtig sein, die Ehe aber schon mehr als bröckeln? Hier stehen dann nach aller Erfahrung sehr teure Verhandlungsrunden ins Haus.

3. Erbschaftsteuer

Wird das unternehmerische oder in Immobilien gebundene Vermögen nicht schon zu Lebzeiten übertragen, soll das liquide Vermögen in vielen Fällen dazu dienen, später einmal die Erbschaftsteuer, die auf das illiquide Vermögen anzufallen droht, zu finanzieren, damit nicht zur Unzeit Vermögensteile unter Inkaufnahme von Zerschlagungsverlusten veräußert werden müssen. Dabei sollte man sich heute nicht auf die vergleichsweise günstige Situation bei der Besteuerung des Unternehmensübergangs verlassen. Die Erbschaftsteuer ist in Deutschland ein allzeit brisantes und letztlich unkalkulierbares Politikum mit populistischem Einschlag.[1] In jedem Fall muss eine liquide Vorsorge bei größeren – und eventuell teilweise fremdfinanzierten – Immobilienvermögen getroffen werden, die nahe am Verkehrswert voll steuerpflichtig sind.

Was aber, wenn diese Liquidität bereits auf die Kinder übertragen wurde, diese sie aber entgegen des Angedachten aufgezehrt oder anderweitig belastet haben? Der

---

1 Siehe hierzu etwa den Beitrag „Die steuerliche Gestaltung der Nachfolge – eine hohe Kunst" in diesem Kapitel.

Rat muss auch hier vorher einsetzen: Solche strategische Liquidität gehört nicht in unkontrollierte Hand, sondern in die oben schon erwähnte Familienholding. Wer hier zu spät kommt, hat noch eine – wenngleich schwächere – Chance: Er bzw. sie müssen dem Kind ermöglichen, auf ihr – der Eltern – eigenes Leben eine Risikolebensversicherung in Höhe der in etwa zu erwartenden Erbschaftsteuer abzuschließen, zumindest für Teile von dieser. Die mit der Prämiengewährung und vor allem der Gesundheitsprüfung verbundenen Fragen sind mit einem erfahrenen Bank- und/oder Versicherungsberater zu besprechen und zu lösen. Eine letzte Garantie dafür, der Erbe werde die Versicherungssumme korrekt verwenden, besteht so noch nicht. Daher ist es einen Gedanken wert, die Police in einen gesellschaftsrechtlichen Mantel unter zuverlässiger Aufsicht einzulegen.

4. Interessen des minderjährigen Erben im Spannungsverhältnis mit denen des gesetzlichen Vertreters

In Fällen, in denen der Vermögensträger über einen deutlich jüngeren Ehepartner und man zusammen über ein sehr junges gemeinsames Kind verfügt, macht sich der Vermögensträger nicht selten Gedanken über die Phase zwischen dem Zeitpunkt seines statistisch naheliegenden Vorversterbens und dem Eintritt der Volljährigkeit seines Kindes. Denn er befürchtet, dass der verbleibende gesetzliche Vertreter des Kindes diese Vertretungsmacht bewusst oder unbewusst einsetzen könnte und das Vermögen des Kindes dem Rat eines schlechten Beraters oder gar neuem Ehepartner folgend gefährdet oder gar vernichtet. Es handelt sich dabei um ein sehr heikles Problem, da man dies oft mit dem Ehepartner selbst nicht besprechen will oder kann. Zeigt man doch, dass man ihm nicht so recht traut bzw. ihm nichts zutraut oder ihn gar anfällig sieht für den Einfluss Dritter.

Zur Lösung dieser Problematik kann man zuallererst an die Gestaltungsmöglichkeiten des Erbrechts, z.B. in geeigneten Fällen an die Bestellung eines Testamentsvollstreckers oder eines Pflegers für das Ererbte denken. Doch seltsamerweise wird dem entgegnet, dass man dadurch das oben beschriebene Misstrauen manifestiert und diesen Eindruck beim Partner nicht hinterlassen möchte. Aber auch andere Lösungen sind denkbar. Neben gesellschaftsrechtlichen Lösungen, in welche der Partner mit eingebunden sein könnte, wäre auch hier an den Einsatz von Kapitallebensversicherungen zu denken. Beide Instrumente lassen sich dann vielleicht eher als steuerlich motiviert, denn als Ausdruck eines Misstrauens oder einer Sorge darstellen. Sie können u.a. so strukturiert werden, dass z.B. ein Teil des Vermögens unabhängig vom Tod des versicherten Lebens erst an einem bestimmten Tag (z.B. am

25. Geburtstag) dem Erben zufließt und der Deckungsstock bis dahin von einer vertrauten Bank im Rahmen einer individuell genau festgelegten Strategie verwaltet wird.

5. Schlussbemerkung zu den Vermögensaspekten

Die beschriebenen Vermögensaspekte bei der Vermögensübertragung des Privatvermögens erscheinen auf den ersten Blick banal oder gar abwegig. Die Beratungspraxis zeigt aber, dass sie regelmäßig vergessen, unterschätzt oder als „doch nicht bei uns" abgetan und daher missachtet werden. Nicht selten kann dies für das Vermögen, das Wohlergehen der Kinder, aber auch für den Familienfrieden zu mitunter erheblichen Gefahren führen. Sie sollten daher frühzeitig mit erfahrenen Beratern diskutiert werden.

III. Steuerliche Aspekte

Neben diese Vermögensaspekte treten in den meisten Fällen steuerliche Aspekte, mit deren Hilfe das wirtschaftlich gewünschte Ergebnis steuerlich optimiert werden kann. Auch wenn in jedem Einzelfall geprüft werden muss, welche Gestaltungen möglich und vor allem sinnvoll sind, sollten doch einige Grundprinzipien beachtet werden. Einige dieser Prinzipien sollen nachfolgend dargestellt werden.

1. Mehrfache Inanspruchnahme persönlicher Freibeträge

Werden Vermögenswerte vererbt oder verschenkt, sieht das Erbschaftsteuergesetz im Rahmen der Steuerermittlung in Abhängigkeit vom Verwandtschaftsverhältnis der beteiligten Personen **Freibeträge** vor, die sich im Ergebnis steuermindernd auswirken.[2] So können sich beispielsweise Ehegatten untereinander 500.000 Euro erbschaft- und schenkungsteuerfrei zuwenden, jeder Elternteil jedem Kind 400.000 Euro und jeder Großelternteil jedem Enkel 200.000 Euro.[3] Diese Freibeträge werden nicht auf Lebenszeit gewährt, sondern leben alle zehn Jahre wieder auf. Das bedeutet, dass im Jahr 2016 ein Elternteil einem Kind 400.000 Euro steuerfrei schenken und dies im Jahr 2026 ebenso steuerfrei wiederholen kann.[4] Je früher

---

2 Vgl. hierzu Abbildungen 2 und 3 in dem Beitrag „Die steuerliche Gestaltung der Nachfolge – eine hohe Kunst" in diesem Kapitel.
3 Wenn das das Verwandtschaftsverhältnis vermittelnde Kind noch lebt, ansonsten erhöht sich der Freibetrag auf 400.000 Euro.
4 Unterstellt, dass in 2026 die persönlichen Freibeträge dasselbe Niveau erreichen wie heute.

also mit der schrittweisen Übertragung von Vermögen begonnen wird, desto öfter können die persönlichen Freibeträge ausgenutzt werden.

2. Minderung der Steuerprogression

Die steuerpflichtige Bereicherung des Erwerbers wird für erbschaft- und schenkungsteuerliche Zwecke einem Steuertarif unterworfen, dessen Höhe sich wiederum anhand des **verwandtschaftlichen Verhältnisses**zwischen Erblasser/Schenker und Empfänger bestimmt. Darüber hinaus kennt das Erbschaftsteuergesetz ebenso wie die Einkommensteuer verschiedene **Progressionsstufen,** die in Abhängigkeit vom Wert des steuerpflichtigen Erwerbs zur Anwendung gelangen.[5] Im Gegensatz zur Einkommensteuer gilt bei der Erbschaft- und Schenkungsteuer der ausgewiesene Steuertarif jedoch stets für den gesamten steuerpflichtigen Erwerb. Beläuft sich der steuerpflichtige Erwerb also auf 800.000 Euro, unterliegt dieser in der Steuerklasse I insgesamt einer Erbschaftsteuer von 152.000 Euro.[6]

Da die Höhe der Erbschaftsteuer also im Wesentlichen von der jeweiligen Höhe der Zuwendung abhängt, kann durch Aufspaltung der Zuwendung in mehrere Vorgänge insgesamt ein niedrigerer **Steuertarif**zur Anwendung kommen, als wenn das gesamte Vermögen auf einmal übertragen wird. Dies gilt jedoch nicht uneingeschränkt: denn um hier nicht **missbräuchliche Gestaltungen** zu fördern, werden nach dem Willen des Gesetzes alle Erwerbe innerhalb von zehn Jahren von derselben Person zusammengerechnet und unter Berücksichtigung der bereits gezahlten Schenkungsteuer als einheitlicher Erwerb erfasst. Die Aufspaltung der Zuwendung in mehrere Vorgänge wirkt sich daher nur dann vorteilhaft auf den anzuwendenden Steuertarif aus, wenn die einzelnen Zuwendungen länger als zehn Jahre auseinander liegen.

Sowohl die Ausnutzung der persönlichen Freibeträge als auch die Ausnutzung einer niedrigeren Steuerprogression erfordern damit eine langfristige Planung.

Neben der schrittweisen Übertragung von Vermögen kann die Steuerprogression auch dadurch gemindert werden, dass aufseiten des Zuwendenden mehrere Personen involviert sind. So lässt sich beispielsweise eine deutliche Steuerreduzierung erzielen, wenn nicht der Vater seinem Sohn 1,4 Mio. Euro schenkt, sondern wenn diese Schenkung zwischen Vater und Mutter aufgeteilt wird. Schenkt nämlich nur der Vater, steht lediglich ein persönlicher Freibetrag in Höhe von 400.000 Euro zur

---

5 Vgl. hierzu Abbildung 4 in dem Beitrag „Die steuerliche Gestaltung der Nachfolge – eine hohe Kunst" in diesem Kapitel.
6 800.000 Euro Wert der Bereicherung × 19 % Steuertarif = 152.000 Euro Erbschaftsteuer.

Verfügung. Der verbleibende Wert in Höhe von 1 Mio. Euro unterliegt in Steuerklasse I einem Steuersatz von 19 %, sodass sich hieraus eine Schenkungsteuerschuld von 190.000 Euro ergibt. Wenden hingegen Vater und Mutter ihrem Sohn jeweils 700.000 Euro zu, ist von beiden Elternteilen ein persönlicher Freibetrag von 400.000 Euro in Abzug zu bringen. Die jeweils verbleibenden 300.000 Euro werden nur noch einem Steuertarif von 11 % unterworfen, wodurch sich die Gesamtsteuerbelastung auf 66.000 Euro reduziert.[7]

3. Berliner Testament

Der steueroptimale Einsatz persönlicher Freibeträge und das Ausnutzen einer günstigen Steuerprogression kommen nicht zum Zuge, wenn sich Ehegatten für ein sogenanntes „**Berliner Testament**" nach § 2269 BGB entscheiden. Bei dieser Art der letztwilligen Verfügung setzen sich die Ehegatten üblicherweise gegenseitig zu Alleinerben ein und bestimmen, dass die gemeinsamen Abkömmlinge nach dem Tod des zuletzt versterbenden Ehegatten den beiderseitigen Nachlass erhalten sollen. Als Konsequenz dieser Erbeinsetzung beerbt allein der überlebende Ehegatte den Erblasser; ihm stehen alle Rechte und Pflichten am Nachlass zu und zwar ohne zeitliche oder rechtliche Beschränkung. Erst nach seinem Tod beerben die gemeinsamen Abkömmlinge den länger lebenden Ehegatten, sodass der Nachlass beider Ehegatten vom länger lebenden Ehegatten auf die Kinder übergeht. Die Kinder werden damit ausschließlich Erben des länger lebenden Ehegatten und nicht auch Erben des zuerst Verstorbenen. Erhalten die Kinder jedoch keine Zuwendung aus dem Vermögen des zuerst versterbenden Elternteils, können sich ihre persönlichen Freibeträge nach diesem Elternteil auch nicht auswirken, sie gehen verloren. Erben sie anschließend das gesamte elterliche Vermögen nach dem Tod des länger lebenden Elternteils, kann sich dies zudem durch den zusammengeballten Erwerb negativ auf den Erbschaftsteuertarif auswirken. Aus erbschaftsteuerlicher Sicht wäre es daher insgesamt vorteilhafter, wenn die Kinder zumindest in Höhe ihrer persönlichen Freibeträge am Nachlass nach dem ersten Erbfall beteiligt würden – und sei es nur durch die Gewährung von **Pflichtteilsansprüchen.**

Daher ist stets der folgende Grundsatz zu beachten: Bei jedem potenziellen Erben, der aus der Nachfolge ausscheidet und nicht zumindest in Höhe seines persönli-

---

7 (700.000 Euro – 400.000 Euro Freibetrag) × 11 % (Steuerklasse I) = 33.000 Euro. Da sowohl der Vater als auch die Mutter schenken, wird auf beide Erwerbe die Schenkungsteuer von 33.000 Euro fällig. Insgesamt also 66.000 Euro.

chen Freibetrages am Nachlass beteiligt wird, wird die Möglichkeit verschenkt, Vermögen steuerfrei von einer Person auf eine andere zu übertragen.[8]

4. Überspringen der Kindergeneration und Zuwendung unmittelbar an die Enkelgeneration

Im **Familienverbund** ist es oftmals üblich, Vermögen von einer Generation in die unmittelbar nachfolgende Generation zu übertragen. Die Großeltern schenken oder vererben an die Eltern, diese wiederum geben das Familienvermögen an ihre Kinder weiter, die dieses anschließend an die Urenkelgeneration übertragen. Erben aber beispielsweise die Eltern von den Großeltern und schenken sie dann Teile des geerbten Vermögens an die Kinder, unterliegt sowohl die Erbschaft der Eltern als auch die anschließende Weitergabe an die Kinder der Erbschaftsteuer. Das auf die Kinder übertragene Vermögen wird so innerhalb kurzer Zeit zweimal besteuert. Aus steuerlicher Sicht erscheint es daher sinnvoller, wenn die Großeltern den Teil der Zuwendung bzw. des Vermögens, den die Kinder nicht zwingend benötigen, direkt auf die Enkelkinder übertragen.

Beispiel

 Großvater V und Großmutter M möchten jeweils 1,5 Mio. Euro ihrer einzigen Tochter T und deren Kindern K1 und K2 schenken. V überträgt seinen Betrag im Ganzen auf T in der Hoffnung, dass diese jeweils 500.000 Euro an K1 und K2 weiterleiten wird. M hingegen schenkt beiden Enkeln direkt jeweils 500.000 Euro und der Tochter 500.000 Euro.

Die Schenkung des Großvaters mit anschließender Weitergabe eines Teilbetrages durch die Tochter an die beiden Enkel löst folgende Schenkungsteuer aus:

		Euro
Zuwendung V an T		1.500.000
Persönlicher Freibetrag		– 400.000
Steuerpflichtiger Erwerb		1.100.000
Steuersatz	19 %	

---

8 Auch wenn sich das Berliner Testament damit unter steuerlichen Gesichtspunkten äußerst nachteilig auswirken kann, sprechen oftmals wirtschaftliche Gründe für eine solche Verfügung. So können die Ehegatten auf diesem Weg eine Zerschlagung des Familienvermögens verhindern, indem dem länger lebenden Ehegatten das Alleineigentum hieran zugesprochen wird.

		Euro
Schenkungsteuer		209.000
Zuwendung T an K1 und K2 (jeweils)		500.000
Persönlicher Freibetrag		– 400.000
Steuerpflichtiger Erwerb		100.000
Steuersatz	11 %	
Schenkungsteuer		11.000
Gesamtsteuerbelastung		
Schenkungsteuer T		209.000
Schenkungsteuer K1		11.000
Schenkungsteuer K2		11.000
		231.000

Demgegenüber führt die Schenkung der M an T und K1 sowie K2 nur zu folgender Steuerbelastung:

		Euro
Zuwendung M an K1 und K2 (jeweils)		500.000
Persönlicher Freibetrag		– 200.000
Steuerpflichtiger Erwerb		300.000
Steuersatz	11 %	
Schenkungsteuer		33.000
Zuwendung M an T		500.000
Persönlicher Freibetrag		– 400.000
Steuerpflichtiger Erwerb		100.000
Steuersatz	11 %	
Schenkungsteuer		11.000

		Euro
Gesamtsteuerbelastung		
Schenkungsteuer T		11.000
Schenkungsteuer K1		33.000
Schenkungsteuer K2		33.000
		77.000

Die Gegenüberstellung der beiden Möglichkeiten zeigt, dass die Vorgehensweise der Großmutter zu einer **Schenkungsteuerersparnis** für die Familie von 154.000 Euro führt. Allerdings greift diese Ersparnis nicht gleichmäßig zugunsten aller Beteiligten: im Beispielsfall profitiert alleine die Tochter von der Steuererleichterung[9], während die beiden Enkelkinder das Dreifache der Steuerlast tragen, die bei der Vorgehensweise des Großvaters anfällt[10]. Der Nachteil der Enkel kann aber abgemildert werden, wenn die Großmutter die Schenkungsteuer auf ihre Zuwendung an die Enkel übernimmt:

5. Übernahme der Schenkungsteuer durch den Schenker

Bei Schenkungen unter Lebenden haften grundsätzlich sowohl der Schenker als auch der Beschenkte für die Schenkungsteuer. Beide können vom Finanzamt in Anspruch genommen werden. Aufgrund der Ausgestaltung der Schenkungsteuer als **Bereicherungssteuer** wird sich das Finanzamt in aller Regel zunächst an den Beschenkten wenden. Haben Schenker und Beschenkter jedoch vereinbart, dass der Schenker die Schenkungsteuer übernimmt, liegt ein sachlicher Grund für die Inanspruchnahme des Schenkers als **Steuerschuldner** vor, den das Finanzamt bei seiner Entscheidung berücksichtigen muss.

Die Übernahme der Schenkungsteuer durch den Schenker führt zu einer weiteren Zuwendung an den Beschenkten in Höhe eben dieser Schenkungsteuer. Als steuerpflichtiger Gesamterwerb ist daher der Wert anzusetzen, der sich aus einer Zusammenrechnung der Schenkung vor Steuer zzgl. der darauf anfallenden Steuer ergibt.

---

9 Die geringere Steuerlast der Tochter ist auf einen niedrigeren Steuersatz und vor allem darauf zurückzuführen, dass sie die 1 Mio. Euro Durchgangserwerb, die sie anschließend auf ihre Kinder überträgt, weniger versteuern muss. Diese 1 Mio. Euro wird nun im Ergebnis nur noch einmal besteuert.

10 Anstelle eines Freibetrages von 400.000 Euro für Zuwendungen zwischen Eltern und Kindern greift nun nur noch der Freibetrag von 200.000 Euro für Zuwendungen zwischen Großeltern und Enkeln.

Beispiel

 Die Großmutter M schenkt ihrem Enkel K1 500.000 Euro und übernimmt zusätzlich die hierauf entfallende Schenkungsteuer. Hieraus resultiert folgende Steuerlast:

		Euro
Wert der Zuwendung vor Steuer		500.000
Abzgl. pers. Freibetrag		– 200.000
		300.000
Steuertarif	11 %	
Vorläufige Schenkungsteuer		33.000
Wert der Zuwendung nach Steuerübernahme		533.000
Abzgl. pers. Freibetrag		– 200.000
		333.000
Steuertarif	15 %	
Schenkungsteuer der M		**49.500**[11]

Durch die **Übernahme der Schenkungsteuer** (= zusätzliche Zuwendung) erhöht sich die festzusetzende Schenkungsteuer um 16.500 Euro. Gleichzeitig schenkt M ihrem Enkel nun nicht mehr nur 500.000 Euro, sondern 500.000 Euro zzgl. der Schenkungsteuer von 49.500 Euro, insgesamt also 549.500 Euro. Hätte M diesen Betrag K1 unmittelbar zugewandt und hätte K1 die Schenkungsteuer dann selber getragen, wäre folgende Schenkungsteuer festzusetzen gewesen:

		Euro
Wert der Zuwendung		549.500
Abzgl. pers. Freibetrag		– 200.000
		349.500
Steuertarif	15%	
Schenkungsteuer des N		**52.425**

---

11 Nach Berücksichtigung der Härteklausel, § 19 Abs. 3 ErbStG.

Hinweis:

Auch im Erbfall kann der Erblasser zwar nicht in persona die Erbschaftsteuer übernehmen; er kann sie aber einem Dritten auferlegen (z.B. dem Erben im Verhältnis zum Vermächtnisnehmer) und so dafür sorgen, dass der Bedachte die Zuwendung erhält, ohne dass diese in ihrem Wert durch eine Steuerbelastung reduziert wird. Erwirbt der Dritte ebenfalls aufgrund desselben Erbfalls, kann er die übernommene Steuer als **Nachlassverbindlichkeit**abziehen.

6. Vorteilhaftigkeit des gesetzlichen Güterstands

Haben in Deutschland lebende Ehegatten nicht durch **notariellen Ehevertrag** etwas anderes geregelt, leben sie im gesetzlichen Güterstand der **Zugewinngemeinschaft**.[12] Wird dieser Güterstand beendet, sei es durch Scheidung, notarielle Wahl eines anderen Güterstands oder Tod eines Ehegatten, entsteht der sogenannte **Zugewinnausgleichsanspruchs**. Um diesen bestimmen zu können, wird der Vermögenszuwachs eines jeden Ehegatten ermittelt, der während des Bestehens der Zugewinngemeinschaft erwirtschaftet wurde;[13] anschließend wird der Vermögenszuwachs des einen Ehegatten dem Zuwachs des anderen Ehegatten gegenübergestellt. Derjenige mit dem niedrigeren Zuwachs hat gegenüber dem anderen Ehegatten einen Anspruch auf Zahlung eines Ausgleichsbetrags in Höhe der Hälfte des vom anderen Ehegatten mehr erwirtschafteten Vermögens.

Für erbschaftsteuerliche Zwecke wird der Erbteil des Ehegatten, soweit er sich wertmäßig im Rahmen dieses Zugewinnausgleichsanspruchs bewegt, erbschaftsteuerfrei gestellt. Denn da der **familienrechtliche Ausgleichsanspruch** per Gesetz entsteht, erhält der überlebende Ehegatte die Ausgleichsforderung nicht aufgrund seiner Stellung als gesetzlicher Erbe oder aufgrund einer letztwilligen Verfügung des anderen Ehegatten. Es ist mithin kein Raum für die Anwendung des Erbschaft- und Schenkungsteuergesetzes. Darüber hinaus kann diese schenkungsteuerfreie Vermögensverschiebung sogar bereits zu Lebzeiten erfolgen, wenn die Ehegatten den Güterstand entweder endgültig beenden und in einen anderen Güterstand wechseln oder wenn sie die Zugewinngemeinschaft zwar zum Zeitpunkt x beenden, später aber wieder die Zugewinngemeinschaft als Güterstand wählen (sog. **Güterstandsschaukel**).

---

12 Siehe hierzu auch den Beitrag „Testament, Pflichtanteilsverzicht & Co. – Die rechtliche Gestaltung der Nachfolge" in diesem Kapitel.
13 Schenkungen und Erwerbe von Todes wegen bleiben dabei außer Betracht.

Praxistipp

Eine Güterstandsschaukel bietet sich insbesondere dann an, wenn das Vermögen der Ehegatten nicht gleichmäßig zwischen beiden aufgeteilt ist und das Vermögen später auf Kinder oder Enkelkinder übertragen werden soll. Wenn nämlich ein Ehegatte über kein oder nicht ausreichendes eigenes Vermögen verfügt, das er verschenken könnte, können sich insoweit die persönlichen Freibeträge nicht steuermindernd auswirken. Sie verfallen ungenutzt, während die Vermögensübertragung des anderen Ehegatten im Zweifel über die persönlichen Freibeträge hinausgeht und einer möglicherweise hohen Steuerprogression unterliegt.

IV. Die zehn goldenen Regeln

Die zuvor aufgeführten vermögensrechtlichen und steuerlichen Aspekte können als sogenannte „zehn goldene Regeln" wie folgt zusammengefasst werden:

1. Vernachlässigen Sie es nicht, sich rechtzeitig mit dem Aufbau, der Verwaltung und der Übertragung des Privatvermögens auseinanderzusetzen.

2. Bedenken Sie, welchen Einfluss die Kenntnis um das eigene Vermögen auf die Entwicklung Ihres Kindes haben kann, und erarbeiten Sie eine Informations- und Heranführungsstrategie.

3. Prüfen Sie in regelmäßigen Abständen, ob sich Ihr Kind erwartungsgemäß und „strategiekonform" entwickelt. Überschätzen Sie es nicht. Und nutzen Sie Ihre gesetzliche Vertretungsmacht aktiv zum Wohle Ihres Kindes.

4. Lassen Sie in regelmäßigen Abständen die im Zusammenhang mit der Vermögensübertragung gewählten rechtlichen Instrumente überprüfen.

5. Nehmen Sie den Rat erfahrener Berater mit einem objektiven Blick in Anspruch. Der Berater sollte Ihre Familie gut kennen.

6. Eine strategische Nachfolgeplanung ist auf die weitgehende Nutzung persönlicher Freibeträge und eine Minderung der Steuerprogression gerichtet.

7. Bei jedem potenziellen Erben, der nicht zumindest in Höhe seines persönlichen Freibetrags am Nachlass beteiligt wird, wird die Möglichkeit verschenkt, Vermögen steuerfrei zu übertragen.

8. In die nächste Generation sollte kein Vermögen übertragen werden, das dort weder wirtschaftlich noch aus sonstigen Gründen benötigt wird. Hier wäre es

möglicherweise sinnvoller, bei der Vermögensübertragung eine Generation zu überspringen.

9. Die Übernahme der Schenkungsteuer durch den Schenker führt im Ergebnis zu einer Steuerersparnis.

10. Über einen lebzeitigen Zugewinnausgleich lässt sich das Familienvermögen ggf. etwas gleichmäßiger auf die Ehegatten verteilen und so eine steuerlich vorteilhafte Nachfolgeplanung ermöglichen.

4.10 Die Heranführung der Next Generation – wie man es richtig macht

von Sabine Strick

I. (Nicht-)Erziehung zum Nachfolger

Unternehmereltern, denen der Erhalt des Familienunternehmens am Herzen liegt, befinden sich häufig in einem grundsätzlichen Dilemma: Wie können sie potenzielle Nachfolger auf eine Nachfolge vorbereiten, von der noch gar nicht klar ist, ob sie sie antreten wollen?

Unternehmerkinder müssen wie alle Kinder im Laufe ihrer Entwicklung eine eigene Identität entwickeln. Je freier sie in dieser Entwicklungsphase sind, desto größer ist die Chance, dass eine in sich gefestigte individuelle Persönlichkeit entsteht. Je stärker die Entwicklungsphase von den Eltern in eine bestimmte Richtung kanalisiert wird, desto größer ist die Gefahr, dass die Entwicklungsphase behindert wird. Dessen sind sich viele Unternehmereltern bewusst. Viele äußern deshalb im Gegensatz zu früher keine eigenen Präferenzen bei der Karriere- und Berufswahl ihrer Kinder. „Mein Sohn kann von mir aus schwuler Tänzer in New York werden", überspitzt es Frank Asbeck, damals Vorstandsvorsitzender und Großaktionär der Solar World AG, in einem Zeitungsinterview.[1]

Forschungsergebnisse aus dem Jahr 2013 belegen diese Tendenz. Nach einer Befragung der Zeppelin Universität von 202 Unternehmerkindern im Alter zwischen 16 und 35 Jahren werden 70 % der Unternehmerkinder von ihren Eltern bei alternativen Karriereplänen unterstützt.[2]

Damit tun die Eltern instinktiv das Richtige. Die Nachfolgebereitschaft seiner Kinder beeinflussen kann nur, wer sich eine Einflussnahme in Form einer „Erziehung zum Nachfolger" untersagt. Dr. Christina Erdmann fand heraus, dass in den Unternehmerfamilien, in denen die Eltern nicht versuchten, die Kinder zu Nachfolgern zu erziehen, die Nachfolgebereitschaft größer war.[3] Wenn überhaupt, dann lässt

---

1 Vgl. *Ollrog*, König ohne Dynastie, wir – Das Magazin für Unternehmerfamilien, Verlagsgruppe Frankfurter Allgemeine Zeitung GmbH, 04/2008, S. 8 ff.
2 Vgl. *Prügl/Hauck*, Eine empirische Exploration der Einflussfaktoren auf die Nachfolgeabsicht der nächsten Generation in deutschen Familienunternehmen, zupFIF, Friedrichshafener Institut für Familienunternehmen, 3/2013, S. 56 ff.
3 Vgl. *Erdmann*, Unternehmerfamilien und Nachfolgebereitschaft. Erziehung von Unternehmernachkommen im Spannungsfeld zwischen Familie, Unternehmen und Eigentum, Familiendynamik, Klett-Cotta Verlag Stuttgart, 1/2010, S. 40 ff.

sich die Nachfolgebereitschaft nur durch eine vorgelebte positive Unternehmerrolle der Eltern beeinflussen. Je ambivalenter Kinder die Unternehmerrolle ihrer Eltern in ihrer Jugend empfunden haben (wenig Zeit, negativer Stress), desto ambivalenter war auch die eigene Einstellung zur Nachfolge. Je positiver das Elternvorbild war (Leidenschaft, Spaß), desto größer war auch die Nachfolgebereitschaft.

Der Vorsatz, die Kinder nicht zu Nachfolgern erziehen zu wollen, steht allerdings oft im Widerspruch zu dem vielfach vorhanden Wunsch, das Familienunternehmen in Familienbesitz zu erhalten. Immer öfter entscheiden sich Unternehmerfamilien auch aus diesem Grund für eine Fremdgeschäftsführung. Die Kinder müssen dann „nur noch" eine Gesellschafter- oder Kontrollrolle übernehmen, die mehr Freiheiten für den eigenen Karriereweg erlaubt.

II. Nachfolgebereitschaft und Nachfolgefähigkeit

Aber auch, wenn Familien eine Lösung finden, bei der die Fortführung des Unternehmens nicht von den individuellen Entscheidungen der nächsten Generation abhängig ist (Fremdgeschäftsführung[4], Stiftungslösung[5]), ist das Dilemma nicht gelöst. Denn auch die Gesellschafter- oder Kontrollrolle ist mit gewissen Erwartungen an die Kinder verbunden. Zwar müssen sich Eltern in diesem Fall um die Bereitschaft, eine Nachfolge auf Gesellschafterebene anzutreten, kaum Gedanken machen. Die ist in der Regel aufgrund der oft beträchtlichen Vermögenswerte, die bei einer Anteilsübertragung auf die Kinder übergehen, gegeben. Allerdings stellt sich auch hier die Frage nach den Befähigungen des Nachfolgers für die Gesellschafter- bzw. Vermögensinhaberrolle. Im Sinne einer guten Unternehmensführung (Good Governance) ist es richtig und wichtig, von angehenden Gesellschaftern eine ähnlich professionelle Vorbereitung auf die Rolle zu verlangen, wie man es von angehenden Geschäftsführern erwarten würde (Gesellschafterkompetenz). Lediglich Umfang und Intensität sind eine andere.[6]

Auch wenn Unternehmereltern nicht versuchen sollten, die Nachfolgebereitschaft ihrer Kinder zu beeinflussen, können und dürfen sie aber deren Befähigung zur Nachfolge mitgestalten. Aber wie das eine tun und das andere lassen? Und das über alle Lebensphasen eines jungen Menschen hinweg?

---

4 Siehe dazu auch den Beitrag „Nachfolge mit Hilfe familienfremder Manager" in Kapitel 3 dieses Buchs.
5 Siehe dazu auch den Beitrag „Stiftungen in der Unternehmensnachfolge" in Kapitel 3 dieses Buchs.
6 Vgl. *Vöpel/Rüsen/Calabrò/Müller*, Eigentum verpflichtet – über Generationen, hrsg. von PwC und dem Wittener Institut für Familienunternehmen (WIFU) der Universität Witten-Herdecke, 2013.

Auf diese Frage finden Unternehmerfamilien die unterschiedlichsten Antworten. Im Folgenden werden einige Konzepte und Angebote für die rollenspezifische Ausbildung von Gesellschaftern und angehenden Geschäftsführern in Familienunternehmen vorgestellt.

III. Spielerische Heranführung von Kindern im Schulalter

Fast alle Unternehmerkinder haben früheste Kindheitserinnerungen an das Unternehmen ihrer Eltern. Carl Elsener, heute Seniorchef beim Schweizer Messerhersteller Victorinox, erinnert sich daran, wie er sich mit seinen Geschwistern einen Spaß daraus machte, wer beim Packen der Faltschachteln für den Messerversand am schnellsten war. Andere berichten von Schülerpraktika und Ferienjobs in den elterlichen Firmen. „Die Kinder einfach einmal mitnehmen", lautet die Devise vieler Unternehmereltern mit Kindern im Schulalter. In Unternehmen, wo das nicht mehr so ohne Weiteres geht, organisieren Familien auch schon einmal einen „KidsDay" für Gesellschafterkinder, um diesen die Gelegenheit zu geben, spielerisch ersten Kontakt mit Menschen und Produkten im Familienunternehmen aufzunehmen.

Aber es muss auch nicht unbedingt das eigene Unternehmen sein. Oft reicht es vollkommen aus, Kinder zu ermutigen, Dinge auszuprobieren, ihren Entdeckergeist zu wecken. Das Interesse, was es denn genau mit dem Unternehmen auf sich hat, kommt oft von allein.

IV. Studium und erste Praxiserfahrung

Da die Studienwahl schon weichenstellend für die Nachfolgefrage sein kann, führen viele Unternehmerfamilien bereits vorher erste Gespräche mit ihren Kindern über die Voraussetzungen für eine mögliche späterer Rolle im Familienunternehmen. Ziel sollte auch hier sein, den Kindern eine möglichst große Wahlfreiheit zu lassen und persönliche Entwicklungsziele vor unternehmerische Ziele zu stellen. Es empfiehlt sich, gegenseitige Erwartungen offen zu kommunizieren. Die Frage, unter welchen Umständen Familienmitglieder im Unternehmen arbeiten können, sollte klar beantwortet sein. Besonders dann, wenn es mehr Anwärter in der Familie als verfügbare Positionen im Unternehmen gibt, hilft ein transparenter Auswahl- bzw. Qualifizierungsprozess allen Beteiligten.

Je nach Studienfach entwickeln Unternehmerkinder entweder eine besonders große Nähe oder Distanz zum Familienunternehmen. Bei einer fachlichen Nähe von Studienthemen zu Unternehmensthemen bieten sich Praktika im Familienunternehmen an. Bei fehlender fachlicher Nähe kann der Kontakt zum Familienunternehmen über Familientage oder die Einbindung bei anderen Fragen der Familienorganisation (Familienverfassung bzw. -charta etc.) gepflegt werden.

Während das Thema „Heranführung der nächsten Generation" bei Kindern im Schulalter und frühen Studium primär ein Familienthema ist, kann bei Anfang-20-Jährigen auch auf die Fortbildungsprogramme externer Dienstleister zurückgegriffen werden. Das bietet sich zunächst bei technischen Themen (Bilanzen lesen, Vermögensmanagement, Beiratsarbeit) an und kann später auf Persönlichkeitstrainings (Selbstmanagement, Führung, Motivation, Rhetorik) ausgeweitet werden. Denkbar ist auch der Austausch mit anderen Unternehmerkindern in vergleichbaren Situationen im Kreise befreundeter Unternehmerfamilien oder über Next-Generation-Netzwerke. Zudem haben einige öffentliche und private Hochschulen sich mittlerweile auf Themen wie Entrepreneurship oder Familienunternehmen spezialisiert.[7]

V. Der Einstieg ins elterliche Unternehmen

Bei der Frage, ob ein direkter Einstieg ins Familienunternehmen nach dem Studium sinnvoll ist, scheiden sich die Geister. Bei Unternehmen, die ihren Führungsnachwuchs traditionell selbst ausbilden und Top-Management-Positionen eher selten mit Kandidaten von außen besetzen, macht es eventuell auch für den Familiennachwuchs Sinn, sich im eigenen Unternehmen hochzuarbeiten. Allerdings birgt dies die Gefahr, zeitlebens eine Sonderbehandlung zu erfahren, kaum ehrliches Feedback zu erhalten und stets unter Generalverdacht zu stehen, die aktuelle Position nicht aufgrund von Leistung und Befähigung, sondern aufgrund seines Familiennamens zu bekleiden. Ein externer Erfolg hingegen kann im eigenen Betrieb Respekt verschaffen. Wer mit verdienten Sporen ins Unternehmen einsteigt, wird anders wahrgenommen.

Ob direkt nach dem Studium oder erst nach Stationen in anderen Unternehmen, es sollte in jedem Fall einen „Fahrplan" für den Einstieg ins elterliche Unternehmen geben. Welche Stationen muss der Nachfolger durchlaufen haben? Von wel-

---

7 Siehe dazu auch den Beitrag „Hochschulen, Unternehmernetzwerke & Co. – Was können sie leisten?" in diesem Kapitel.

chen Leistungen ist abhängig, ob der „Junior" das Zeug für die Top-Führungsposition hat? Viele Nachfolger leiten zunächst Tochtergesellschaften im Ausland, bevor sie in die Unternehmenszentrale wechseln, andere werden mit zeitlich begrenzten Projekten wie dem Aufbau oder der Restrukturierung einer Niederlassung betraut. Wenn vorher klar definiert wurde, inwieweit die Entwicklung im Unternehmen vom Projekterfolg abhängt, wird die Diskussion um die Fähigkeiten des Nachfolgers versachlicht.

Als sinnvoll hat sich erwiesen, die Beantwortung der Frage, ob ein Nachfolger für eine Führungsposition im Familienunternehmen geeignet ist, einem neutralen Gremium wie einem unter anderem mit externen Vertretern besetzten Beirat[8] zu überlassen. Zudem sollte idealerweise im Vorfeld geklärt werden, inwieweit ein Kandidat den Rückhalt des gesamten Gesellschafterkreises hat. Auch empfiehlt es sich, die Grundsatzfragen (Wer darf unter welchen Umständen wann und wo mitarbeiten?) im Rahmen einer Familienstrategie zu beantworten. Die Diskussion sollte möglichst unabhängig von anstehenden Personalien, die in Familien immer auch von persönlichen Befindlichkeiten geprägt sind, geführt werden.[9]

VI. Rat von außen – Die Rolle von Mentoren

Ungeachtet dessen, ob der Nachfolger sich gerade innerhalb oder außerhalb des Familienunternehmens auf seine künftige Rolle vorbereitet, kann ein Mentor wichtiger Sparringspartner sein. Diese Rolle kann ein Fremdmanager, ein Beiratsmitglied oder auch ein Freund der Familie einnehmen. Sich bei der eigenen Karriereplanung von einem vertrauten Berater, einer unternehmerisch versierten, vertrauten Person, die nicht zur Eigentümerfamilie gehört, coachen zu lassen, kann dem Nachfolger dabei helfen, die eigene Position zu festigen. Gerade die Ausbildung der eigenen Führungsqualitäten ist ein fortlaufender Prozess. Mentoren, Coaches oder auch Qualifizierungsprogramme können den jungen Führungskräften aufzeigen, mit welchen Tools sie sich je nach Lebensabschnitt und Rolle vorbereiten können.

---

8 Siehe dazu auch den Beitrag „Der Beirat in der Nachfolge" in diesem Kapitel.
9 Siehe dazu auch den Beitrag „Die Familienverfassung in der Nachfolge" in diesem Kapitel.

VII. Hineinwachsen in die Gesellschafterrolle/ Beiratsrolle

Gesellschafter werden Unternehmerkinder in der Regel an einem bestimmten Stichtag wie dem Tag der Anteilsübertragung oder dem Ende der Vormundschaft. Gute Gesellschafter werden sie jedoch in der Regel erst über einen längeren Zeitraum. Auch die Gesellschafterrolle ist eine, in die sie hineinwachsen müssen. Einige Unternehmerfamilien laden aus diesem Grund angehende Gesellschafter bereits ab dem 16. Lebensjahr als Gast zu den Gesellschaftersitzungen ein. Oft werden mit dem 18. Lebensjahr erste Anteile übertragen, um die Kinder an die damit verbundenen Rechte und Pflichten heranzuführen. Gesellschafter sollten ein grundsätzliches Verständnis der Unternehmensstrategie, des Markt- und Wettbewerbsumfelds sowie der wirtschaftlichen Lage des Unternehmens haben.

Ein „Qualifizierungsprogramm" können Familien selbst aufsetzen, indem sie den Austausch zwischen Gesellschaftern und Schlüsselpersonen im Unternehmen selbst organisieren, oder sie greifen auch hier auf externe Qualifizierungsangebote, z.B. das der INTES Akademie für Familienunternehmen, zurück.[10] Einige Unternehmerfamilien verpflichten ihre Gesellschafter auch qua Satzung, eine bestimmte Anzahl von Fortbildungsveranstaltungen pro Jahr zu besuchen.

Sollten einzelne Gesellschafter auch für eine Beiratsrolle in Frage kommen, bieten sich Führungslehrgänge zu den Besonderheiten von Beiräten in Familienunternehmen an. Besonders bei den deutlich stärker reglementierten Aufsichtsräten von Aktiengesellschaften empfiehlt sich eine entsprechende Qualifizierungsmaßnahme. Auch an die Beiratsarbeit können junge Gesellschafter über eine „Gastrolle" herangeführt werden.

---

10 Siehe dazu auch den Beitrag „Hochschulen, Unternehmernetzwerke & Co. – Was können sie leisten?" in diesem Kapitel bzw. „Die PwC-INTES-Nachfolgeinitiative" in Kapitel 5 dieses Buchs.

VIII. Fazit

Wer welche rollenspezifischen Ausbildungsstufen zu welchem Zeitpunkt durchläuft, ist höchst individuell. Einen Königsweg gibt es nicht. Eltern sind gut beraten, ihre Kinder nicht auf einen detaillierten Fahrplan festzunageln. Wer erwartet, dass die Kinder als selbstbestimmte Persönlichkeiten durch die Welt gehen, sollte ihnen auch bei der Frage, wie sie die notwendige Geschäftsführungs- oder Gesellschafterkompetenz erreichen wollen, die Möglichkeit geben, den Weg selbst zu bestimmen.

4.11 Hochschulen, Unternehmernetzwerke & Co. – Was können sie leisten?

von Dr. Christina Müller

I. Einleitung

Unternehmertum kann man nicht lernen. Und Familienunternehmer lassen sich auch nicht ausbilden. Einige Universitäten versuchen es trotzdem. Die vornehmlich privaten Hochschulen bieten seit einigen Jahren künftigen Nachfolgern, potenziellen Gesellschaftern, jungen Unternehmern und angehenden Managern von Familienunternehmen ein spezifisches Lehrangebot, das neben klassischem Management-Wissen auch juristische Grundkenntnisse, insbesondere Gesellschaftsrecht, Erbrecht und Steuerrecht sowie eine psychologisch-soziologische Komponente und das Wissen um die Besonderheiten von Familienunternehmen umfasst. Zudem treiben sie die wissenschaftliche Forschung zu Familienunternehmen, die Vernetzung der künftigen Führungskräfte und Praxiserfahrung durch Projektarbeit und Praktika voran.

Die Idee hinter diesen Angeboten ist stets, dass, um ein Familienunternehmen erfolgreich leiten zu können, mehr nötig ist als eine betriebswirtschaftliche Ausbildung oder ein klassisches Studium der Betriebswirtschaft. Denn wer einen Konzern führen kann, ist deshalb nicht automatisch geeignet für die Leitung eines Familienunternehmens. Das Ziel: die angehenden Führungskräfte und/oder Gesellschafter auf ihre künftigen Rollen im Familienunternehmen vorzubereiten.

Diese Angebote sind alles andere als selbstverständlich. Denn jahrzehntelang wurden Familienunternehmen in Forschung und Lehre stiefmütterlich behandelt. Mit tausenden BWL-Professoren und hunderten Studiengängen fokussierte sich die klassische Betriebswirtschaftslehre nur auf Publikumskonzerne. Und das, obwohl 95 Prozent der Unternehmen von Familien kontrolliert und geleitet werden.[1]

Nachfolgend werden die Angebote im deutschsprachigen Raum in Reihenfolge der Gründungsjahre der Institute dargestellt.

---

1 *Stiftung Familienunternehmen*, Informationsmaterial Familienunternehmen, Die volkswirtschaftliche Bedeutung von Familienunternehmen, Stand Dezember 2014.

II. Studium zum Familienunternehmer – Übersicht der Hochschulangebote

1. Universität Witten/Herdecke – Wittener Institut für Familienunternehmen, WIFU

Vorreiter und Wegbereiter der akademischen Forschung und Lehre zu den Besonderheiten von Familienunternehmen in Deutschland ist das Wittener Institut für Familienunternehmen (WIFU) der privaten Universität Witten/Herdecke. Das 1998 mit finanzieller Unterstützung der Deutschen Bank als „Deutsche Bank Institut für Familienunternehmen" (DIFU) gegründete, seinerzeit erste Institut für Familienunternehmensforschung in Deutschland wird seit 2005 durch einen Kreis von Familienunternehmen gefördert. Ziel des Instituts ist es unter anderem, potenzielle Nachfolger und Führungskräfte für Familienunternehmen auszubilden und mit zahlreichen Aktivitäten die Zukunftsfähigkeit von Familienunternehmen und Unternehmerfamilien zu stärken. Dafür hat das WIFU bis 2014 unter anderem einen eigenen Studiengang „Master in Family Business Management (M.Sc.)" aufgesetzt, der mittlerweile im Studiengang „Management" mit dem – auch im Titel ausgewiesenen – Schwerpunkt „Family Business Management" integriert wurde. Der besondere Fokus liegt dabei auf dem operativen und strategischen Management von Familienunternehmen. Voraussetzung für den Studiengang ist der Abschluss eines abgeschlossenen Studiums (Diplom oder Bachelor). Zudem können angehende Nachfolger bei der Wahl des Bachelorstudiengangs „Business Economics" einzelne Vorlesungen mit dem Schwerpunkt auf Familienunternehmen belegen.

2. Universität St. Gallen – Center für Family Business, CFB-HSG

Einen hervorragenden Ruf in der Familienunternehmensforschung und -lehre genießt auch das an der Universität St. Gallen angesiedelte Center for Family Business (CFB-HSG). Das vor mehr als zehn Jahren gegründete Institut versteht sich als führender international und national aktiver Family Business-Experte in Forschung, Lehre und Weiterbildung/Transfer. Potenzielle Nachfolger können sich an der schweizerischen Universität in öffentlicher Trägerschaft bereits auf Bachelorstufe im Unternehmertum ausbilden lassen (Being an Entrepreneur) und Integrationsseminare belegen. Im Rahmen des Masters für Unternehmensführung werden Kurse in den Bereichen Family Business, Entrepreneurship, Unternehmensnachfolge, Entrepreneurial Finance und International Entrepreneurship angeboten. Angesprochen werden dabei vor allem Studierende, deren Eltern ein Familienunternehmen führen, die schon in einem Familienunternehmen gearbeitet haben oder sich besonders für Familienunternehmen interessieren. Zudem werden am CFB-HSG Bachelor- und Masterarbeiten betreut. Neben der Forschung und Lehre fördert das CFB-HSG den regelmäßigen Dialog und Austausch mit Familienunternehmen und bietet für die Weiterbildung von Familienmitgliedern Seminare, Workshops und Schulungsprogramme an.

3. WHU – Otto Beisheim School of Management – Institut für Familienunternehmen, IFU

Auch am Institut für Familienunternehmen (IFU) der privaten WHU – Otto Beisheim School of Management können sich Unternehmerkinder und potenzielle Führungskräfte in Familienunternehmen auf ihre künftige Rolle im Familienunternehmen vorbereiten. Das IFU, das vier Lehrstühle und zwei Honorarprofessoren vereint, setzt die Arbeit des im Jahr 2005 gegründeten INTES Zentrums für Familienunternehmen und des im Jahr 2009 gegründeten INTES Stiftungslehrstuhls für Familienunternehmen fort und widmet sich gezielt der Erforschung spezifischer Herausforderungen von Familienunternehmen. Teil des dort angebotenen Bachelor-Programms sind Kurse zur generationsübergreifenden Führung in Familienunternehmen, zum strategischen Management und dem Management eines Familienunternehmens. Studierende mit abgeschlossenem Bachelor können sich dort ebenso im Rahmen ihres Masterprogramms mit einem spezifischen Kursangebot (Family Business Management) für die Nachfolge im Familienunternehmen ausbilden lassen. Die seit nunmehr zehn Jahren vom Institut für Familienunternehmen ausgerichtete „Konferenz Familienunternehmen" zählt neben dem Wittener Kongress für Familienunternehmen des WIFU und dem Unternehmer-Erfolgsforum der INTES Akademie für Familienunternehmen zu den renommiertesten Konferenzen für Familienunternehmen in Deutschland (siehe Abschnitt III.).

4. Zeppelin Universität – Friedrichshafener Institut für Familienunternehmen, FIF

In eine ähnliche Kerbe wie das Wittener Institut für Familienunternehmen schlägt die ebenfalls private Zeppelin Universität in Friedrichshafen am Bodensee. Die staatlich anerkannte Stiftungsuniversität in privater Trägerschaft versteht sich als Universität für Entrepreneure, die Unternehmensgründungen ermöglicht und angehende Unternehmer unterstützt. Seit 2009 bietet das (2008 gegründete) Friedrichshafener Institut für Familienunternehmen (FIF) den europaweit ersten berufsbegleitenden Masterstudiengang (executive Master of Arts for Family Entrepreneurship, eMA FESH) für Nachfolger, Führungskräfte und Gesellschafter in Familienunternehmen an. Der Masterstudiengang dauert 18 Monate und beinhaltet Kurse in den Bereichen Finanzierung, Governance, Strategie, Marketing, Personal und Internationalisierung für und von Familienunternehmen. Neben der BWL für Familienunternehmen stehen auch Praxisprojekte und internationale Erfahrung im Rahmen einer internationalen Sommerakademie, wissenschaftliches Arbeiten und die Vernetzung von künftigen Familienunternehmern und Fremdmanagern in Familienunternehmen im Vordergrund des Masterstudiengangs.[2] Insbesondere soll dabei das unternehmerische Denken gefördert werden.

5. Hochschule für Wirtschaft und Recht Berlin (HWR-Berlin) – Institut für Entrepreneurship, Mittelstand und Familienunternehmen, EMF

Eine der wenigen staatlichen Universitäten in Deutschland, die sich intensiv mit Familienunternehmen beschäftigen, ist die Hochschule für Wirtschaft und Recht Berlin (HWR-Berlin). Am 2008 gegründeten Institut für Entrepreneurship, Mittelstand und Familienunternehmen (EMF) werden Studierende im Bachelor-Studiengang „Unternehmensgründung und Unternehmensnachfolge" durch einen praxisnahen Mix gezielt auf eine selbstständige Tätigkeit vorbereitet. Das Studium ist als Abendstudium (Teilzeit) konzipiert und ermöglicht eine berufsbegleitende Ausbildung.

Der internationale Bachelor-Abschluss bietet die Möglichkeit, später auch weiterführende Studienprogramme, etwa den Studiengang Unternehmensgründung/ -nachfolge, zu wählen und die Kenntnisse über Familienunternehmen zu vertiefen. In einer Regelstudienzeit von acht Semestern in Teilzeitform (Abendstudium) erwerben die Studierenden einen berufsqualifizierenden, staatlich anerkannten Abschluss mit betriebswirtschaftlicher Fachrichtung als „Bachelor of Arts (B.A.)". In dem anschließenden Masterstudiengang (MBA), dem Pathway Entrepreneurship, sollen innovative und verantwortungsbewusste Eigentümer/Unternehmer ausgebildet werden. Der Fokus liegt dabei auf Wachstums- und Innovationsprozessen, auf der Führung von kleinen und mittelständischen Unternehmen sowie Start-ups.

---

2 *zeppelin university professional school*, family entrepreneur – Executive Master of Arts for Family Entrepreneurship", Institutsbroschüre 2015.

6. Wirtschaftsuniversität Wien – Forschungsinstitut für Familienunternehmen

Neben einem umfangreichen Forschungsschwerpunkt im Bereich Familienunternehmen verfügt auch die österreichische Wirtschaftsuniversität Wien im Rahmen ihres Bachelor- und Masterprogramms über ein Kursangebot für angehende Nachfolger, Gesellschafter und künftige Unternehmer: Der Studiengang KMU-Management richtet sich an Studierende, die an der Gründung eines eigenen Unternehmens interessiert sind oder das (eigene) Familienunternehmen übernehmen wollen. Seit dem Sommersemester 2015 kann dort das Wahlfach „Family Business" belegt werden.

7. Munich Business School (MBS) – Courage Center of Global Entrepreneurship & Family

Seit 2009 können künftige Nachfolger und Führungskräfte in Familienunternehmen auch an der staatlich anerkannten privaten Hochschule Munich Business School (MBS) im Rahmen ihres Masterstudiengangs den Studienschwerpunkt „International Family Firms" wählen. Das an der Hochschule angesiedelte Courage Center of Global Entrepreneurship & Family Firms versteht sich als „Think Tank" für Unternehmerfamilien und bietet spezifische Lehrangebote in den Bereichen „Generationenübergreifende Entwicklung von Familienunternehmen" und „Global Entrepreneurship & Innovation".

8. HHL Leipzig Graduate School of Management – Dr. Ing. h.c. F. Porsche AG Lehrstuhl für Strategisches Management und Familienunternehmen

Strategie und Governance, Entrepreneurial Management, Familienunternehmen und Start-ups stehen im Mittelpunkt der Forschung und Lehre am Dr. Ing. h.c. F. Porsche AG Lehrstuhl für Strategisches Management und Familienunternehmen an der privaten, staatlich anerkannten HHL Leipzig Graduate School of Management. Augenmerk des 2013 vom Sportwagenhersteller Porsche initiierten Lehrstuhls liegt auf der Kombination der Strategie- und Governance-Perspektive mit der unternehmerischen Sicht der Familienunternehmen. Dabei steht das gegenseitige Lernen von Aktiengesellschaften und Familienunternehmen im Mittelpunkt. In der Forschung konzentriert sich der Lehrstuhl auf Strategie und Governance in Organisationen, insbesondere im Hinblick auf die Rolle von Aufsichtsräten in Famili-

	Universität Witten/ Herdecke, Institut für Familienunternehmen (WIFU)	Universität St. Gallen, Center for Family Business (CFB-HSG)	WHU – Otto Beisheim School of Management, Institut für Familienunternehmen (IFU)	Hochschule für Wirtschaft und Recht Berlin, Institut für Entrepreneurship, Mittelstand und Familienunternehmen (EFM)
Leitung	Prof. Dr. Arist von Schlippe, Prof. Dr. Tom Rüsen	Prof. Dr. Thomas Zellweger	Prof. Dr. Nadine Kammerlander	Prof. Dr. Birgit Felden
Allgemeine Ausrichtung	Interdisziplinärer Ansatz, starker Fokus auf der Schnittstelle von Familie und Unternehmen	Starker Fokus auf Fragen des Managements, BWL, Führung	Starke empirische Ausrichtung, hohe Internationalität der Ausbildung, individuelle Betreuung	Übertragung betriebswirtschaftlicher Ansätze auf das System Familie („Family Balanced Scorecard")
Gründungsjahr des Instituts	1998	2005	2005	2008
Akademischer Abschluss	Master of Arts – Major Family Business	Master in Unternehmensführung	General Management Master, Master of Finance	Executive Master mit Schwerpunkt Entrepreneurship
Familienunternehmensspezifische Ausbildung	Vertiefungsfächer zu Familienunternehmen, umfangreiches Doktorandenprogramm	Integriert im Masterstudiengang Unternehmensführung	Integriert in General Management-Studium, zusätzliche Wahlmodule	Spezialisierte Module und Inhalte
Berufsbegleitend möglich?	Ja	Ja (EMBA, MBA)	Ja (MBA)	Ja (MBA)
Finanzierung der Universität	Private Trägerschaft – Studiengebühren	Öffentlich und privat	Private Trägerschaft – Studiengebühren	Öffentlich

enunternehmen und Start-ups, Familiness in Familienunternehmen sowie Private Equity in Familienunternehmen.

Im Rahmen der englischen Master-Studiengänge in Management oder General Management können Studierende in Vollzeit oder Teilzeit in einem 24- bis 30-monatigen bzw. 15- bis 24-monatigen, englischsprachigen Studienprogramm Kurse in Family Business Management belegen und Masterarbeiten mit Bezug zu Familienunternehmen schreiben. Neben einem starken Praxisbezug hat der Lehrstuhl den Anspruch, auch Teamwork, Kommunikation und logisches Denken zu fördern und das Wissen um Strategiewerkzeuge – und wie diese anzuwenden sind –, zu vermitteln. Voraussetzung ist ein Hochschul- bzw. Bachelor-Abschluss, sehr gute Englischkenntnisse und (beim MBA) einschlägige postgraduale Berufserfahrung.

Abbildung 1 gibt eine Übersicht über die Lehrangebote für Nachfolger und die, die es werden wollen.

	Zeppelin-Universität, Friedrichshafener Institut für Familienunternehmen (FIF)	Wirtschafts-universität Wien Forschungsinstitut für Familienunter-nehmen	Munich Business School, Courage Center of Global Entrepreneurship & Family Firms	HHL Leipzig Gradu-ate School of Mana-gement, Dr. Ing. h.c. F. Porsche AG Lehr-stuhl für Strateg. Management und Fa-milienunternehmen
Leitung	Prof. Dr. Reinhard Prügl	Prof. Dr. Hermann Frank	Prof. Dr. Marc-Michael Bergfeld	Prof. Dr. Stephan Stubner
Allgemeine Ausrichtung	Enge Verbindung von Forschung und Anwendung, Fokus auf Entrepreneurship	Interdisziplinärer Forschungsansatz, Forschung an der Schnittstelle zur unternehmerischen Praxis	Praxisbezug	Strategie- und Governance-Perspektive und Familienunter-nehmen, starker Praxisbezug
Gründungsjahr des Instituts	2009	2009	2009	2013
Akademischer Abschluss	Executive Master of Arts for Family Entrepreneur-ship	Bachelor, Master und Promotion im Bereich Familienunternehmen	Master International Business	Management bzw. General Management
Familienunter-nehmens-spezifische Ausbildung	Vertiefung auf Familienunter-nehmen bei einzelnen Studiengängen möglich	Im Rahmen der Spezialisierung „KMU-Management" Vertiefung Family Business	Studienschwerpunkt International Family Firms	Integriert in (General) Management-Studium im Wahlmodul Strategy
Berufsbegleitend möglich?	Ja (eMA FESH)	Ja	Ja	Ja (MBA und M.Sc.)
Finanzierung der Universität	Private Trägerschaft – Studiengebühren	Öffentlich	Private Trägerschaft – Studiengebühr	Private Trägerschaft – Studiengebühr

Abb. 1: Übersicht der Hochschulen[3]

9. Weitere Forschungsstellen

Damit ist das Forschungs- und Lehrangebot von Familienunternehmen nicht aus-geschöpft. Immer mehr Institute und Forschungseinrichtungen haben in den letz-ten Jahren Familienunternehmen und mittelständische Gesellschaften für sich entdeckt. Vielfach liegt ihr Schwerpunkt in der Mittelstandsforschung, etwa beim an der Universität Mannheim angesiedelten Institut für Mittelstandsforschung (Lehrstuhl für Mittelstandsforschung), beim Institut für Mittelstandsforschung Bonn (IfM) oder dem Mittelstandsinstitut der Universität Siegen, dem Europäi-schen Kompetenzzentrum für Angewandte Mittelstandsforschung der Universität Bamberg (EKAM) und der Fachhochschule des Mittelstands in Bielefeld und Köln.

---

3 In Anlehnung an *results_Deutsche Bank*, Lehrstoff Mittelstand – Master of Family, 3/2012, S. 37.

Gezielt mit Familienunternehmen beschäftigen sich insbesondere das privat fi-nanzierte Hamburger Institut für Familienunternehmen (HIF) sowie die For-schungsstelle für Familienunternehmen (FoFamU) an der Universität Bayreuth.

a) Hamburger Institut für Familienunternehmen (HIF)

Das 2011 gegründete interdisziplinäre HIF untersucht betriebswirtschaftliche, volkswirtschaftliche und juristische Fragestellungen von Familienunternehmen und stellt die gewonnenen Erkenntnisse in Veranstaltungen und Veröffentlichun-gen zur Verfügung. Die dort tätigen wissenschaftlichen Mitarbeiter haben die Mög-lichkeit zur Promotion und/oder Arbeit in einem Familienunternehmen. Getragen wird das Institut von der Handelskammer Hamburg, dem Hamburgischen Welt-WirtschaftsInstitut (HWWI), der Hamburg School of Business Administration (HSBA) und dem Verein zur Förderung des Hamburger Instituts für Familienunter-nehmen. Die Nachfolge in Familienunternehmen wird regelmäßig in Veranstal-tungen und Publikationen thematisiert.

b) Forschungsstelle für Familienunternehmen (FoFamU)

Wie auch das HIF hat die FoFamU an der Universität Bayreuth als erste Forschungs-stelle für Familienunternehmen an einer öffentlichen Universität in Deutschland 2011 ihre Arbeit aufgenommen. Sie bündelt die Kompetenz von insgesamt rund 50 Wissenschaftlern, die sich auf rechts- und wirtschaftswissenschaftliche Lehrstühle verteilt und aus verschiedenen Blickwinkeln an Fragestellungen rund um Familien-unternehmensthemen arbeitet. Auch die FoFamU bietet kein eigenes Studium an, sondern konzentriert sich auf Expertisen, Gutachten, Stellungnahmen, Vorträge, Workshops, Trainings, Fortbildungen und Veranstaltungen für Familienunterneh-merinnen und -unternehmer, deren Familienangehörige und/oder deren Mitarbei-ter, auch immer im Hinblick auf die Nachfolge.

Weitere Forschungseinrichtungen mit Bezug zu Familienunternehmen sind in Ab-bildung 2 dargestellt.

Weitere Forschungsstellen mit Bezug zu Familienunternehmen

Hamburger Institut für Familienunternehmen (HIF)	Forschungsstelle für Familienunternehmen der Universität Bayreuth (FoFamU)			
Europäisches Kompetenzzentrum für Angewandte Mittelstandsforschung (EKAM)	Fachhochschule des Mittelstands Bielefeld und Köln	Institut für Mittelstandsforschung Bonn (IfM)	Institut für Mittelstandforschung (ifm) an der Universität Mannheim	Mittelstandsinstitut an der Universität Siegen

Abb. 2: Übersicht weiterer Forschungsstellen

10. Abschließende Bemerkungen zu Hochschulangeboten

Universitäten und Hochschulen mit ihren Forschungseinrichtungen leisten einen wichtigen Beitrag, den Blick auf Familienunternehmen zu schärfen und die Wirkungsweisen von Familienunternehmen im Allgemeinen und die Nachfolge im Besonderen besser zu verstehen. Und ein Studium für Nachfolger, die die Führung oder Kontrolle eines Familienunternehmens übernehmen wollen, ist sinnvoll, um analytisches und systematisches Denkvermögen zu entwickeln und sich das notwendige familienunternehmensspezifische und betriebswirtschaftliche Wissen anzueignen. Ein familienunternehmensorientiertes Studium ist aber keine Pflicht. Schließlich haben Familienunternehmen über Jahrzehnte hinweg ihre Nachfolge erfolgreich gemeistert, lange bevor es diese Studienangebote gab. Zudem kann gerade in kleineren oder handwerklich geprägten Familienunternehmen eine praxisnahe Ausbildung oder berufsbegleitende Fortbildung zielführender sein.[4]

Mit einem spezifischen Studium leisten angehende Führungskräfte aber einen wichtigen Beitrag, Familienunternehmen zu professionalisieren und potenziellen Konflikten durch ein stärkeres Bewusstsein für die Besonderheiten von Familienunternehmen zu begegnen. Geeignet ist dieses nicht nur für Nachfolger, die die Führung des Unternehmens übernehmen wollen. Auch für angehende Gesellschafter (Gesellschafterkompetenz) und Beiräte ist das vermittelte Wissen hilfreich. Gleich-

---

4 *Achenbach*, Der Generationenübergang in mittelständischen Familienunternehmen – Die fachlichen und emotionalen Erfolgsfaktoren, Handelsblatt Fachmedien Düsseldorf, 2015.

zeitig kann es Nachfolgern helfen, sich darüber klar zu werden, welche Rolle sie im Unternehmen einnehmen wollen – und welche nicht.

Ein Studium alleine ist aber nicht ausreichend, um das Familienunternehmen im späteren Berufsleben erfolgreich zu führen oder zu kontrollieren. Ebenso wichtig ist es, sich schon frühzeitig zu vernetzen, Praxiserfahrung zu sammeln und im Nachfolgeprozess die richtigen Schritte einzuleiten.

III. Konferenzen für Familienunternehmen und Unternehmerfamilien

Den Universitäten mit familienunternehmensspezifischer Spezialisierung kommt daher zugute, dass sie gezielt die Vernetzung zwischen künftigen Familienunternehmern fördern und helfen, den Blick über den weiteren beruflichen Werdegang zu schärfen. Auf unterschiedlichsten Ebenen bieten sie vor allem der nachwachsenden Generation die Möglichkeit, Gleichgesinnten zu Themen rund um Unternehmen und Familie zu begegnen.

1. Kongress für Familienunternehmen des WIFU und der NachfolgerAkademie

Pionier ist auch hier das WIFU der Wittener Universität für Familienunternehmen: Seit nunmehr 17 Jahren findet an der Universität Witten/Herdecke jährlich der Kongress für Familienunternehmen statt. Die Kongressreihe wurde durch eine studentische Initiative ins Leben gerufen und wird nach wie vor durch Studierende der Universität geplant und organisiert. Teil des jährlich stattfindenden Kongresses ist auch eine NachfolgerAkademie, die gezielt Nachfolger anspricht und spezifische Themenfelder diskutiert.

2. Unternehmer-Erfolgsforum der INTES Akademie für Familienunternehmen

Das Unternehmer-Erfolgsforum, ausgerichtet von der INTES Akademie für Familienunternehmen und wie der Wittener Kongress für Familienunternehmen schon 1998 gegründet, ist das „Familienfest der Familienunternehmer". Dazu kommen jedes Jahr auf Schloss Bensberg viele der führenden Familienunternehmen Deutschlands zusammen, um sich auszutauschen und aktuelle Trends, Fragestellungen und Herausforderungen auf Unternehmens- und Gesellschafterebene zu erörtern. In Workshops stehen dabei immer auch Nachfolgethemen auf dem Programm.

3. Konferenz Familienunternehmen der WHU

Die Idee hinter der Konferenz Familienunternehmen der WHU – Otto Beisheim School of Management in Vallendar ist es, Wissenschaft und Praxis auf einer Plattform zusammenzubringen, um aktuelle Fragestellungen von Familienunternehmen zu diskutieren, Wissen zu vermitteln und einander neue Impulse zu geben. Zudem spielt durch das Rahmenprogramm auch immer die Vernetzung eine wichtige Rolle. Regelmäßig werden auf der Konferenz, die sich 2015 zum zehnten Mal jährte, gezielt Workshops zur Nachfolge und für Nachfolger angeboten.

4. Tag des deutschen Familienunternehmens

Jedes Jahr veranstaltet die 2002 von Prof. Dr. Brun-Hagen Hennerkes gegründete Stiftung Familienunternehmen, eine Interessenvertretung von Familienunternehmen mit Sitz in München, den Tag des deutschen Familienunternehmens. Zwar stehen dort vor allem wirtschaftspolitische Themen und der Austausch zwischen Politikern und Familienunternehmern im Vordergrund der Veranstaltung, doch auch familienunternehmens- und inhaberstrategische Fragestellungen werden diskutiert. Unternehmerfamilien haben außerdem am Vorabend der Veranstaltung die Möglichkeit, sich im Rahmen von Gesprächen zu nachfolgespezifischen Fragestellungen mit anderen Familienunternehmern auszutauschen.

Zudem findet ebenfalls jährlich die internationale Veranstaltung „The Owners Forum" statt, die 2008 in enger Kooperation mit der Stiftung Familienunternehmen initiiert wurde. Ihr Ziel ist der „Erfahrungs- und Wissensaustausch wie auch das Anbahnen konkreter Geschäftskontakte zwischen führenden deutschsprachigen Familienunternehmen und ihren Pendants in den Wachstumsmärkten der Welt".[5]

5. wir-Tage

Die Nachfolge aus Sicht der Senioren und Nachfolger steht im Zentrum der wir-Tage der F.A.Z.-Verlagsgruppe. Auf dem Symposium für den generationenübergreifenden Dialog diskutieren Gesellschafter über das Zusammenspiel von Familien-, Unternehmens- und Vermögensstrategie. Am ersten Tag der Veranstaltung treffen sich nur die Junioren, am zweiten Tag kommen die Eltern hinzu. In Workshops und Foren sprechen Familienunternehmer über ihre persönlichen Erfahrungen mit operativen Fragen (Führungsherausforderungen, Managementteams) und fa-

---

5 Siehe dazu Stiftung Familienunternehmen, http://www.familienunternehmen.de/de/projekte-veranstaltungen/the-owners-forum.

miliären Themen (Family Governance, Gesellschafterkompetenz, Familienverfassung etc.). Der Fokus liegt auf generationsbedingten Spannungsfeldern.

6. Friedrichshafener FamilienFrühling (FFF) des Friedrichshafener Institut für Familienunternehmen (FIF)

Seit 2009 kommen Familienunternehmen aus unterschiedlichsten Generationen in unregelmäßigen Abständen auch nach Friedrichshafen auf dem Seecampus zum Friedrichshafener FamilienFrühling (FFF) zusammen, um sich über Wissenschaft und Praxis auszutauschen. Der informelle Kongress für Familienunternehmer aus allen Generationen wird wie der Wittener Kongress für Familienunternehmen von Studierenden und dem FIF-Team organisiert und begleitet. Zu unterschiedlichen Themen finden Vorträge, Diskussionen und Workshops statt, in denen sich die Junior- und die Senior-Generation untereinander austauschen können.

IV. Netzwerke und Ausbildungsprogramme für Nachfolger

Damit sind die Angebote für Familienunternehmen, die vor dem Generationenübergang stehen und sich informieren und weiterbilden wollen, noch nicht ausgeschöpft. Zahlreiche Qualifizierungsanbieter, Verbände und Berater bieten einen Mix aus Seminaren, Round Tables, Workshop-Reihen etc. an, um inhabergeführten Gesellschaften fachliche und familiäre Hilfestellung zu leisten. Marktführer und erster Ansprechpartner für die generationsübergreifende Qualifizierung, Vernetzung und Beratung von Familienunternehmen und Unternehmerfamilien in Deutschland ist die INTES Akademie für Familienunternehmen mit Sitz in Bonn Bad Godesberg.

1. Nachfolger-Netzwerk der INTES Akademie für Familienunternehmen und PwC

Will ich überhaupt die Geschäftsführung im elterlichen Familienunternehmen übernehmen? Passt das in meine Lebensplanung? Wie bringe ich meinen Eltern bei, dass die Erziehung zu Ende ist? Checklisten und Ratgeber helfen hier nur bedingt weiter. Und auch ein Studium oder eine Konferenz können solche Fragen kaum klären. Seit einigen Jahren bieten die INTES Akademie für Familienunternehmen und PwC jungen Nachfolgern, die Antworten auf diese und weitere Fragen suchen, Orientierung. Im sog. „Nachfolger-Netzwerk" tauschen sich junge Familienunternehmer in kleiner Runde über Erwartungen, Ängste, Sorgen und Wünsche aus, sprechen miteinander über die besondere Situation als Nachfolger – und erweitern dabei ihr Netzwerk. Das Besondere an dieser Veranstaltung: Die Teilnahme erfolgt nur auf Einladung und ist einem geschlossenen Kreis vorbehalten.

2. „Generationen im Dialog" der INTES Akademie für Familienunternehmen

„Generationen im Dialog" heißen die Round Tables, die die INTES Akademie für Familienunternehmen für Senioren und Junioren organisiert. In kleiner Runde werden dort die zentralen Fragestellungen der Nachfolge diskutiert. Mit Unternehmern, die den Nachfolgeprozess erfolgreich abgeschlossen haben, mit Unternehmern, die sich in der Nachfolgephase befinden, und mit Unternehmern, bei denen die Nachfolge nicht problemlos funktioniert hat. Die Teilnahme erfolgt auch hier auf persönliche Einladung.

3. Klub der Junioren und Klub der Nachfolger des BJU – Die Jungen Unternehmer

Die Jungen Unternehmer (BJU) sind eine deutschlandweite branchenübergreifende Interessenvertretung für Familienunternehmer unter 40 Jahren. Auch sie bieten jungen Unternehmern unterschiedlichen Alters die Möglichkeit, sich auszutauschen. Der Klub der Junioren richtet sich an Nachfolger bis ca. 26 Jahre für die Zeit der Orientierung, während der Schule, Ausbildung und/oder dem Studium. Danach können sich bereits im elterlichen Unternehmen tätige Nachfolger im Klub der Nachfolger vernetzen. Zudem veranstaltet der BJU jedes Jahr den „Gipfel der Jungen Unternehmer" und den „Unternehmertag" zur Vernetzung und für den Wissens- und Erfahrungsaustausch.

4. Leaders Circle des Family Business Network, F.B.N.

Auch beim Family Business Network (F.B.N.) gibt es einen Diskussionskreis für Jungunternehmer, in dem sich angehende Nachfolger zum Generationswechsel austauschen können, den Leaders Circle. Kern der weltweit angebotenen Treffen ist der Rollenwechsel zwischen Ratsuchenden und Ratgebenden, der während der Veranstaltung im Vordergrund steht. Hier werden sämtliche Themen aus der Sicht der Nachfolger diskutiert und Erfahrungen ausgetauscht. Diese Programme sind nur für Familienmitglieder der Next Generation zugänglich, um einen offenen Austausch und Vertraulichkeit in einer geschützten Umgebung zu ermöglichen.

Ergänzend dazu bietet das F.B.N. Nachfolgern eine Internetplattform zum Austausch untereinander. Zudem haben junge Nachfolger die Möglichkeit, Praktika bei Familienunternehmen der unterschiedlichsten Branchen rund um die Welt durchzuführen und sich so für die Führungsnachfolge des eigenen Familienunternehmens zu qualifizieren.

5. EY NextGen Academy

Eine Sommerakademie soll jungen Unternehmern Orientierung bieten, ob sie ins Familienunternehmen einsteigen, und ihnen helfen, ihr Führungspotenzial und ihre Persönlichkeit zu entwickeln. Dafür hat EY eine NextGen Academy entwickelt, die sich an 16- bis 20-Jährige, 21- bis 25-Jährige und junge Führungskräfte ab 26 Jahren (EY NextGen Academy First, EY NextGen Advanced Program bzw. EY NextGen Excellence Program) richtet. Die Programme sind weltweit ausgerichtet und sollen Gleichgesinnten die Möglichkeit bieten, im geschlossenen Kreis über ihre künftigen Pläne zu diskutieren.

6. Juniorenkonferenz

Auch die jährlich stattfindende Juniorenkonferenz der Stuttgarter Anwaltskanzlei Hennerkes, Kirchdörfer und Lorz und der Deutschen Bank bietet dem unternehmerischen Nachwuchs eine Plattform zum intensiven Gedankenaustausch, dem Aufbau eines persönlichen Netzwerks und der Diskussion unternehmensrelevanter Themen. Die exklusive dreitägige Veranstaltung, die lange Jahre im Schlosshotel Bühlerhöhe bei Baden Baden, auf Sylt und nunmehr am Tegernsee stattfindet, bietet 100 bis 150 jungen Nachfolgern im Alter von 20 bis Mitte 30 eine Mischung aus Workshops und Vorträgen zu unternehmensrelevanten Themen sowie zur persönlichen Entwicklung.

V. Seminar- und Veranstaltungsangebote für Nachfolger und die Nachfolge

1. Qualifizierungsangebote der INTES Akademie für Familienunternehmen

Auch für die Qualifizierung zur Nachfolge und einen erfolgreichen Generationenübergang bietet die INTES Akademie für Familienunternehmen das umfassendste Angebot für Familienunternehmer und Unternehmerfamilien in Deutschland. Inhaber, Gesellschafter, Beiräte und Nachfolger können sich in Seminaren, Trainings und individuellen Coaching- und Mentoring-Programmen auf die Nachfolge vorbereiten, zielgruppen- und bedürfnisorientiert. Inhaber lernen bspw., wie sie ihre Inhaberstrategie entwickeln, was eine Familienverfassung beinhalten sollte und wie sie verschiedene Nachfolgeszenarien gegeneinander abwägen. Nachfolger erhalten Orientierung und Wissen als Führungskraft, Beirat oder als Gesellschafter; Gesellschaftern werden wirtschaftliche Grundkenntnisse und Rechte und Pflichten vermittelt (Gesellschafterkompetenz) und auch Beiräte erhalten in Schulungen einen Überblick über die wesentlichen Analysewerkzeuge für eine professionelle Beiratsarbeit. Die Programme sind modular aufgebaut und können je nach Bedarf einzeln oder als Paket gewählt werden.[6]

2. Family Board Academy

Die Family Board Academy von Egon Zehnder, F.B.N. Deutschland, der WHU – Otto Beisheim School of Management, KPMG und McKinsey & Company richtet sich nicht ausschließlich an Unternehmen, die vor dem Generationenübergang stehen, bzw. an Nachfolger. Zielgruppe sind vielmehr Unternehmer, Familienmitglieder, nicht-aktive Gesellschafter und Mitglieder der nächsten Generation von Familienunternehmen, die einen Beirat, Aufsichts- oder Verwaltungsrat haben bzw. sich mit der Einrichtung eines solchen beschäftigen. Ziel der dreitägigen Veranstaltung ist es, Familiengesellschafter und -mitglieder im Rahmen von bestehenden bzw. geplanten Gremien der Family- und Corporate-Governance zu professionalisieren und so dazu beizutragen, dass sie ihre Rolle verantwortungsvoll wahrnehmen. Mittelbar helfen diese Instrumente aber, die Nachfolge erfolgreich zu gestalten.

3. EQUA Family Workshop der EQUA Stiftung

Auch die EQUA Stiftung will Gesellschafter von Familienunternehmen unterstützen, ihre Unternehmen verantwortungsvoll und professionell zu leiten, um diese langfristig und nachhaltig zu sichern und so ihrer Eigentümerverantwortung gerecht zu werden. Neben Studien und Forschungsprojekten organisiert sie Online-Kollegs, Seminare und Workshop für Eltern und Kinder aus Unternehmerfamilien. Spezifisch der Nachfolge widmet sich der EQUA Family Workshop. Er richtet sich an Eltern und 14- bis 20-jährige Kinder aus Unternehmerfamilien und soll bei dem erfolgreichen Umgang der Beteiligten mit der Nachfolge unterstützen.

---

6 Siehe hierzu auch den Beitrag „Die PwC-INTES-Nachfolgeinitiative" in Kapitel 5 dieses Buchs.

4. Veranstaltungen des ALPHAZIRKEL

„Den Erfahrungsaustausch unter Familienunternehmern voran[zu]bringen, Ideen an[zu]stoßen, von den Erfahrungen anderer in der Nachfolgeregelung und der Zukunftssicherung des Familienunternehmens [zu] profitieren sowie Kontakte im Unternehmer-Netzwerk [zu] knüpfen und pflegen", ist der Anspruch des 2005 gegründeten ALPHAZIRKEL. Um dieses Ziel zu erreichen, bietet der ALPHAZIRKEL Familienunternehmern im Rahmen von regelmäßig stattfindenden Unternehmerabenden, in Boardroom Meetings für Familienunternehmer und in sog. „On-Site Meetings" eine Plattform für den Meinungs- und Erfahrungsaustausch, für den Generationendialog sowie offene und latente Fragen, Sorgen und Herausforderungen. Die Aufnahme in den ALPHAZIRKEL erfolgt ausschließlich auf Vorschlag und ist Familienunternehmen mit mehr als 10 Mio. Euro Jahresumsatz, die mind. in der zweiten Generation geführt werden, vorbehalten.

Abbildung 3 fasst die Angebote in Deutschland zusammen.

Organisatoren	Netzwerke und Veranstaltungen zur Nachfolge im Familienunternehmen		
Unternehmen	**Unternehmer-Erfolgsforum**	**Nachfolger-Netzwerk**	**Generationen im Dialog, Seminare für die Nachfolge**
	INTES F.B.N., Die Familienunternehmer, ASU	INTES, PwC	INTES
	NextGen Academy, NextGen Award	**Juniorenkonferenz**	**Family Board Academy**
	EY	Hennerkes, Kirchdörfer & Lorz, Deutsche Bank	KPMG, F.B.N., McKinsey, Egon Zehnder, WHU
Universitäten und Forschungseinrichtungen	**Wittener Kongress für Familienunternehmen**	**Konferenz Familienunternehmen**	**Friedrichshafener Familien Frühling**
	Nachfolger Akademie Workshops und Seminare für Nachfolger/Innen	*NextGen Workshops und Seminare für Nachfolger/Innen*	*Rahmenprogramm für Nachfolger/Innen*
	Universität Witten/ Herdecke	WHU – Otto Beisheim School of Management	Zeppelin University
Verbände und Stiftungen/andere Anbieter	**Tag des deutschen Familienunternehmens, The Owners Forum**	**Klub der Junioren, Klub der Nachfolger, Gipfel der jungen Unternehmer, Unternehmertag**	**New Leaders Circle, Family Business Internships, FBN NxG Award, FBN Xchange**
	Stiftung Familienunternehmen	Die jungen Unternehmer BJU	Family Business Network F.B.N.
	EQUA-Family	**wir-Tage**	**Familienabende, Boardroom Meetings, On-Site Meetings**
	EQUA-Stiftung	wir-Magazin	ALPHAZIRKEL

Abb. 3: Netzwerke und Veranstaltungen zur Nachfolge in Familienunternehmen in Deutschland

VI. Fazit

Studium zum Familienunternehmer, gute Vernetzung, Praxiserfahrung in anderen Familienunternehmen und jede Menge Wissen über die Nachfolge. Ist es damit getan? Noch nicht. Um ein guter Nachfolger zu werden, ist auch der Wille notwendig, Verantwortung zu übernehmen. Es erfordert Unternehmertum und Opferbereitschaft. Und auch die richtige Vorbereitung mit einer Nachfolgestrategie.[7]

Auch wenn diese Programme dies alles nicht alleine sicherstellen können: Wichtig und hilfreich sind sie allemal, um die Professionalisierung von Familienunternehmen voranzutreiben, die Nachfolge richtig vorzubereiten und potenziellen Problemen entgegenzuwirken.

---

7 Siehe hierzu ausführlich den Beitrag „Die Nachfolgestrategie – In vier Schritten zur gelingenden Nachfolge" in Kapitel 1 dieses Buchs.

5. Kapitel: Service

5.1 Die PwC-INTES-Nachfolgeinitiative

von Dr. Christina Müller

I. Was Sie für die erfolgreiche Nachfolge benötigen

Wie bereiten wir uns auf die Nachfolge vor? Wer soll, kann und will die Nachfolge übernehmen? Ist unser(e) Nachfolgekandidat(in) qualifiziert genug für eine Führungs- oder Gesellschafterrolle? Wie kann sie/er sich qualifizieren? Was machen wir, wenn eine familieninterne Nachfolge (noch) nicht infrage kommt? Wie vermeiden wir die Zersplitterung der Firmenanteile, ohne (potenzielle) Nachfolger vor den Kopf zu stoßen? Was müssen wir steuerlich und rechtlich alles beachten? Das sind viele Fragen und doch nur einige, vor denen Familienunternehmer im Zuge der Nachfolge regelmäßig stehen. Keine leichten Fragen. Aber Fragen, die über den langfristigen Erhalt des Familienunternehmens entscheiden. Antworten darauf sollten in ein professionelles Nachfolgekonzept einfließen. Denn das ist von zentraler Bedeutung für den erfolgreichen Generationenübergang.

Um Familienunternehmen bei der Nachfolge zu unterstützen, haben die INTES Akademie für Familienunternehmen und PwC ihr Wissen und viele Erfahrungen über das erfolgreichste Vorgehen bei der Nachfolge zusammengetragen, gebündelt und zu einem umfassenden Leistungsangebot aus einer Hand geformt, wie es sonst am Markt nicht zu finden ist.

Die PwC-INTES-Nachfolgeinitiative bietet Inhabern, ihren Familien und Nachfolgern eine lückenlose professionelle Begleitung bei der Entwicklung und Umsetzung ihrer Nachfolgestrategie. Und bietet zu allen Aspekten der Nachfolge eine Lösung – von der Moderation inhaberstrategischer Überlegungen im Gesellschafterkreis über die umfassende rechtliche und steueroptimale Umsetzung bis hin zur betriebswirtschaftlichen Transformation von Familienunternehmen im Zuge der Nachfolge. Zudem werden Unternehmerfamilien mit Hilfe des „INTES-Unternehmer-Beteiligungsnetzwerks" unterstützt, wenn sie alternative Nachfolgewege im Zuge eines Unternehmensverkaufs verfolgen oder einen Partner für die Finanzierung ihrer Nachfolgelösung benötigen.

Die Nachfolgeinitiative von PwC und INTES besteht aus den in Abb. 1 dargestellten fünf Bausteinen:

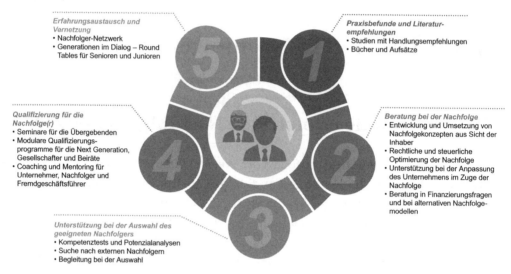

Erfahrungsaustausch und Vernetzung
• Nachfolger-Netzwerk
• Generationen im Dialog – Round Tables für Senioren und Junioren

Praxisbefunde und Literaturempfehlungen
• Studien mit Handlungsempfehlungen
• Bücher und Aufsätze

Qualifizierung für die Nachfolge(r)
• Seminare für die Übergebenden
• Modulare Qualifizierungsprogramme für die Next Generation, Gesellschafter und Beiräte
• Coaching und Mentoring für Unternehmer, Nachfolger und Fremdgeschäftsführer

Beratung bei der Nachfolge
• Entwicklung und Umsetzung von Nachfolgekonzepten aus Sicht der Inhaber
• Rechtliche und steuerliche Optimierung der Nachfolge
• Unterstützung bei der Anpassung des Unternehmens im Zuge der Nachfolge
• Beratung in Finanzierungsfragen und bei alternativen Nachfolgemodellen

Unterstützung bei der Auswahl des geeigneten Nachfolgers
• Kompetenztests und Potenzialanalysen
• Suche nach externen Nachfolgern
• Begleitung bei der Auswahl

Abb. 1: Die PwC-INTES-Nachfolgeinitiative im Überblick

II. Bestandteile der PwC-INTES-Nachfolgeinitiative

1. Was Sie für eine gelungene Nachfolge wissen sollten: Praxisbefunde und Literaturempfehlungen

Dieses Buch ist ein gutes Beispiel: Erfahrungsberichte aus der Praxis, empirische Beobachtungen und Expertenwissen bieten wertvolle Hilfestellungen für die Nachfolge. Aus diesem Grund führen PwC und INTES in ihrem Kundenkreis regelmäßig Befragungen durch und stellen die gewonnenen Erkenntnisse in Form von Studien, Fachbeiträgen und -büchern zur Verfügung. Die Veröffentlichungen liefern nützliche Hinweise zur Gestaltung der Nachfolge und enthalten regelmäßig auch Praxistipps – im Hinblick auf das Familienunternehmen und die Unternehmerfamilie.

2. Welche Schritte Sie einleiten müssen: Kompetente Beratung

Nachfolge heißt nicht nur, die Unternehmensführung zu übergeben. Auch das (Firmen-)Vermögen muss an die nächste Generation übertragen werden. Beides sollte umsichtig und sorgfältig geplant werden. Doch was ist dabei zu beachten? Die PwC- und INTES-Berater und Moderatoren helfen bei der Wahl der richtigen Nachfolgestrategie und des passenden Nachfolgemodells. Ihre Aufgabe ist es, Objektivität und Fairness zu wahren und weitsichtige Lösungen zum Schutz des Familienunternehmens zu finden.

Als Wegbereiter und Marktführer für inhaberstrategische Fragestellungen in Deutschland und als Experten für steuer-, rechts- und betriebswirtschaftliche Themen stellen die INTES Akademie für Familienunternehmen und PwC Familienunternehmen und Unternehmerfamilien einen umfangreichen Methoden-Mix zur Planung und Umsetzung der Nachfolge zur Verfügung: Mit dem von *Prof. Dr. Peter May* entwickelten INTES-Prinzip und dem 3-Dimensionen-Modell werden Familienunternehmen verortet, um ihre wesentlichen Herausforderungen richtig zu adressieren und sie in die nächste Entwicklungsphase ihres Familienunternehmens zu begleiten. Darauf aufbauend werden gemeinsam mit der Unternehmerfamilie Konzepte für den gesamten Nachfolgeprozess und die passenden Lösungen zur rechtlichen und steuerlichen Optimierung der Nachfolge erarbeitet und das Unternehmen und die Familie auf die Nachfolge vorbereitet.

3. Wie Sie den – oder die – Richtige(n) finden: Begleitung im Auswahlprozess

Die Entscheidung für den oder die richtigen Nachfolger ist für Unternehmer oft die schwierigste. Nicht immer ist von vornherein klar, dass die Kinder in die Führungsnachfolge gehen können und wollen. Oft gibt es mehr Anwärter, als das Unternehmen an Führungspersonen vertragen würde. In anderen Fällen sind die Kinder noch zu klein. Oder es steht schlicht kein Nachfolger aus der Familie zur Verfügung. Dann können Fremdgeschäftsführer oder Nachfolger von außen die Lösung sein.

Bei einer familieninternen Nachfolge analysieren PwC und INTES gemeinsam mit dem oder den potenziellen Nachfolgern im individuellen Coaching die wichtigsten Ziele: Wo will ich hin? Welche Kompetenzen bringe ich mit? Für welche Rolle bin ich geeignet? Welche sind die nächsten konkreten Entwicklungsschritte?

Wird eine familienfremde Geschäftsführung angestrebt oder ein externer Nachfolger gesucht, arbeiten die Experten mit ausgewählten Personalberatern aus dem PwC-INTES-Netzwerk zusammen, um eine passende Lösung zu finden.

4. Welches Rüstzeug Sie brauchen: Professionelle Qualifizierung für Inhaber und Nachfolger

Die erfolgreiche Gestaltung der Nachfolge hängt nicht zuletzt von der rechtzeitigen Qualifizierung und Vorbereitung aller Beteiligten auf dieses wichtige Projekt ab – vom Inhaber über seine Angehörigen und Mitgesellschafter bis hin zu den Beiräten des Unternehmens. Für jede Zielgruppe hat die INTES Akademie für Familienunternehmen daher ein spezielles Schulungsangebot entwickelt, das ein- bis zweitägige Seminare, modulare Qualifizierungsprogramme und ganz individuelle Coaching- und Mentoring-Programme umfasst:

a) Für die Inhaberfamilie

Gerade im Zuge der Nachfolge müssen rechtzeitig die Leitplanken für eine positive Unternehmensentwicklung geschaffen werden. Ein gutes Verständnis für die Besonderheiten eines Familienunternehmens ist dafür ebenso unerlässlich wie eine von allen getragene Inhaberstrategie, in der die Rahmenbedingungen für Familie und Unternehmen verankert sind. In den INTES-Inhaberstrategietagen lernen Unternehmerfamilien, wie sie ihre Inhaberstrategie entwickeln, was eine Familienverfassung beinhalten sollte und wie sich verschiedene Nachfolgeszenarien gegeneinander abwägen lassen.

b) Für die Next Generation

Die Nachfolge ist für potenzielle Nachfolger ein einschneidendes Ereignis. Schließlich stehen sie vor schwerwiegenden Fragestellungen: Will ich überhaupt Verantwortung in unserem Familienunternehmen übernehmen? Welche Hürden muss ich nehmen, um eine erfolgreiche Führungskraft zu werden? Oder passt eine Beiratsfunktion oder eine reine Gesellschafterrolle besser zu mir? Orientierung und Wissen für die nachfolgende Generation bietet das modulare Qualifizierungsprogramm für die Next Generation.

c) Für Gesellschafter

Die Gesellschafter sind eine tragende Säule für den langfristigen Erhalt des Familienunternehmens, auch wenn sie nicht im Unternehmen arbeiten. Um ihrer Verantwortung gerecht zu werden, müssen sie die Zusammenhänge im Familienunternehmen verstehen, über wirtschaftliche Grundkenntnisse verfügen und ihre Rechte und Pflichten kennen (Gesellschafterkompetenz). All dies erhalten (angehende) Gesellschafter im ebenfalls modular zusammenstellbaren Qualifizierungsprogramm für Gesellschafter.

d) Für Beiräte

Ein wirkungsvoller Beirat oder Aufsichtsrat braucht zur Ausübung seiner besonderen Verantwortung – nicht nur im Rahmen der Nachfolge – Kenntnis über seine Rechte und Pflichten, ein Grundwissen über Strategie, Finanzierung und Personal sowie wesentliche Analysewerkzeuge. Im modularen Qualifizierungsprogramm für Beiräte vermittelt die INTES Akademie für Familienunternehmen das Rüstzeug für eine professionelle Beiratsarbeit.

e) Für alle

Ergänzend zu den Seminarangeboten bietet INTES allen am Nachfolgeprozess Beteiligten ein individuelles Coaching und Mentoring, etwa um Nachfolger bei der Übernahme unternehmerischer Verantwortung zu begleiten oder in der Übergangszeit zu unterstützen, wenn beide Generationen Seite an Seite agieren.

5. Wie es anderen ergangen ist: Wertvoller Erfahrungsaustausch

Für übergebende und übernehmende Unternehmer gleichermaßen ist der Austausch mit Gleichgesinnten extrem wichtig.

Bereits im Unternehmen oder im Beirat aktiven Nachfolgern bieten INTES und PwC im Rahmen ihres PwC-INTES-Nachfolger-Netzwerks eine Plattform, um über die Fragen der eigenen Nachfolge zu diskutieren: Wie fülle ich meine neue Rolle als Unternehmer optimal aus? Wie entwickle ich mich als erfolgreicher Familienunternehmer weiter? Wie halte ich unser Unternehmen auf Erfolgskurs? In entspannter, informeller Atmosphäre. Der besondere Charakter des Nachfolger-Netzwerks: Interessenten werden persönlich eingeladen. Zudem ist der Teilnehmerkreis auf 15 bis 20 Personen pro Jahrgang limitiert.

„Generationen im Dialog" richtet sich an die übergebende und die übernehmende Generation der Unternehmerfamilie. In diesem speziellen Round Table diskutieren Senioren und Junioren in kleiner Runde zentrale Fragestellungen der Nachfolge. Mit Unternehmern und Nachfolgern, die den Nachfolgeprozess erfolgreich abgeschlossen haben, mit Familien, die sich in der Nachfolgephase befinden, und mit Unternehmern, bei denen die Nachfolge nicht problemlos funktioniert hat. Auch bei „Generationen im Dialog" erfolgt die Teilnahme auf persönliche Einladung.

III. Fazit

Von allen Herausforderungen, die Familienunternehmen in ihrem Lebenszyklus durchleben, ist die Nachfolge die größte und wichtigste. Ohne erfolgreiche Nachfolge ist ein erfolgreiches Familienunternehmen nicht denkbar. Nur wenn es gelingt, die unternehmerische Verantwortung an die nachfolgende Generation weiterzureichen, bleiben Familienunternehmen bestehen. Die Nachfolge gelingt aber nicht von selbst. Im Rahmen der PwC-INTES-Nachfolgeinitiative erhalten Familienunternehmen das Rüstzeug, um diese Herausforderung erfolgreich zu meistern. Damit leistet sie einen wichtigen Beitrag zur Zukunftsfähigkeit von Familienunternehmen. Getreu der INTES-Mission: Familienunternehmen erfolgreicher und Unternehmerfamilien stärker zu machen.

5.2 Hilfreiche Adressen

von Dr. Christina Müller

I. Hochschulen

Courage Center of Global Entrepreneurship & Family Firms an der Munich Business School
http://www.munich-business-school.de/de/forschung-lehre/kompetenzzentren/courage-center-of-global-entrepreneurship-family-firms-an-der-munich-business-school.html

HHL Leipzig Graduate School of Management, Dr. Ing. h.c. F. Porsche AG Lehrstuhl für Strategisches Management und Familienunternehmen
http://www.hhl.de/de/faculty/strategic-management-family-business/

Hochschule für Wirtschaft und Recht Berlin (HWR-Berlin) – Institut für Entrepreneurship, Mittelstand und Familienunternehmen (EMF)
http://emf-institut.org

Universität St. Gallen – Center für Family Business CFB-HSG
http://www.cfb.unisg.ch

Universität Witten/Herdecke – Wittener Institut für Familienunternehmen WIFU
http://www.wifu.de

WHU – Otto Beisheim School of Management – Institut für Familienunternehmen IFU
http://www.whu.edu/fakultaet-forschung/entrepreneurship-and-innovation-group/institut-fuer-familienunternehmen

Wirtschaftsuniversität Wien – Forschungsinstitut für Familienunternehmen
http://www.wu.ac.at/fofu

Zeppelin Universität – Friedrichshafener Institut für Familienunternehmen FIF
https://www.zu.de/institute/fif/index.php

II. (Universitäre) Forschungsinstitute

Europäisches Kompetenzzentrum für Angewandte Mittelstandsforschung (EKAM) der Universität Bamberg
http://www.uni-bamberg.de/ekam

Hamburger Institut für Familienunternehmen (HIF)
http://www.hhif.de

Fachhochschule des Mittelstands Bielefeld
http://www.fh-mittelstand.de

Fachhochschule des Mittelstands Köln
http://www.fh-mittelstand.de/campus_koeln

Forschungsstelle für Familienunternehmen (FoFamU)
http://forschungsstelle-fuer-familienunternehmen.de/de

Institut für Mittelstandsforschung (IfM) Bonn
http://www.ifm-bonn.org

Institut für Mittelstandsforschung (ifm) Mannheim
http://www.institut-fuer-mittelstandsforschung.de

Mittelstandsinstitut an der Universität Siegen
https://www.uni-siegen.de/smi

III. Konferenzen für Familienunternehmen und Unternehmerfamilien

Friedrichshafener FamilienFrühling (FFF) des Friedrichshafener Institut für Familienunternehmen (FIF)
https://www.zu.de/institute/fif/fff/index.php

Konferenz Familienunternehmen der WHU
http://www.konferenz-familienunternehmen.de

Kongress für Familienunternehmen des WIFU
http://www.familienunternehmer-kongress.de

Tag des deutschen Familienunternehmens
http://www.familienunternehmen.de/de/projekte-veranstaltungen/tag-des-deutschen-familienunternehmens

Tagung Familienunternehmen im Dialog (FiD)
http://www.fid.ch

The Owners Forum
http://www.ownersforum.de

Unternehmer-Erfolgsforum der INTES Akademie für Familienunternehmen
http://www.intes-akademie.de

wir-Tage
http://wirmagazin.de/events/wir-tage.html

IV. Informationen zur Nachfolge

Erläuterungen zur Nachfolge der EQUA-Stiftung
http://www.equa-stiftung.de/nachfolge

generation töchter – Initiative zur Unterstützung weiblicher Nachfolge in Familienunternehmen
http://www.generation-toecher.de/index.php?id=73

Leitfaden Nachfolge in Familienunternehmen
http://www.wifu.de/forschung/veroffentlichungen/wifu-praxisleitfaeden

Nachfolgewiki des EFM-Instituts
http://nachfolgewiki.de/index.php/Hauptseite

V. Netzwerke für Nachfolger

EY Next Gen Academy
http://www.ey-nextgen.com

„Generationen im Dialog" der INTES Akademie für Familienunternehmen
http://www.intes-akademie.de/index.php/vernetzung/unternehmer-roundtables

Klub der Junioren des BJU – Die Jungen Unternehmer
https://www.junge-unternehmer.eu/klubs/klub-der-junioren/klubleben.html

389

Klub der Nachfolger des BJU – Die Jungen Unternehmer
https://www.junge-unternehmer.eu/klub-der-nachfolger/klubleben.html

Leaders Circle des Family Business Network F.B.N.
http://www.fbn-i.org/fbn/web.nsf

NachfolgerAkademie des WIFU
http://www.familienunternehmer-kongress.de/

Nachfolger-Netzwerk der INTES Akademie für Familienunternehmen und PwC
http://www.intes-akademie.de/index.php/qualifizierung/nachfolger

VI. Seminar- und Veranstaltungsangebote für Nachfolger und die Nachfolge

ALPHAZIRKEL
http://www.alphazirkel.de/index.php

EQUA Family Workshop der EQUA Stiftung
http://www.equa-stiftung.de

Family Board Academy von Egon Zehnder, der WHU – Otto Beisheim School of Management, KPMG und McKinsey & Company
http://familyboardacademy.de

Qualifizierungsangebote der INTES Akademie für Familienunternehmen
http://www.intes-akademie.de/index.php/qualifizierung

St. Galler Seminar für Familienunternehmen
http://www.cfb.unisg.ch/fbseminar

VII. Weitere hilfreiche Adressen

Unternehmensbörse des Bundesministeriums für Wirtschaft und Energie nexxt-Change
https://www.nexxt-change.org

PwC-INTES-Nachfolgeinitiative
http://www.pwc.de/nachfolge

5.3 Ein kurzer Nachfolge-Check – 20 + 1 Frage zur Nachfolge

von Prof. Dr. Peter May

Die nachfolgenden Fragen sollen Ihnen zeigen, wo Sie in Ihrem Nachfolgeprozess stehen. Im Idealfall können Sie alle Fragen mit „ja" beantworten. Wenn Sie eine oder mehrere dieser Fragen mit „nein" beantworten, sollten Sie genau an dieser Stelle mit Ihrer Arbeit beginnen.

(Nähere Erläuterungen zu den einzelnen Fragen finden Sie im Beitrag von Peter May, „Die Nachfolgestrategie – In vier Schritten zur gelingenden Nachfolge", Kapitel 1.2)

		Ja	Nein
1.	Unsere Familie begreift Nachfolge als ein gemeinsames Projekt.		
2.	Wir haben a) früh genug angefangen,		
	b) die zentralen Fragen unter fachkundiger Leitung		
	c) gemeinsam bearbeitet.		
3.	Wir haben eine sorgfältige Analyse der Ausgangssituation a) unseres Unternehmens		
	b) unseres sonstigen Vermögens		
	c) unserer Familie		
	d) aller Beteiligten sowie		
	e) der rechtlichen und steuerlichen Gestaltung durchgeführt.		
4.	Wir haben gemeinsam Ziele festgelegt für a) unser Unternehmen		
	b) unser sonstiges Vermögen		
	c) unsere Familie		

		Ja	Nein
	d) alle Beteiligten		
	e) die rechtliche und steuerliche Gestaltung.		
5.	Wir haben verschiedene in Betracht kommende Optionen ermittelt und auf der Grundlage unserer Analyse und unserer Ziele bewertet.		
6.	Wir haben festgelegt, auf wen die Inhaberschaft am Unternehmen übergeht.		
7.	Wir haben festgelegt, wie die künftige Führung bzw. Führungs- und Kontrollstruktur des Unternehmens aussehen soll.		
8.	Wir haben festgelegt, welche Rolle die Familie zukünftig im Unternehmen spielen soll.		
9.	Wir haben festgelegt, welche finanziellen Leistungen die Familie aus dem Unternehmen erwarten darf.		
10.	Wir haben festgelegt, wann (und ggf. in welchen Schritten) die Übergabe von Inhaberschaft und Führung erfolgen soll.		
11.	Wir haben festgelegt, welche vorbereitenden Schritte für die Übergabe von Inhaberschaft und Führung erforderlich sind.		
12.	Wir haben festgelegt, was mit dem sonstigen Vermögen geschehen soll.		
13.	Wir haben festgelegt, wer zukünftig zur Unternehmerfamilie gehört und welche Rechte und Pflichten damit verbunden sind.		
14.	Wir haben Vereinbarungen darüber getroffen, wie der familiäre Zusammenhalt in der nächsten Generation gesichert werden soll.		
15.	Wir haben Vereinbarungen darüber getroffen, wie wir das Comittment der Inhaberfamilie zum Familienunternehmen in der nächsten Generation sicherstellen.		

		Ja	Nein
16.	Wir haben die Voraussetzungen dafür geschaffen, dass alle Familienmitglieder die ihnen im Unternehmen zukünftig zugewiesenen Rollen auch ausfüllen können. Und wir haben Einigkeit darüber erzielt, welche vorbereitenden Maßnahmen dafür nötig sind.		
17.	Jedes Familienmitglied kennt seine (mögliche) künftige Rolle und bereitet sich planmäßig darauf vor.		
18.	Alle rechtlich notwendigen Dokumente (z.B. Testamente, Erbverträge, Eheverträge, Gesellschaftsverträge, Vollmachten, Patientenverfügungen) sind an unsere Nachfolgeplanung angepasst, rechtlich korrekt und auf dem aktuellen Stand.		
19.	Im Rahmen unserer Zielsetzungen und der rechtlichen Möglichkeiten haben wir alle steuerlichen Gestaltungsmöglichkeiten ausgeschöpft.		
20.	Wir haben einen ausgearbeiteten und umsetzungsfähigen Notfallplan.		
	Schlussfrage: Wir haben alle beschlossenen Festlegungen umgesetzt. Unsere Nachfolge ist erfolgreich abgeschlossen.		

Stichwortverzeichnis